普通高等教育信息与电子技术类系列教材

现代光纤通信技术

（第二版）

韩一石　强则煊
许国良　许　鸥　谭艺枝　编著

科学出版社
北　京

内 容 简 介

本书从基本知识出发，循序渐进地对光纤通信系统的基本原理、基本技术和系统设计方法予以较全面、系统的介绍，同时兼顾了现代光纤通信的主流应用技术和发展方向，力求使读者从整体上了解光纤通信基本理论和技术应用情况。全书以概念、系统和技术应用为重点，尽量少用繁杂的数学推导，同时考虑到大学生毕业后参加工作或进入研究生和科研阶段时的实际动手能力的需求，本书力求将基本理论与实践环节紧密结合，在大部分章节都安排了相应器件、设备、系统的测试内容。

本书可作为通信专业、光电子、光学专业以及相关专业的本科生教材或研究生的教学辅导书，也可供从事光通信专业工作的科研和技术人员参考。

本书配有电子教案，读者可在 www.abook.cn 网站上免费下载。

图书在版编目（CIP）数据

现代光纤通信技术/韩一石等编著. —2版. —北京：科学出版社，2015
（普通高等教育信息与电子技术类系列教材）
ISBN 978-7-03-035209-5

Ⅰ.①现… Ⅱ.①韩… Ⅲ.①光纤通信-高等学校-教材 Ⅳ.①TN929.11

中国版本图书馆 CIP 数据核字（2012）第 172099 号

责任编辑：赵丽欣 / 责任校对：柏连海
责任印制：吕春珉 / 封面设计：东方人华平面设计部

科学出版社出版
北京东黄城根北街 16 号
邮政编码：100717
http://www.sciencep.com
新科印刷有限公司印刷
科学出版社发行　各地新华书店经销
*
2015年2月第 二 版　开本：787×1092 1/16
2021年2月第五次印刷　印张：17
字数：381 000

定价：45.00元

（如有印装质量问题，我社负责调换〈新科〉）
销售部电话　010-62134988　编辑部电话　010-62135793-2009

第二版前言

光纤通信是以激光为信号载体，以光纤为传输介质进行的通信。光纤通信的诞生与发展是电信史上的一次重要革命，随着技术的进步，特别是IP业务的爆炸式发展所带来的对带宽的巨大需求，其发展速度不仅超过了由摩尔定律所限定的交换机和路由器的发展速度，而且也超过了数据业务的增长速度，成为近几年来发展最快的技术，相关新兴的技术和新型的器件层出不穷。

为了满足社会的需求，目前许多高校纷纷开设有关光纤通信的课程。本书正是为了适应这种发展趋势而写。全书从基本知识出发，抓住光纤通信技术发展的精髓——提高光纤通信系统容量，循序渐进地对光纤通信系统的基本原理、基本技术和器件发展及系统设计方法予以较全面、系统的介绍，同时兼顾了现代光纤通信的主流应用技术和发展方向，力求使读者从整体上了解光纤通信的基本原理和技术应用情况。

全书共9章。第1章介绍光纤通信系统的组成与特点；第2章介绍光纤的基本结构、分类、传输原理、传输特性；第3章介绍光源的发光原理、光源的调制、光检测器件的工作机理及特点，同时介绍光发送/接收机的构成和性能指标；第4章介绍常用三种光放大器（EDFA、RFA和SOA）的基本概念、基本原理，以及目前最新的一些光放大技术；第5章介绍光纤通信系统中几种常用光器件的工作原理和结构特性；第6章介绍SDH的结构组成、基本原理以及在城域光网络、光接入网中的应用；第7章介绍光波分复用、光时分复用、光码分复用技术的基本结构和工作原理；第8章介绍光纤通信系统的性能与设计方面的有关问题；第9章介绍下一代光网络概念及光传送网的发展趋势：智能光网络和全光网络，以及目前出现的对光纤通信形成巨大挑战的量子光通信技术。

在本书编写的过程中，编者注重将基本理论与实践环节紧密结合。书中的大部分章节都安排有相应器件、设备、系统的测试内容，一方面是为了增强读者的感性认识；另一方面，也是更重要的，是考虑到目前大学生在毕业后工作或进入研究生和科研阶段时，在光纤通信领域缺乏实际动手能力，而国内目前也很少有教材对这方面加以完整叙述，因此，本书希望在此方面有所突破。

本书主要由韩一石、强则煊、许国良、许鸥编写，谭艺枝参与了第3章的编写工作。此外，编者参考、吸取和借鉴了国内外一些有关著作、教材及科研成果，其相关文献已列在书末的“主要参考文献”中，在此一并对有关作者表示诚挚的感谢。

由于编者水平有限，书中难免有错误和不足之处，敬请广大读者批评指正。

目录

第1章　概　　述

本章提要

人们的日常生活离不开信息交换，这就是通信。本章首先介绍了光纤通信的一些基本概念，接着回顾光纤通信的发展历程，并对现代光纤通信技术做了总结。

1.1　光纤通信的概念

1.1.1　什么是光纤通信

自古以来，通信就是人们的基本需求之一，这种需求不断地促使人们开始发明能将信息从一个地方迅捷、有效地传送到另一个遥远地方的通信技术。从广义的角度来说，通信就是彼此之间传递信息。现代的通信一般是指电信。IEEE（电气和电子工程师协会）对电信的定义是借助诸如电话系统、无线电系统或电视系统这样的设备，在相隔一定距离的条件下进行的信息交换。在漫长的通信科学发展道路中，通信经历了电通信和光通信两个阶段。广义的电通信指的是一切运用电波作为载体而传送信息的所有通信方式的总称，而不管传输所使用的介质是什么。电通信又可分为有线电通信和无线电通信。类似于电通信，广义的光通信指的是一切运用光波作为载体传送信息的所有通信方式的总称，而不管传输所使用的介质是什么。光通信也可以分为利用大气进行通信的无线光通信和利用石英光纤或塑料光纤进行通信的有线光通信。人们则通常把应用石英光纤的有线光通信简称为光纤通信。

1970年被称为光纤通信元年。经过近40年的迅猛发展，光纤通信已经逐步从点对点通信向多点对多点的全光高速密集波分复用系统网络推进。从宏观来看，光纤通信主要包括光纤光缆、光电子器件及光纤通信系统设备等三个部分。光电子器件包括有源器件和无源器件。有源器件包括光源（发光二极管、半导体激光器）、光电检测器（光电二极管、雪崩光电二极管）和光放大器（掺稀土光纤放大器、半导体激光放大器、光纤拉曼放大器等）以及由这些器件组成的各种模块等。无源器件包括光连接器、光耦合器、光衰减器、光隔离器、光开关和波分复用器等。同时还有光电集成（OEIC）和光子集成（PIC）器件。

1.1.2　光纤通信系统的组成

图1.1是典型的点对点光纤通信链路示意。其关键部分是：由光源和驱动电路组成的光发射机；将光纤包在其中以对光纤起到机械加固和保护作用的光缆；由光检测器和放大电路、信号恢复电路组成的光接收机。一些附加的元件包括光放大器、连接器、接

头盒、耦合器和再生中继器（用于恢复信号形状的特性）等。

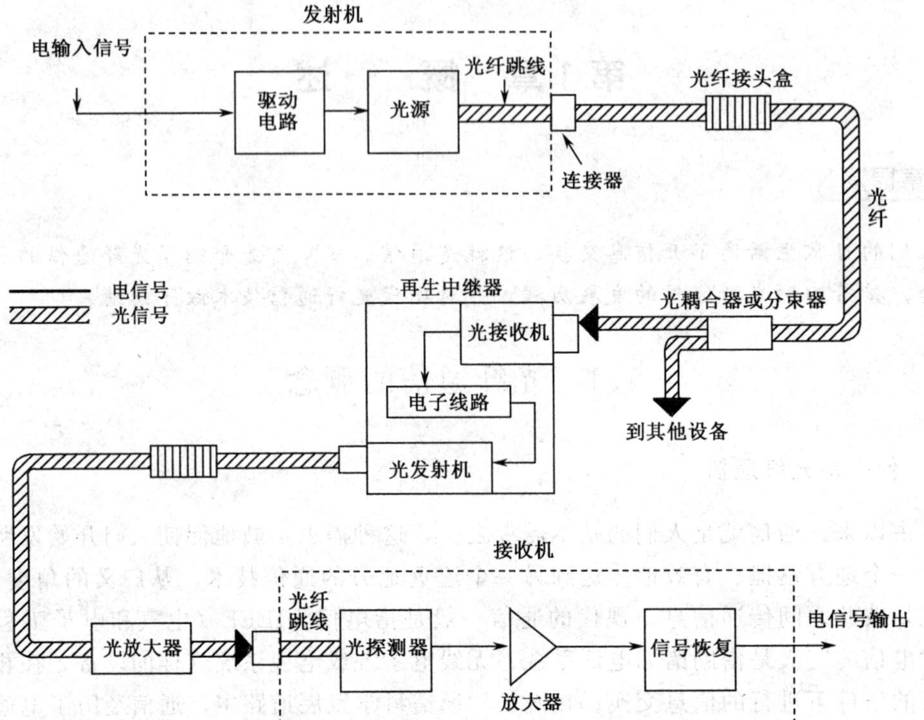

图 1.1 点对点光纤通信链路示意

从图 1.1 可以看出，系统存在光—电、电—光的转换，即电子“瓶颈”问题，因而无法满足人们超高速、超宽带及动态通信要求。自从掺铒光纤放大器商用后，波分复用（WDM）系统颇受人们的青睐，构建基于 WDM 的全光通信网络是目前的发展趋势。图 1.2 是目前一个完整的 WDM 系统。其通常包含光收发器、光耦合器、光复用/解复用器、光纤放大器、光上/下分路器、光交叉连接器、光色散补偿装置、光偏振控制装置、光开关、光波长转换器以及其他光通信器件、处理电路模块等。本书后面章节将对上述关键组成进行深入讨论。

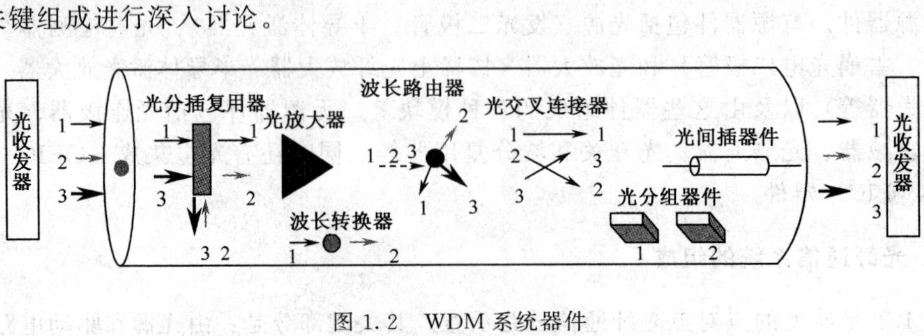

图 1.2 WDM 系统器件

注：1、2、3 分别表示不同波长信号

1.2 光纤通信的发展历史

谈起光纤通信的发展，可以追溯到3000年前的烽火台。在这方面，人类的祖先是应用光通信的先驱。尽管古希腊也曾用过烽火台，但比中国晚了200年。后来出现的灯语、旗语和望远镜等都可以被看作是原始形式的光通信。这种传递信息的方法极为简单且信息量有限。严格来说，它们都不能算作真正的光通信。

直到1880年，贝尔发明光电话，才可以算是近代光通信的雏形。然而贝尔的“光话”始终没有走上实用化阶段。究其原因有二：一是没有可靠的、高强度的光源；二是没有稳定的、低损耗的传输介质，无法得到高质量的光通信。自此之后的几十年里，由于无法突破上述两个障碍，加之当时电通信的高速发展，光通信的研究曾一度沉寂。解决光通信的出路在于找到合适的光源及理想的传光介质。这种情况一直延续到20世纪60年代。

1.2.1 光纤通信的里程碑

20世纪60年代初期，光纤通信发展史上迎来了第一个里程碑。1960年，世界上第一台相干振荡光源——红宝石激光器问世。1961年9月，中国科学院长春光学精密机械研究所也研制成功中国第一台红宝石激光器。激光器（light amplification by stimulated emission of radiation，laser）可产生频谱纯度很高的光波。它的出现激起了世界性的光通信研究热潮，给沉寂已久的光通信研究注入了活力。1962年，PN结砷化镓（GaAs）半导体激光器出现，尽管其还不能工作在室温下，但它还是给光通信的实用化光源带来了希望。

随后人们开始寻找用于激光通信的途径。1965年，E. Miller报道了由金属空心管内一系列透镜构成的透镜光波导，可避免大气传输的缺点，但因其结构太复杂且精度要求太高而不能使用。而另一方面，光导纤维的研究正在扎实进行。

早在1951年，人们就发明了医疗用玻璃纤维，但这种早期的光导纤维损耗很大，高达1000dB/km，也不能用作光纤通信的传输介质。1966年，英国标准电信研究所的华裔科学家高锟博士和G. A. Hockham，对光纤传输的前景发表了具有重大历史意义的论文“光频率的介质纤维表面波导”。论文分析了玻璃纤维损耗大的主要原因，大胆地预言，只要能设法降低玻璃纤维的杂质，就有可能使光纤的损耗从1000dB/km降低到20dB/km甚至更小，从而有可能用于通信。这篇论文鼓舞了许多科学工作者为实现低损耗的光纤而努力。1970年，美国康宁玻璃公司的Kapron博士等三人，经过多次试验，终于研制出传输损耗仅为20dB/km的光纤。这是光纤通信发展历史上的又一个里程碑。几乎在同时，室温下连续工作的双异质结GaAs半导体激光器研究成功。小型光源和低损耗光纤的同时问世，在全世界范围内掀起了发展光纤通信的高潮。1970年被人们定为光纤通信元年。中国的光纤通信研究开始于1974年。

1985年，南安普敦大学的Mears等人制成了掺铒光纤放大器（EDFA）。1986年，他们用Ar离子激光器作泵浦源又制造出工作波长为1540nm的EDFA。尽管这种用Ar

离子激光器作泵浦源的光放大器显然不可能在光纤通信中得到应用，但用掺铒光纤得到1550 nm 通信波长的光增益本身，却在全世界引起了广泛的兴趣，掀起了 EDFA 的研究热潮。这是因为 EDFA 的放大区域恰好与单模光纤的最低损耗区域相重合，而且其具有高增益、宽频带、低噪声、增益特性与偏振无关等许多优良特性。这是光纤通信发展史上的一个划时代的里程碑。20 世纪 90 年代初，波长 1550nm 的 EDFA 宣告研制成功并能实际推广应用。1994 年开始，EDFA 进入商用。中国研究 EDFA 起步比较晚，是从 20 世纪 90 年代开始的。

1989 年，Meltz G. 等人首次利用光纤的紫外光敏效应（1978 年，Hill K. 等人首次发现光纤中的光敏特性），采用两束相互干涉的紫外光束从侧面注入光纤的方法制作出谐振波长位于通信波段的光纤光栅。1993 年，Hill K. 等人提出了使用相位掩膜法制造光纤光栅，使光纤光栅能灵活地、大批量地制造成为可能，之后，光纤光栅器件逐步走向实用化。光纤光栅技术使得全光纤器件的研制和集成成为可能，从而为进入人们梦寐以求的全光信息时代带来了无限生机和希望。可以说光纤光栅、全光纤光子器件、平面波导器件及其集成的出现是光纤通信发展史上的又一个重要里程碑。

1.2.2 爆炸性发展

光纤通信是目前世界上发展最快的领域，平均每 9 个月性能翻一番、价格降低一半，其速度已超过了计算机芯片性能每 18 个月翻一番的摩尔定律的一倍。在短短的 30 多年间已经经历了五代通信系统的使用。

1977 年，世界上第一个商用光纤通信系统在美国芝加哥的两个电话局之间开通，距离为 7km，采用多模光纤，工作波长为 0.85μm，光纤损耗为 2.5～3dB/km，传输速率为 44.736Mb/s，这就是通常所说的第一代光纤通信系统。

1977～1982 年的第二代光纤通信系统特征是：采用 1310nm 长波长多模或单模光纤，光纤损耗为 0.55～1dB/km，传输速率为 140Mb/s，中继距离为 20～50km，于 1982 年开始陆续投入使用，一般用于中、短距长途通信线路，也用作大城市市话局间中继线，以实现无中继传输。

1982～1988 年的第三代光纤通信系统采用 1310nm 长波长单模光纤，光纤损耗可以降至 0.3～0.5dB/km，实用化、大规模应用是其主要特征，传输信号为准同步数字系列（PDH）的各次群路信号，中继距离为 50～100km，于 1983 年以后陆续投入使用，主要用于长途干线和海底通信。

1988～1996 年的第四代光纤通信系统主要特征是：开始采用 1550nm 波长窗口的光纤，光纤损耗进一步降至 0.2dB/km，主要用于建设同步数字系列（SDH）同步传送网络，传输速率达 2.5Gb/s，中继距离为 80～120km，并开始采用掺铒光纤放大器(EDFA)和波分复用（WDM）器等新型器件。

1996 年至今属于第五代光纤通信系统，主要特征是：采用 DWDM 技术组建大容量传送平台，单波长信道传输速率已达 10Gb/s 甚至更高，另外将语音、数据和图像等各种业务和接口融合在统一平台上传送，如多业务传送平台 MSTP 等。

今后光纤通信将朝着全光传输交换的方向发展，即全光网络，网络更具智能特性。

在传送容量和传送距离等性能方面随着各种光技术及其器件的发展会有更大的突破。

1.3　现代光纤通信技术

1.3.1　光纤通信技术特点

由于光纤通信是利用光导纤维传输光信号来实现通信的，因此比起其他通信方式来说有其明显的优越性。

1. 传输容量大

光纤具有极大的带宽，全波光纤（光纤的低损耗和低色散区在 1.45～1.65μm 波长范围）出现后，它的带宽可达 25THz。若以其十分之一作为传输频带，则可传输约 10^{10} 路电话。因此光纤在单位面积上有极大的信号传输能力，即单位面积上的信息密度极高，传输容量极大。

2. 传输损耗小，中继距离长

目前单模光纤在 1310nm 波长窗口损耗为 0.35dB/km，在 1550nm 窗口损耗为 0.2dB/km。而且在相当宽的频带内各频率的损耗几乎一样，因此用光纤比用同轴电缆或波导管的中继距离长得多。波长为 1550nm 的色散位移单模光纤通信系统中，若传输速率为 2.5Gb/s，则中继距离可达 150km；若传输速率为 10Gb/s，则中继距离可达 100km；若采用光纤放大器、色散补偿光纤，中继距离还可增加。

3. 抗干扰性好，保密性强，使用安全

通信用的光纤由电绝缘的石英材料制成，信号载体是光波，有很强的抗电磁干扰能力。光波导结构使光波能量基本上限制在光纤纤芯中传输，在芯子外很快地衰减，光纤光缆密封性好，若在光纤或光缆的表面涂上一层消光剂则效果更好，因而信息不易泄露和窃听，保密性好。光纤材料是石英（SiO_2）介质，具有耐高温、耐腐蚀的性能，因而可抵御恶劣的工作环境。

4. 材料资源丰富，用光纤可节约金属材料

制造通常的电缆需要消耗大量的铜和铅等有色金属。以四管中同轴电缆为例，1km 四管中同轴电缆约需 460kg 铜，而制造 1km 光纤，只需几十克石英即可。同时制造光纤的石英丰富而便宜，取之不竭。用光纤取代电缆，可节约大量的金属材料，具有合理使用地球资源的重大意义。

5. 质量轻，可挠性好，敷设方便

相同话路的光缆要比电缆轻 90%～95%，而光缆质量仅为电缆质量的 1/10～1/20，直径不到电缆的 1/5。另外，经过表面涂覆的光纤具有很好的可挠性，便于敷设，可架

空、直埋或置入管道。这对于在飞机、宇宙飞船和人造卫星上使用光纤通信更具有重要意义。

当然，光纤通信除了上述优点外，也存在一些缺点。例如，组件昂贵，光纤质地脆，机械强度低，连接比较困难，分路、耦合不方便，弯曲半径不宜太小等。这些缺点在技术上都是可以克服的，它不影响光纤通信的使用。近年来，光纤通信发展很快，它已深刻地改变了通信网的面貌，成为现代信息社会最坚实的基础，并向人们展现了无限美好的未来。

1.3.2 现代光纤通信技术角色

21世纪是光子的世纪，是光网络的世纪，通信走向全光网络必然要涉及开发一系列不同于以往传统光纤通信要求的新技术、新器件。

1. 超大容量光纤通信系统

随着计算机网络及其他新的数据传输服务的迅猛发展，长距离光纤传输系统对通信容量的需求增长很快，大约每两年就要翻一番，原有的光纤通信系统的传输容量已经成为当前和未来信息业务发展的“瓶颈”，如何最大限度地挖掘光纤通信的潜在带宽已经成为亟待解决的问题。通常，解决的方法有空分复用（SDM）、时分复用（TDM）和波分复用等三种技术。尤其波分复用技术通过采用单根光纤传输多路光信道信号，从而使得光纤的传输能力成倍增加。目前，遍布全球的光缆通信网大都为实用常规光缆（G.652光纤），采用波分复用技术不仅可以充分利用光纤的带宽进行超大容量的透明传输，可以平滑升级扩容组建全光网络，还可以充分利用现成的、已敷设的光缆，从而节约了光纤资源。显然，波分复用技术已成为当前光纤通信领域的研究热点和首选技术，在未来的全光网络中，波分复用技术是实现全光波长交换和路由的重要基础。如未来能将光时分复用（OTDM）、光码分复用（OCDM）等技术与波分复用结合起来，光纤通信容量还将有革命性的扩展。

2. 光集成器件和光电集成器件的研究

如同电子集成器件那样，也可以将许多光学器件（特别是半导体的光器件，如半导体激光器、光检测器等）集成在一个衬底上，各器件用半导体光波导互联，制成光集成器件。光电集成器件具有体积小、速度高、可靠性高等优点，发展光集成是光纤通信的必然。

3. 新类型光纤的研究

传统的G.652单模光纤在适应上述超高速长距离传送网络的发展需要方面已暴露出力不从心的态势，开发新型光纤已成为开发下一代网络基础设施的重要组成部分。目前，为了适应干线网和城域网的不同发展需要，已出现了色散移位光纤、色散补偿光纤、无水吸收峰光纤（全波光纤）和尚未成熟的光子晶体光纤等。此外，为了满足接入网方面的需要，聚合物光纤也应运而生。

4. 解决全网瓶颈的手段——光接入网

光接入网是信息高速公路的“最后一公里”。实现信息传输的高速化，满足大众的需求，不仅要有宽带的主干传输网络，用户接入部分更是关键，光接入网是高速信息流进入千家万户的关键技术。目前应用于光接入网的技术主要有3种，即SDH、PDH和无源光网络（PON）。

习题与思考题

1. 光通信就是光纤通信吗？为什么？
2. 与其他通信方式相比较，光纤通信一定具有绝对的优势吗？为什么？
3. 请比较五代光纤通信系统的主要特点与差别。
4. 光纤通信发展至今经历了哪些里程碑？
5. 在使用石英光纤的光纤通信系统中，为什么工作波长只能选择850nm、1310nm和1550nm三种？

第2章　光　纤

本章提要

光纤是光纤通信系统中的优良传输介质，其特性影响着系统的通信质量。光纤特性包括它的几何特性（主要指光纤的几何尺寸）、光学特性（包括折射率分布、数值孔径等）以及传输特性（主要是指损耗、色散和非线性特性）。了解光纤特性是提高光纤通信系统性能以及促进光纤通信技术进一步发展的基本前提。因此，本章将围绕光纤特性逐步展开，首先介绍光纤的基本结构和分类，接着介绍光纤的传输原理和传输特性，最后介绍几种常用于目前光纤通信系统的光纤。

2.1　光纤概述

2.1.1　光纤的构造

光纤是光导纤维的简称，呈圆柱形，由纤芯、包层与涂覆层三大部分组成，如图 2.1所示。其中包层和纤芯合起来称为裸光纤，光纤的光学特性及其传输特性主要由它决定。通信用的光纤纤芯（直径约 9～50μm）成分通常是折射率为 n_1 的高纯度 SiO_2，并掺有极少量的掺杂剂（如 GeO_2 等），以提高折射率。包层（直径约 125μm）成分也是折射率为 n_2（$<n_1$）的高纯度 SiO_2，并掺有极少量的掺杂剂（如 B_2O_3 等），以降低折射率。涂覆层（直径约 1.5cm）的材料通常是环氧树脂、硅橡胶和尼龙，其作用是增强光纤的机械强度与可弯曲性。

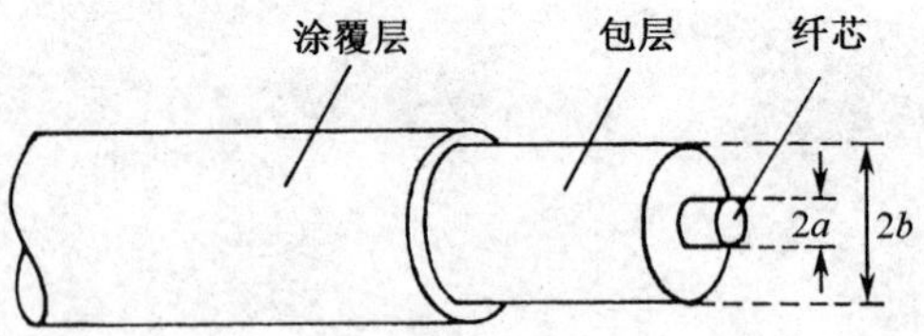

图 2.1　光纤的结构示意

2.1.2　光纤的分类

图 2.1 为光纤的基本结构形式，按工作波长、折射率分布、传输模式、原材料和制造方法等的不同，光纤还可分为很多种类。现将各种分类举例如下，并就其中具有代表性的光纤加以简单介绍。

（1）按工作波长划分

有紫外光纤、可视光纤、近红外光纤以及红外光纤（0.85μm、1.3μm 和 1.55μm）等。

（2）按折射率分布划分

有阶跃（SI）型、近阶跃型、渐变（GI）型和其他型（如三角型、W 型、凹陷型）等。

所谓阶跃光纤是指在纤芯与包层区域内，其折射率分布是均匀的，其值分别为 n_1 与 n_2，但在纤芯与包层的分界处，其折射率的变化是阶跃的，如图 2.2（a）～（c）所示。

所谓渐变光纤是指光纤轴心处的折射率最大（n_1），沿剖面径向的增加而逐渐变小，其变化规律一般符合抛物线规律，到了纤芯与包层的分界处，正好降到与包层区域的折射率 n_2 相等的数值；在包层区域中其折射率的分布是均匀的，即为 n_2，如图 2.2（b）所示。

（3）按传输模式划分

有单模（SM）光纤（偏振保持光纤、非偏振保持光纤）和多模（MM）光纤两种。

只能传输一种模式的光纤称为单模光纤，能传输多种模式的光纤称为多模光纤。两者的区别在于纤芯的尺寸和纤芯—包层的相对折射率差［弱导近似时为 $\Delta=(n_1-n_2)/n_1$］。多模光纤的纤芯直径大（50～80μm），Δ 大（0.01～0.02）；而单模光纤的纤芯直径小（4μm～10μm），Δ 小（0.005～0.01）。图 2.2 是三种典型的光纤及折射率分布。

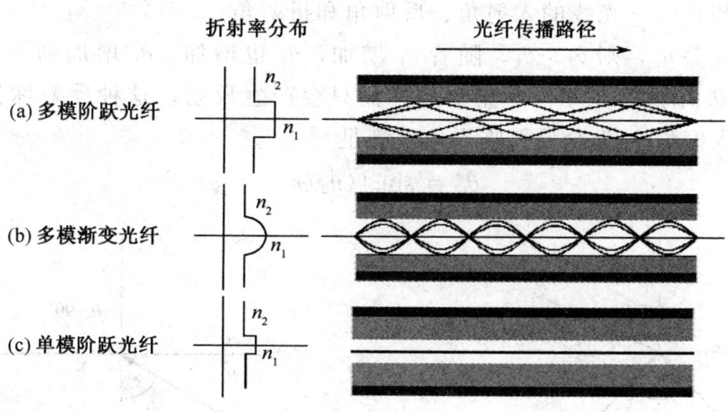

图 2.2　三种主要类型的光纤及折射率分布

（4）按原材料划分

有石英玻璃、多成分玻璃、塑料、复合材料（如塑料包层、液体纤芯等）、红外材料、晶体光纤等。按被覆材料还可分为无机材料（碳等）、金属材料（铜、镍等）和塑料等。

（5）按制造方法划分

有外气相沉积法（OVD）、气相轴向沉积法（VAD）、改进气相沉积法（MCVD）和等离子体化学气相沉积工艺（PCVD）等。

2.2 光纤的传输原理

分析光波在光纤中的传播特性有两种基本方法：几何光学的方法（即光线理论，把光看作射线，并引用几何光学中反射与折射原理解释光在光纤中传播的物理现象）和波动光学的方法（即波动理论，把光波当作电磁波，把光纤看作光波导，用电磁场分布的模式来解释光在光纤中的传播现象）。通常，几何光学方法更简单直观，但用波动理论可以对光纤的传输特性和传输原理有更精确的分析。以下将分别介绍这两种分析方法。

2.2.1 光线理论

1. 全反射原理

众所周知，光线在均匀介质中传播时是以直线方向进行的，且到达两种不同介质的分界面时，会发生反射与折射现象，如图 2.3 所示。根据 Snell 定律，有

$$\theta'_1 = \theta_1 \quad \text{(反射定律)} \tag{2.1}$$

$$n_2 \sin\theta_2 = n_1 \sin\theta_1 \quad \text{(折射定律)} \tag{2.2}$$

式中，n_1——纤芯的折射率；

n_2——包层的折射率；

θ_1、θ'_1 和 θ_2——光线的入射角、反射角和折射角。

显然，若 $n_1>n_2$，则 $\theta_2>\theta_1$。随着 θ_1 增加，θ_2 也增加，θ_1 增加到一定角度 θ_c 时，$\theta_2=90°$，再使 θ_1 增加，则不能产生折射，而只会产生反射，这种反射称为全反射，如图 2.4 所示。人们称 θ_c 为全反射临界角，满足

$$\theta_c = \sin^{-1}(n_2/n_1) \tag{2.3}$$

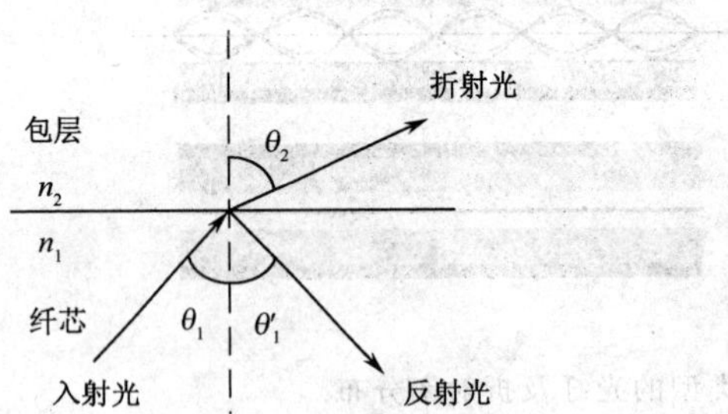

图 2.3 光的反射与折射

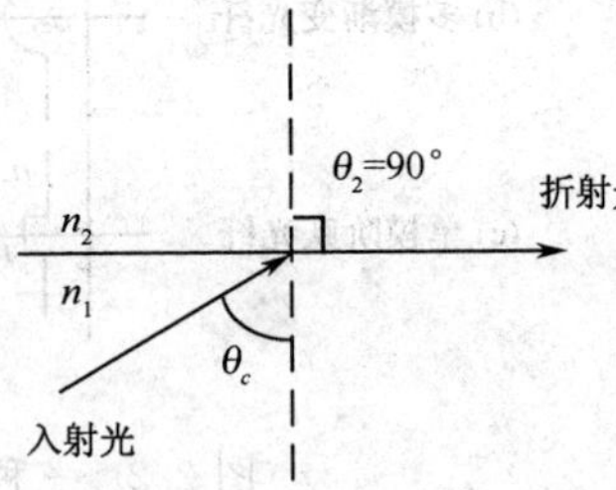

图 2.4 光的全反射现象

2. 光在阶跃光纤中的传播

这里以子午光线（通过光纤中心轴的任何平面都称为子午面，在子午面内传播的光线则称为子午光线）在阶跃折射率光纤中的传播为例进行分析。根据上述光的全反射原理，很容易画出子午光线在阶跃光纤中的传播轨迹，即按“之”字形传播及沿纤芯与包层的分界面掠过，如图 2.5 所示。

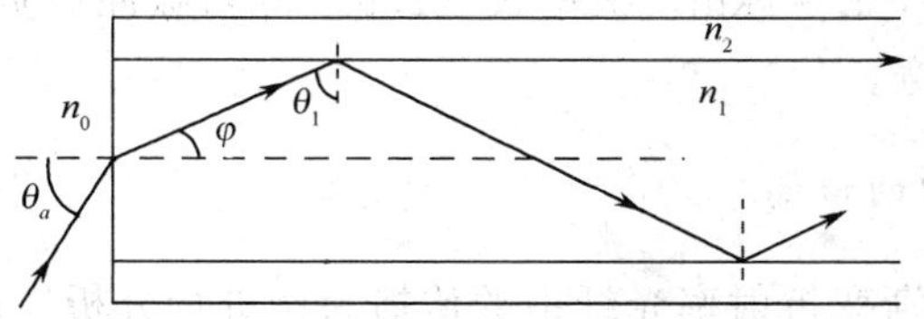

图 2.5 子午光线在阶跃光纤中的传播轨迹

通常，人们用入射光与光纤顶端面的夹角 θ_a 来衡量光纤接收光的能力，因为光在空气中的折射率 $n_0=1$，于是应用光的折射定律可得

$$n_0\sin\theta_a = n_1\sin\varphi = n_1\cos\theta_1 \tag{2.4}$$

为保证光在光纤中的全反射，则应有 $\theta_1=\theta_c$，且 $\sin\theta_c=n_2/n_1$，由式（2.4）可得

$$n_0\sin\theta_a = \sqrt{n_1^2-n_2^2} \tag{2.5}$$

只要端面入射角 $\theta\leqslant\theta_a$，光线就能在纤芯中全反射传输，称 θ_a 为光纤端面的最大入射角，则 $2\theta_a$ 为光纤对光的最大可接收角。定义端面入射临界角 θ_a 的正弦为阶跃折射率光纤的数值孔径（NA）为

$$\mathrm{NA} = n_0\sin\theta_a = \sqrt{n_1^2-n_2^2} = \sqrt{\frac{n_1^2-n_2^2}{2n_1^2}\cdot 2n_1^2} = n_1\sqrt{2\Delta} \tag{2.6}$$

式中，Δ 为折射率差 $[\Delta=(n_1^2-n_2^2)/2n_1^2]$，当包层和芯径折射率相差极小时（即弱导光纤），$\Delta\approx(n_1-n_2)/n_1$。

NA 表示光纤接收和传输光的能力，单模光纤的 NA 在 0.12 附近，多模光纤的 NA 约为 0.21。NA（或 θ_a）越大，表示光纤接收光的能力越强，光源与光纤之间的耦合效率越高。NA 越大，纤芯对入射光能量的束缚越强，光纤抗弯曲特性越好。但 NA 太大时，则进入光纤中的光线越多，将会产生更大的模色散，因而限制了信息传输容量，所以必须适当选择 NA。

根据图 2.5，以不同的入射角入射的光线，在光纤内传输相同的水平距离 L 时，实际经历的路程 l 是不同的，因此，不同入射角入射的光线，其传播时间即时间延迟是各不相同的，综合来看，最短时延是以最小入射角（$\theta=0$）入射的光线所经历的时延

$$\tau_0 = \frac{L}{c/n_1} = \frac{Ln_1}{c} \tag{2.7}$$

最长时延是以最大入射角（$\theta=\theta_a$）入射的光线所经历的时延

$$\tau_{\max} = \frac{L}{\dfrac{c}{n_1}\sin\theta_c} = \frac{Ln_1}{c}\cdot\frac{n_1}{n_2} = \frac{Ln_1^2}{cn_2} \tag{2.8}$$

两者之差为最大时间延迟差

$$\Delta\tau_{\max} = \tau_{\max}-\tau_0 = \frac{Ln_1^2}{cn_2}-\frac{Ln_1}{c} = \frac{Ln_1}{c}\left(\frac{n_1-n_2}{n_2}\right)\approx\frac{Ln_1}{c}\cdot\Delta = \frac{L}{2cn_1}NA^2 \tag{2.9}$$

这种时间延迟差在时域产生脉冲展宽，或称为信号畸变。由此可见，阶跃型多模光纤的信号畸变是由于不同入射角的光线经光纤传输后，其时间延迟不同而产生的。设光

纤 NA＝0.20，$n_1=1.5$，$L=1\text{km}$，根据式（2.9）得到脉冲展宽 $\Delta\tau_{max}=44\text{ns}$，相当于 10MHz・km 左右的带宽。

3. 光在渐变光纤中的传播

同样以子午光线在渐变折射率光纤中的传播为例进行分析。由于渐变光纤中，纤芯折射率分布是在光纤的轴心处最大，且其折射率由轴心向外逐渐变化，所以光线的传输轨迹不是直线而是弯曲的轨迹。为了说明问题，将径向 r 方向连续变化的折射率分为不连续变化的若干层表示，如图 2.6 所示，即 $n_1>n_{11}>n_{12}>n_{13}>\cdots>n_2$。

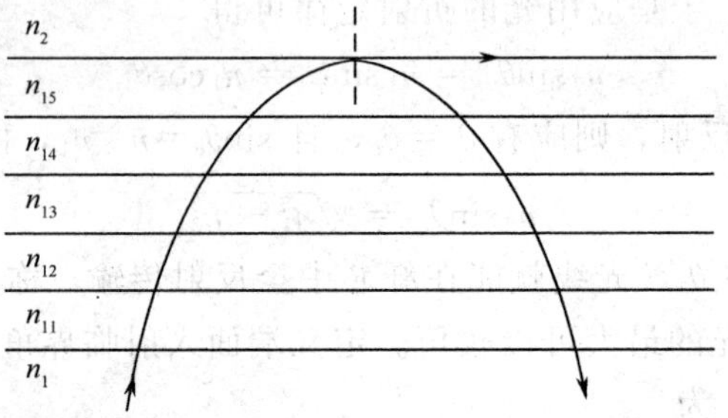

图 2.6 光在渐变光纤中传播的定性解释

由折射定律知，若 $n_1>n_2$，则有 $\theta_2>\theta_1$。这样光在每两层的分界面都会产生折射现象。由于外层的折射率总比内层的小一些，所以每经过一个分界面，光线向轴心方向的弯曲就厉害一些，就这样一直到了纤芯与包层的分界面。而在分界面又产生全反射现象，全反射的光沿纤芯与包层的分界面向前传播，而反射光则又逐层地折射回光纤纤芯。就这样完成了一个传输全过程，使光线基本上局限在纤芯内进行传播，其传播轨迹类似于由许多线段组成的正弦波。

再进一步设想，如果光纤不是由一些离散的均匀层组成，而是由无穷多个同轴均匀层组成。换句话讲，光纤剖面的折射率随径向增加而连续变化，且遵从抛物线变化规律，那么光在纤芯的传播轨迹就不会呈折线状，而是连续变化形状。

当渐变光纤的纤芯折射率分布为平方律型（也称抛物线型）$n(r)=n(0)\left(1-2\Delta\left(\frac{r}{a}\right)^2\right)^{\frac{1}{2}}$ 或双曲正割型 $n(r)=n(0)\text{sech}Ar$ 时，此时渐变光纤满足最佳折射率分布。在最佳折射率分布状态下，光在渐变光纤的传播轨迹可以表示为：

$$\gamma_{(z)}=A\sin\left(\frac{\sqrt{2\Delta}}{a}Z+\Phi\right) \tag{2.10}$$

式中，A——正弦曲线振幅；

a——纤芯半径；

Δ——相对折射率差；

Z——光纤剖面径向距离；

Φ——初始相位。

于是以不同角度入射的光线簇皆以正弦曲线轨迹在光纤中传播，虽然经历的路程不同，但是最终都会聚焦在中心轴线的一点上，近似呈聚焦状，这种现象称为自聚焦效应，如图 2.7 所示。

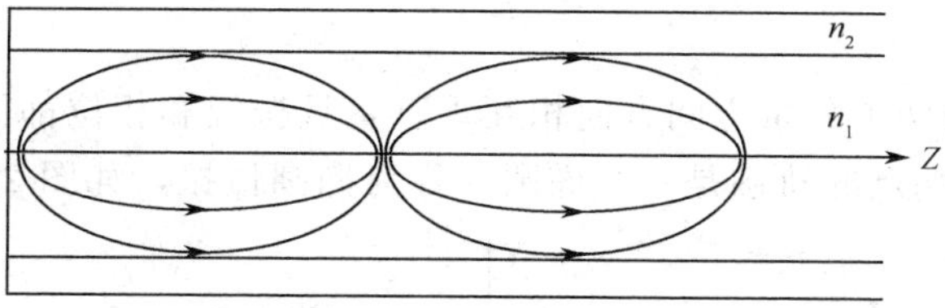

图 2.7 光在渐变光纤中的传播轨迹

2.2.2 波动理论

用几何光学理论分析法虽然可简单直观地得到光线在光纤中传输的物理图像，但由于忽略了光的波动性质，不能了解光场在纤芯、包层中的结构分布以及其他许多特性。尤其是对单模光纤，由于芯径尺寸小，射线光学理论就不能正确处理单模光纤的问题。因此，在光波导理论中，更普遍地采用波动光学的方法，即把光作为电磁波来处理，研究电磁波在光纤中的传输规律，得到光纤中的传播模式、场结构、传输常数及截止条件。

为了用电磁波理论描述光波在光纤中的传播，必须在光纤的柱形边界条件下解麦克斯韦（Maxwell）方程。但方程的完整求解过程已经超出本书范围，就仅对单模光纤给出简单的分析过程，在描述波动理论之前，补充几个相关概念。

1. 光的描述

光的波动性表明，光像无线电波、X 射线一样，实际上都是电磁波，会产生光的反射、折射、干涉、衍射、吸收、偏振、损耗等。单个波长（或频率）的光称为单色光，可用麦克斯韦方程来描述。其中，E 有三个分量，即 E_x、E_y、E_z，其解有如下形式（以 E_z 为例）：

$$E(z,t) = Ae^{(i\omega t-\beta z)} \tag{2.11}$$

式中，A——场的幅度；

ω——角频率，$\omega=2\pi f$，f 为频率；

β——传播常数。

2. TE 波和 TM 波

设波的传播方向为 z 方向，如果 E_z 分量为零，即 $E_z=0$，而 $H_z\neq0$，称这种波为横电波或 TE 波；如果 $H_z=0$，而 $E_z\neq0$，称这种波为横磁波或 TM 波。

3. 光波的偏振

偏振即极化的意思，是指场矢量的空间方位。一般选用电场强度 E 来定义偏振状态。

矢量端点描绘出一条与 x 轴成 ϕ 角的直线，称为线偏振，如图 2.8（a）所示。

如果电场的水平分量与垂直分量振幅相等、相位相差$\frac{\pi}{2}$，则合成的电场矢量将随着时间 t 的变化而围绕着传播方向旋转，其端点的轨迹是一个圆，称为圆偏振，如图 2.8（b）所示。

如果电场强度的两个分量空间方向相互垂直，且振幅和相位都不相等，则随着时间 t 的变化，合成矢量端点的轨迹是一个椭圆，称为椭圆偏振，如图 2.8（c）所示。

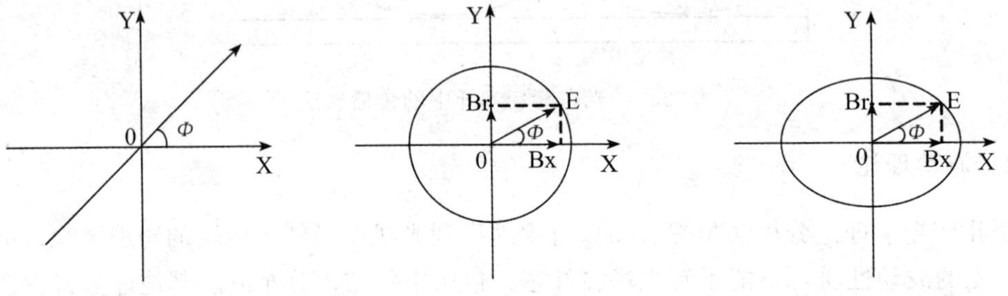

（a）线偏振　（b）圆偏振　（c）椭圆偏振

图 2.8　三种偏振状态

下面介绍波动理论，首先来考察一束缚对称平面波导，然后再将结果扩展到圆形光纤。如图 2.9 所示，平面波导就像在折射率为 n_2 的介质材料之间加上一层折射率为 n_1 的介质所组成的“三明治”，且 $n_2 < n_1$。波导板的横截面看起来和光纤沿轴线的截面是一样的。在图 2.9中显示了几个低阶模的场型图，可以清楚地看出，模的阶数等于穿过波导的零值点的个数。此外，导模电场并不完全被限制在中心绝缘板内，还会扩展至包层。电场在折射率为 n_1 的波导区之内呈均匀变化，之外则为指数衰减。低阶模场高度集中在中心绝缘板（即光纤轴线）附近，进入包层区域的很少。与之相反，高阶模场更多地分布在波导边缘，而且进入包层区域的较多。

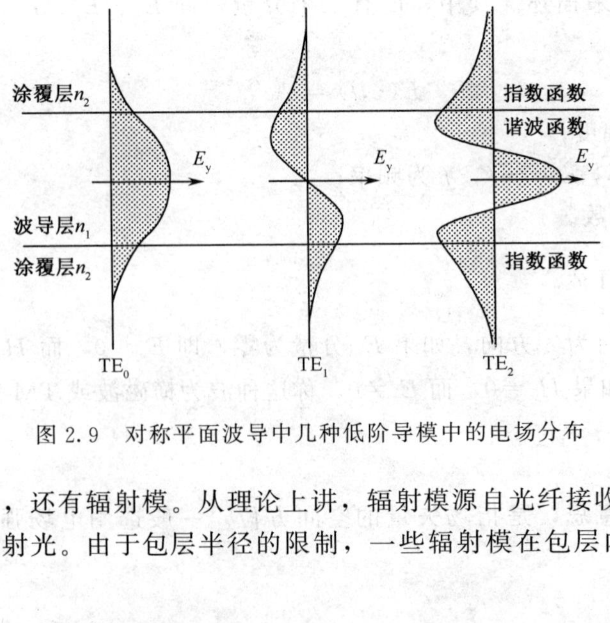

图 2.9　对称平面波导中几种低阶导模中的电场分布

除了导模之外，还有辐射模。从理论上讲，辐射模源自光纤接收角之外的辐射光及由纤芯折射出的折射光。由于包层半径的限制，一些辐射模在包层内发生反射和折射，人们称之为包层模。当纤芯和包层中的模沿光纤传播时，在包层模和高阶模之间会发生模耦合。原因是芯模电场向包层扩展，而包层模电场同样向芯模扩展。纤芯和包层模间功率的相互扩散导致芯模功率损耗。实际上，包层模将受到光纤包层损耗的抑制；也就是说，因为包层表面粗糙，这些模在传播了一段距离后，就会扩散到光纤之外。

除了芯模（束缚模）和包层模（折射模）之外，在光纤中还存在另一种被称为泄漏模的模式。泄漏模部分被限制在纤芯范围内，并在沿光纤传播的过程中衰减，原因是它不断向芯外辐射功率。有关泄漏模的分析相当复杂，已超出了本书的范围。需要提到的是：只要 $n_2k<\beta<n_1k$，模就是导模；其中 β 是导模的传播常数，波数 $k=2\pi/\lambda$ 是传播矢量 $\vec{k}$ 的幅值，也就是空气中的相位传播常数，传播常数 $\beta=\omega n/c=2\pi n/\lambda=kn$。束缚模和泄漏模的边界由截止条件$n_2k=\beta$ 决定。一旦 $\beta<n_2k$，纤芯中的功率就会泄漏到包层区域。泄漏模可以在短距离内携带相当一部分的光能，绝大部分在传输了几厘米后就消失了，但也有一些损耗足够小的模能够在光纤中传输 1km。

为了将束缚平面波导理论扩展到圆形光纤中，下面就来看电磁波在圆柱形光纤中的传播。假设光纤无损耗，折射率 n 变化很小，在光纤中传播的是角频率为 ω 的单色光，场与时间 t 的关系为 exp（$\mathrm{j}\overline{\omega}t$），则标量波方程为

$$\nabla^2 E+\left(\frac{n\overline{\omega}}{c}\right)^2 E=0 \tag{2.12}$$

式中，c——光速；

E——电场在直角坐标中的任一分量。

磁场 H 亦满足和式（2.12）相同的方程。采用柱坐标（r，ϕ，z），使 z 轴和光纤轴线一致，就得到电场 z 分量 E_z 的波动方程，即

$$\frac{\partial^2 E_z}{\partial r^2}+\frac{1}{r}\times\frac{\partial E_z}{\partial r}+\frac{1}{r^2}\times\frac{\partial^2 E_z}{\partial \phi^2}+\frac{\partial^2 E_z}{\partial z^2}+(n\omega/c)^2 E_z=0 \tag{2.13}$$

式中，c——光速；

E_z 和 H_z——电场和磁场的 z 分量；

n——传输介质的折射率（对纤芯则等于 n_1，对包层则等于 n_2）。

找出 E_z 和 H_z 的解，就可以得到场的其他分量 E_ϕ、E_r、H_ϕ 和 H_r。

通常，电磁场分量的边界条件（介质界面 $r=a$ 内外的切线分量 E_ϕ 和 E_z 必须相等，切线分量 H_ϕ 和 H_z 也相等）要求将 E_z 和 H_z 结合起来考虑。如果在边界条件中 E_z 和 H_z 是独立的，那么在 $E_z=0$ 或 $H_z=0$ 时都能得到模的解。$E_z=0$ 对应的模叫做横电模（TE 模）；$H_z=0$ 对应的模叫做横磁模（TM 模）。若 E_z 和 H_z 都不为零，则称为混合模。混合模又依据横向场中 E_z 和 H_z 的分量哪个更强，分为 HE 模和 EH 模。

因此，光纤纤芯中的电场和磁场，包层中的电场和磁场均满足波动方程，但它们的解不是彼此独立的，而是满足在纤芯和包层处电场和磁场的边界条件，这样理解光纤的模是相当简单的。所谓的光纤模，就是满足边界条件的电磁场波动方程的解，即电磁场的稳态分布。这种空间分布在传播过程中只有相位的变化，没有形状的变化，且始终满足边界条件，每一种这样的分布对应一种模式。一个模式由它的传播常数 β 唯一决定。

柱形波导被限定于二维空间而不是一维空间。于是，相对于只需要一个整数 m 就

可以描述的平面波导，柱形波导模式就需要两个整数 l 和 m 来描述。这样在圆柱形波导中就会存在 TE_{lm} 和 TM_{lm} 模，它们对应于光纤中传输的子午光线。与斜光纤传输相对应的是 HE_{lm} 和 EH_{lm} 模。对模式场做精确描述很复杂，即便是单模光纤。幸运的是，用于通信领域的光纤 $\Delta \ll 1$，于是分析过程得以简化。因此，光纤可以被看作是一个弱导结构。在光纤这样的弱导结构中，HE-EH 模成对出现，而且它们的传播常数基本相等，称之为简并模。这些简并模具有相同的传播常数，用线偏振模（LP 模）表示，而不管它具体是 HE、EH、TE 或 TM 模。由模场结构可以看到，属于同一个 LP 模的模式的横向场强（E_x 或 E_y）相等。这就是将其定义为线偏振模的原因。

HE、EH、TE 及 TM 模与 LP_{lm} 模间的关系见表 2.1。假设有一个观察者在芯内沿一圆周，在方位角 ϕ 内做巡回运动，但并不转动，则脚标 l 代表 E 场转到他面前时转过的 2π 的倍数。脚标 m 代表 E 场沿 r 放射状地从纤芯中心到芯—包层界面经过的半正弦的半周期数。

表 2.1　低阶 LP 模的组成

LP 模	传统模式
LP_{01}	HE_{11}
LP_{11}	HE_{21}，TE_{01}，TM_{01}
LP_{21}	HE_{31}，EH_{11}
LP_{02}	HE_{12}
LP_{31}	HE_{41}，EH_{21}
LP_{12}	HE_{22}，TE_{02}，TM_{02}
LP_{1m}	HE_{2m}，TE_{0m}，TM_{0m}
LP_{0n}（$n \geqslant 1$）	HE_{1n}
LP_{lm}（$l \neq 0$ 或 1）	$HE_{l+1,m}$，$EH_{l-1,m}$

对式（2.13），有意义的解是传播常数为某一数值 β 而且沿着光纤轴线传播的波，设 E_z 与 z 的关系为 $\exp(-j\beta z)$。由于光纤的圆对称性，E_z 是 ϕ 的周期函数，设为 $\exp(-jl\phi)$，l 就是前面提到的整数，则

$$E_z(r,\phi,z) = E_z(r)\exp(-jl\phi)\exp(-j\beta z), \qquad l = 0, \pm 1, \pm 2, \cdots \tag{2.14}$$

代入式（2.13）得到

$$\frac{d^2 E_z(r)}{dr^2} + \frac{1}{r}\frac{dE_z(r)}{dr} + \left(\frac{n^2\omega^2}{c^2} - \beta^2 - \frac{l^2}{r^2}\right)E_z(r) = 0 \tag{2.15}$$

这就是贝塞尔微分方程。在阶跃折射率光纤中，折射率的变化只是在纤芯与交界面（$r=a$）处由 n_1 变为 n_2。定义纤芯的传播常数为 $\beta_1 = n_1\omega/c = n_1 k$，包层的传播常数为 $\beta_2 = n_2 k$。由前面平面波导分析可知，光波在光纤中成为导波的条件是 $n_2 k < \beta_{lm} < n_1 k$，其中 β_{lm} 是光波的传播常数。为方便起见，对纤芯和包层分别定义，即

$$u_{lm}^2 = n_1^2 k^2 - \beta_{lm}^2, \quad w_{lm}^2 = \beta_{lm}^2 - n_2^2 k^2 \tag{2.16}$$

这样 u_{lm} 和 w_{lm} 都是正数。式（2.15）可以改写成两个贝塞尔微分方程，即

$$\left.\begin{aligned} &\frac{d^2 E_z(r)}{dr^2} + \frac{1}{r}\frac{dE_z(r)}{dr} + \left(u_{lm}^2 - \frac{l^2}{r^2}\right)E_z(r) = 0, \quad r < a \\ &\frac{d^2 E_z(r)}{dr^2} + \frac{1}{r}\frac{dE_z(r)}{dr} - \left(w_{lm}^2 + \frac{l^2}{r^2}\right)E_z(r) = 0, \quad r > a \end{aligned}\right\} \tag{2.17}$$

除去 $r=0$ 接近无限的函数，由式（2.17）得到

$$\left.\begin{aligned} E_z(r,\phi) &\propto J_l(u_{lm}r)\cos l\phi, \quad r<a(\text{纤芯}) \\ E_z(r,\phi) &\propto K_l(w_{lm}r)\cos l\phi, \quad r>a(\text{包层}) \end{aligned}\right\} \tag{2.18}$$

这里 $J_l(x)$是第一类 l 阶贝塞尔函数，$K_l(x)$是第一类 l 阶改进的贝塞尔函数。如图 2.10所示，$J_l(x)$有点像衰减的正弦函数，而 $K_l(x)$则像衰减的指数函数。这正是人们所希望的，与前面讨论平面波导相似。确定了 $E_z(r,\phi)$和 $H_z(r,\phi)$的解，就可以利用麦克斯韦方程得到场的其他分量 $E_\phi(r,\phi)$、$E_r(r,\phi)$、$H_\phi(r,\phi)$和 $H_r(r,\phi)$。根据电磁场的切向分量连续的条件导出本征方程，用数值法求解确定 β_{lm}。结果可以得到前面提到的许多电磁场模式：TE_{lm}、TM_{lm}、HE_{lm} 和 EH_{lm}。

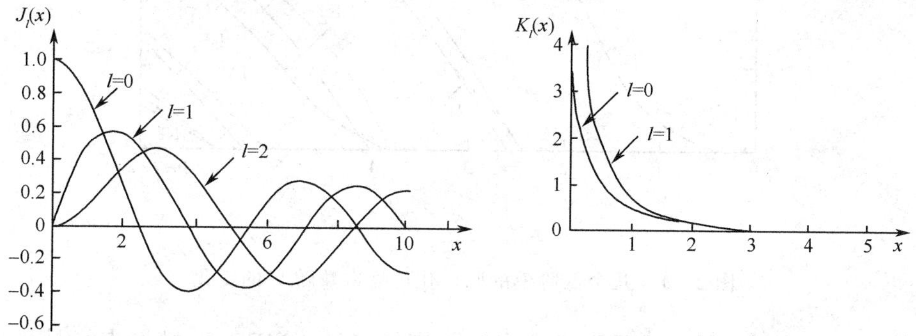

(a) 第一类贝塞尔函数$J_l(x)$　　(b) 第一类改进的贝塞尔函数$K_l(x)$

图 2.10 贝塞尔函数

图 2.11 则综合了这些模式的重要特性。其中横坐标为

$$V = a\sqrt{u_{lm}^2 + w_{lm}^2} = \frac{2\pi a}{\lambda}\sqrt{n_1^2 - n_2^2} = \frac{2\pi a}{\lambda}(\text{NA}) \tag{2.19}$$

称为归一化频率，是一个非常有用的无量纲参数，是光纤的一个结构参数。纵坐标 $\beta\lambda/2\pi=\beta/k$ 是模式归一化传播常数，也是一个无量纲参数。

每个 LP_{mn} 模都有各自的归一化截止频率 V_C，如表 2.2 所示。

表 2.2 低阶模的归一化截止频率 V_C 值

标量模	LP_{01}	LP_{11}	LP_{02}	LP_{21}	LP_{31}	LP_{12}	LP_{03}
V_C	0	2.405	3.832	3.832	5.136	5.520	7.016

对每一种模式（其归一化截止频率为 V_C）来说，当 $V>V_C$ 时，该模式可以在光纤中传输，称为模式可导；当 $V<V_C$ 时，该模式不能在光纤中传输，此状态称为模式截止；当 $V=V_C$ 时，称为临界状态。

如图 2.11 所示，每种模式只有在 V 值超过某一阈值时存在。当 $V<2.405$ 时，除 HE_{11} 模以外，其他模式全部停止传播，也就是说除 HE_{11} 模以外的所有模式都有一定的截止波长 λ_c，达到这一波长时，将不再传输能量，而 HE_{11} 模没有截止波长，只有在芯径为零时才不存在。所以，对单模光纤有 $\lambda_c=V\lambda/2.405$；当 $V>2.405$ 时，模数增加很

快，在阶跃折射率多模光纤能够支持的模式数量近似为 $N=4V^2/\pi^2\approx V^2/2$，渐变型光纤能支持的模式数量近似为 $V\approx V^2/4$

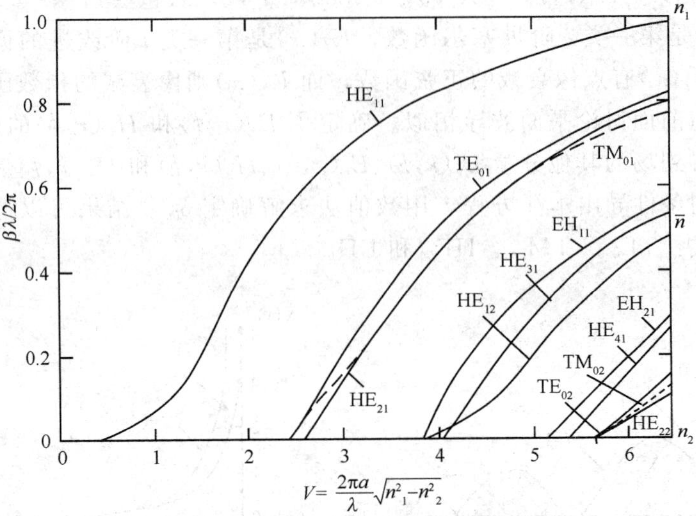

图 2.11 几个低阶模的归一化传播常数随 V 的变化

此外，单模光纤的另一个重要性能参数是模场直径（MFD）。模场直径是描述光纤横截面上，基模场强分布的物理量。多模光纤的模场直径与纤芯直径几乎相等，但单模光纤的模场直径一般不等于纤芯直径，这是因为单模光纤中并非所有的光都由纤芯承载并局限于纤芯内传播。单模光纤中模场的分布可以用图 2.12 来解释。

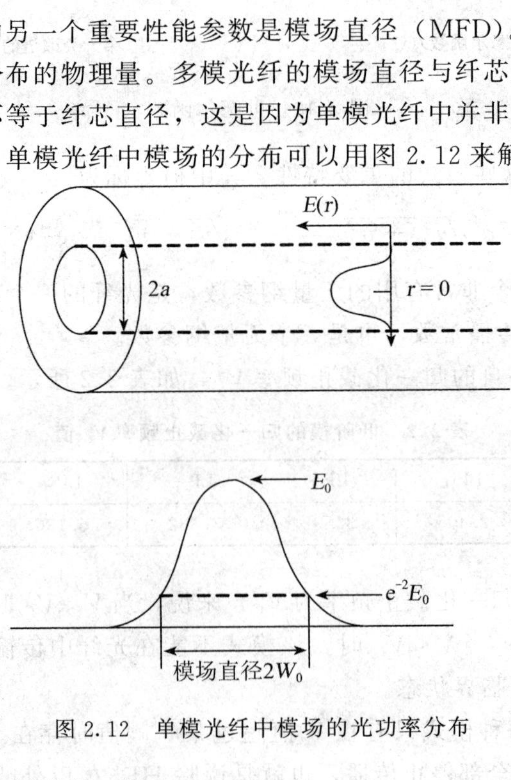

图 2.12 单模光纤中模场的光功率分布

假设电场分布是高斯型的，即

$$E(r)=E_0\exp\frac{-r^2}{w_0^2} \tag{2.20}$$

式中，r——纤芯半径长度；

E_0——$r=0$ 处的场量值；

W_0——电场分布的半宽度。

于是可以定义式（2.20）中的全宽 $2W_0$ 为模场直径 MFD，也就是场量降至中心处的 e^{-1}对应半径的 2 倍（这个半径等价于光功率降至中心处 e^{-2}时的半径）。

2.3 光纤的传输特性

光信号经光纤传输后要产生损耗和畸变，因而输出信号和输入信号不同。对于脉冲信号，不仅幅度要减小，而且波形要展宽。产生信号畸变的主要原因是光纤中存在损耗和色散。此外，还要考虑信道数的增加以及输入光功率的增加引起的非线性光学效应。

2.3.1 带宽和色散

1. 带宽

光纤带宽的概念来源于时间恒定的线性系统的一般理论。定义相邻两脉冲虽重叠，但仍能区别开的最高脉冲速率为该光纤线路的最大可用带宽。如果光纤可以按线性系统处理，其输入光功率和输出光功率的一般关系为

$$P_{\text{out}}(t)=\int_{-\infty}^{+\infty}h(t-t')P_{\text{in}}(t')\mathrm{d}t' \tag{2.21}$$

当输入光脉冲 $P_{\text{in}}(t)=\delta(t)$时，输出光脉冲 $P_{\text{out}}(t)=h(t)$，式中 $\delta(t)$为 δ 的函数，$h(t)$称为光纤的冲击响应。冲击响应 $h(t)$的傅里叶(Fourier)变换为

$$H(f)=\int_{-\infty}^{+\infty}h(t)\exp(-2\pi ift)\mathrm{d}t \tag{2.22}$$

频率响应 $H(f)$称为传输函数。一般 $H(f)$随频率 f 的增加而下降，这表明输入信号的高频成分被光纤衰减了。受这种影响，光纤起了带通滤波器的作用。光纤带宽的定义是 $H(f)$和零频率响应 $H(0)$的比值下降一半或 3dB 的频率，即

$$|H(f_{3\text{dB}})/H(0)|=1/2 \tag{2.23}$$

如果用电功率下降 3dB 的频率定义为电带宽，那么用 $1/\sqrt{2}$代替式（2.23）中的 1/2。

光纤一般不能按线性系统处理，但如果光源的频谱宽度比信号的频谱宽度大得多，光纤就可以近似为线性系统。设输出光脉冲为高斯函数，则

$$P_{\text{out}}(t)=\exp(-t^2/2\sigma^2) \tag{2.24}$$

式中，σ 为均方根(RMS)脉冲宽度。对式(2.24)进行傅里叶变换，得到 $H(f)$，代入式（2.23)得到

$$f_{3\text{dB}}=\sqrt{\frac{\ln 2}{2\pi^2}}\frac{1}{\sigma}=\frac{0.187}{\sigma(s)}=\frac{187}{\sigma(ns)}(\text{MHz}) \tag{2.25}$$

由式（2.24），脉冲最大值全宽（FWHM）$\Delta\tau=2\sqrt{2\ln 2}\sigma$，代入式(2.25)得 3dB

光带宽为 $f_{3dB}=\frac{440}{\Delta\tau\ (ns)}$ （MHz）。可见，光纤的带宽取决于均方根脉冲宽度。

2. 色散

在光纤中传输的光脉冲，受到由光纤的折射率分布、光纤材料的色散特性、光纤中的模式分布以及光源的光谱宽度等因素决定的“延迟畸变”，使在光纤中传输的光信号不同成分之间的时间延迟不同。这一效应叫做色散。如果信号是模拟调制，色散限制了带宽。如果信号是数字脉冲，色散使脉冲展宽。色散通常用 3dB 光带宽 f_{3dB} 或脉冲展宽 $\Delta\tau$ 来表示，这里 $\Delta\tau$ 是输出光脉冲相对于输入光脉冲的展宽。光纤色散包括模式色散（模间色散）、材料色散和波导色散（模内色散）及偏振模色散。

（1）模式色散

模式色散仅仅发生在多模光纤中由于各模式之间群速度不同而产生的色散。由于各模式以不同时刻到达光纤出射端面而使脉冲展宽。它取决于光纤的折射率分布，并和材料折射率的波长特性有关。

（2）波导色散

由于某一传播模的群速度对于光的频率（或波长）不是常数，同时光源的谱线又有一定宽度，因此产生波导色散。它取决于波导的结构参数和波长。

（3）材料色散

材料色散是由于光纤的折射率随波长而改变，实际光源不是纯单色光，是模内不同波长成分的光由于其时间延迟不同而产生的。这种色散取决于材料折射率的波长特性和光源的谱线宽度。

（4）偏振模色散

在标准单模光纤中，基模 HE_{11} 由两个相互垂直的偏振模组成。只有在理想圆对称光纤中，两个偏振模的时间延迟才相同，简并为单一模式。由于实际光纤的纤芯存在一定椭圆度，在短轴方向的偏振模传输较快，在长轴方向的偏振模传输较慢，因而造成色散，这种色散称为偏振模色散（PMD）。因此，即使零色散波长的单模光纤，其带宽也不是无限大，而是受到 PMD 的限制。由于偏振模的耦合是随机的，因而 PMD 是一个统计量。PMD 对传输有线电视（CATV）的模拟系统和长距离、高速率的数字系统，如海底光缆系统的影响是不可忽视的。当数据传输速率小于 10Gb/s 时，基本上不必考虑它的影响。

在多模光纤中模式色散是主要的，材料色散相对较小，波导色散一般可以忽略。单模光纤波导色散的作用不能忽略，它与材料色散有同样的数量级，它们随波长变化的关系如图 2.13 所示。

图 2.13 还给出了假设材料色散和波导色散同时存在时的总色散。从图中可以看出，在某特定波长下，材料色散和波导色散相互抵消，总色散为零。需要指出的是，总色散降到最小值时，对应的特殊波长可以通过适当的光纤设计在 1.3～1.7μm 的光谱范围内进行选择。

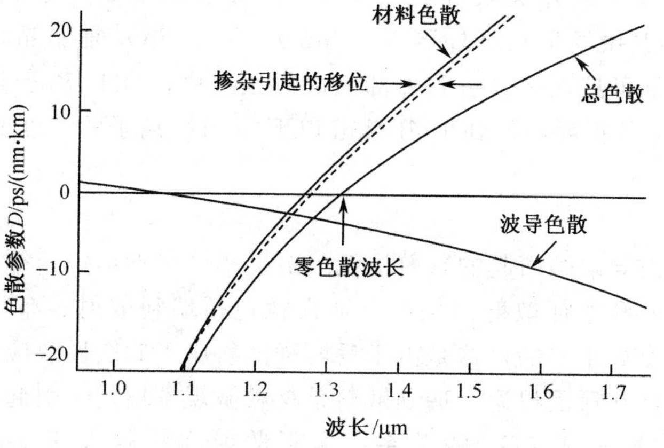

图 2.13 材料色散和波导色散随波长的变化关系

2.3.2 光纤的损耗

在光纤内传输的光功率随距离 Z 的衰减，可以表示为

$$P_{out} = P_{in}\exp(-\alpha L) \tag{2.26}$$

式中，α 为衰减系数，习惯上它的单位用 dB/km，由式（2.26）得

$$\alpha = -\frac{10}{L}\lg(P_{out}/P_{in}) \tag{2.27}$$

引起衰减的原因是光纤的损耗，光信号在光纤中传输时，由于吸收、散射和波导缺陷等机理产生功率损耗，从而引起衰减。图 2.14 是单模光纤的衰减谱，图中示出各种损耗机理产生的衰减和波长的关系。

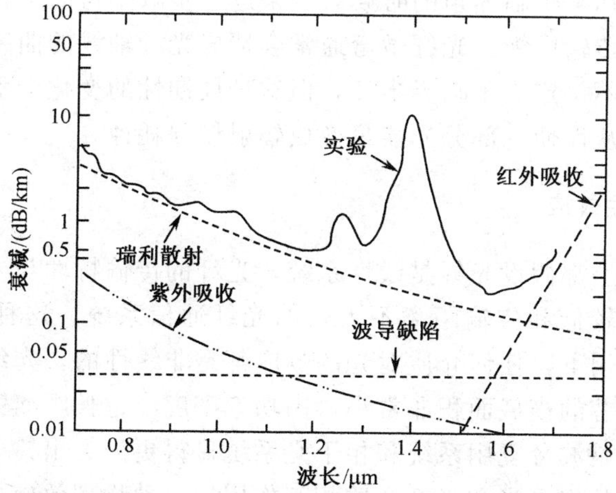

图 2.14 单模光纤衰减谱

1. 吸收损耗

吸收损耗包括杂质离子的吸收（过渡族金属离子如 Fe^{3+} 的吸收和 OH^- 离子引起的

吸收等）和本征吸收（紫外吸收和红外吸收）。对于 SiO_2，电子共振发生在紫外区（<0.4μm），而振动共振发生在红外区（>7μm）。由于 SiO_2 是非晶状材料，紫外吸收和红外吸收带伸展到可见光区。引起外部吸收的杂质中，OH^- 离子是一个值得注意的问题。要把 1.39μm 的损耗降低到 10dB/km 以下，OH^- 离子的浓度要降到 10^{-8} 以下。

2. 散射损耗

散射损耗包括波导缺陷引起的散射损耗（折射率分布不均匀，纤芯—涂层界面不理想、气泡、条纹等）和本征散射损耗。本征损耗包括瑞利散射、布里渊散射和拉曼散射，其中瑞利散射是最主要的，这是由于后两种散射属于非线性效应，需要满足光功率阈值才能发生，这将在后面讨论。瑞利散射是材料微观不均匀性引起折射率的微观随机变化产生的，它与波长成 $1/\lambda^4$ 的关系。瑞利散射在波长大于 3μm 时可被减小到 0.01dB/km。但对于硅玻璃光纤，此时红外吸收很大。瑞利散射损耗是光纤损耗的最低极限。随着光纤制造水平的不断提高，波导缺陷引起的散射已经降到可忽略的程度。目前在 1.55μm 波长，在实验室最低损耗可达到 0.154dB/km，接近理论极限。

3. 辐射损耗

光纤使用中，弯曲不可避免，在弯曲到一定曲率半径的时候，就会产生辐射损耗，又叫弯曲损耗。弯曲损耗有以下两种。

1）宏弯损耗。光纤弯曲半径比光纤直径大得多时造成的损耗。

2）微弯损耗。由于温度变化，某一点受压，或光纤成缆时其轴线产生的随机性微弯造成的损耗。

对于宏弯损耗，如果弯曲比较轻微，附加损耗很小；但随着弯曲曲率半径减小，损耗按指数增大；当到达某个临界角的时候，如果进一步减小弯曲半径，损耗就会突然变得非常大，甚至导致传输中断。光纤微弯通常会造成光纤轴线的曲率半径重复变化，这时，弯曲的曲率半径不一定小于临界半径，但这种周期性的变化会引起光纤中导模与辐射模间的反复耦合，从而使一部分光能量变成辐射模损耗掉。

2.3.3 光纤的非线性效应

前面的讨论事实上都假设光纤是线性系统，光纤的传输特性与入射光功率的大小无关。对于入射光功率较低和传输距离不太长的光纤通信系统，这种假设是合适的。但是，在强电磁场的作用下，任何介质对光的响应都是非线性的，光纤也不例外。作为传输波导的光纤，其纤芯的横截面积非常小，高功率密度经过长距离的传输，非线性效应就不可忽视了，特别是波分复用系统和相干光系统显得更为突出。

光纤非线性光学效应是光和光纤介质相互作用的一种物理效应。这种效应主要来源于介质材料的三阶极化率 $\chi^{(3)}$，其相关的非线性效应，主要有受激拉曼散射（SRS）、受激布里渊散射（SBS）、自相位调制（SPM）、交叉相位调制（XPM）和四波混合（FWM），以及孤子（soliton）效应等。非线性效应对光纤通信系统的限制是一个不利的因素。但利用这种效应又可以开拓光纤通信的新领域，如制造各种光放大器以及实现先进的孤子通信等。本小节介绍单模光纤中的几种主要非线性效应。

1. 受激光散射

光波通过介质时将发生散射，当使用相干光时，这种散射是一种受激过程。前面提到的瑞利散射是一种弹性散射，在弹性散射中，散射光的频率（或光子能量）保持不变。相反，在非弹性散射中，散射光的频率降低，或光子能量减少。SRS 和 SBS 是非弹性散射，光波和介质相互作用时要交换能量。SRS 和 SBS 都是一个光子（泵浦）散射后成为一个能量较低的光子（斯托克斯光子），其能量差以声子（phonon）的形式出现，如图 2.15（a）所示。此外，如果能吸收一个具有恰当能量和动量的声子，它们也可能产生有更高能量的光子，称为反斯托克斯光子，如图 2.15（b）所示。

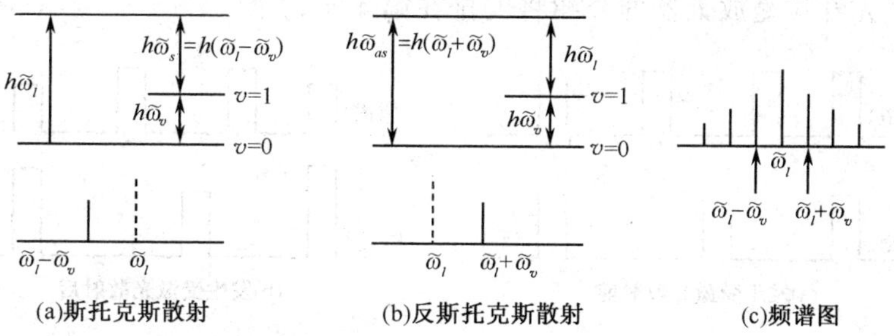

图 2.15 受激光散射原理

SRS 和 SBS 的区别在于以下几点。

1）SRS 是和介质光学性质有关，频率较高的“光学支”声子参与散射，频移有几十太赫兹；而 SBS 是和介质宏观弹性性质有关，频率较低的“声学支”声子参与散射，频移只有十几吉赫兹，如图 2.16 所示。

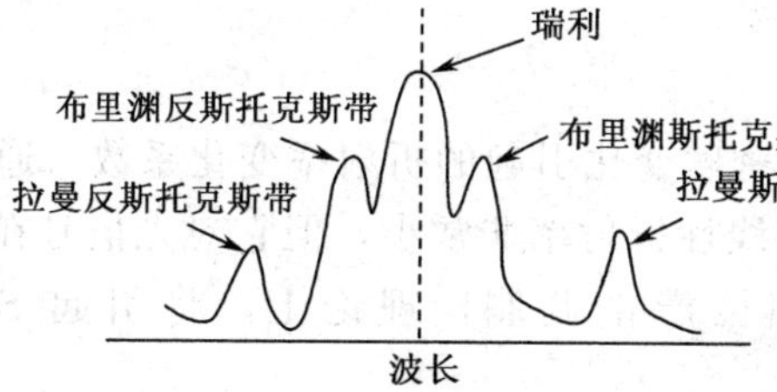

图 2.16 散射频移分布

2）SBS 只发生在反向，而 SRS 在两种方向均能发生，主要是正向。

3）增益系数不同，在单模光纤中 SBS 的峰值增益系数 g_B（4×10^{-9} cm/W）比 SRS 的峰值增益系数 g_R 大两个数量级，并且近似与波长无关。

4）SRS 的阈值功率 P_{th} 大于 SBS 的阈值功率。

拉曼阈值功率是在长度为 L 的光纤输出端，有一半光功率损失到 SRS 时的入射光功率，对于 SRS，P_{th} 近似满足

$$P_{th}g_RL_{eff}/A_{eff} \approx 16 \quad （正向 SRS） \tag{2.28}$$

$$P_{th}g_RL_{eff}/A_{eff} \approx 20 \quad （反向 SRS） \tag{2.29}$$

式中，A_{eff}——有效模横截面面积（也称为有效纤芯面积）；

L_{eff}——有效作用长度，$L_{eff}=[1-\exp(-\alpha L)]/\alpha$，$\alpha$ 为光纤衰减系数。

而对于 SBS 则近似满足

$$P_{th}g_BL_{eff}/A_{eff} \approx 21$$

理论和实践证明，对于单路系统，能够产生系统性能损伤的 SRS 阈值大约为 1W，由于 g_B 比 g_R 大两个数量级，因而 SBS 的阈值低到只有 1mW 左右。

光受激散射一方面将引起信道间的串扰，如图 2.17 所示；另一方面它又可以把泵浦光的能量转换为光信号的能量，实现光放大作用，制成光纤拉曼放大器和光纤布里渊放大器。有关光纤拉曼放大器的介绍将安排在第 4 章讨论。

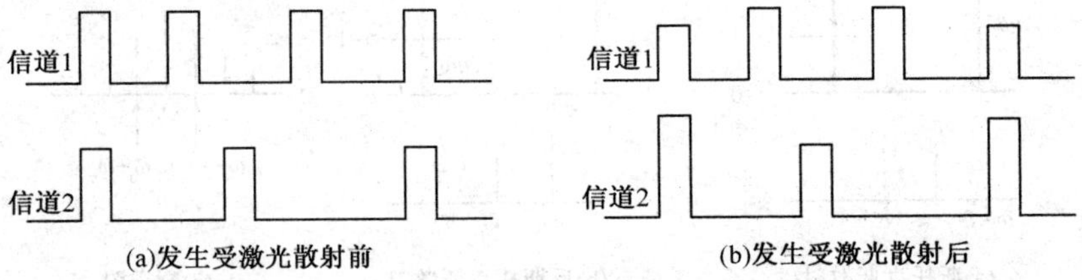

图 2.17 受激光散射对两通信信道的影响

2. 非线性折射率

在低光功率下，纤芯的折射率可以认为是常数。但在高光功率下，三阶非线性效应使得光纤折射率成为光强的函数，可表示为

$$n = n_0 + n_2P/A_{eff} \tag{2.30}$$

式中，n_0——光纤正常的折射率；

P——传输的光功率；

n_2——光纤由于光功率密度变化引起的折射率变化系数（通常称为 Kerr 系数）。

虽然这种与功率相关的非线性折射率非常小，但它对光信号在光纤中传播过程的影响却很显著，使光信号的相位产生调制，理论上，将引起 SPM、XPM 和 FWM 等效应。

(1) 自相位调制（SPM）

在纤芯中，非线性折射率将使导模的传播常数与光功率有关，即

$$\beta' = \beta + \gamma P \tag{2.31}$$

式中，γ——非线性系数；

$\gamma=k_0n_2/A_{eff}$，按波长不同，其值为 $2\sim30\text{W}^{-1}\cdot\text{km}^{-1}$；

k_0——真空中波数；

β——不考虑非线性时的传播常数。

由此产生的非线性相移为

$$\phi_{NL} = \int_0^L (\beta' - \beta)\mathrm{d}z = \int_0^L \gamma P(z)\mathrm{d}z = \gamma P_{\mathrm{in}} L_{\mathrm{eff}} \tag{2.32}$$

式中，$P(z)=P_{\mathrm{in}}\exp(-\alpha z)$，$P_{\mathrm{in}}$为输入光功率。这种由光场自身产生非线性效应引起的非线性相移称为自相位调制。时变的相移表明脉冲中心频率两侧有不同的瞬时频率，导致正啁啾，从而在光纤色散的作用下，引起脉冲展宽等效应。

(2) 交叉相位调制（XPM）

两个或两个以上的信道使用不同载频同时在光纤中传输时，式（2.30）给出的折射率与光功率的关系也可以导致另一种叫做 XPM 的效应。这样某一信道的非线性相位移不仅与本信道功率有关，而且与其他信道的功率有关，并且位移量依信道的码形变化。第 j 个信道的非线性相位移为

$$\phi_j^{NL} = \gamma L_{\mathrm{eff}}\left(P_j + 2\sum_{m\neq j}^{M} P_m\right) \tag{2.33}$$

式中，M——总的信道数；

P_j——第 j 个信道的功率（$j=1$，2，…，M）；

2——因子，对于相同的功率，XPM 是 SPM 的两倍。

因此交叉相位调制在多信道系统中是主要的功率限制因素。

(3) 四波混频（FWM）

四波混频是起源于折射率的光致调制的参量过程，需要满足相位匹配条件。从量子力学的观点来看，它就是一个或几个光波的光子湮灭，同时产生了几个不同频率的新光子，在此参量过程中，净能量和动量（波矢量）是守恒的。FWM 大致可以分为两种情况。一种是三个光子合成一个光子的情况，新光子的频率$\omega_4=\omega_1+\omega_2+\omega_3$。由于很难在光纤中满足相位匹配条件，高效地实现上述过程是十分困难的。另一种情况则是对应频率为 ω_1 和 ω_2 两光子的湮灭，产生频率为 ω_3 和 ω_4 的新光子。此过程中能量守恒和相位匹配条件分别如下，即

$$\omega_1 + \omega_2 = \omega_3 + \omega_4, \Delta k = k_3 + k_4 - k_2 - k_1 = 0 \tag{2.34}$$

在 $\omega_1=\omega_2$ 的特定条件下，光纤中满足 $\Delta k=0$ 的条件相对容易些。研究表明，光纤的色散系数越接近于零、系统复用波长数量越多、信道间隔越窄，越容易满足相位匹配条件。

2.4　几种常用于光纤通信系统的光纤

光纤是优良的光波传输介质，目前已广泛应用于光纤通信网络，然而它的损耗特性、色散特性以及非线性效应将影响光纤通信系统的传输质量。为适应不同的光传输系统，人们开发了多种类型的光纤光缆。下面介绍几种目前常用于光纤通信网络的光纤。

2.4.1　G.652 光纤

目前，世界上大多数的国家使用最多的光纤是 G.652 光纤，即标准单模光纤(SMF)。G.652 光纤是 20 世纪 80 年代初期就已经成熟并实用化的一种光纤。这种光纤

的特点如下。

1）在 1310nm 波长处的色散为零。

2）在波长为 1550nm 附近衰减系数最小，约为 0.22dB/km，但在 1550nm 附近其具有最大色散系数，为 17ps/(nm·km)。

3）工作波长既可选在 1310nm 波长区域，又可选在 1550nm 波长区域，它的最佳工作波长在 1310nm 区域。由于工作在 1550nm 窗口的掺铒光纤放大器（EDFA）的实用化，1550nm 窗口已成为 G.652 光纤的主要工作窗口。

但是，G.652 光纤在 1550nm 窗口的较高色散系数限制了高速光缆系统的开通。实验证明：在 G.652 光纤上传输 10Gb/s 系统，即使采用外调制技术，其色散受限距离也只有 58km。这与未来长距离传送的目标距离（一般在 120km 以上）是有很大差距的。因此，高速率的传输系统要求采取色散补偿的方式降低 G.652 光纤在 1550nm 处的色散系数，例如在 G.652 光纤线路中加入一段色散补偿模块。但由于采用色散补偿模块，会引入较高的插入损耗，系统必须使用光纤放大器，造成系统建设成本的提高。因此在骨干传输网上，利用 G.652 光纤开通高速、超高速系统不是今后的发展方向，人们更倾向于采用新光纤来传输 10Gb/s 的 TDM 系统。

2.4.2 G.653 光纤

G.653 即色散位移光纤（DSF），它是通过改变光纤的结构参数、折射率分布形状，力求加大波导色散，从而将最小零色散点从 1310nm 位移到 1550nm，实现 1550nm 处最低衰减和零色散波长一致，并且在 EDFA 的 1530～1565nm 工作波长区域内。这种光纤非常适合于长距离单信道高速光放大系统，如可在这种光纤上直接开通 20Gb/s 系统，不需要采取任何色散补偿措施。

但是，随着波分复用研究的深入，发现 DSF 有一致命弱点，即工作区内的零色散点是导致非线性四波混频效应的源泉。一般来讲，四波混合的效率取决于通路间隔和光纤的色散。通路间隔越窄，光纤色散越小，四波混合的效率也就越高，而且一旦四波混合现象产生，就无法用任何均衡技术来消除。因此 DSF 在 DWDM 系统中应用较少。

2.4.3 G.655 光纤

G.655 即非零色散光纤（NZDSF），也叫无零色散光纤，它是针对 G.652 光纤和 G.653 光纤在 DWDM 系统使用中存在的问题开发出来的，通过改变折射剖面结构的方法来使得光纤在 1550nm 波长色散不为零，并使零色散点移到 1550nm 窗口，从而与光纤的最小衰减窗口获得匹配，使 1550nm 窗口同时具有最小色散和最小衰减，它在 1530～1565nm 之间光纤的典型参数为：衰减系数＜0.25dB/km，色散绝对值保持在 1.0～6.0ps/(nm·km)，避开了零色散区，维持了一个起码的色散值，避免了严重的四波混频现象，从而可以比较方便地开通多波长 WDM 系统。另一方面，色散值又不是太大，不至于对 10Gb/s TDM 系统造成色散受限。即使单波长传输 10Gb/s TDM 系统，其色散受限距离仍可达 300km 左右，因而较好地同时满足 TDM 和 WDM 两种发展方向的要求。

由于 ITU-T G.655 建议中只要求色散的绝对值为 1.0～6.0ps/（nm・km)，对于它的正负并没有明确规定，因而 G.655 光纤的工作区色散既可以为正值，也可以为负值。它的零色散点可以位于低于 1550nm 的短波长区（相对而言），也可位于高于 1550nm 的长波长区。这两种情况都能满足光纤对色散值的要求。根据零色散点和模场直径的不同，现在市场上的 G.655 光纤主要有 3 种，即全波光纤、SMF-LS 光纤和大有效面积 LEAF 光纤。

1. 全波光纤

全波光纤是 Lucent 公司生产的一种典型的工作区为正色散的光纤，它的零色散点在 1530nm 以下的短波长区。在 1530～1565nm 的光放大区，色散系数在 1.3～5.8ps/(nm・km)。在 1549～1561nm 这个最常用的 EDFA 增益平坦区，色散系数在 2.0～4.0ps/(nm・km)，这个值已足以消除四波混频的相位匹配效应，从而基本避免了非线性影响；而低色散系数又不至于对系统造成色散受限。在大多数陆地传输系统应用场合（传输距离为几百公里范围），正色散引起的 SPM 可以压缩脉冲宽度，从而有利于减轻色散的压力。但是它会带来调制不稳定性（MI）效应，MI 效应随光功率的提高和系统距离的延长而增长。尽管如此，到现在为止，有关全波光纤陆地 WDM 系统的应用似乎并没有出现很大的问题。

2. SMF-LS

SMF-LS 光纤是康宁公司生产的具有负色散工作区的光纤，它的零色散点处于长波长区 1570nm 附近，在 1530～1565nm 区，光纤的色散值为负值，处于－3.5～－0.1ps/(nm・km)之间，在 1549～1561nm 区，其色散值在－0.1ps/(nm・km)左右，这对于通路数多于 16 个的 DWDM 系统是不利的。SMF-LS 光纤在进行超长距离传输时，积累的色散为负值。因此，只需要采用常规 G.652 光纤就可以进行色散补偿，而全波光纤则需要价格昂贵的色散补偿光纤 DCF。SMF-LS 光纤在越洋海缆中得到了广泛的应用。

3. 大有效面积光纤

为适应更大容量、更长距离的 DWDM 系统的应用，康宁公司开发出一种新型的大有效面积光纤（LEAF)，与普通 G.655 光纤一样，它也对光纤的零色散点进行了移动，使 1530～1565nm 区间的色散值保持在 1.0～6.0ps/(nm・km)，色散为正值，避开了零色散区，维持了一个起码的色散值。LEAF 光纤的特殊之处在于大大增加了光纤的模场直径，从普通 G.655 光纤的 8.4μm 增长到 LEAF 光纤的 9.6μm，从而增加了光纤的有效面积，即从 55μm^2 增加到 72μm^2。在相同的入纤功率时，降低了光纤中传播的功率密度，减少了光纤非线性系数，同时也减小了光纤的非线性效应。在相同的中继距离时，减少了非线性干扰，可以得到更好的光信噪比（OSNR)。从全光网络的发展来看，LEAF 光纤代表着光纤发展的方向。

但是，LEAF 的缺点是色散斜率太大，约为 0.1ps/(nm^2・km)，因此传输距离很长时，功率代价变大，另外其MFD也偏大，因此微弯和宏弯损耗需仔细控制。

习题与思考题

1. 阶跃光纤和渐变光纤的主要区别是什么？

2. 何谓模式截止？光纤单模传输的条件是什么？单模光纤中传输的是什么模式？

3. 计算$n_1=1.48$及$n_2=1.46$的阶跃折射率光纤的数值孔径。如果光纤端面外介质折射率$n=1.00$，则允许的最大入射角θ_{max}为多少？

4. 弱导阶跃光纤纤芯和包层折射率指数分别为$n_1=1.5$，$n_2=1.45$，试计算：

(1) 纤芯和包层的相对折射率差Δ。

(2) 光纤的数值孔径NA。

5. 已知一阶跃折射率光纤，$n_1=1.5$，$\Delta=0.002$，$a=6\mu m$，当波长分别为 (1) $\lambda_0=1.55\ \mu m$；(2) $\lambda_0=1.30\ \mu m$；(3) $\lambda_0=0.85\ \mu m$，求光纤中传输哪些导模？

6. 由光源发出的$\lambda=1.31\mu m$的光，在$a=25\mu m$，$\Delta=0.01$，$n_1=1.45$，光纤折射率分布为阶跃型时，光纤中导模的数量为多少？

7. 一根数值孔径为0.20的阶跃折射率多模光纤在850nm波长上可以支持1000个左右的传播模式。试问：

(1) 纤芯直径是多少？

(2) 在1310nm波长上可以支持多少个模？

(3) 在1550nm波长上可以支持多少个模？

8. 某光纤在1310nm处的损耗为0.6dB/km，在1550nm波长处的损耗为0.3dB/km。假设下面两种光信号同时进入光纤：1310nm波长的150μW的光信号和1550nm波长的100μW的光信号。试问这两种光信号在8km和20km处的功率各是多少？以μW为单位。

9. 一段12km长的光纤线路，其损耗是1.5dB/km。试回答：

(1) 如果在接收端保持0.3μW的接收光功率，则发送端的功率至少为多少？

(2) 如果光纤的损耗变为2.5dB/km，则所需的输入光功率为多少？

10. 有10km长，NA=0.30的多模阶跃折射率光纤。如果其纤芯折射率为1.45，计算光纤带宽。

11. 光纤中色散有几种？单模传输光纤中主要是什么色散？多模传输光纤中主要存在什么色散？

12. 请分析单模石英光纤中存在哪几种散射，它们的产生需要哪些条件？

13. 请分析比较G.652光纤、G.653光纤和G.655光纤（包括全波光纤、SMF-LS光纤及LEAF光纤）之间的优缺点及其具体应用场合。

第 3 章　光发送机和光接收机

本章提要

光端机位于电端机和光纤之间，包括光发送机和光接收机两大部分。光发送机是将电端机发出的电信号转换成符合一定要求的光信号后，送至光纤传输，完成的是电/光转换的过程；光接收机是将光纤传输过来的光信号转换成电信号，并送至电端机处理，完成光/电转换的过程。

本章首先讨论激光产生原理，在此基础上介绍光源发光原理、工作特性以及光源的调制，接着讨论光发送机的构成。在光接收部分，首先介绍光接收机中常用光检测器件工作机理及特点，最后介绍光接收机的结构和性能指标。

3.1　激光产生的物理基础

3.1.1　能级的跃迁

1. 能级概念

原子是由原子核和核外电子组成，核外电子围绕原子核旋转，每个电子的运行轨道并不是相同的，各代表不同的量子态，在最里层的轨道上量子态所取的能量最低，最外层的轨道量子态能量最高，这些不同的轨道运行时相应的能量值称为能级。

为了形象地描述量子态所取的能级，人们用能级图来表示。能级图就是用一系列高低不同的水平横线来表示各个量子态所能取的能级 E_1、E_2、E_3、E_4……同一能级往往有好几个量子态，根据泡利不相容原理，同一量子态不可能有两个电子。以硅原子为例，如图 3.1 所示，原子中有 14 个电子围绕原子核旋转，分别位于 5 个能级上，最里层 E_1 有两个量子态，其次能级 E_2 有 8 个量子态……

2. 能级的跃迁

原子中的电子可通过与外界交换能量的方式发生电子跃迁，电子跃迁交换的能量有热能、光能，分别为热跃迁和光跃迁，这里只讨论光跃迁。

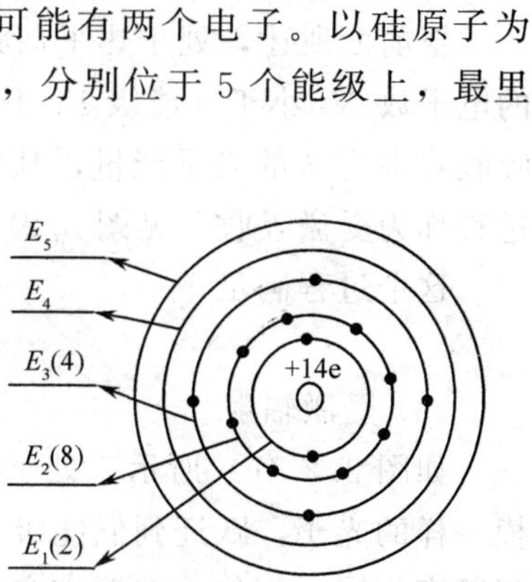

图 3.1　硅原子的能级

为了简化，考虑两能级的系统，低能级 E_1 和高能级 E_2，设处于高能级 E_2 和低能级 E_1 上的电子数分别为 N_2 和 N_1，当系统处于热平衡状态时，存在下面的分布：

$$\frac{N_2}{N_1} = \exp\left(-\frac{E_2 - E_1}{KT}\right) \tag{3.1}$$

式中，K——波尔兹曼常数，$K=1.381\times10^{-23}$J/K；

T——绝对温度。

由于（E_2-E_1）>0，$T>0$，所以在这种状态下，总是 $N_1>N_2$，这说明电子总是首先占据能量低的能级。

对于大量原子组成的体系来说，同时存在光的自发辐射、受激吸收、受激辐射三个过程，图 3.2 为三种能级跃迁的方式。

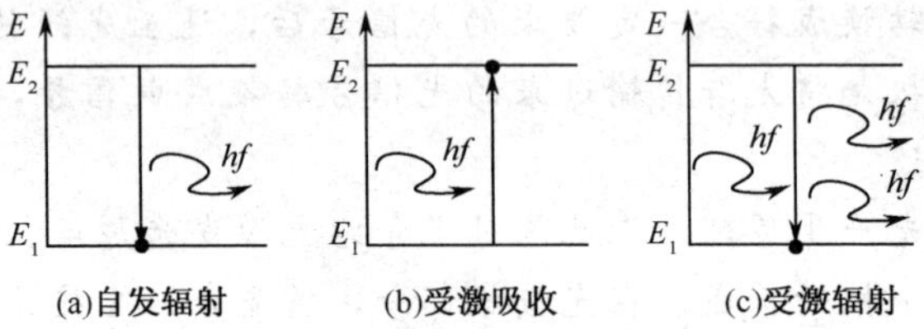

图 3.2　三种能级跃迁方式

（1）自发辐射

高能级 E_2 上的电子不稳定，会按一定的概率自发地跃迁到低能级 E_1 上与空穴复合，释放的能量以光子的形式辐射，称为自发辐射，见图 3.2（a）。

自发辐射所辐射的光子能量与两能级之间的关系为

$$E_2 - E_1 = hf \tag{3.2}$$

式中，f——自发辐射发光的频率；

h——普朗克常数，$h=6.628\times10^{-34}$J/K。

自发辐射光的特点是：所发光的频率、相位、偏振方向都不相同，是非相干光，这是由于自发辐射光产生的特点就是自发的、随机的。

（2）受激吸收

据前面所述，处于热平衡状态下的系统，电子总是优先占据低能级，高能级 E_2 上的电子数 N_2 小于低能级 E_1 上的电子数 N_1。处于低能级上的电子在入射光的作用下，吸收频率为 f 的光子能量，从低能级 E_1 跃迁到高能级 E_2 上。这种因受激而吸收光的过程称为受激吸收，见图 3.2（b）。

这个过程满足

$$E_1 + hf = E_2 \tag{3.3}$$

（3）受激辐射

如图 3.2（c）所示，处于高能级 E_2 的电子在入射光作用下，发射一个和入射光一模一样的光子，跃迁到低能级 E_1 上。这里所谓的一模一样是指发射光子和入射光子不仅频率相同，相位、偏振方向和传播方向都是相同的，所以受激辐射光是相干光。

设入射光的频率为 f，则受激辐射光频率也为 f，f 满足

$$hf = E_2 - E_1 \tag{3.4}$$

受激辐射光与自发辐射光的区别在于，受激辐射的发光过程不是自发的，而是受到外来光激发的，受激辐射光是相干光而自发辐射光是非相干光。

3. 粒子数反转、光的吸收和放大

（1）光的吸收

当某物质与外界处在热平衡状态下，低能级的粒子（电子）数 N_1 总是大于高能级的粒子（电子）数 N_2。在这种分布状态下，当有光入射时，必然是受激吸收占主要地位，不会出现发光现象，光波经过该物质时强度按指数规律衰减，光波被吸收。这就是光的吸收。

（2）粒子数反转分布

如果外界向这个物质提供了能量，就会使得低能级上的电子获得能量大量地激发到高能级上去，像一个泵不断地将低能级上的电子“抽运”到高能级上，人们称这个能量为激励或者泵浦过程，从而达到高能级上的粒子数 N_2 大于低能级上的粒子数 N_1 的分布状态，这种状态称为粒子数反转分布状态。

（3）光的放大

由于 $N_2>N_1$，因此这时如果有外来的入射光照射，就会出现：受激辐射＞受激吸收，进而出现发光现象，就有可能实现光的放大作用。

通过前面对受激吸收和受激辐射的分析可以看出，当物质在外部能量作用下达到粒子数反转的分布状态时，高能级上的大量电子就会在受到外来入射光子的激发下，发射出与入射光子的频率、相位、偏振方向、传播方向完全相同的激发光，这样，就实现了用一个弱的入射光激发出一个强的出射光的光放大过程。

3.1.2 激光器的一般工作原理

激光器是1960年由美国人梅曼发明的一种新型光源。它利用受激辐射原理，是一种方向性好、强度很高、相干性好的光源。这种光源不同于过去人们熟悉的普通光源，如白炽灯、日光灯是通过发光介质自发辐射实现的发光。由于自发辐射是各自独立的、随机的，各个光子之间没有固定的关系，所发光的传播方向是四面八方的，而且强度低，相干性差。

根据前面的讨论，形成激光显然需要具备以下三个方面的条件。

1）要有一个合适的激光工作物质（发光介质）。

2）需要一个能保证粒子数反转分布的激励能源——泵浦源。

满足这两个条件后就可以使受激辐射的作用超过受激吸收的作用，有可能实现光放大，但是仅此还不一定能形成激光，因为虽然实现了粒子数反转分布，高能级上的电子可以通过受激辐射发出光子，但也可以通过自发辐射发出光子。这里，如果自发辐射占了主导地位，这样，这个光源就不是激光器，而是一个普通光源。所以，产生激光还必须考虑另一个条件。

3）把激光工作物质置于光学谐振腔。

所谓光学谐振腔，最简单实现的办法就是在激光工作物质两端分别加上一块平面反射镜，使受激辐射产生的光子在两块反射镜之间往复反射，两块反射镜中的一块，其反射率理想情况应为100%，另一块需要开一个孔以便输出激光，故反射率应在90%左右。激光器的构成原理如图3.3所示。

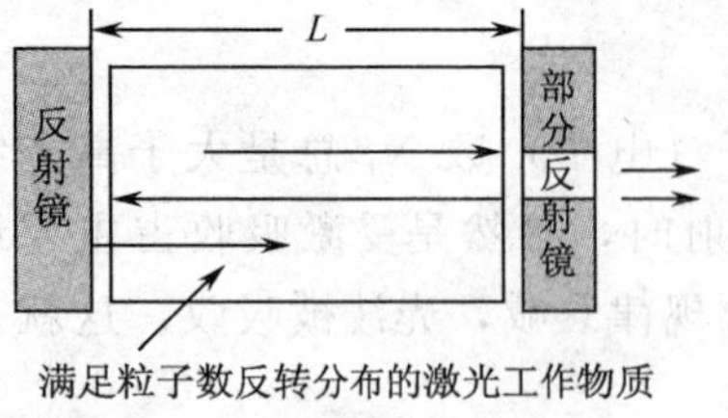

图3.3 激光器的构成原理

有了光学谐振腔，其中沿着光学谐振腔轴线传播的光可以在两个反射镜之间往复传播，在这个过程中一边传播一边激发高能级上的电子跃迁到低能级上发光。这种由于光学谐振腔而产生的往复传播作用，相当于延长了激光工作物质的长度，从而使其中的光能密度不断增加，这样可以使受激辐射的概率远大于自发辐射的概率，从而使得沿光学谐振腔轴线传播的光，在粒子数反转分布的条件下，受激辐射占了绝对优势。

以上讨论的是构成一个激光器应具有的先决条件：激光工作物质、泵浦源、光学谐振腔，除此以外，产生激光还必须满足以下两个方面的条件。

1）光的增益和损耗应满足平衡条件——阈值条件：

$$G_0 = \alpha_i + \frac{1}{2L}\ln\frac{1}{R_1R_2} \tag{3.5}$$

式中，G_0——光功率的小信号增益系数；

α_i——损耗系数；

L——光学谐振腔的长度；

R_1、R_2——激光器两个反射镜的反射率。

式（3.5）表示的是激光器产生激光的阈值条件，即激光器的小信号增益系数G_0必须满足的一个下限值，只有大于或等于这个值，激光器才能产生激光振荡。

2）在谐振腔中，还要满足相位平衡条件的光波，才能往复反射得到加强，即

$$\Delta\varphi = \frac{2\pi}{\lambda_q}2L = 2\pi q \tag{3.6}$$

式中，$q=1, 2, 3, \cdots$

式（3.6）为相位平衡条件，其中λ_q为光在激光工作物质中传播时的波长，$2\pi/\lambda_q$是光在激光物质中每传播单位长度时的相位变化。

值得注意的是，由于光波在介质中传播速率与真空中的传播速率不同，因此光波在介质中传播的波长与在真空中传播的波长是不一样的，但是它们的频率是相同的，它们之间有以下关系

$$n = \frac{c}{v} = \frac{\lambda_{0q}f_{0q}}{\lambda_q f_q} = \frac{\lambda_{0q}}{\lambda_q} \quad (\text{且 } f_{0q} = f_q) \tag{3.7}$$

式中，n——折射率；

λ_{0q}——真空中光波的波长；

f_{0q}和f_q——真空和介质中的光波频率。

综合式（3.6）和式（3.7）化简后，就可以得出光学谐振腔中能够存在的光波的波长为

$$\lambda_{0q} = n\frac{2L}{q} \tag{3.8}$$

通过上述分析可以看出以下几个问题。

1）从式（3.8）可以看出，随着 q 的一系列取值，λ_{0q} 也有一系列不连续的值。因此，谐振腔中不止存在一个频率，而是存在多个频率，但是只有满足条件（3.5），即那些有增益，且小信号增益大于平均损耗系数的光波才能存在。

2）光学谐振腔中，不同 q 值的一系列取值对应于沿谐振腔纵方向（轴向）一系列不同的电磁场分布状态，一种分布就是一个激光器的纵模。

3）激光器的谐振腔中，在垂直于轴线的横方向有一系列不同的电磁场分布，它被称为激光器的横模，这是由于光波偏离轴向传播而引起的。

3.2　半导体激光器和发光电二极管

3.2.1　半导体激光器的发光机理

1. 半导体材料的能带

自 1960 年红宝石激光器问世以来，已研制出许多类型的激光器，如固体激光器、气体激光器、半导体激光器（LD）等。由于 LD 具有体积小、质量轻、效率高、寿命长、调制方便、发射波长与光纤的三个波长窗口相符等优点，在光纤通信中得到广泛应用。根据讨论的激光器的一般工作原理，下面介绍 LD 是怎样产生激光的，以及它的工作特性。首先从半导体材料的能带说起。

（1）本征半导体的能带分布

锗、硅、GaAs 等一些重要的半导体材料，都是典型的共价晶体。每个原子最外层的电子和邻近的原子形成共价键，整个晶体是通过这些共价键把原子联系起来。

形成共价键的价电子所占据的能带称为价带，用 E_v 来表示，价带能量低，它有可能被占满，也可能被占据了一部分；价带上面能量高的能带称为导带，用 E_c 来表示，这是最高的能带，未被电子填满。因此在电场作用下，由于电子的运动能产生电流；导带底与价带顶这段能带宽度称为禁带，用 E_g 来表示，禁带是电子不能占据的能带，如图 3.4 所示。

图 3.4　导带、价带和禁带

（2）费米-狄拉克统计分布

半导体中的电子虽然是做无规则运动，但是对于大量电子所组成的近独立体系，每个能量为 E 的单电子态，被电子占据的概率 $f(E)$ 服从费米分布函数，$f(E)$ 可表示为

$$f(E) = \frac{1}{1 + \exp\left(\dfrac{E - E_f}{KT}\right)} \tag{3.9}$$

式中，E——某一能级的能量值；

E_f——费米能级。

费米能级不是一个可以被电子占据的实在的能级，它是反映电子在各能级中分布情况的参量，具有能级的量纲。对于具体的电子体系，在一定温度下，只要把费米能级确定以后，电子在各量子态中的分布情况就完全确定了。费米能级的位置，由系统的总电子数、系统能级的具体情况以及温度等所决定。对于本征半导体，在较低温度下，费米能级的位置处于禁带的中心；对于掺杂的半导体，随着掺杂的不同费米能级的位置也不同。

由费米分布函数可知，当 $E=E_f$ 时，$f(E)=1/2$，即能级 E 上被电子占据的概率和空着(或称被空穴占据)的概率相等；当 $E<E_f$ 时，$f(E)>1/2$，能级 E 被电子占据的概率大于空着的概率，如果 $E-E_f \ll KT$，则 $f(E)\to 1$，这样的能级几乎被电子所占据；当 $E>E_f$ 时，$f(E)<1/2$，能级 E 被电子占据的概率小于空着的概率；如果 $E-E_f \gg KT$，则能级基本上都被空穴所占据。

(3) 各种半导体中电子的统计分布

根据费米分布，可以画出各种半导体电子的统计分布，如图 3.5 所示。

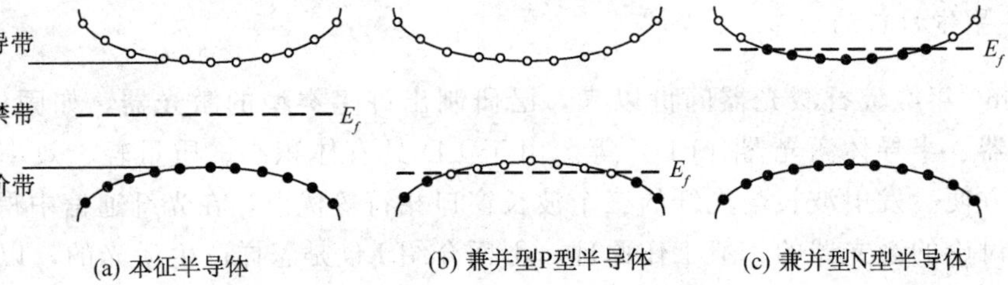

图 3.5 半导体中电子的统计分布

本征半导体在低温下，费米能级处于禁带的中心位置。价带中所有的状态都由电子(浓黑点）填充，而导带中所有的状态都由空穴（空心小圆圈）占据，如图 3.5(a)所示。

对于 P 型半导体，由于受主杂质的掺入，费米能级的位置比本征半导体要低，处于价带顶和受主杂质能带之间。对于重掺杂的 P 型半导体，杂质能带和价带连成一片，费米能级进入价带。费米能级进入价带的半导体称为兼并型 P 型半导体，如图 3.5(b)所示。

图 3.5（c）表示兼并型 N 型半导体中电子的统计分布。在这种半导体中，施主杂质能带和导带连成一片，费米能级进入导带。

(4) PN 结的形成

P 型半导体中存在大量带正电的空穴，同时存在着等量的带负电的电离受主，因而表现出电中性。在 N 型半导体中，自由电子是多数载流子，它和等量的带正电的电离施主在电性上也相互抵消。

当 P 型半导体和 N 型半导体形成 PN 结时，载流子的浓度差引起扩散运动，P 区的空穴向 N 区扩散，剩下带负电的电离受主，从而在靠近 PN 结界面的区域形成了一个带负电的区域。同样，N 区的电子向 P 区扩散，剩下带正电的电离施主，从而造成一个带正电的区域。这样一来，载流子扩散运动的结果形成了一个空间电荷区，如图 3.6 所示。在空间电荷区里，电场的方向由 N 区指向 P 区，这个电场称为“自建场”。在自建场的作用下，载流子将产生漂移运动，漂移运动的方向正好与扩散运动相反。开始时，扩散运动占优势，但随着自建场的加强，漂移运动也不断加强，最后漂移运动完全抵消了扩散运动，达到动态平衡状态，此时通过 PN 结的净电流为零。

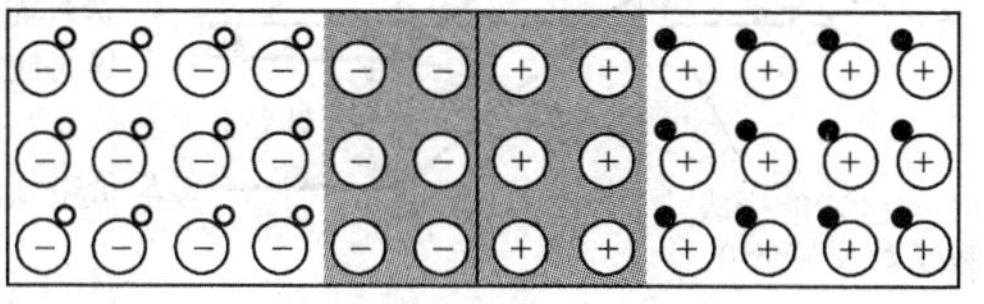

图 3.6　PN 结的形成

当 PN 结加上正向电压时，外加电压的电场方向正好和自建场方向相反，削弱了自建场，这时，扩散运动超过了漂移运动，P 区的空穴通过 PN 结源源不断地流向 N 区，N 区的电子也流向 P 区，形成正向电流。由于 P 区的空穴和 N 区的电子都是多数载流子，因此这股正向电流是大电流。当 PN 结加反向电压时，外电场和自建场的方向相同，多数载流子将背离 PN 结的交界面移动，使空间电荷区加宽。空间电荷区内电子和空穴都很少，变成高阻层，因而反向电流非常小。这就是 PN 结具有单向导电性的原因。

(5) PN 结的能带

图 3.6 中示出了兼并型 P 型和 N 型半导体，由于一个热平衡系统只能有一个费米能级，这就要求在 P 区和 N 区高低不同的费米能级达到相同的水平，如果 N 区的能级位置保持不变，那么 P 区的能级应该提高，从而使 PN 结的能带发生弯曲。

图 3.7 表示的是热平衡状态下 PN 结的能带，PN 结能带弯曲正反映了空间电荷区的存在。在空间电荷区内，电场从 N 区指向 P 区，这说明 P 区相对于 N 区为负电荷，用 $-U_D$ 来表示，叫做接触电位差或叫 PN 结的势垒高度，P 区所有能级的电子都附加了 $(-e_0)\cdot(-U_D)=e_0U_D$ 的位能，从而使 P 区的能带相对于 N 区来说提高了 e_0U_D。

正向电压施加以后，削弱了原有自建场，使势垒降低。如果 N 区的能带还是保持不变，则 P 区的能带应向下移动，下降的数值为 e_0U $(U<U_D)$。在这种非热平衡状态下，费米能级随之发生了分裂，在 PN 结出现了两个准费米能级，N 区和 P 区的准费米能级分别为 E_{fc} 和 E_{fv}，两者之间的关系满足关系式：$E_{fc}-E_{fv}=e_0U$。

在正电压的作用下，P 区的空穴和 N 区的电子不断地注入 PN 结区，这样使得 PN 结形成了一个增益区，也称为有源区，在 E_{fc} 和 E_{fv} 之间，导带主要由电子占据，价带主要由空穴占据，从而实现了粒子数反转，这个区域对光子能量满足下述条件的光子有光放大作用：

$$E_g < h\upsilon < e_0U \tag{3.10}$$

LD 的激射就发生在这个增益区即有源区，如图 3.8 所示。

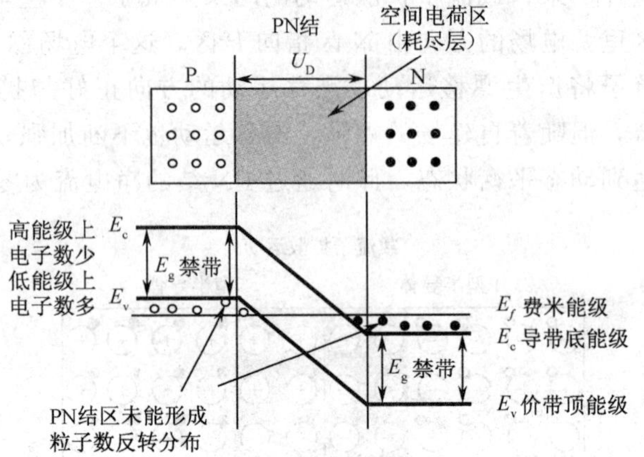

图 3.7　热平衡状态下 PN 结的能带

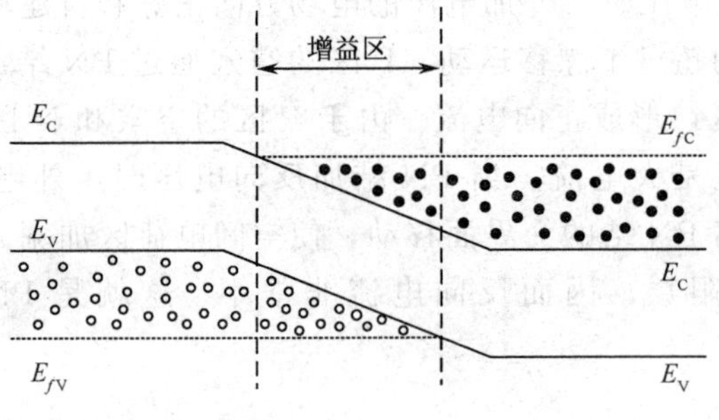

图 3.8　外加正向偏压后 PN 结能带分布

2. 半导体激光器的发光原理

和任何类型的激光器一样，在 LD 中要形成激光，同样需要具备以下两个基本条件，一是有源区里产生足够的粒子数反转分布；二是存在光学谐振腔机制，并在有源区里建立起稳定的振荡。

LD 的初始光场来自于导带和价带的自发辐射，频谱较宽，方向也杂乱无章。在自发辐射光的入射下，有源区里实现了粒子数反转以后，受激辐射占据主导地位，只有满足光学谐振腔振荡一定条件的光波才被不断放大，形成稳定的光振荡。在半导体激光器中，光振荡的形式主要采取两种方式：一种是用晶体天然的解理面形成法布里-珀罗谐振腔（F-P 腔），这种激光器称为 F-P 激光器；另一种是利用有源区一侧的周期性波纹结构提供光耦合来形成光振荡，如分布反馈式（DFB）激光器。

早期研制的激光器是简单的 PN 结 LD，又称同质结 LD，它的缺点是对光波和载流子的限制不完善，从而使激光器需要的阈值电流大，这显然是不利的。为了克服上述缺点，人们研制出一种称为单异质结（SH）激光器和双异质结（DH）激光器的 LD，简称为异质结激光器。由于篇幅所限，现仅对 DH 激光器进行介绍。

图 3.9 示出的是 DH 激光器的条形结构，这种结构由三层不同类型的半导体材料组成，不同材料发射不同的光波长。结构中间有一层厚 0.1～0.3μm 的窄带隙 P 型半导体，称为有源层；两侧分布为宽带隙的 P 型和 N 型半导体，称为限制层。三层半导体置于基片（衬底）上，前后两个晶体解理面作为反射镜构成 F-P 谐振腔。

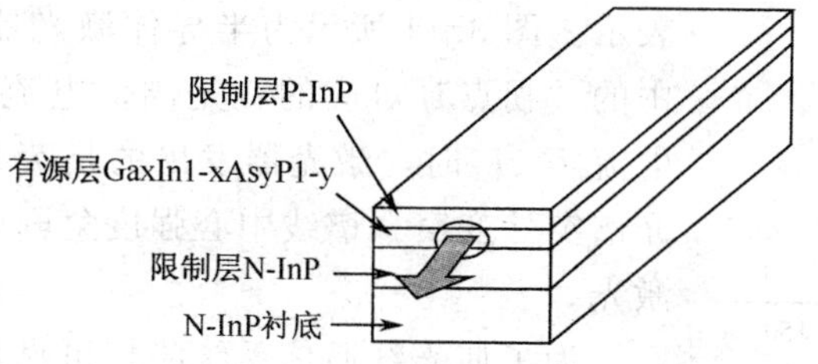

图 3.9　长波长双异质结（DH）平面条形激光器的基本结构

图 3.10 所示为 DH 激光器的工作原理。由于限制层的带隙比有源层宽，施加正向偏压后，P 层的空穴和 N 层的电子注入有源层。P 层带隙宽，导带的能态比有源层高，对注入电子形成了势垒，注入到有源层的电子不可能扩散到 P 层。同理，注入到有源层的空穴也不可能扩散到 N 层。这样，注入到有源层的电子和空穴被限制在厚 0.1～0.3μm 的有源层内形成粒子数反转分布，这时只要很小的外加电流，就可以使电子和空穴浓度增大而提高效率。另一方面，有源层的折射率比限制层高，产生的激光被限制在有源区内，因而光电转换效率很高，输出激光的阈值电流很低，很小的散热体就可以在室温下连续工作。

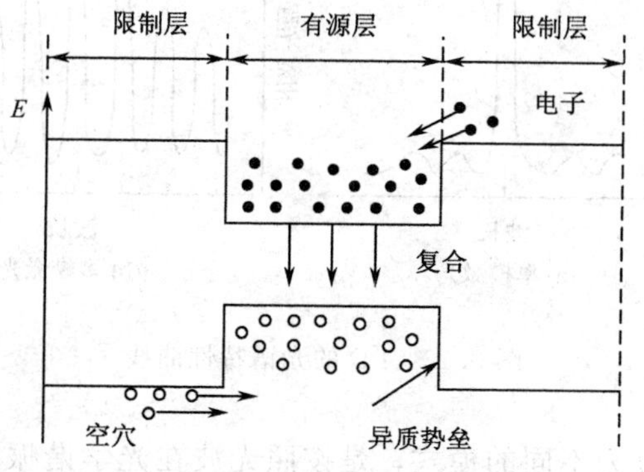

图 3.10　DH 激光器工作原理

3.2.2 半导体激光器的工作特性

1. 阈值特性

对于半导体激光器来说，当外加正向电流达到某一值时，输出光功率将急剧增加，这时将产生激光振荡，这个电流值称为阈值电流，用 I_{th} 表示。图 3.11 所示为半导体激光器的输出特性曲线，图中的“拐点”对应的就是阈值电流 I_{th}。当激光器的注入电流 $I<I_{th}$ 时，激光器发出的是荧光；当 $I>I_{th}$ 时，发射光谱突然变窄，谱线中心强度急剧增加，表明激光器发出激光。

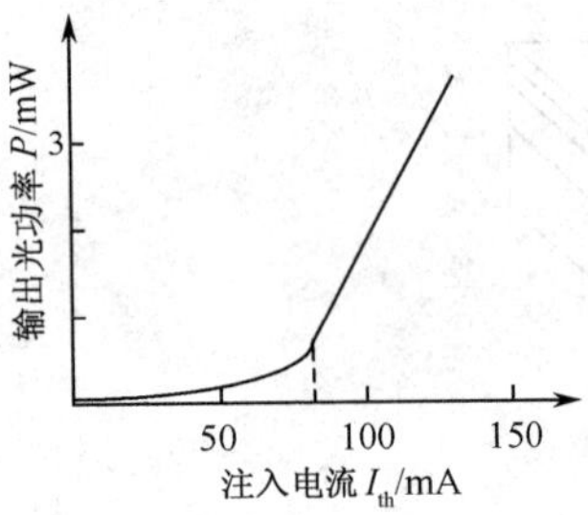

图 3.11 LD 的 P-I 特性曲线

为了使光纤通信系统稳定可靠地工作，希望阈值电流越小越好。目前，最好的半导体激光器的阈值电流可小于 10mA。

2. 光谱特性

LD 发出的激光有单模和多模之分。单模激光是指 LD 发出的激光是单纵模（SLM），其光谱只有 1 根谱线，谱线峰值波长称为中心波长，谱线宽度小于 0.1nm，故光谱很窄，如图 3.12（a）所示。多模激光指的是 LD 发出的激光是多纵模（MLM），其光谱有多根谱线，对应于多个中心波长，其中最大峰值波长称为主中心波长，该模式也称为主模，其他的模式称为边模，这种多纵模的谱线宽度为几个纳米，故光谱较宽，如图 3.12（b）所示。

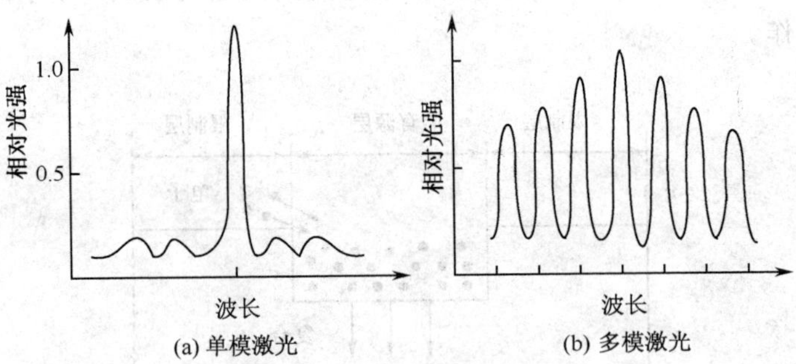

图 3.12 LD 的光谱特性曲线

LD 发出的激光划分为不同的模式，是按照光波在光学谐振腔内形成的完整驻波个数来分类的。这种分类，使得不同的模式能够反映光波不同的传播方向和不同的谐振频率（或波长）。实用中，常将激光的模式分解为纵模和横模，纵模是指沿光学谐振腔纵向（z 轴）电磁场分布模式，而横模是指沿光学谐振腔横向（x 及 y 轴）的电磁场分布模式。谐振频率主要由纵模决定，而传播方向主要由横模决定。理论指出，各个纵模的谐振频率是等间隔均匀分布的。对于一个给定的激光器，并不是所有的模式都能被激发起来，只有那些等于谐振腔的谐振频率且其光放大增益大于或等于谐振腔的固有衰减（即前面所述的阈值增益条件）的模式才能被激发起来。

光纤通信要求激光束的单色性好、频率稳定，因而希望激光是单纵模工作。另外，希望激光工作在最低阶横模上，可使激光光束的发散角小，下面描述激光光束的方向特性。

3. LD 的方向特性

LD 的方向性是指 LD 输出光束的空间发散程度。激光束的空间分布用远场和近场来描述。近场是指激光器输出反射镜面上的光强分布，远场是指离反射镜面一定距离处的光强分布。通常，LD 输出光束随着传输距离增大而逐渐发散开来。光束发散越小，光强集中的程度就越高，与光纤耦合就越容易，光束质量就更好。常用 LD 的水平发散角和垂直发散角两个特性参数来描述 LD 的方向性，其定义如下。

远场光强下降到最大值一半之处时，在垂直于 PN 结平面的方向上，对 LD 输出端面的张角大小，称为垂直发散角，用 $\theta_{\perp}$ 来表示；在平行于 PN 结平面的方向上，对 LD 输出端面的张角大小，称为平行发散角，用 $\theta_{/\!/}$ 来表示。

图 3.13 中给出了 LD 的水平发散角、垂直发散角以及远场光强分布曲线的示意。其中，图 3.13（a）中的 O 点光强就是图 3.13（b）中的光强最大值。目前，LD 器件的 $\theta_{/\!/}=15°\sim30°$，$\theta_{\perp}=40°\sim60°$。所以，LD 器件的水平方向性优于垂直方向性。LD 与光纤的耦合效率为 10%到百分之几十。

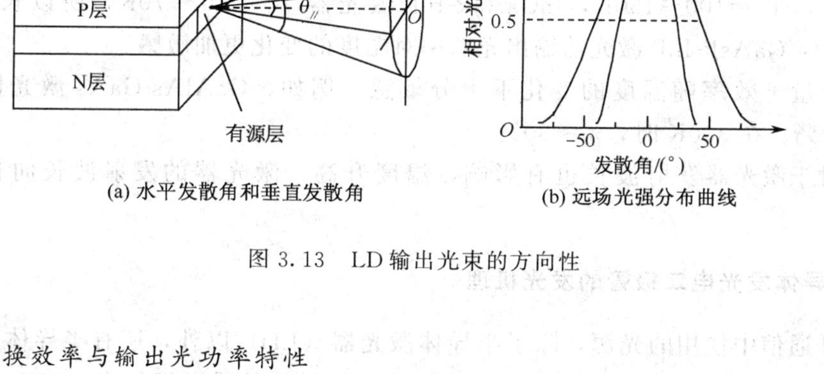

(a) 水平发散角和垂直发散角　　(b) 远场光强分布曲线

图 3.13　LD 输出光束的方向性

4. 转换效率与输出光功率特性

激光器的电/光转换效率定义为在阈值电流上，每对载流子产生的光子数用外微分量子效率 η_d 表示

$$\eta_d=\frac{(P-P_{th})/hv}{(I-I_{th})/e}=\frac{\Delta P}{\Delta I}\times\frac{e}{hv}\tag{3.11}$$

由此得到

$$P=P_{th}+\frac{\eta_d hv}{e}(I-I_{th})\tag{3.12}$$

式中，P——激光器的输出光功率；

I——激光器的输出驱动电流；

P_{th}——激光器的输出功率的阈值；

I_{th}——激光器的输出驱动电流的阈值；

$h\upsilon$——光子能量；

e——电子电荷。

从式（3.12）可以看出，功率 P 随着驱动电流 I 的增加而增加。

5. 温度特性

激光器输出光功率随温度而变化有两个原因：一是激光器的阈值电流 I_{th} 随温度升高而增大；二是外微分量子效率 η_d 随温度升高而减小。温度升高时，I_{th} 增大，η_d 减小，输出光功率明显下降，达到一定温度时，激光器就不激射了。温度变化对激光器的输出光功率的影响如图 3.14 所示。

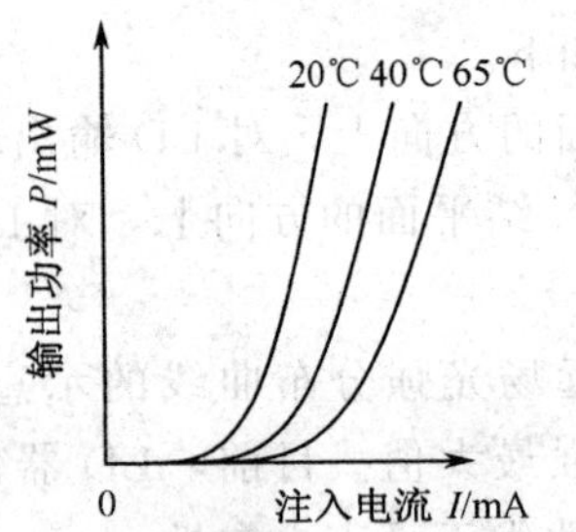

图 3.14 温度对 LD 的影响

当以直流电流驱动激光器时，阈值电流随温度的变化更加严重。当对激光器进行脉冲调制时，阈值电流随温度呈指数变化，在一定温度范围内，可以表示为

$$I_{th} = I_0 \exp\left(\frac{T}{T_0}\right) \tag{3.13}$$

式中，I_0——常数；

T——结区的热力学温度；

T_0——激光器材料的特征温度，取决于激光器的材料，GaAlAs-GaAs 激光器 $T_0=100\sim150$K，InGaAsP-InP 激光器 $T_0=40\sim70$K，所以长波长 InGaAsP-InP 激光器输出光功率对温度的变化更加敏感。

外微分量子效率随温度的变化不十分敏感，例如，GaAlAs-GaAs 激光器在 77K 时，$\eta_d \approx 50\%$；在 300K 时，$\eta_d \approx 30\%$。

温度对于激光器发射波长也有影响，温度升高，激光器的发射波长向长波长方向移动。

3.2.3 半导体发光电二极管的发光机理

在光纤通信中使用的光源，除了半导体激光器（LD）以外，还有半导体发光电二极管（LED）。LED 与 LD 的工作原理不同，LD 发射的是受激辐射光，LED 发射的是自发辐射光。LED 的结构和 LD 相似，大多是采用双异质结芯片，把有源层夹在 P 型和 N 型限制层中间，不同的是 LED 不需要光学谐振腔，没有阈值。

LED 是由 GaAsAl 类的 P 型材料和 N 型材料制成，在两种材料的交界处形成了 PN 结。若在其两端加上正偏置电压，则 N 区中的电子与 P 区中的空穴会流向 PN 结区域并复合。复合时电子从高能级范围的导带跃迁到低能级范围的价带，并释放出能量约等于禁带宽变 E_g（导带与价带之差）的光子，即发出荧光。

因为导带与价带本身的能级具有一定范围，所以电子跃迁释放出的光子的频率不是一个单一数值而是有一定的范围，故 LED 是属于自发辐射发光，且其谱线宽度较宽（较 LD 而言）。

LED 有两种类型，如图 3.15 所示。一类是正面发光型 LED，另一类是侧面发光型 LED。两者相比较而言，侧面发光型 LED 驱动电流较大，输出光功率较小，但由于光束辐射角较小，与光纤的耦合效率较高，因而入纤光功率比正面发光型 LED 大。

和 LD 相比，LED 输出光功率较小，谱线宽度较宽，调制频率较低。但 LED 性能稳定，寿命长，输出光功率线性范围宽，而且制造工艺简单，价格低廉。因此，这种器件在小容量短距离系统中发挥了重要作用。

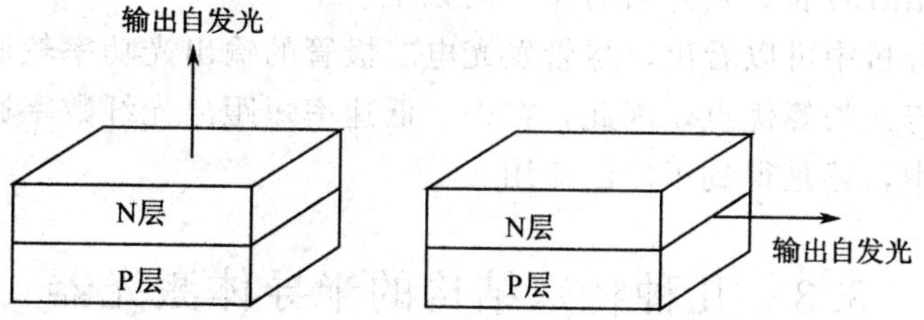

图 3.15　两类发光电二极管

3.2.4　半导体发光电二极管的工作特性

LED 具有以下工作特性。

1. *P-I* 特性

LED 的 *P-I* 特性曲线如图 3.16 所示，在低注入电流范围内其线性程度比 LD 好，且不存在 I_{th}，所以 LED 适合用在光纤模拟通信系统中。

LED 光功率的温度稳定性也比 LD 好，其功率温度系数约为$-1\%/℃$（称为负温度系数），即 LED 光功率随温度上升而缓慢减小。LED 的输出光功率最大可达几个毫瓦。

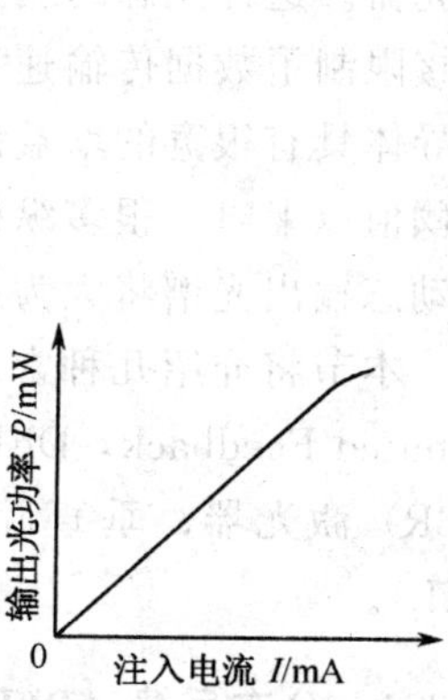

图 3.16　LED 的 *P-I* 特性曲线

2. 光谱特性

LED 发出的是自发辐射光，没有谐振腔对波长的选择，为非相干光，谱线较宽。一般短波长 GaAlAs-GaAs LED 谱线宽度为 30～50nm，长波长 InGaAsP-InP LED 谱线宽度为 60～120nm。随着温度升高或驱动电流增加，谱线加宽，且峰值波长朝着长波长方向移动，短波长和长波长 LED 的移动分别为 0.2～0.3nm/℃和 0.3～0.5nm/℃。

3. 方向特性

LED 的发散角比 LD 大。其中，正面发光型 LED 的发散角在各个方向比较均匀，约为120°；侧面发光型LED的发散角不均匀，最小处约为30°。所以，侧面发光型LED与光纤的耦合效率要高于正面发光型。LED与光纤的耦合效率通常小于10%。所以，LED的入纤光功率只有几十微瓦，比LD要小一个数量级以上。

4. 调制特性

LED的可调制频率比LD低。其中，正面发光型LED的可调制频率仅为几十兆赫兹，侧面发光型LED的可调制频率可达200MHz。

5. 寿命

LED的寿命比LD长，可达百万个小时以上。

从以上特性分析中可以看出，尽管发光电二极管的输出光功率较低，光谱较宽，但由于使用简单、寿命长等优点，因此，在中、低速率短距离光纤数字通信系统和光纤模拟信号传输系统中，还是得到了广泛应用。

3.3 几种特殊结构的半导体激光器

在现代光通信系统中，为了提高传输速率及中继距离，普遍使用单纵模及单横模的激光器。这种光源的线宽很窄，可减少由色散引起的信号失真，因为光纤的色散及线宽直接限制了数据传输速率及传输距离。在通常由端面反射构成的F-P激光器中，由于半导体具有很宽的增益谱，而且其相邻纵模之间的增益差别非常小，因此当注入电流达到阈值以上时，很多纵模可以达到其激光阈值，从而导致多模振荡。所以，F-P激光器的动态输出光谱将大为加宽，这种动态光谱加宽对系统传输性能有着极其不利的影响。

本节将介绍几种常用的、性能更好的特殊结构半导体激光器，包括分布反馈（Distributed Feedback，DFB）激光器、分布布拉格反射（Distributed Bragg Reflection，DBR）激光器；垂直腔面发射激光器（Vertical Cavity Surface Emitting Laser，VCSEL）。

3.3.1 分布反馈（DFB）激光器

DFB激光器和F-P激光器的主要区别在于它没有集总反射的谐振腔反射镜，它的反射机构是由有源区波导上的Bragg光栅提供的，这种反射机构是一种分布式的反馈机构，因此称为分布反馈激光器。正因为这一非集总式的反馈机构，使得它的性能远远超过F-P激光器，特别是Bragg光栅的选频功能使得它具有非常好的单色性和方向性。此外，因为它没有使用晶体解理面作为反射镜，使得它更容易集成化，在光电子集成电路中有着十分诱人的优点。

如图3.17（a）所示，DFB激光器的基本工作原理是在激光谐振腔内，通过光刻和腐蚀制作出沿整个谐振腔长度方向的波纹状Bragg光栅结构以代替普通激光器的解理镜面对光场进行反馈，从而实现激光器的频率选择。在DFB激光器内，Bragg光栅将引起有源区内正反向传输光场之间的耦合，这种耦合作用主要发生在光栅Bragg波长λ_B

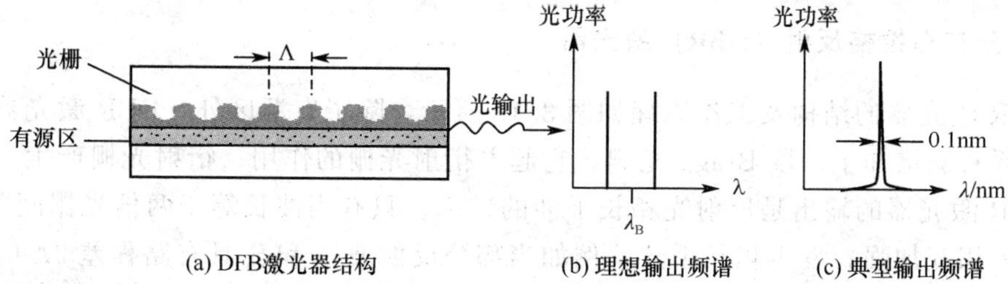

图 3.17　DFB 激光器结构及其典型输出特性

处一个很窄的范围内。对于周期为 Λ 的光栅，其 Bragg 波长 λ_B可以表示为

$$\lambda_B = \frac{2n_{eff}\Lambda}{m} \tag{3.14}$$

其中，n_{eff}为激光器内光场模式的有效折射率，m 为光栅的级数。由于光栅效率与 m^2 成反比，在 DFB 激光器中通常均采用一级光栅（$m=1$）。在 DFB 激光器内有效光栅长度上每一点处均有光场反馈发生，因此这种激光器被称为分布反馈激光器。

对于 Bragg 光栅的光反馈作用可以进行如下理解。沿某一方向传输的光在每一波纹上都将有一小部分被反射，只有当光的波长与波纹周期满足式（3.14）时，来自各波纹上的反射光才满足谐振加强条件。即波纹光栅只能对波长满足式（3.14）的光提供有效反馈，而对于那些远离 Bragg 波长位置的光则基本没有作用。

DFB 激光器的模式不正好是 Bragg 波长，而是对称的位于 λ_B两侧，如图 3.17（b）所示。假如 λ_m 是允许 DFB 发射的模式，此时有

$$\lambda_m = \lambda_B \pm \frac{\lambda_B^2}{2nL}(m+1) \tag{3.15}$$

式中，m 是模数（整数），L 是光栅有效长度。由此式可见，完全对称的器件应该具有两个与 λ_B等距离的模式，但是实际上，由于制造过程，或者有意使其不对称，只能产生一个模式，如图 3.17（c）所示。因为 $L \gg \Lambda$，式（3.15）的第二项非常小，所以发射光的波长非常靠近 λ_B。

进一步的理论分析表明，在 DFB 激光器中实现稳定单纵模运行更为有效的方法是在有源区的光栅结构中引入适当的相移并在激光器的两个端面上镀抗反射膜。当所引入的相移为 π/2（相当于引入 1/4 个波长）时，纵模阶数为 0 的主模精确地位于光栅的 Bragg 波长上并具有最低的阈值增益，同时主模和最近边模之间的阈值增益差达到最大值。因此与普通 DFB 激光器相比，具有 π/2 相移的 DFB 激光器有着更好的性能，在高速调制下也可以实现非常稳定的动态单纵模输出。

总之，DFB 激光器因为有光栅结构，所以具有很多独特的性质。DFB 激光器比其他常规激光器有更好的温度特性，再加上窄线宽特性（典型值为 0.1～0.2nm），使得 DFB 激光器特别适合长距离、高速率传输系统。光栅还可以起到稳定输出波长的作用，通常 DFB 激光器的温度与波长漂移的关系为 0.1nm/℃，这比一般的半导体激光器性能好 3～5 倍。目前，DFB 激光器已成为中长距离光纤通信应用的主要激光器，特别是在 1300nm 和 1550nm 光纤通信系统中。在光纤有线电视（CATV）传输系统中，DFB 激光器也已成为不可替代的光源。

3.3.2 分布布拉格反射（DBR）激光器

DBR激光器的结构及工作原理如图3.18所示，除了有源区外，DBR激光器还在紧靠有源区右侧增加了一段Bragg光栅，它起着衍射光栅的作用。衍射光栅产生Bragg衍射，DBR激光器的输出是反射光相长干涉的结果。只有当波长等于两倍光栅间距Λ时，反射波才相互加强，发生相长干涉。例如当部分反射波A和B具有路程差2Λ时，它们才发生相长干涉。另外，也常常在有源区两侧同时各分布一个Bragg光栅形成的DBR激光器结构。

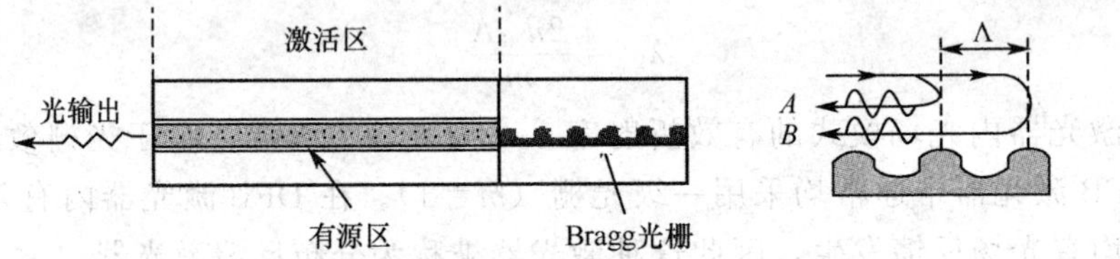

图3.18 DBR激光器结构及其工作原理

DBR激光器和DFB激光器最主要的区别就是Bragg光栅的位置。DBR激光器的光栅同样是起到频率选择的作用，但它位于有源层之外，代替了原来谐振腔一侧或两侧的反射镜面，由光栅来起反射作用。DBR激光器的这种结构使得对其阈值条件和纵模谱等工作特性的分析与简单的F-P激光器基本相同，所不同的是DBR激光器中起到反射作用的光栅是具有波长选择性的，它只对很小波长范围内的光提供反射。同时，当光在Bragg光栅内进行反射时将获得特定的相移。由于有源区的增益特性和无源区光栅的反射，使只有在Bragg波长附近的光能够满足谐振条件，从而发射出激光。

由于DFB激光器和DBR激光器的结构不同，所以它们的特性也有所区别。DFB激光器有较宽的调制带宽、较小的频率和强度噪声，边模抑制比较高，谱线较窄。然而，当驱动电流改变时，输出功率和频率都会改变，因此会形成啁啾。而DBR激光器因为反射区和有源区是分开的，所以可以通过改变流过有源区的电流控制激光器的输出功率，通过改变流过光栅区的电流控制输出波长，可以克服频率啁啾。

3.3.3 垂直腔面发射激光器（VCSEL）

垂直腔面发射激光器的结构如图3.19所示，顾名思义，这种激光器的光发射方向与腔体垂直，而非普通激光器那样与腔体平行。有源区长度与边发射器件相比非常短，光发射是从腔体表面而不是腔体边沿。腔体两端的反射器是由电介质镜组成，电介质镜的反射原理类似于多层介质膜滤波器，即用高低折射率材料相间交错排列，逐级生长而成，每层的厚度皆为$\lambda/4$，层数足够多时就可以得到高的反射系数。因为这样的电介质镜就像一个折射率周期变化的光栅，所以其本质上就是一个DBR反射器。因为有源层通常很薄（$<0.1\mu m$），就像一个多量子阱，所以阈值电流很小，仅为0.1mA，工作电流仅为几mA。由于器件体积小，降低了电容，适用于10Gb/s的高速调制系统。另外，

由于该器件不需要解理面切割就能工作，制造简单、成本低，所以也适用于接入网使用。

垂直腔横截面通常是圆形的，所以发射光束的界面也是圆形。垂直腔的高度也只有几 μm，所以只有一个纵模能够工作，然而可能有一个或多个横模，这要取决于边长。

由于这种激光器的腔体直径只在微米范围内，所以它是一种微型激光器，其主要的优点是用它们可以构成具有宽面积的表面发射激光矩阵发射器。这种阵列在光互连和光计算技术中具有广泛的应用前景，另外，它的温度特性好，无需制冷。目前已有几瓦输出功率的器件出售。

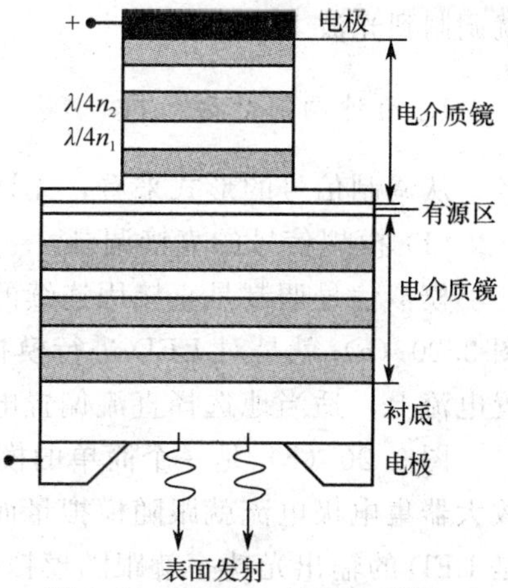

图 3.19　VCSEL 结构示意图

3.4　光源的调制

光纤通信中，首先要解决的就是如何将光信号加载到光源的发射光束上，即需要进行光调制。调制后的光波经过光纤信道送至接收端，由光接收机鉴别出它的变化，再现出原来的信息，这样的过程称为光解调。调制和解调是光纤通信系统的重要环节。

对光源进行调制的方式有若干种，从光源和调制器之间关系来看，可分为以下两种。

（1）光源的直接调制

直接调制又叫内调制，具有简单、经济、容易实现等优点，是光纤通信最常采用的调制方法，它是把要传送的信息转变为电流信号注入 LD 或 LED，从而获得相应的光信号，采用的是电源调制方法。内调制方法仅适用于半导体光源（LD 和 LED）。内调制后的光波电场振幅的平方比例于调制信号，所以它是一种光强度调制（IM）的方法。

（2）光源的间接调制

间接调制是利用晶体的电光效应、磁光效应、声光效应等性质来实现对激光辐射的调制，这种调制方法不仅适合于半导体激光器，也适合于其他类型的激光器。间接调制最常用的是外调制的方法，是在激光形成以后加载调制信号，具体方法是在激光器谐振腔外的光路上放置调制器，在调制器上加上调制电压，使调制器的某些物理特性发生相应的变化，当激光通过它时，光波的某些特征参数发生变化，得到调制。对于某些类型的激光器，间接调制也可以采用内调制的方法，即用光学的方法把激光器和调制器集成在一起，用调制信号控制调制元件的物理性质，从而改变激光输出特性以实现其调制。

3.4.1　光源的直接调制

由图 3.11 和图 3.16 可见，在半导体激光器 *P-I* 曲线中，注入电流超过阈值电流以后，*P-I* 曲线基本是线性的；而半导体发光电二极管的 *P-I* 曲线也基本呈直线。这样只要在呈线性部分加入调制信号，则输出的光功率 *P* 就跟随输入信号变化。于是，信号就调制到光波上。

1. 两种调制电路

从调制信号的形式来看，光调制又分为模拟信号调制和数字信号调制。

(1) 模拟信号的直接调制

模拟信号调制是直接用连续的模拟信号（如话音、电视等信号）对光源进行调制，图 3.20（a）就是对 LED 进行模拟调制原理，图中连续的模拟信号电流叠加在直流偏置电流上，适当地选择直流偏置电流的大小，可以减小光信号的非线性失真。

图 3.20（b）是一个简单的模拟信号直接调制电路。当信号从 A 点输入后，晶体管放大器集电极电流就跟随模拟量而变化，亦即 LED 的注入电流跟随模拟信号变化，于是 LED 的输出光功率就跟随模拟量变化，这样实现了对光源的直接调制。从放大器工作原理上看，这个晶体管应该工作在甲类，在 B 点可进行监测。

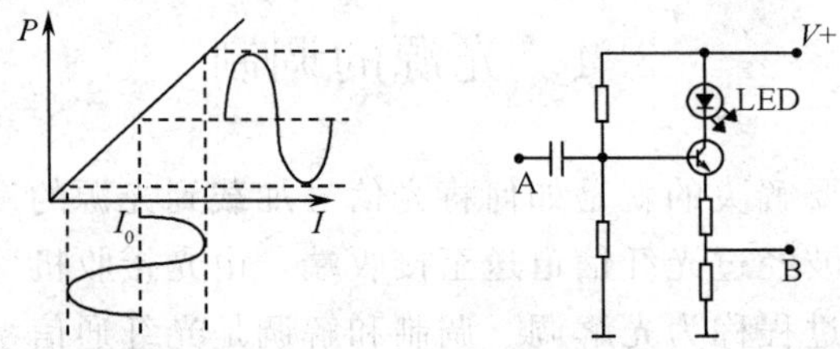

(a) LED模拟信号调制原理　(b) 简单的LED模拟信号调制电路

图 3.20　模拟信号调制

(2) 数字信号的直接调制

在光纤通信中，数字调制主要是指 PCM 编码调制。脉码调制是先将连续的模拟信号通过取样、量化和编码，转换成一组二进制脉冲代码，用矩形脉冲的有（“1”码）、无（“0”码）来表示信号。

一种简单的 LED 数字信号调制电路如图 3.21 所示，它是只有一级共发射极的晶体管调制电路，晶体管用作饱和开关，晶体管的集电极电流就是 LED 的注入电流。信号由 A 点接入。“0”码时晶体三极管不导通；“1”码时晶体三极管导通，于是注入电流注入到 LED 管，使得 LED 管发光，从而实现了数字信号调制。

图 3.22 所示为 LD 数字调制原理以及 LD 的射极耦合驱动电路。VT_1、VT_2 组成一个电流开关，数字电信号 V_{in} 从 VT_1 的基极输入，V_b 是直流参考电压施加在 VT_2 的基极上。当信号为“0”码时，VT_1 的基极电位高于 VT_2 的基极电位，电流源全部电流流过 VT_1 的集电极，LD 接在 VT_2 上不发光，故 LD 不发光，相当于发“0”码。反之，当信号为“1”码时，VT_2 基极电位高于 VT_1 基极电位时，则反过来 VT_2 导通，全部电流源电流流过 VT_2 的集电极支路，对应于发一个“1”码。

2. 自动功率控制（APC）

在使用中，LD 结温的变化以及老化都会使 I_{th} 增大，量子效率下降，从而导致输出

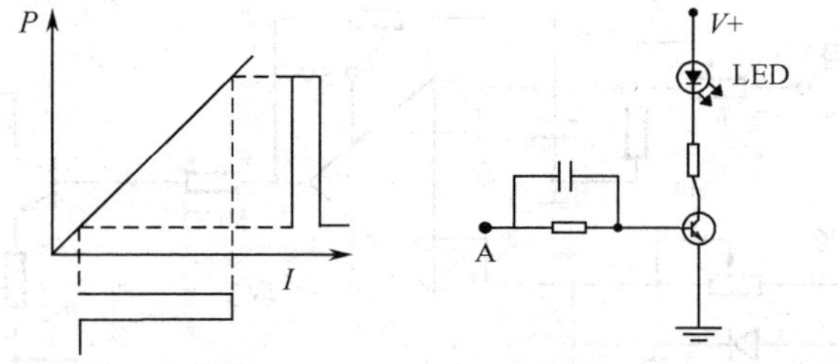

(a) LED数字调制原理　　(b) LED数字信号直接调制电路

图 3.21　LED 数字信号调制

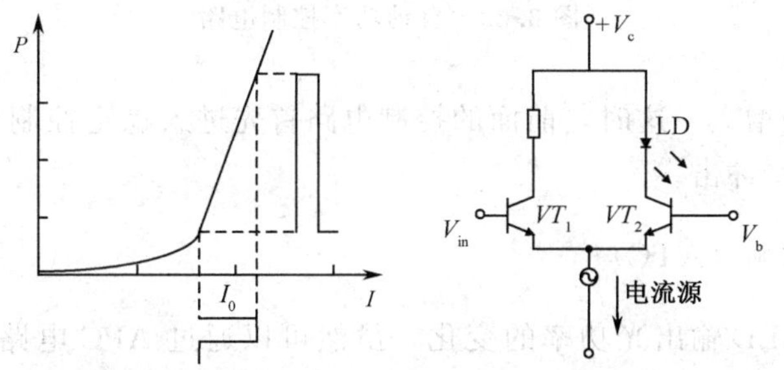

(a) LD数字调制原理　　(b) LD射极耦合驱动电路

图 3.22　LD 数字信号调制

光脉冲的幅度发生变化。为了保证激光器有稳定的输出光功率，需要有各种辅助电路，如功率控制电路、温控电路、限流保护电路和各种告警电路等。光功率自动控制有许多方法，一是自动跟踪偏置电流，使 LD 偏置在最佳状态；二是峰值功率和平均功率的自动控制；三是 P-I 曲线效率控制法等。但最简单的办法是通过直接检测光功率控制偏置电流，用这种办法即可收到良好的效果。该办法是利用激光器组件中的 PIN 光电二极管，监测激光器背向输出光功率的大小，若功率小于某一额定值时，通过反馈电路后驱动电流增加，并达到额定输出功率值。反之，若光功率大于某一额定值，则使驱动电流减小，以保证激光器输出功率基本上恒定不变。图 3.23 为美国亚特兰大光纤通信系统中光发射机的 APC 电路，作为 LD 输出光功率自动控制的实际例子。

图 3.23 的电路是通过控制 LD 偏置电流大小来保持输出光脉冲幅度的恒定。在运放的输入端，再生信号由输入信号再生处理后得到，它固定在 0～－1V 间。LD 组件中 PIN 管接收 LD 的背面输出光，它受到与正面输出光同样的温度及老化影响，从而可用来反馈控制 LD 输出光功率。该 PIN 产生的信号与直流参考信号比较后送到放大器的同相端，直流参考信号通过调节 R_1 控制预偏置电流 I_b。调节 R_2 使再生信号与 PIN 输出取得平衡，使 I_b 保持恒定。当输出光功率产生变化时，平衡破坏，反馈偏置电路将自动调整 I_b，使输出功率恢复到原来的值，电路又恢复平衡状态。图 3.23 中 R_3C_1 构成 LD 的慢启动网络，当刚打开电源或有突发的电冲击时，由于电路的时间常数很大（约

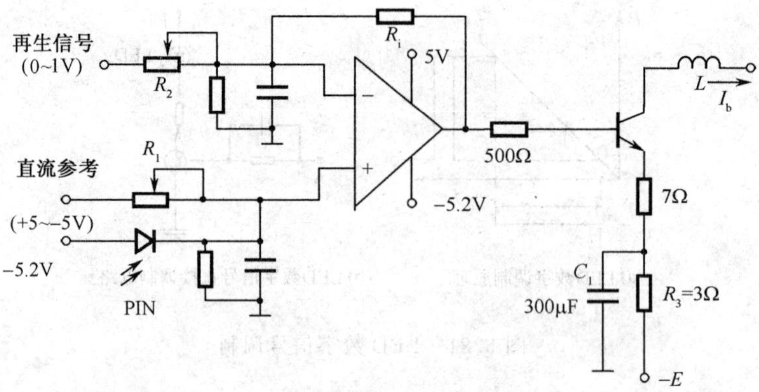

图 3.23 自动功率控制电路

1ms)，I_b 只能慢慢增大。这时，前面的控制电路首先进入稳定控制状态，然后 I_b 缓慢增大，保护 LD 免受冲击。

3. 自动温度控制（ATC）

温度变化引起 LD 输出光功率的变化，虽然可以通过 APC 电路进行调节，使输出光功率恢复正常值。但是，如果环境温度升高较多，经 APC 调节后，I_b 增大较多，则 LD 的结温因此也升高很多，致使 I_{th} 继续增大，造成恶性循环，从而影响了 LD 的使用寿命。因此，为保证激光器长期稳定地工作，必须采用自动温度控制（ATC）电路使激光器的工作温度始终保持在 20℃左右。LD 的温度控制由微型制冷器、热敏元件及控制电路组成，如图 3.24 所示。

微制冷器多采用半导体制冷器，如图 3.25 所示，它是利用半导体材料的珀尔帖效应制成的。当直流电流通过两种半导体组成的电偶时，出现一端吸热另一端放热的现象，这种现象称为珀尔帖效应。微型半导体制冷器的温差可以达到 30～40℃。

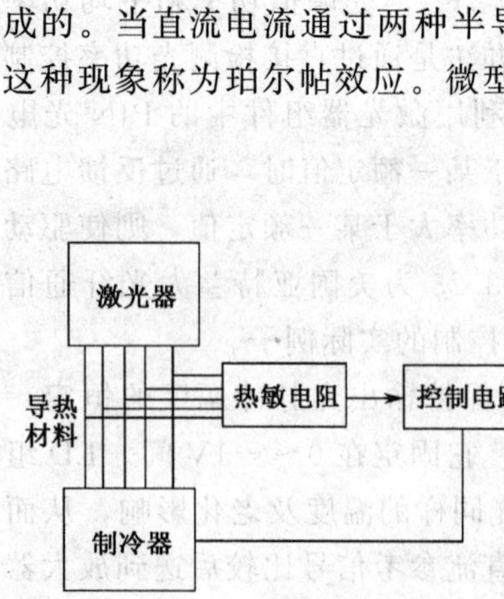

图 3.24 LD 的温度电路控制原理

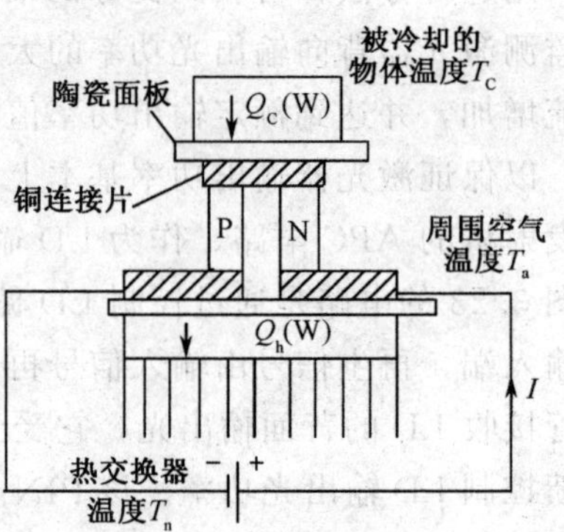

图 3.25 半导体制冷器结构示意

图 3.26 是具体的温度控制电路，LD 组件中的热敏电阻具有负温度系数，在 20℃

时阻值 $R_t=10\sim12\mathrm{k}\Omega$，$\Delta R_t/\Delta T\approx-0.5\%/℃$。它与 R_1、R_2、R_3 组成桥式电路，其输出电压加到差分放大器的同相和反相输入端，在某温度下，电桥达到平衡。LD 温度升高时，R_t 下降，VT_1 正向导通，通过制冷器 R_c 的电流 I_c 加大，使 LD 的温度下降。

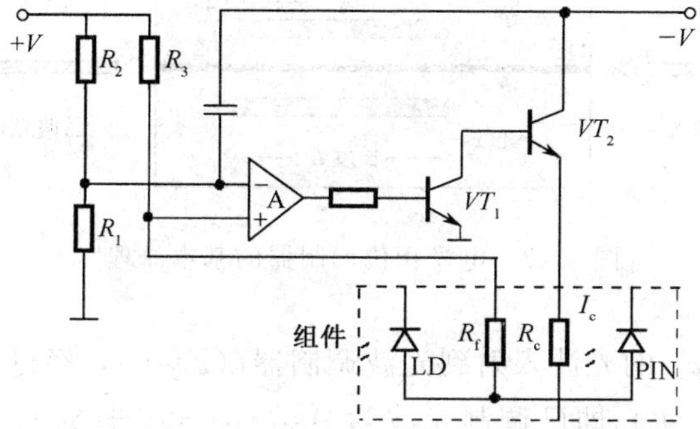

图 3.26　具体的 LD 温度控制电路

具体控制过程如下。

$T\uparrow\rightarrow R_t\downarrow\rightarrow$差分放大器输入端压降$\uparrow\rightarrow$差分放大器输出电压$\uparrow\rightarrow I_c\uparrow\rightarrow T\downarrow$。实际上，激光器在连续工作时，管芯温度会持续上升，从而使得热敏电阻 R_t 总保持在 $R_t\neq R_3$，即电桥总不平衡，于是 I_c 维持一定值，即控制电路始终为制冷器提供恒定的工作电流 I_c。在光发送电路中，由于采用了 ATC 和 APC 电路，使 LD 输出光功率的稳定度保持在较高的水平上。在环境温度为 5～50℃范围内，LD 输出光功率的不稳定度小于 5%。

3.4.2　光源的间接调制

光源直接调制的优点是简单、经济、容易实现，但调制速率受载流子寿命及高速率下的性能退化的限制。间接调制方式需要调制器，结构复杂，但可获得优良的调制性能，特别适合高速率光纤通信系统。

如前所述，目前已提出的间接调制方式有电光调制、声光调制和磁光调制。

1. 电光调制

电光调制的基本工作原理是利用晶体的电光效应。电光效应是指由外加电压引起的晶体的折射率发生变化的现象。当晶体的折射率与外加电场幅度成正比时，称为线性电光效应，即普克尔效应；当晶体的折射率与外加电场的幅度平方成正比变化时，称为克尔效应。电光效应主要采用普克尔效应。常用的晶体材料有铌酸锂晶体（$LiNbO_3$）、钽酸锂晶体（$LiTaO_3$）和砷化镓（GaAs）。

电光调制器可以是电光强度调制、电光频率调制，也可以是电光相位调制，即电光调相。下面以电光调相为例说明，它的基本工作原理是利用电光晶体（如铌酸锂晶体等）的电光效应，当外加电场变化时，将引起晶体折射率 n 随之变化的现象。由物理学知识可知，折射率的变化又将引起光波相位的变化。其中电场变化实际上就是对应于调制电压的变化（即需要传输的信号的变化）。这样，调制电压的变化最终将得到光波的相位的变化，从而达到电光调相的结果，如图 3.27 所示。

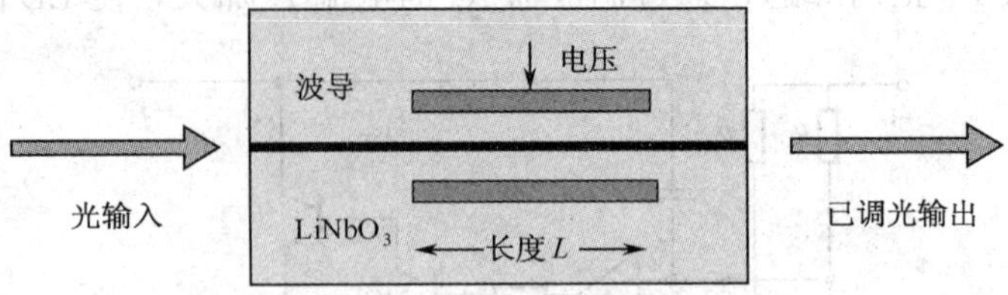

图 3.27 电光相位调制器的基本原理

当一个 $A\sin(\omega t+\varphi_0)$ 的光波入射到光波调制器（$Z=0$），经过长度为 L 的外电场作用区后，输出光场（$Z=L$）即已调制光波为 $A\sin(\omega t+\varphi_0+\Delta\varphi)$，相位变化因子 $\Delta\varphi$ 受外电压的控制从而实现相位调制。

两个电光相位调制器组合后便可以构成一个电光强度调制器。这是因为两个调相光波在相互叠加输出时发生了干涉，当两个光波的相位同相时光强最大，当两个光波的相位反相时光强最小，从而实现了外加电压控制光强的开和关的目标。

2. *声光调制*

声光调制器是利用介质的声光效应制成的。它的工作原理是，当调制电信号变化时，由于压电效应，使压电晶体产生机械振动形成超声波，这个声波引起声光介质的密度发生变化，使介质折射率跟着变化，从而形成一个变化的光栅，由于光栅的变化，使光强随之发生变化，结果使光波受到调制。

3. *磁光调制*

磁光调制是利用法拉第效应得到的一种光间接调制，入射光信号经过起偏器，使入射光变为偏振光，这束偏振光通过 YIG 磁棒时，其偏置方向随绕在上面线圈的调制信号而变化，当偏振方向与后面的检偏器相同时，输出光强最大，当偏振方向与检偏器方向垂直时，输出光强最小，从而使输出光强随调制信号变化，实现了光的间接调制。

3.5 光发送机

在光纤通信系统中，广义来讲，光发送机的作用是把从电端机送来的电信号，例如，在数字光纤通信系统中 PCM 信号，经过编码、调制，再由光源变成光信号最后送入光纤。实际使用的光端机，并不是真有这么一个光发送机架，到 20 世纪 80 年代末，实际的光发送机就是一块插在光端机架中的机盘。

3.5.1 光发送机的结构组成

光发送机的结构组成随着生产厂家不同而不同，这里仅介绍光发送机的基本组成。

一个光发送机的原理方框图如图 3.28 所示。下面分别介绍图中各部分的功能。

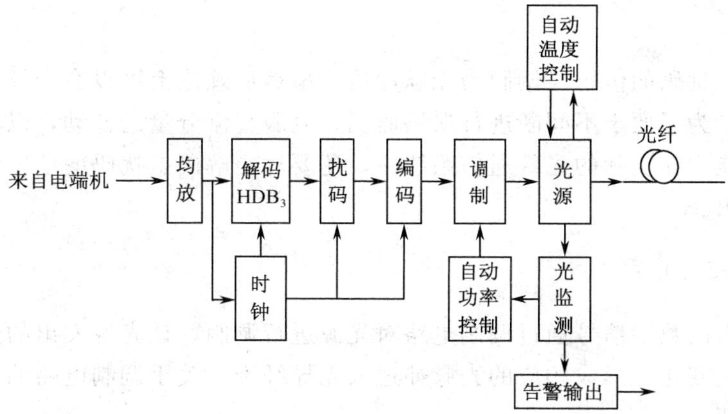

图 3.28　光发送机原理方框图

1. 均衡放大

由 PCM 端机送来 HDB_3 码流，这是一种三阶高密度双极性码，这种码型的特点之一是具有双极性，亦即具有＋1、－1、0 三种电平。这种双极性码由于采取了一定措施，使码流中的＋1 和－1 交替出现，因而没有直流分量。于是在 PCM 端机，PCM 系统的中继器与电缆线路连接时，可以使用变量器，从而实现远端供电。同时，这种码型又可以利用其正、负极性交替出现的规律进行自动误码监测等。

HDB_3 码流经过电缆的传输产生了衰减和畸变。所以，在上述信号进入发射机时，首先要经过均衡和放大，以补偿衰减的电平、均衡畸变的波形。

2. 解码

由于 PCM 系统传输的码型是 HDB_3 码，这种码型是双极性的，而在光纤通信系统里，由于光源可用有光和无光“0”、“1”两个码对应，一般不容易与＋1、0、－1 对应。这样，信号从 PCM 端机送到光发射机后，需要将 HDB_3 码变为单极性的“0”、“1”码。这就需要由解码电路来完成。

3. 扰码

若信码流中出现长“0”和长“1”的情况，这将给提取时钟信号带来困难。为了避免出现这种长“0”和长“1”的情况，就要在解码之后加一个扰码电路，以达到有规律地“破坏”长“0”和长“1”码流。当然，经过光纤传输后，在接收端还要加一个与扰码相反的解扰电路，恢复信码流原来的状况。

4. 时钟

由于解码和扰码过程都需要时钟信号作依据（时间参考），故在均衡放大之后，由时钟电路取出 PCM 中的时钟信号供给解码、扰码、编码电路使用。

5. 编码

经过解码、扰码的信码经调制为光脉冲后，虽然从理论上可以在光纤上传输，但从实用角度来看，为了便于不间断进行误码监测，克服直流分量的波动，以至于便于区间通信联络等功能，在实际的光纤通信系统中，还要对经解码、扰码的信码流再进行编码以满足上述要求。

6. 调制（驱动）

经过编码后的数字信号通过调制电路对光源进行调制，让光源发出的光强随着经过编码后的信码流变化，形成相应的光脉冲送入光导纤维。关于调制电路的详细讨论，前面已有详细介绍。

7. 自动功率控制

如前所述，自动功率控制电路使半导体激光器的输出光功率维持在恒定值。

8. 自动温度控制

如前所述，半导体光源对环境温度的变化很灵敏，自动温度控制电路保持半导体激光器工作在恒定温度下。

9. 其他保护、监测电路

光发送机除了上述各部分电路外，还有如下一些辅助电路。

1）LD 保护电路。它的功能是使半导体激光器的偏流慢启动以及限制偏流不要过大。由于激光器老化以后输出功率将降低，自动功率控制电路将使激光器偏流不断增加，如果不限制偏流就可能烧毁激光器。

2）无光告警电路。当光发射机电路出现故障，或输入信号中断，或激光器失效都将使激光器较长时间不发光，这时延迟告警电路将发出告警指示。

3.5.2 光发送机的主要技术指标

作为光纤通信系统的组成部分，光发送机有许多技术指标，其最主要的是如下几项。

1. 平均发光功率 P_t

平均发送光功率是光发送机最重要的技术指标，它是指在“0”、“1”码等概率调制的情况下，光发送机输出的光功率值，单位为 dBm。

由于在“0”码调制时光发送机不发光，只有在“1”调制时光发送机才发出光脉冲，因此平均发送光功率与光源器件的最大发送光功率 P_{max}（又叫直流发光功率）是有区别的。后者是指在全“1”码调制的条件下光源器件的发光功率。

在非归零码（NRZ）调制的条件下，两者的关系为

$$P_t^1 = \frac{1}{2}P_{max} \tag{3.16}$$

在一般情况下，光发送机的平均发光功率越大越好。因为其值越大，进入光纤进行有效传输的光功率越大，其中继距离越长。但其值也不能过大，否则会降低光源器件的寿命。P_t 一般不超过 0dBm。

2. 谱宽

谱宽其实就是光发送机中所用光源器件的谱线宽度。前面已经讲过，光源器件的谱宽越窄越好，因为谱宽越窄，由它引起的光纤色散就越小，就越利于进行大容量的传输。

目前，关于谱宽的提法有三种，即常用的根均方谱宽 $\delta\lambda_{rms}$ 和半值满谱宽 $\delta\lambda_{1/2}$，它们适用于多纵模激光器。还有一种是ITU-T最新定义的－20dB谱宽 $\delta\lambda_{-20dB}$，它主要用于单纵模激光器。意指从中心波长的最大幅度下降到1%（－20dB）时两点间的宽度，如图3.29所示。

假设光源的谱线分布服从高斯分布，则很容易推导出它们有如下关系，即

$$\delta\lambda_{-20dB} = 6.07\delta\lambda_{rms} \tag{3.17}$$

对于使用多纵模激光器（MLM）的光发送机，其谱宽 $\delta\lambda_{rms}$ 一般要求在 2～10nm 范围内；而对于使用单纵模激光器（SLM）的光发送机，其谱宽 $\delta\lambda_{-20dB}$ 要求在 1nm 以下。

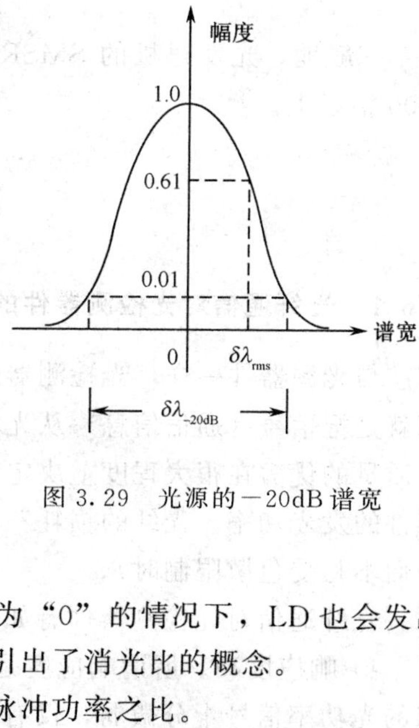

图 3.29　光源的－20dB 谱宽

3. 消光比 EX

从理想状态讲，当数字电信号为“0”时，光发送机应该不发光；只有当数字电信号为“1”时光发送机才发出一个传号光脉冲。但实际上这是不可能的。以 LD 为例，由于要对它进行预偏置，且使其偏置电流 I_b 略小于阈值电流 I_{th}。因此即使在数字电信号为“0”的情况下，LD 也会发出极微弱的光（荧光）。当然这种发光越小越好，于是就引出了消光比的概念。

消光比的定义是：“1”码光脉冲功率与“0”码光脉冲功率之比。

在这里采用了一种简便的说法。实际上更严格的说法是：电信号“1”码输入时光发送机的发光功率与电信号“0”码输入时光发送机的发光功率之比。

$$\text{EX} = 10\lg\frac{\text{“1”码时光功率}}{\text{“0”码时光功率}} \tag{3.18}$$

显然在实际工作中无法测量出单个“1”码与单个“0”码的光脉冲功率，故常采用下式来实际测量消光比。

$$\text{EX} = \frac{\text{全“1”码调制时光功率}}{\text{全“0”码调制时光功率}} \tag{3.19}$$

通常希望光发送机的消光比大一些为好，但对于码速率很高的光发送机，如2.5Gb/s以上，若使用DFB单纵模激光器时，减小偏流则会增大消光比，同时会引起较大的“啁啾”声，导致其发光波长发生偏移，因此消光比并非越大越好。

光发送机的消光比一般要求大于8.2dB，即“0”码光脉冲功率是“1”码光脉冲功率的1/7。

作为一个被调制的好的光源，希望在“0”码时没有光功率输出，否则它将使光纤系统产生噪声，使接收机灵敏度降低（灵敏度的概念将在后面讨论），故一般要求EX≤10%。

4. 边模抑制比SMSR

该技术指标是针对使用单纵模激光器的光发送机而言。因为单纵模激光器在动态调制时也会出现多个纵模（边模），虽然在一般情况下这些边模的光功率比主模要小得多。SMSR的定义为：在全调制的条件下主纵模的光功率 M_1 和最大边模光功率 M_2 之比，即

$$\mathrm{SMSR} = 10\ \lg \frac{M_1}{M_2} \tag{3.20}$$

一般地，光发送机的SMSR大于30dB，即主纵模的光功率是最大边模光功率的1000倍以上。

3.6 光检测器件

3.6.1 光纤通信对光检测器件的要求

与光源器件一样，光检测器件在光纤通信中起着十分重要的作用。光检测器件的作用就是把信号（通信信息）从光波中分离（检测）出来，即进行光/电转换。光检测器件质量的优劣在很大程度上决定了光接收机灵敏度的高低。而光接收机的灵敏度和光源器件的发光功率、光纤的损耗三者一起便决定了光纤通信的中继距离（在系统受损耗限制而不是受色散限制时）。

光纤通信对光检测器件有如下要求。

1）响应度高。所谓响应度是指单位光功率信号所产生的电流值。因为从光纤传输来的光功率信号十分微弱，仅有纳瓦（nW）数量级，要想从这么微弱的光信号中检测出通信信息，光检测器必须具有很高的响应度，即必须具有很高的光/电转换量子效率。

2）噪声低。光检测器在工作时会产生一些附加噪声，如暗电流噪声、倍增噪声等。这些噪声如果比较大，就会附加在只有毫微瓦数量级的微弱光信号上，降低了光接收机的灵敏度。

3）工作电压高。与光源器件不同，光检测器是工作在反向偏置状态，如雪崩光电二极管（APD），必须处在反向击穿状态才能很好地工作，因此需要较高的工作电压（100V以上）。然而工作电压过高，会给使用者带来不便。

4）体积小、质量轻、寿命长。需要指出的是，由于光检测器件的光敏面（接收光的面积）一般都可以做到大于光纤的纤芯，所以从光纤传输来的光信号基本上可以全部被光检测器件接收，故不存在它们与光纤的耦合效率问题，这一点与光源器件不同。

在光纤通信中使用的光检测器件有两大类，即 PIN 与 APD。

3.6.2　PIN 光电二极管的工作机理

光电二极管（PD）把光信号转换为电信号的功能，是由半导体 PN 结的光电效应实现的。

众所周知，具有 PN 结结构的二极管由于内部载流子的扩散作用会在 P 型与 N 型材料的交界处形成势垒电场，即所谓耗尽层。如图 3.30（a）所示。当入射光作用在 PN 结时，如果光子的能量大于或等于带隙（$hf \geqslant E_g$），便发生受激吸收，即价带的电子吸收光子的能量跃迁到导带形成光生电子-空穴对。在耗尽层，由于内部电场的作用，电子向 N 区运动，空穴向 P 区运动，形成漂移电流。在耗尽层两侧是没有电场的中性区，由于热运动，部分光生电子和空穴通过扩散运动可能进入耗尽层，然后在电场作用下，形成和漂移电流相同方向的扩散电流。漂移电流分量和扩散电流分量的总和即为光生电流。当与 P 区和 N 区连接的电路开路时，便在两端产生电动势，这种效应称为光电效应。当连接的电路闭合时，N 区过剩的电子通过外部电路流向 P 区。同样，P 区的空穴流向 N 区，便形成了光生电流。当入射光变化时，光生电流随之作线性变化，从而把光信号转换成电信号。这种由 PN 结构成，在入射光作用下，由于受激吸收过程产生的电子-空穴对的运动，在闭合电路中形成光生电流的器件，就是简单的光电二极管（PD）。

如图 3.30（b）所示，光电二极管通常要施加适当的反向偏压，目的是增加耗尽层的宽度，缩小耗尽层两侧中性区的宽度，从而减小光生电流中的扩散分量。由于载流子扩散运动比漂移运动慢得多，所以减小扩散分量的比例便可显著提高响应速度。但是提高反向偏压，加宽耗尽层，又会增加载流子漂移的渡越时间，使响应速度减慢。为了解决这一矛盾，就需要改进 PN 结光电二极管的结构。

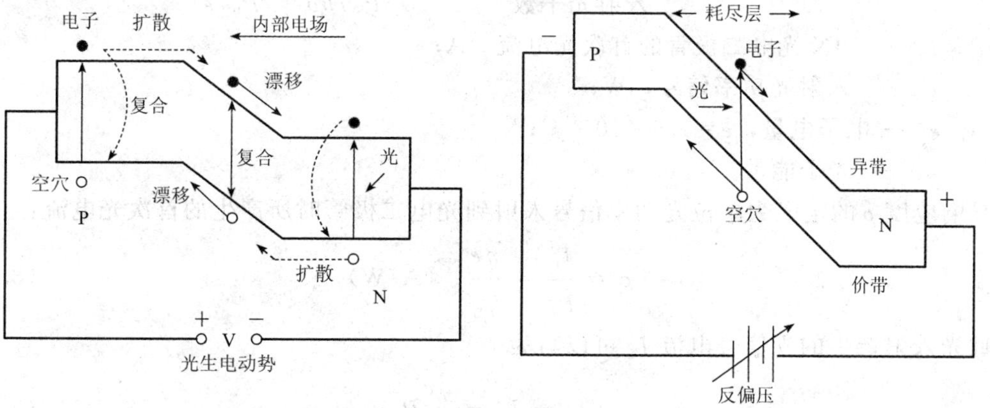

（a）光电效应　　（b）加反向偏压后的能带

图 3.30　光电二极管工作原理

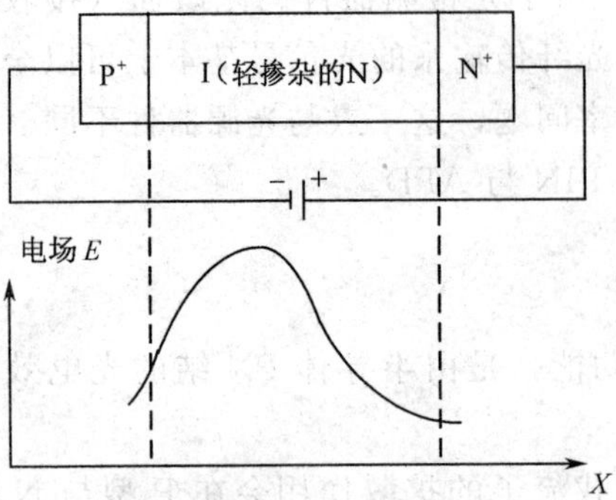

图 3.31 PIN 光电二极管构造与内部电场

根据半导体物理理论，降低半导体材料的掺杂浓度可以增加耗尽层的宽度。因此人们在设计、制造光电二极管时，往往在 P 型材料与 N 型材料的中间插入一层掺杂浓度十分低的 I 型半导体材料（接近本征型）以形成较宽的耗尽层。这就是 PIN 光电二极管的由来，其构造如图 3.31 所示。

从图 3.31 中可以看出，PIN 光电二极管中的 I 区是接近本征的、掺杂很低的 N 区。在这种结构中，零电场的 P^+ 和 N^+ 区非常薄，而掺杂的 I 区很厚，耗尽层几乎占据了这个 PN 结，从而在零电场区被吸收的可能性很小，而在耗尽层被充分吸收。这样，I 区的电场强度远远大于 P 区与 N 区中的电场，从而保证了光子载流子的定向运动以形成光电流。

3.6.3 PIN 光电二极管的特性参数及特点

PIN 光电二极管的等效电路如图 3.32 所示。在图中，I_S 为电流源即由入射光作用产生的光电流；C_d 为光电二极管的结电容，其值甚小；R_b 为 PIN 光电二极管的偏置电阻，它可以与其负载电阻共用一个。

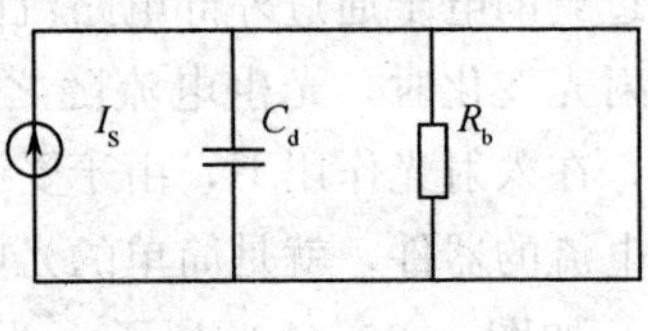

图 3.32 PIN 光电二极管的等效电路

1. 光电转换效率

通常，光电转换效率常用量子效率 η 或响应度 ρ 来衡量。量子效率 η 定义为单位时间光电流的电子数和入射光子数的比值，即

$$\eta = \frac{\text{单位时间光电流的光子数}}{\text{入射光子数}} = \frac{I_p/e}{P_0/hv} = \frac{I_p}{P_0}\frac{hv}{e} \tag{3.21}$$

式中，I_p——PIN 光电二极管的首次光电流，A；

P_0——入射光功率信号，W；

e——电子电量，$e=1.6\times10^{-19}$C；

hv——光子能量。

响应度 ρ 的定义为单位光功率信号入射到光电二极管时所产生的首次光电流：

$$\rho = \frac{I_p}{P_0} = \frac{\eta e}{hv} \quad (\text{A/W}) \tag{3.22}$$

因此光入射产生的光信号电流 I_S 可以写为

$$I_S = I_p = \frac{\eta e}{hv}P_0 \tag{3.23}$$

量子效应和响应度取决于材料的特性和器件的结构。假设器件表面反射率为零，P 层和 N 层对量子效应的贡献可以忽略，在工作电压下，I 层全部耗尽，那么 PIN 光电

二极管的量子效应可近似表示为

$$\eta = 1 - \exp[-\alpha(\lambda)\omega] \tag{3.24}$$

式中，$\alpha(\lambda)$ 和 ω 分别表示为 I 层的吸收系数和厚度。由式（3.24）可以看到，当 $\alpha(\lambda)\omega \gg 1$ 时，$\eta \to 1$，所以为提高量子效率，I 层的厚度要足够大，同时尽量减少入射表面的反射率。目前，优质的光电二极管的量子效率可达到 90%。

2. 响应时间（或频率特性）

PIN 光电二极管的响应时间，主要是由光生载流子在耗尽层区域内的渡越时间以及 PIN 光电二极管结电容在内的检测电路的 RC 常数所决定的。因此耗尽层的宽度必须取量适中。其值大固然能提高 PIN 光电二极管的量子效率，但会使光生载流子的渡越时间增长，影响其频率特性，使之不能在高码速率时使用。总结起来，影响响应时间的主要因素如下。

（1）光电二极管和它的负载电阻的 RC 时间常数

光电二极管的等效电路如图 3.32 所示，其中结电容 C_d 可表示为

$$C_d = \frac{\varepsilon S}{W} \tag{3.25}$$

式中，ε——PIN 光电二极管材料的介电系数；

　　S——PIN 光电二极管的结面积；

　　W——PIN 光电二极管耗尽层的宽度。

（2）载流子在耗尽区的渡越时间

在耗尽区产生的电子—空穴对在电场的作用下进行漂移运功。漂移运动的速度与电场的强度有关。当电场较低时，漂移运动的速度正比于电场强度，当电场强度达到某一值时（大约为 10^6 V/m），载流子漂移运动的速度不再发生变化，即达到极限漂移速度。

（3）耗尽区外产生的载流子由于扩散而产生的时间延迟

扩散运动的速度比漂移运动的速度慢很多。若在零电场的表面层产生较多的电子—空穴对，则其中的一部分被复合掉，还有一部分先扩散到耗尽区，然后被电路吸收。这部分载流子因为扩散而产生的附加延迟会明显影响二极管的响应时间。

3. 暗电流

暗电流是 PIN 光电二极管附加噪声的主要来源。它由两部分组成，一是由构成 PIN 光电二极管材料的能带结构决定的体电流，二是制造工艺过程所产生的泄漏电流。

PIN 光电二极管的暗电流一般在几个纳安（nA）以下。

由于 PIN 光电二极管没有倍增效应（即光放大作用），加上其暗电流甚小，本身产生的附加噪声很低，所以对光接收机灵敏度产生的影响并不显著。

PIN 光电二极管的优点是：噪声小，工作电压低（仅十几伏），工作寿命长，使用方便和价格便宜。

PIN 光电二极管的缺点是没有倍增效应，即在同样大小入射光的作用下仅产生较小的光电流，所以用它做成的光接收机的灵敏度不高。

因此，PIN 光电二极管只能用于较短距离的光纤通信（小容量与大容量皆可）。

3.6.4 APD 光电二极管的工作机理

APD 光电二极管的工作机理是，光生载流子—空穴电子对在高电场作用下高速运动，在运动过程中通过碰撞电离效应产生二次、三次新的空穴电子对，从而形成较大的光信号电流。

APD 光电二极管的构造和场强分布如图 3.33 所示。图中，P^+ 与 N^+ 分别为重掺杂的 P 型材料与 N 型材料，π 为近似本征型的材料。

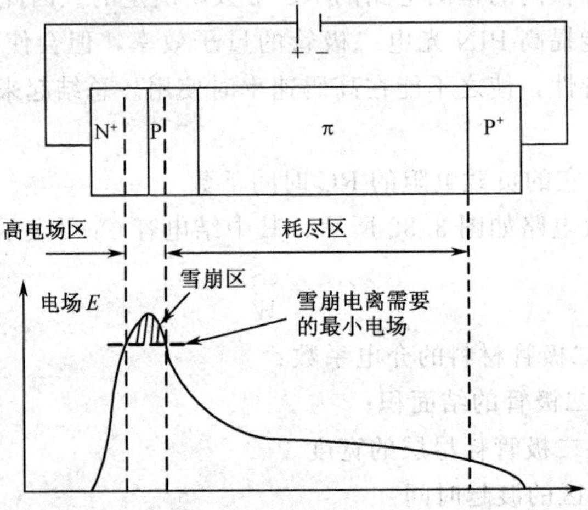

图 3.33 APD 光电二极管的构造与电场分布

当外加反向偏压较低时，它与 PIN 光电二极管相似，即入射光仅能产生较小的光电流。然而随着反向偏压的增大，其耗尽层的宽度也逐渐增加，当反向偏压增加到一定数值（如 100V 以上）时，则耗尽层会穿过 P 区而进入 π 区形成了高电场区与漂移区。

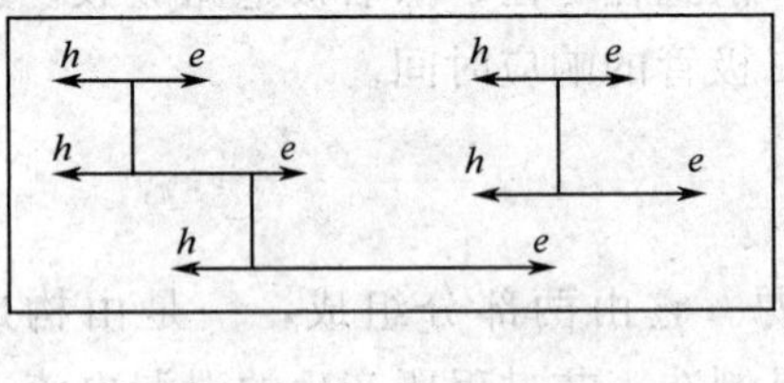

图 3.34 高电场区中的碰撞电离效应

在高电场区，由入射光产生的空穴电子对在高电场作用下高速运动。由于其速度很快而具有很大的动能，所以在运动过程中会出现“碰撞电离”现象而产生新的二次空穴电子对。同样，二次空穴电子对在高电场区运动又可以通过“碰撞电离”效应产生三次、四次空穴电子对。这样一来，由入射光产生的一个首次空穴电子对，可能会产生几十个或几百个空穴电子对，即所谓“倍增”效应，如图 3.34 所示，图中 h、e 为空穴电子对。

在漂移区，虽不具有像高电场区那样的高电场，但对于维持一定的载流子速度来讲，该电场是足够的。

3.6.5　APD 光电二极管的特性参数及特点

APD 光电二极管的等效电路如图 3.35 所示。

在图 3.34 中，I_S 仍为信号电流源，只不过它是经过倍增后的信号电流，与 PIN 光电二极管的 I_S 大不相同；I_N 为倍增噪声电流源；C_d 为结电容，R_b 为偏置电阻，可以与 APD 的负载电阻共用一个。

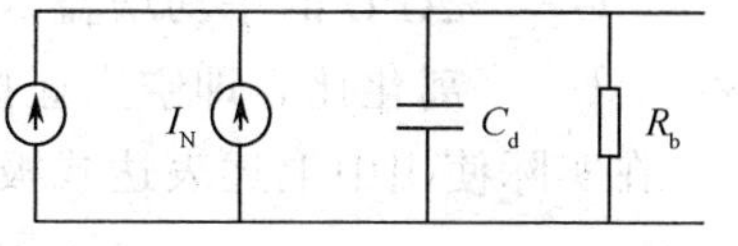

图 3.35　APD 光电二极管的等效电路

作为一种光检测器件，APD 光电二极管也具有一些和 PIN 光电二极管相类似的通用特性参数，如响应度（量子效率）、响应时间、结电容和暗电流等，其物理意义完全相同。

需要注意的是，APD 光电二极管的暗电流也会参与其倍增效应而被放大，从而对光接收机的灵敏度造成一定的威胁，这一点与 PIN 光电二极管不同。

这里介绍 APD 光电二极管特有的两项参数：倍增因子 G 与倍增噪声指数因子 χ。

1. 倍增因子 G（平均增益）

倍增因子 G 即 APD 的增益，它代表倍增后的光电流与首次光电流之比。从微观上讲，代表一个首次空穴电子对平均产生的新的空穴电子对数量。

参照公式（3.23），其信号光电流为

$$I_S = GI_{p(t)} = \frac{\eta e}{hv} GP_{(t)} \tag{3.26}$$

APD 的倍增因子 G 随其两端的反向偏压的变化而变化，也就是说倍增因子是可调的。其变化曲线如图 3.36 所示。

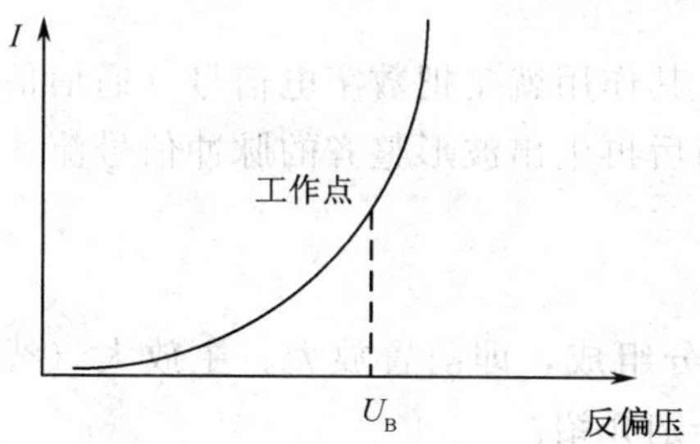

图 3.36　倍增因子和反向偏压的关系

从图 3.36 中可以看出，APD 光电二极管存在着一个雪崩电压 U_B，当反向偏压大于其雪崩电压时，APD 的倍增因子 G 急剧增大即处于雪崩状态。此时产生的倍增噪声会远远超过倍增效应带来的好处，因此在实际使用中总是把反向偏压调整在略低于其雪崩电压之处，既可获得良好的倍增效应，又使倍增噪声产生的恶劣影响最小。

此外，由于 APD 的倍增因子随其反向偏压的变化比较显著，所以在实际使用中要采取相应的反馈措施来稳定其反向偏压。

2. 倍增噪声指数因子 χ

前面已经讨论过，由于倍增作用的随机性产生了一种特殊的噪声即所谓倍增噪声。倍增噪声可用倍增噪声系数 $F_{(G)}$ 描述，即

$$F_{(G)}=\frac{\langle g^2\rangle}{G^2}=KG+(1-k)\left(2-\frac{1}{G}\right) \tag{3.27}$$

式中，$\langle g^2\rangle$ ——APD 随机增益 g 的平方均值；

G——APD 的平均增益（倍增因子），且 $G=\langle g\rangle$；

k——离化比，即空穴碰撞电离的概率与电子碰撞电离的概率之比。

在实际使用中上述表达式极不方便，因此经常使用如下近似公式，即

$$F_{(G)}=\frac{\langle g^2\rangle}{G^2}\approx G^{\chi} \tag{3.28}$$

式中，χ 叫做 APD 的倍增噪声指数因子。

APD 的倍增噪声指数因子 χ 的大小随 APD 的组成材料而异，此外也与其结构形式、工艺水平有一定关系。但有如下数据可参考使用：硅 APD，$\chi=0.3\sim0.5$；锗 APD，$\chi=1$；砷化镓类 APD，$\chi=0.5\sim0.7$。

除上述两项重要的特性参数之外，击穿电压（又称雪崩电压）也算是 APD 光电二极管的一项参数，其值一般在 100V 左右，当然此值应该越小越好。

总之，在同样大小入射光的作用下，由于倍增效应，APD 光电二极管可以产生比 PIN 光电二极管高得多的光电流，相当于起了一种光放大作用（实际上不是真正的光放大），因此能大大提高光接收机的灵敏度（比 PIN 光接收机提高约 10dB 以上）。但是，正是由于 APD 光电二极管的倍增效应也产生了一种新的噪声——倍增噪声，它也会降低光接收机的灵敏度，在实际使用中要权衡两者的关系，使 APD 光电二极管处于最佳使用状态。

3.7 光接收机

光接收机是光纤通信系统的三大组成部分之一，其作用就是把数字电信号（通信信息）从微弱的光信号中检测出来，并经过放大、均衡后再生出波形整齐的脉冲信号流。

3.7.1 光接收机的结构组成

光接收机的结构模型如图 3.37 所示。它由三部分组成，即前置放大、主放大（线性信道）以及数据恢复部分。下面对各部分的作用分别介绍。

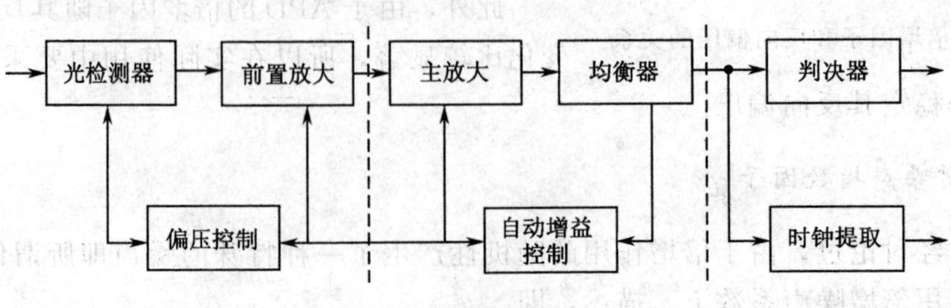

图 3.37 光接收机方框图

接收机的前端由光检测器、偏压控制电路和前置放大器组成。光信号经耦合器入射到光检测器，然后光检测器把光信号转化成随时间变化的电信号；偏压电路向光检测器提供反向偏压。实际上它是一个直流变换器，把设备工作电压（如+5V）变换成适合于 APD 使用的高压（如 100～200V）。它受 AGC 控制，能自动调节 APD 的反向偏压；前置放大器就是把光检测器产生的微弱光电流进行放大，前置放大器的设计是至关重要的，其噪声性能对光接收机灵敏度的影响甚大，有关内容将在下面专门进行讨论。

光接收的线性通道由主放大器、自动增益控制（AGC）和均衡器组成。主放大器是把信号进一步放大，其增益一般在 50dB 以上。主放大器的输出脉冲幅度一般在 1～3V（峰—峰值），以满足判决再生电路的要求；均衡器是把主放大器输出的脉冲进行均衡，以形成码间干扰最小、能量集中，即最有利于进行判决的升余弦波形；自动增益控制的作用是控制前置放大器与主放大器的增益，并使光接收机有一个规定的动态范围。

光接收机的数据恢复部分包括判决再生电路和时钟提取电路。判决再生电路是对均衡器输出的脉冲流逐个进行判决，并再生成波形整齐的脉冲码流；时钟提取电路作用是提取时钟，以保证收发同步。

3.7.2　前置放大器

前置放大器对光接收机的灵敏度影响极大。因为使灵敏度劣化的主要因素是噪声，而光接收机的噪声来自两方面，一是光检测器产生的噪声即倍增噪声与暗电流噪声；另一方面是放大器的热噪声。

根据噪声理论，一个放大电路的噪声性能主要是由其前置放大器的噪声性能决定的。这是因为前置放大器产生的噪声要经过后面的主放大器进行放大，而主放大器的增益在 50dB 以上，因而即使在前置放大器中显得极小的噪声，在主放大器的输出端就变得相当可观了。

1. 前置放大器的类型与噪声性能

前置放大器等效电路如图 3.38 所示。图中的 R_i 与 C_i 分别是放大器的输入电阻与输入电容；前置放大器的噪声性能分别用 S_I、S_E 表示，其中 S_I 是放大器的并联噪声电流源的谱密度（A^2/Hz），S_E 是放大器的串联噪声电压源的谱密度（V^2/Hz）。

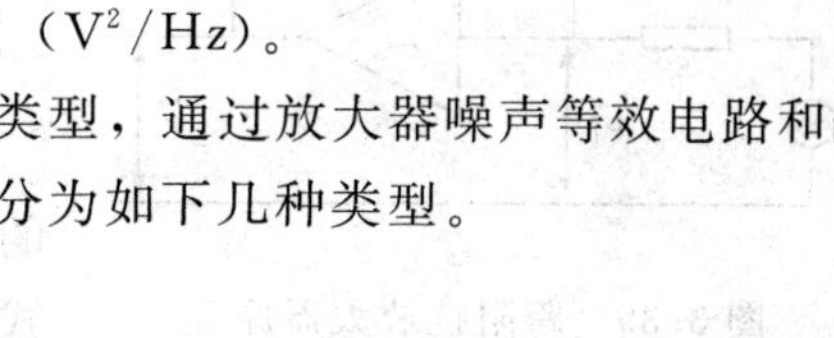

图 3.38　前置放大器的等效电路

放大器的噪声特性取决于所采用的前置放大器类型，通过放大器噪声等效电路和晶体管理论可计算得到。目前，常见的前置放大器可分为如下几种类型。

（1）场效应管放大器

因为光检测器是一种容性源，因此具有极高的输入阻抗和噪声性能甚佳的场效应管（FET）放大器在光接收机中得到了广泛的利用。根据噪声理论，FET 放大器的噪声性能可用下式描述。

$$S_I = eI_g;S_E = \frac{1.4K\theta}{g_m} \tag{3.29}$$

式中，e——电子电量；

I_g——FET 栅极电流；

K——玻尔兹曼常数；

θ——绝对环境温度，K；

g_m——FET 的跨导，A/V。

但是 FET 放大器也有不足，因为它具有极高的输入阻抗（1000MΩ 以上），会产生所谓“积分效应”而使放大器的带宽变窄，不能用于高码率的光纤通信（如 100Mb/s 以上）。此外在高码率情况下，FET 的噪声性能变坏，不能再用式（3.29）来描述其噪声性能。

（2）双极性晶体管放大器

即人们所通常讲的晶体管放大器，根据噪声理论，双极性晶体管放大器的噪声性能可用下式描述

$$S_I = \frac{eI_c}{\beta}; \quad S_E = \frac{(K\theta)^2}{eI_c} \tag{3.30}$$

式中，I_c——晶体管集电极偏置电流；

β——晶体管放大倍数。

其他参数意义同式（3.29）。

双极性晶体管放大器的噪声性能比 FET 放大器要差一些，但它能获得较宽的带宽，所以在高码率情况下得到了广泛的应用。

（3）跨阻抗放大器

在实际应用中，光纤传输线路的损耗情况会因不同局站的选择而有较大幅度的变化。在较强光信号的情况下，一个没有负反馈的前置放大器，可能在 AGC 电路进行控制之前就会发生过载或严重的非线性失真。因此，如果采用电压负反馈构成的放大器（跨阻抗放大器），由于负反馈的作用改善了放大器的带宽与非线性，并基本上保持了原有的噪声性能，且又获得了较大的动态范围。目前，跨阻抗放大器在光纤通信中得到了广泛的利用。

跨阻抗放大器的方框图如图 3.39 所示。

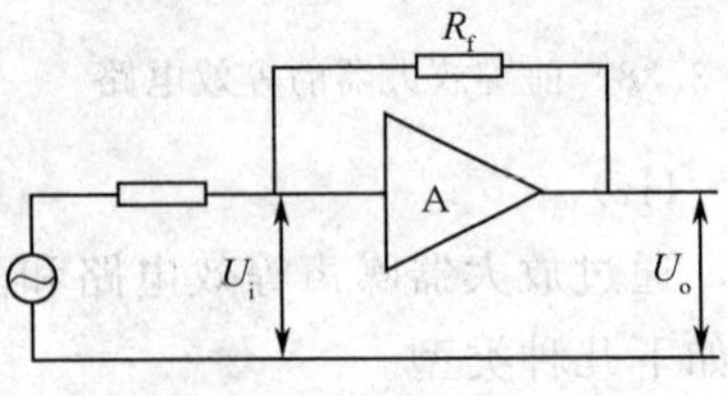

图 3.39　跨阻抗放大器原理

但跨阻抗放大器的引入带来了一个新的噪声源，即由负反馈电阻 R_f 产生的噪声，其谱密度为

$$S_{Rf} = \frac{2K\theta}{R_f} \tag{3.31}$$

综合上述三个公式，如果前置放大器的第一级采用的是 FET 放大器，则其噪声性能由式（3.29）和式（3.31）描述；如果第一级采用的是双极性晶体管放大器，其噪声性能由式（3.30）和式（3.31）描述。

2. 放大器的热噪声

放大器的热噪声性能可以用所谓热噪声因子 Z

来描述，省略去繁琐的数理推导可以得到跨阻抗放大器的热噪声因子 Z 的表达式如下，即

$$Z=\frac{1}{e^2 f_b}\left(\frac{2K\theta}{R_b}+S_I+\frac{2K\theta}{R_T}\right)I_2+\frac{(2\pi C_T)^2}{e^2}f_b S_E I_3 \tag{3.32}$$

式中，f_b——码率，b/s；

R_b——光检测器偏置电阻 Ω；

R_T——输入端总电阻；

C_T——输入端总电容；

S_I——放大器并联噪声电流源的谱密度，A^2/Hz；

S_E——放大器串联噪声电压源的谱密度，V^2/Hz；

I_2、I_3——和输入波形 $h_p(t)$ 及输出波形 $h_o(t)$ 有关的待定因数。

热噪声因子 Z 实际是一个无量纲因子，其值越小越好。一个优良的光接收机放大器，其热噪声因子 Z 可以做到在 10^{-6} 数量级。

3.7.3　光接收机的主要技术指标

1．误码率

在光纤通信系统中，虽然发送信号是由两个完全确定的光功率电平“1”和“0”组成，但从光接收机均衡器输出的待判决信号，由于叠加了接收机前端噪声及光纤色散等影响，使“1”电平和“0”电平的界限变得不很确定，因而判决时就有可能产生误码。当发送“1”码时，如果判决时刻的信号与噪声的合成电压小于判决电压 U_D，就可能被误判为“0”码，形成漏码；或者在发送“0”码时，噪声等影响使接收到的判决时刻电压大于判决电压而被误判为“1”码，形成增码，如图 3.40(a)所示。总的误码数为漏码数及增码数之和。而总的误码数与发送总码数之比称为误码率（BER）。

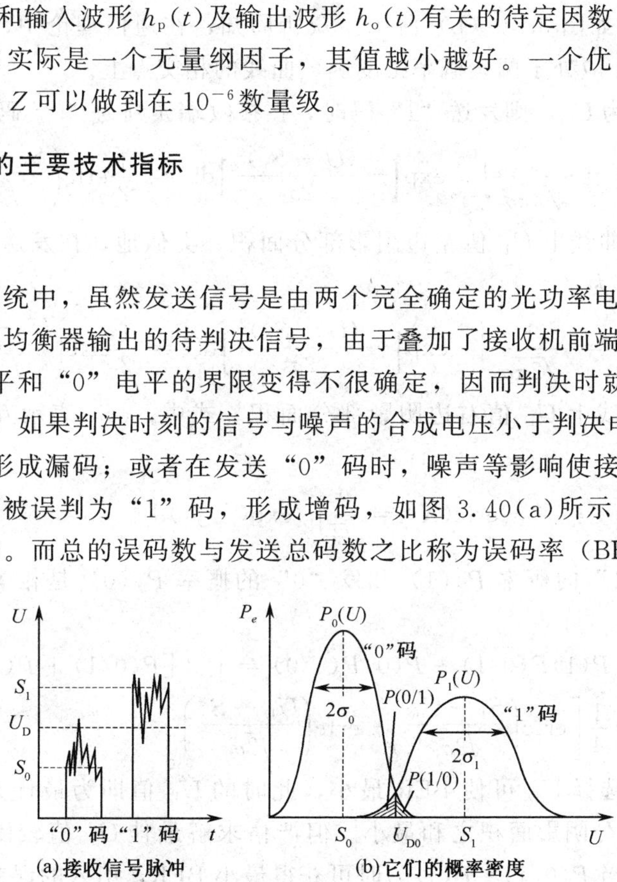

图 3.40　接收信号与它们的概率密度

总的误码概率与漏码概率及增码概率有关，而这两者又决定于判决点上噪声的概率密度分布。热噪声和放大器噪声具有高斯统计特性，光信号检测的统计特性服从泊松分布，但雪崩过程则不易用简单的分析形式表示，因此要精确处理灵敏度的计算，必须采用不同的统计特性，这显然是非常困难的。然而，对于直接检测光纤通信系统（IM），

每个比特的接收光子数通常很大，这时泊松分布可近似为高斯分布。现假设所有的统计特性都按高斯分布，得到的结果不但与精确的计算结果非常接近，而且与实验系统的实际参数也非常吻合，灵敏度计算误差在 1dB 以内。

设判决点上的平均噪声功率为 σ^2，则判决点上的噪声电压振幅 U 的概率密度可用高斯分布表示为

$$P(U)=\frac{1}{\sqrt{2\pi}\sigma}\exp\left[-\frac{U^2}{2\sigma^2}\right] \tag{3.33}$$

式中，σ——噪声电压的均方根值。

在图 3.40 中，S_1 与 S_0 分别代表均衡器输出端的接收信号均值，U_D 为判决门限电压。当判决时刻为“1”码和“0”码时，判决点上的噪声概率密度分别为 $P_1(U)$ 和 $P_0(U)$，其分布曲线如图 3.40（b）所示。众所周知，在通信理论中，获得最小误码率的最佳判决电平 U_{D0} 应处于两条概率密度函数曲线的相交点上。

现设判决电平为 U_D，则发送“1”码时，在接收端误判为“0”码的概率为

$$P(0/1)=\frac{1}{\sqrt{2\pi}\sigma_1}\int_{-\infty}^{U_D}\exp\left[-\frac{(U-S_1)^2}{2\sigma_1^2}\right]\mathrm{d}U=\frac{1}{2}\mathrm{erfc}\left(\frac{S_1-U_D}{\sqrt{2}\sigma_1}\right) \tag{3.34}$$

它等于 $P_1(U)$ 曲线上 U_D 值左边阴影部分面积。类似地，在发送“0”码时，被误判为“1”码的概率为

$$P(1/0)=\frac{1}{\sqrt{2\pi}\sigma_0}\int_{U_D}^{\infty}\exp\left[-\frac{(U-S_0)^2}{2\sigma_0^2}\right]\mathrm{d}U=\frac{1}{2}\mathrm{erfc}\left(\frac{U_D-S_0}{\sqrt{2}\sigma_0}\right) \tag{3.35}$$

它等于 P_0（U）曲线上 U_D 值右边阴影部分面积。式中，erfc 表示互补误差函数，定义为

$$\mathrm{erfc}(X)=\frac{2}{\sqrt{\pi}}\int_{x}^{\infty}\exp(-y^2)\mathrm{d}y \tag{3.36}$$

设信号码流中发“1”的概率 P（1）和发“0”的概率 P（0）是相等的，则总的误码率为

$$\begin{aligned}\mathrm{BER}&=P(1)P(0/1)+P(0)P(1/0)=1/2\left[P(0/1)+P(1/0)\right]\\&=\frac{1}{4}\left[\mathrm{erfc}\left(\frac{S_1-U_D}{\sqrt{2}\sigma_1}\right)+\mathrm{erfc}\left(\frac{U_D-S_0}{\sqrt{2}\sigma_0}\right)\right]\end{aligned} \tag{3.37}$$

式（3.37）中选择 U_D 可使 BER 最小，此时的 U_D 值即为最佳判决电平 U_{D0}，且图 3.39（b）中两部分阴影面积之和最小。但严格求解最佳 U_{D0} 值较困难，为了简化分析，通常近似认为当 $P(0/1)=P(1/0)$ 时可获得最小 BER，引入的误差仅为最小可获得误码率的 2 倍。设

$$Q=\frac{S_1-U_D}{\sigma_1}=\frac{U_D-S_0}{\sigma_0} \tag{3.38}$$

则式(3.37)就简化为

$$\mathrm{BER}=\frac{1}{2}\mathrm{erfc}\left[\frac{Q}{\sqrt{2}}\right] \tag{3.39}$$

当 $Q>2$ 时，式（3.39）可简化为

$$\mathrm{BER}=\frac{1}{Q\sqrt{2\pi}}\left(1-\frac{0.7}{Q^2}\right)\exp\left(-\frac{Q^2}{2}\right) \tag{3.40}$$

在数字光纤通信系统中，通常要求 $\mathrm{BER}\leqslant 10^{-9}$，则对应于 $Q\geqslant 6$。如 $\mathrm{BER}=1\times 10^{-10}$时，$Q=6.35$；当 $\mathrm{BER}=1\times 10^{-9}$时，$Q=6$。

必须指出，式（3.40）是在没有码间干扰、噪声的统计特性是高斯分布的假设条件下得到的。虽然光噪声的精确概率密度分布并不是精确的高斯分布，但在接收机分析中常用的高斯分布假设已被证明是一个很好的近似，并可用 Q 系数来衡量接收性能。但高斯分布的近似假设常常不易满足，这在出现码间干扰、非线性效应、光放大器噪声及滤波器影响等实际条件下，情况更是如此。此时由实际测得的 Q 系数就不能正确地把 Q 与 BER 相联系，该 Q 系数只能作为对接收性能的定性估计。

2. 光接收机灵敏度 P_r

所谓光接收机灵敏度，是指在保证规定的误码率条件下（如 $\mathrm{BER}=1\times 10^{-10}$），光接收机所需要的最小光功率值 P_r。当入射光功率大于 P_r 时，系统的误码率 $\mathrm{BER}<1\times 10^{-10}$，能可靠地工作。当入射光功率小于 P_r 时，误码率较大，不能正常工作。

光接收机灵敏度的高低和许多因素有关，主要包括以下几个方面。

1）输入光脉冲形状 $h_p(t)$。理论与实践证明，光接收机输入端的光脉冲 $h_p(t)$的相对脉宽 ε 越小越好。ε 值越小，光接收机灵敏度会相应的提高。这就是光纤通信的早期，经常使用归零码（RZ）作为传输码型的原因所在，它比使用非归零码（NRZ）时，灵敏度可提高 1dB 左右。

2）光检测器件的量子效率 η。光接收机灵敏度和光检测器的量子效率 η 成正比关系，即 η 值越大越好。量子效率 η 值增加一倍，灵敏度可提高 3dB，可见选择优质的光检测器对提高灵敏度起着极其重要的作用。

3）光接收机放大器的热噪声因子 Z。前面已经讲过，影响光接收机灵敏度的主要因素之一是噪声，而噪声包括倍增噪声、暗电流噪声与热噪声。因此精心设计光接收机放大器（主要是前置放大器）的噪声性能是提高灵敏度的重要手段。放大器的热噪声因子 Z 越大，则光接收机灵敏度越低（近似和 Z 的 1/6 次幂成比例）。

4）APD 倍增噪声指数因子 χ。大家已经知道，APD 的噪声系数 $F(G)\approx G^{\chi}$。因此 χ 值越大，APD 产生的倍增噪声越大，灵敏度自然下降。因此要尽量选择倍增噪声指数因子 χ 值低的 APD，如硅 APD 和砷化镓类 APD。χ 值降低 0.1，灵敏度改善 1dB。

光接收机灵敏度的单位为 W，但实际使用中尤其是进行理论计算时，使用瓦特不方便，故常用 dBm 为单位。

灵敏度是光接收机一项最重要的技术指标，有关光接收机的复杂理论都是围绕着它进行的。光接收机的灵敏度进行分析与计算是相当复杂的，主要是利用噪声理论与信号分析理论。因篇幅所限，这里省去繁杂的数理推导过程，直接给出光接收机灵敏度的表达式。

在前面，分别得到了光接收机的热噪声与倍增噪声的数学表达式（3.32）、式（3.28），再假定它们皆服从高斯分布，则可以获得光接收机灵敏度的表达式。

（1）APD 光接收机的灵敏度的表达式

$$P_r = \frac{1}{2}\frac{hv}{\eta}f_b\left(Q^{2+\chi}Z^{\frac{\chi}{2}}r_1^{\frac{\chi}{2}}r_2^{2+\chi}\right)^{\frac{1}{1+\chi}} \tag{3.41}$$

式中，hv——光子能量；

η——APD 的量子效率；

f_b——码率，b/s；

Q——由误码率 BER 决定的常数；

Z——放大器热噪声因子；

χ——APD 的倍增噪声指数因子；

r_1、r_2——和 $h_p(t)$等有关的待定常数。

上述 P_r 的表达式是以瓦特为单位，若要用 dBm 为单位，则可用下式换算，即

$$P_r = 10\lg\frac{P'_r(\text{W})}{10^{-3}} = 10\lg P'_r(\text{mW}) \tag{3.42}$$

例如，若 $P'_r=1\text{mW}$，则 $P_r=10\lg1=0\text{dBm}$；若 $P'_r=1.54\times10^{-8}\text{W}=1.54\times10^{-5}\text{mW}$，则 $P_r=10\lg(1.54\times10^{-5})=-48\text{dBm}$。

（2）PIN 光接收机灵敏度表达式

$$P'_r = \frac{hv}{\eta}Qf_b\sqrt{Z} \tag{3.43}$$

由式（3.41）和式（3.43）可见，光接收机的灵敏度与量子效率 η、放大器热噪声因子 Z 有密切关系。尤其是热噪声因子 Z，每降低一个数量级可使灵敏度提高 5dB（APD 光接收机仅改善 1.5～2dB），因此仔细设计放大器电路，是提高 PIN 光接收机灵敏度的重要手段。这就是为什么把 PIN 光电二极管和场效应管集成在一起的光接收机（简称 P-FET 光接收机）备受人们青睐的原因。

3. 动态范围

在实际光纤通信系统中，光接收机的输入的光信号功率不是固定不变的，当系统的中继距离较短时，光接收机的输入光功率就会增大。一个新建的系统，由于新器件和系统设计可考虑的富余度也会使光接收机的输入光功率增加。为了保障系统的正常工作，对输入信号光功率的增加必须限定在一定的范围内，因为信号功率增加到某一数值时将对接收机性能产生不良影响。

为了保障数字光纤通信系统的误码特性，光接收机的输入光信号只能在某一范围内变化，光接收机这种能适应输入信号在一定范围内变化的能力称为光接收机的动态范围，它可以表示为

$$D = 10\lg\frac{P_0}{P_r} \tag{3.44}$$

式中，P_0——光接收机过载光功率，其定义是，在保证一定误码率要求的条件下，光接收机所允许的最大光功率值；

P_r——光接收机灵敏度。

例如，P_0=3dBm，P_r=−25dBm，则 D=3dBm−（−25）dBm=28dB。

动态范围主要是为了适应实际使用中各中继段的距离会有较大差别的要求。动态范围一般在 20dB 以上。

习题与思考题

1. 如果激光器在 $\lambda_0=0.5\mu m$ 上工作，输出 1W 的连续功率，试计算每秒从激活物质的高能级跃迁到低能级的粒子数。

2. 太阳向地球辐射光波，设其平均波长 $\lambda=0.7\mu m$，射到地球外面大气层的光强为 $I=0.14W/cm^2$。如果恰好在大气层外放一个太阳能电池，试计算每秒钟到达太阳能电池上每平方米板上的光子数。

3. 什么是粒子数反转？什么情况下能实现光放大？

4. 说出半导体激光器产生激光的机理。

5. 在半导体激光器 P-I 曲线中，哪段范围对应于荧光？哪段对应于激光？I_{th}是什么？

6. 3μm 波长的 LED，当驱动电流为 50mA 时，产生 2mW 的输出光功率，计算注入电荷产生光子的效率。

7. 半导体激光器发射光子的能量近似等于材料的禁带宽度，已知 GaAs 材料的 Eg=1.43eV，某一 InGaAsP 材料的 Eg=0.96eV，求它们的发射波长。

8. 一个 GaAs PIN 光电二极管平均每三个入射光子产生一个空穴-电子对。假设所有的电子都被收集，则

（1）试计算该器件的量子效率；

（2）当在 0.8μm 波段，入射光功率为 10^{-7}W 时，计算平均输出光电流。

9. 设 PIN 光电二极管的量电子效率为 80%，计算在 1.3μm 和 1.55μm 波长时的响应度，并说明为什么在 1.55μm 处 PIN 比较灵敏。

10. 试描述采用 PIN 和 APD 的光接收机在接收灵敏度上的区别。

11. 试画出 APD 雪崩二极管的结构示意图，并指出高场区及耗尽区的范围。

12. 为什么数字光接收机的前置放大器多采用跨阻型？

13. 已知某数字光接收机的灵敏度为 20μW，求它对应的 dBm 值。

14. 对于一个 PIN 直接检测接收机，假设热噪声是主要噪声源，且为 3dB，对于误码率为 10^{-10}，速率为 100Mb/s 和 1Gb/s，工作波长为 1550nm，响应度为 1.25A/W，问接收机的接收灵敏度是多少？

第 4 章　光放大器与光纤激光器

本章提要

光放大器是光纤通信系统中的关键器件，它和密集波分复用（DWDM）系统的紧密结合是当前通信技术的发展主流。光纤激光器是在掺铒光纤放大器基础上发展起来的技术，也是目前光通信领域的新兴技术。本章首先介绍光放大器的一些基本概念，然后着重介绍当前光纤通信系统中最常用的三种光放大器，包括掺铒光纤放大器、光纤拉曼放大器以及半导体光放大器的基本原理，并结合当前光纤通信的发展，介绍目前最新的一些光放大技术。在光放大器基础上，介绍了光纤激光器的工作机理与构成特点。最后介绍三种光放大器的测试方法。

4.1　光放大器基本概述

众所周知，光信号在光纤链路中传输时，不可避免地会存在着一定的损耗，在路径损耗接近可用功率极限时需要增加中继器以便对信号进行放大和再生。使用常规的光电混合中继器放大光信号时，需要进行光电转换、电放大、再定时、脉冲整形以及电光转换，这种方式已经满足不了现代通信传输的要求。

补偿光纤损耗的最有效方法是用光放大器（OA）直接对光信号进行放大。至今已经研究出的光放大器有两大类：半导体光放大器（SOA）和光纤放大器（OFA）。光纤放大器又可分为非线性光纤放大器（主要是光纤拉曼放大器）和掺稀土元素（铒 Er、铥 Tm、镨 Pr、钕 Nd 等）的光纤放大器（主要是掺铒光纤放大器）两大类。半导体光放大器的优点是小型化，容易与其他半导体器件集成；缺点是性能与光偏振方向有关，器件与光纤的耦合损耗大。光纤放大器的性能与光偏振方向无关，器件与光纤的耦合损耗很小，因而得到广泛应用。

通常，光放大器在长距离干线上的主要应用如下。

1）功率（助推）放大器（BA），配置在发送端激光管输出之后（或经光隔离器隔离后与激光管输出相连），其主要作用是提高光功率的饱和功率，见图4.1（a）。

2）前置（预）放大器（PA），配置在接收端检测管输入之前，作为接收端的预放大，见图 4.1（b）。

3）线路放大器（LA），配置在远离局站处进行在线远端放大，同时具有较高增益和较大输出功率，用来代替传统的光电中继器补偿信号传输过程中的损耗，见图 4.1（c）。

在实际使用过程中，光放大器作为功率放大器、前置放大器和线路放大器，既可以单独使用，也可以组合使用。通常有以下七种组合方式。

1）光发射机＋功率放大器＋光接收机。
2）光发射机＋前置放大器＋光接收机。
3）光发射机＋线路放大器＋光接收机。
4）光发射机＋功率放大器＋前置放大器＋光接收机。
5）光发射机＋功率放大器＋线路放大器＋光接收机。
6）光发射机＋线路放大器＋前置放大器＋光接收机。
7）光发射机＋功率放大器＋线路放大器＋前置放大器＋光接收机。

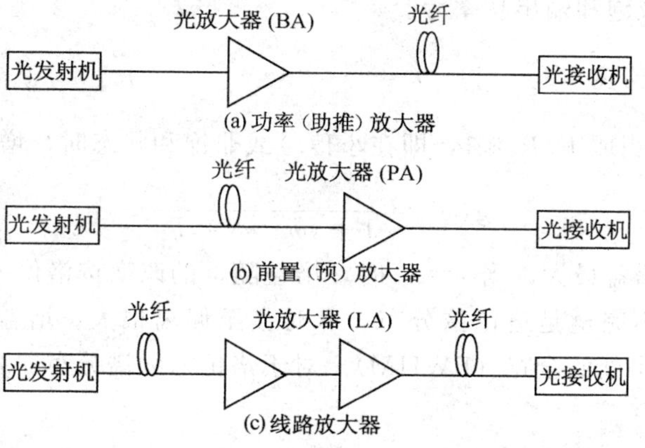

图 4.1　光放大器的三种典型应用

所有的放大器都是通过受激辐射过程来实现入射光功率放大的，其机理与激光器相同。但与激光器相比，光放大器中的反馈要小得多，甚至没有。如图 4.2 所示，任何有源光学介质，在电或光的泵浦下，达到粒子数反转时就产生光增益，实现光放大。该光增益的大小不仅与入射光频率（波长）有关，而且与放大器内部任一点的光强有关，即光增益与频率及强度的关系决定于放大器增益介质的特性。

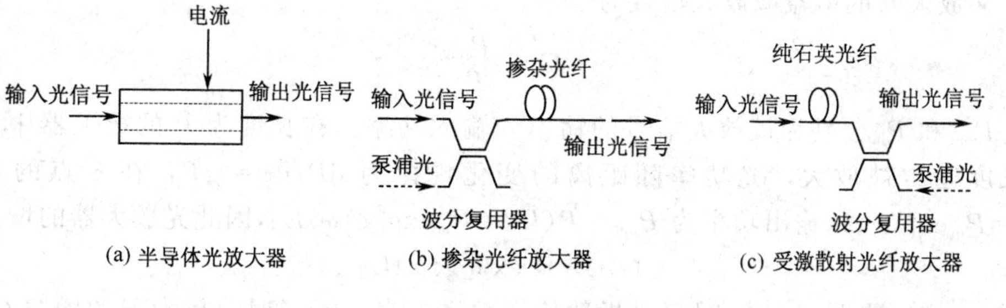

图 4.2　光放大器的基本工作原理示意

由激光原理可知，对于均匀加宽二能级增益介质，其增益系数可表示为

$$g(\omega)=\frac{g_0}{1+(\omega-\omega_0)^2T_2^2+P/P_S} \tag{4.1}$$

式中，g_0——增益峰值，与泵浦强度有关；

ω——入射信号光频率；

ω_0——增益介质原子跃迁的中心频率；

P——被放大的光信号功率；

P_S——饱和功率，与增益介质的荧光时间 T_1（亦称为粒子数弛豫时间，其值在 100ps～10ms之间，决定于增益介质的掺杂特性）和跃迁截面 σ 等参数有关；

T_2——偶极子弛豫时间（非辐射弛豫时间），其值很小，约为 0.1ps～1ns。

式(4.1)是研究光放大器的基本方程，可用来讨论光放大器的许多重要特性，如增益带宽、放大系数及饱和输出功率等。

4.1.1 增益频谱和带宽

在式(4.1)中，当取 $P/P_S \ll 1$，即在小信号或非饱和状态时，增益系数为

$$g(\omega) = \frac{g_0}{1 + (\omega - \omega_0)^2 T_2^2} \tag{4.2}$$

当 $\omega = \omega_0$ 时，增益最大，当 $\omega \neq \omega_0$ 时，增益随 ω 的改变按洛伦兹分布变化。实际放大器的增益谱可能不完全是洛伦兹分布，有时甚至偏离很大。增益谱宽定义为增益谱 $g(\omega)$降至最大值一半处的全宽（FWHM）。对于洛伦兹频谱分布曲线，增益谱宽 $\Delta\nu_g$ 由下面形式给出，即

$$\Delta\nu_g = \frac{\Delta\omega_g}{2\pi} = \frac{1}{\pi T_2} \tag{4.3}$$

这说明，在小信号条件下，增益谱宽主要决定于增益介质的偶极子弛豫时间 T_2。对于半导体光放大器，$T_2 \approx 60\text{fs}$，$\Delta\nu_g \approx 5\text{THz}$。光纤通信系统，特别是多信道光纤通信系统希望放大器具有很宽的增益带宽特性，因为这样才能适应多信道在整个带宽内增益几乎保持不变。

实用上，人们通常使用放大器带宽 $\Delta\nu_A$，而不用增益谱宽 $\Delta\nu_g$。它们之间的关系推导如下所述。

定义放大器的增益或放大倍数为

$$G = \frac{P_{out}}{P_{in}} \tag{4.4}$$

式中，P_{out}和 P_{in}分别为被放大信号的输出和输入功率。在长度为 L 的放大器中，光信号沿长度逐步被放大，光功率随距离的变化规律为 $dP/dz = gP$，在 z 点的功率为 $P(z) = P_{in}\exp(gz)$，输出功率为 $P_{out} = P(L) = P_{in}\exp[g(\omega)L]$，因此光放大器的增益为

$$G(\omega) = \exp[g(\omega)L] \tag{4.5}$$

式（4.5）表明 G 与 g 间存在指数依存关系。当 $\omega = \omega_0$ 时，放大器的增益 $G(\omega)$和增益系数 $g(\omega)$均达到最大。当频率 ω 偏离 ω_0 时，$G(\omega)$比 $g(\omega)$下降更快。放大器的带宽 $\Delta\nu_A$ 定义为$G(\omega)$曲线最大值一半处的全宽，它与介质增益谱宽 $\Delta\nu_g$ 的关系为

$$\Delta\nu_A = \Delta\nu_g \left(\frac{\ln 2}{g_0 L - \ln 2}\right)^{1/2} \tag{4.6}$$

图 4.3 给出了归一化增益 G/G_0 和 g/g_0 随归一化失谐$(\omega - \omega_0)T_2$ 变化的曲线，其中 g_0 为增益峰值，G_0 为放大器的峰值增益，$G_0 = \exp(g_0 L)$。显然，放大器的带宽比介

质增益谱宽窄得多。

4.1.2　增益饱和度

增益饱和是放大器放大能力的一种限制因素，起因于方程式（4.1）中增益系数与功率的依存关系。为简化讨论，考虑输入光信号频率 ω 与粒子跃迁频率 ω_0 完全重合的情况。此时增益系数简化为

$$g=\frac{g_0}{1+P/P_S}, \quad \text{而} \quad \frac{dP}{dz}=\frac{g_0 P}{1+P/P_S} \tag{4.7}$$

利用初始条件：$P(0)=P_{in}, P(L)=P_{out}=GP_{in}$，对上式积分，可得放大器增益为

$$G=G_0\exp\left(-\frac{G-1}{G}\times\frac{P_{out}}{P_S}\right) \tag{4.8}$$

可以看出，当 $P_{out}/P_S \ll 1$ 时，$G=G_0$，即 G_0 为小信号峰值增益。图 4.4 给出了 G/G_0 随 P_{out}/P_S 变化的曲线。图中曲线表明，当 G_0 增大到大于 20dB 时，不同 G_0 的曲线靠近，P_{out} 变得与 G_0 无关。

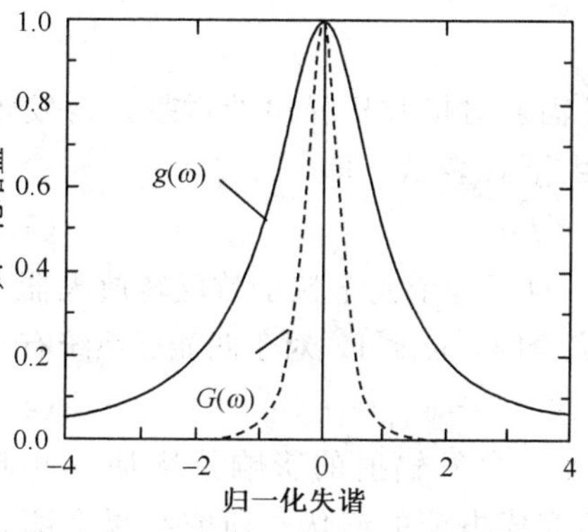

图 4.3　两能级光放大器增益谱及其相应介质的洛伦兹增益谱特性

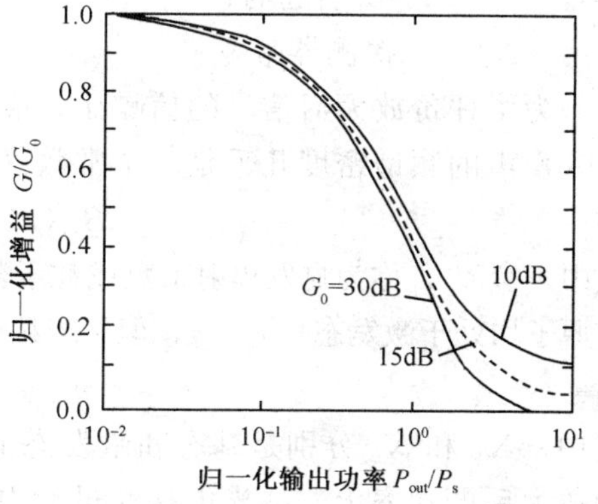

图 4.4　放大器增益与输出功率的关系

实用中感兴趣的是饱和输出功率。它定义为放大器增益至最大小信号增益一半时对应的输出功率 P_{out}^S，由式（4.8）可以求出

$$P_{out}^S=\frac{G_0\ln 2}{G_0-2}P_S \tag{4.9}$$

通常，G_0 在 100～1000（20～30dB）范围内，因而 $P_{out}^S \approx \ln 2 P_S=0.69P_S$，表明放大器的输出功率低于增益介质的饱和功率，约低 30%。

4.1.3　放大器噪声

由于自发辐射噪声在信号放大期间叠加到了信号上，使得对于所有的放大器，信号放大后的信噪比（SNR）均有所下降。与电子放大器类似，用放大器噪声指数（NF）来量度 SNR 下降的程度，并定义为放大器的输入信噪比与输出功率信噪比之比值，用分贝（dB）来表示，它是光放大器的一项重要指标。

$$\mathrm{NF(dB)} = 10\lg\frac{(\mathrm{SNR})_{\mathrm{in}}}{(\mathrm{SNR})_{\mathrm{out}}} \tag{4.10}$$

式中，放大器输入端的信噪比 $(\mathrm{SNR})_{\mathrm{in}}$ 与输出端的信噪比 $(\mathrm{SNR})_{\mathrm{out}}$ 都是以在接收机端将光信号转换成光电流后的电功率来计算的，而不是光功率电平之比。

考虑一个增益为 G 的光放大器。当仅考虑噪声由量子噪声（散弹噪声）所引起的，输入端的信噪比 $(\mathrm{SNR})_{\mathrm{in}}$ 由下式给出

$$(\mathrm{SNR})_{\mathrm{in}} = \frac{\langle I_{\mathrm{in}}\rangle^2}{\sigma_{\mathrm{S,in}}^2} = \frac{(RP_{\mathrm{in}})^2}{2q(RP_{\mathrm{in}})\Delta f} = \frac{P_{\mathrm{in}}}{2hv\Delta f} \tag{4.11}$$

式中，$\langle I_{\mathrm{in}}\rangle^2$——输入信号检测电流的均方值，代表信号电功率。若输入端信号光功率为 P_{in}，则检测后的平均光电流为 $\langle I_{\mathrm{in}}\rangle = RP_{\mathrm{in}}$；

R——光电检测器的响应度，理想光电探测器（量子效率为 1）的 $R=q/hv$；

v——光频；

h——普朗克常数；

$\sigma_{\mathrm{S,in}}^2$——放大器输入端的散弹噪声，$\sigma_{\mathrm{S,in}}^2=2q(RP_{\mathrm{in}})\Delta f$，这是由信号光的起伏所引起的；

Δf——探测器带宽。

为了评价放大后信号的信噪比，应该考虑自发辐射对接收机噪声的贡献。自发辐射引入噪声的频谱密度几乎是一个常数（白噪声），由下式表示，即

$$S_{\mathrm{sp}}(v) = (G-1)n_{\mathrm{sp}}hv \tag{4.12}$$

式中，参数 n_{sp} 称为自发辐射系数或粒子数反转系数，对于一个完全粒子数反转放大器（所有原子均处于激发态）$n_{\mathrm{sp}}=1$，但是当粒子数反转不完全时，$n_{\mathrm{sp}}<1$。对于两能级系统有

$$n_{\mathrm{sp}} = N_2/(N_2-N_1) \tag{4.13}$$

式中，N_1 和 N_2 分别是基态和激发态的粒子数浓度。自发辐射的影响是增加一些起伏到放大后的功率上，在光电探测过程中该功率又转变成电流的起伏。研究结果表明，在接收机噪声中占统治地位的是来自自发辐射与信号本身的拍频噪声，即自发辐射与放大后的信号在光电探测器相干混频，并产生光电流的外差成分。放大器输出端的噪声光电流可用下式表示

$$\sigma_{\mathrm{S,out}}^2 = 2q(RGP_{\mathrm{in}})\Delta f + 4(RGP_{\mathrm{in}})(RS_{\mathrm{sp}})\Delta f \tag{4.14}$$

其中，第一项来自散弹噪声，第二项来自信号和自发辐射的拍频噪声。为简化起见，所有其他接收机噪声已被略去不计。类似于输入端的信噪比，输出端的信噪比为

$$(\mathrm{SNR})_{\mathrm{out}} = \frac{\langle I_{\mathrm{out}}\rangle^2}{\sigma_{\mathrm{S,out}}^2} = \frac{(RGP_{\mathrm{in}})^2}{[2q(RGP_{\mathrm{in}})+4(RGP_{\mathrm{in}})(RS_{\mathrm{sp}})]\Delta f} \tag{4.15}$$

如果 $G\gg1$，则式（4.15）中分母的第一项也可略去不计，式子简化为

$$(\mathrm{SNR})_{\mathrm{out}} = \frac{GP_{\mathrm{in}}}{4S_{\mathrm{sp}}\Delta f} \tag{4.16}$$

将式（4.11）、式（4.12）、式（4.16）代入式（4.10），可得噪声指数为

$$\mathrm{NF(dB)} = 10\lg\left[\frac{2(G-1)n_{\mathrm{sp}}}{G}\right] \approx 10\lg(2n_{\mathrm{sp}}) \tag{4.17}$$

式（4.17）表明，即使对于理想的放大器（$n_{\mathrm{sp}}=1$），放大后信号的 SNR 也要比输

入信号的 SNR 降低 3dB。对于大多数实际的放大器，NF 超过 3dB，可能达到 6～8dB。在光纤通信系统中，光放大器应该具有尽可能低的 NF，典型值是 5dB。

4.2　掺铒光纤放大器

掺铒光纤放大器（EDFA）出现于 20 世纪 80 年代末。1985 年，南安普敦大学的 Mears 等人制成了 EDFA。1986 年，他们用 Ar 离子激光器做泵浦源又制造出工作波长为 1540nm 的 EDFA，尽管这种用 Ar 离子激光器做泵浦源的光放大器显然不可能在光纤通信中得到应用，但用掺铒光纤得到 1550nm 通信波长的光增益本身，却在全世界引起了广泛的兴趣，掀起了 EDFA 的研究热潮。这是因为 EDFA 的放大区域恰好与单模光纤的最低损耗区域相重合，而且其具有高增益、宽频带、低噪声、增益特性与偏振无关、对光信号的传输速率和数据调制格式透明等许多优良特性。这些特点使得 EDFA 成为 DWDM 系统中理想的光中继放大设备。

20 世纪 90 年代初，波长 1.55 μm 的 EDFA 宣告研制成功并能实际推广应用。1994 年开始，EDFA 进入商用，包括 Corning、Lucent 和 JDS Uniphase 等许多著名公司都参与了这一市场的竞争。中国研究 EDFA 起步比较晚，是从 20 世纪 90 年代开始的。

EDFA 的工作原理与激光器的工作原理大致相似，包括增益介质和泵浦系统，但没有光学谐振腔。其一般由掺铒光纤（EDF）、泵浦光（PUMP-LD）、光无源器件、控制单元和通信接口这五个部分组成。其中光无源器件包括：光波分复用器（WDM），它的作用是将不同波长的信号光与泵浦光耦合进掺铒光纤；光隔离器（ISO），它的作用是防止光路中反向光对 EDFA 的影响；光连接器（FC/APC），它的作用是使 EDFA 与通信系统和光缆线路的连接变得容易；光耦合器（Coupler），它的作用是从输入和输出光中分出一部分光（1%左右）送到光探测器（PIN），由控制单元对光纤放大器的工作进行不间断地控制，监控接口向传输系统提供光纤放大器工作状态信息，确保光纤放大器作为传输系统的一个部件，纳入到统一的网络监控之中。图 4.5 是三种典型的 EDFA 结构原理，图中正向泵浦指输入信号光与泵浦光同向进入 EDF；反向泵浦指输入信号光与泵浦光反向进入 EDF；双向泵浦则是一种正向泵浦和反向泵浦同时泵浦的结构。图 4.6 是 EDFA 的典型的电路结构框图。

一般说来，正向和反向泵浦方式在小信号时性能相近。但正向泵浦时由于在输入端具有很高的粒子数反转，噪声指数最小；反向泵浦时由于能在输出端提供较强的泵浦功率以延迟增益饱和现象的发生，转换效率较高，输出功率较高，噪声指数最大；双向泵浦时由于泵浦光沿掺铒光纤长度泵浦比较均匀，因而它兼具高功率及低噪声指数的特性。

由于上述特点，正向泵浦的 EDFA 主要用作前置放大器，反向泵浦的 EDFA 主要用作功率放大器，双向泵浦的 EDFA 主要用作线路放大器。此外，人们还可以根据 EDFA 的具体应用场合及性能要求，在上述 3 种基本结构的基础上，对 EDFA 的结构进行改进和优化。例如，为了适应高增益的应用要求，反射型泵浦的 EDFA 就是一种改进结构。如图 4.7 所示，输入信号光经过光波分复用器进入 EDF，被第一次放大，

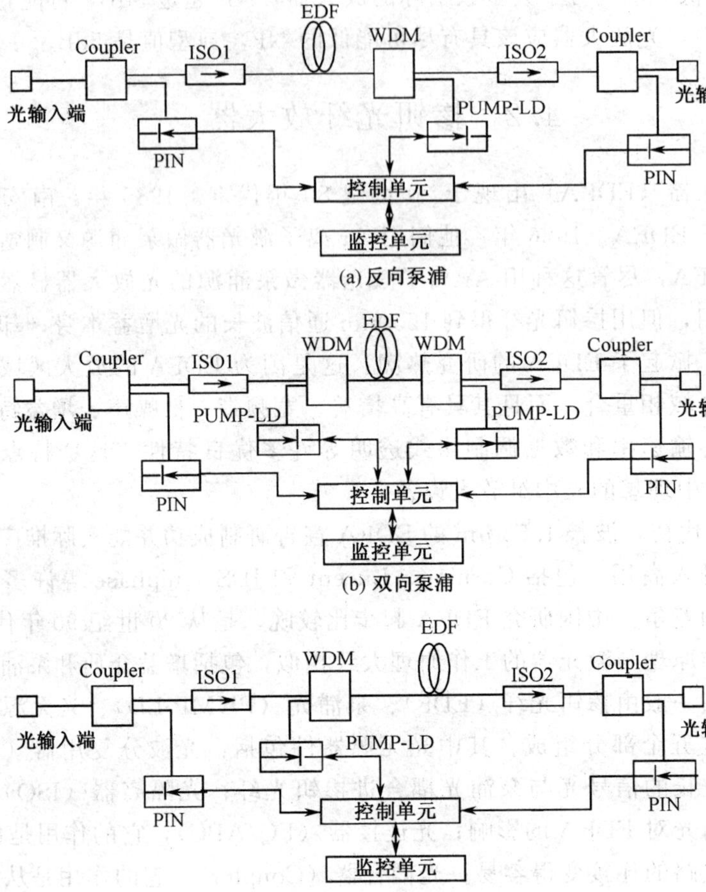

(a) 反向泵浦

(b) 双向泵浦

(c) 正向泵浦

图 4.5　*EDFA* 的三种典型结构

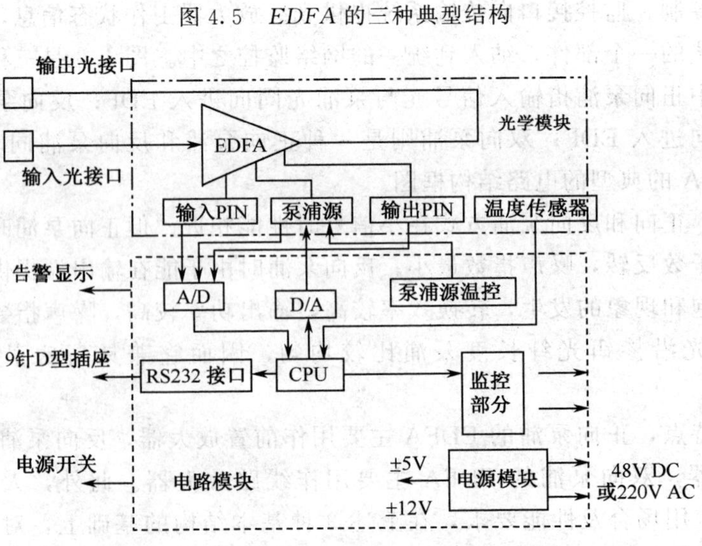

图 4.6　EDFA 的电路结构框图

然后通过光反射镜反射回 EDF，被第二次放大，最后输出。

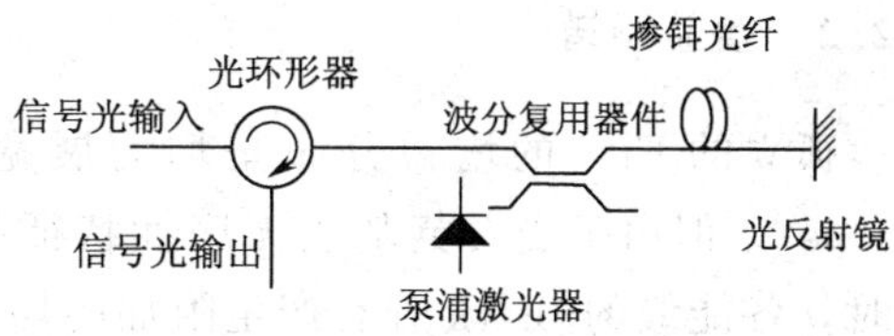

图 4.7　反射型泵浦的掺铒光纤放大器的结构

4.2.1　泵浦需求

泵浦光源是 EDFA 的重要组成部分，它为信号放大提供足够的能量，是物质达到粒子数反转分布的必要条件。EDFA 对泵浦有两个要求，一是泵浦源的发射波长对应于掺杂光纤的峰值吸收带，二是要有较大的输出功率。

图 4.8 表示了 SiO_2-GeO_2-P_2O_5 玻璃基质中 Er^{3+} 的能级结构和发生的一些典型跃迁相应的光波长。Er^{3+} 离子的能级结构决定了它的吸收与荧光特性，从图中可以看出 Er^{3+} 的吸收和荧光发射分别发生在下列能级之间：$^4I_{9/2}$、$^4I_{11/2}$、$^4I_{13/2}$ 和 $^4I_{15/2}$。其中吸收过程包括：从基态 $^4I_{15/2}\rightarrow{}^4I_{9/2}$（对应于 800nm 波长），从基态 $^4I_{15/2}\rightarrow{}^4I_{11/2}$（对应于 980nm 波长），从基态 $^4I_{15/2}\rightarrow{}^4I_{13/2}$（对应于 1480nm 波长）；荧光过程包括：从激发态 $^4I_{13/2}\rightarrow{}^4I_{15/2}$（对应于 1530nm 左右波长）。掺铒光纤放大器主要由 980nm 波长和 1480nm 波长的泵浦光来泵浦。980nm 泵浦光泵浦的掺铒光纤是以三能级系统来工作的，而 1480nm 泵浦光泵浦时则为二能级系统，它们可分别用不同能级模型描述。其中吸收过程是离子吸收泵浦光（980nm 或 1480nm）光子从基态即 $^4I_{15/2}$ 能级向更高的能级（$^4I_{11/2}$ 或 $^4I_{13/2}$）跃迁，而由于 Er 离子在 $^4I_{11/2}$ 很不稳定，迅速向 $^4I_{13/2}$ 能级非辐射弛豫（即不辐射光子，而是通过释放声子等形式释放能量），$^4I_{13/2}$ 能级相对稳定，又称为亚稳态能级；而荧光发射过程是从亚稳态能级 $^4I_{13/2}$ 向基态能级 $^4I_{15/2}$ 跃迁并辐射 1530nm 左右的光子过程。

实验证实，980nm 泵浦效率（放大器增益与吸收的泵浦功率之比，dB/mW）最高，可达 11 dB/mW，1480nm 次之为 5 dB/mW。此外 980nm 和 1480nm 的 LD 已经商品化，所以在 EDFA 设计中一般采用 980nm 和 1480nm 的半导体激光器作为泵浦源。

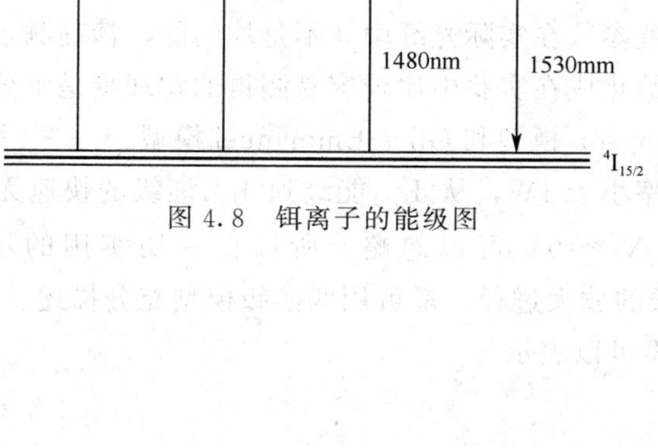

图 4.8　铒离子的能级图

4.2.2 增益频谱

孤立的Er^{3+}的增益分布是均匀展宽的，其谱宽决定于偶极子弛豫时间T_2（约0.1 ps）。但由于受石英基质无序性特征的影响导致非均匀展宽，使谱线大大加宽了。同时，各能级的Stark分裂产生附加的均匀展宽。也就是说，EDFA的发射和吸收谱可能是相当宽的，这也恰恰是人们所希望的。宽的吸收谱就允许使用多模、波长不需要很精确的半导体激光器作泵浦光源；宽的发射谱意味着EDFA可以宽带放大。

图4.9为Al-Ge共掺杂的铒光纤发射谱和吸收谱。可见，发射谱（增益谱）相当宽，但呈双峰结构，1532nm峰很高，而1550nm附近则较平坦。增益谱宽度与基质材料有关：纯石英纤芯时谱最窄，约10nm；掺Ge石英光纤的谱宽约12nm；掺Al光纤最宽，达30nm以上。采用其他基质材料（如氟化物光纤）可获得20nm以上很平坦的增益谱。

另外，增益谱还与铒光纤有关，随着长度的逐步增长，增益谱将向长波长方向推移，如图4.10所示，这是由于泵浦功率沿光纤长度在变化，使本地增益或本地粒子数反转水平在各处不同，而总增益应对放大器长度积分。因此，通过选择适当的光纤长度可得到较平坦的增益谱。

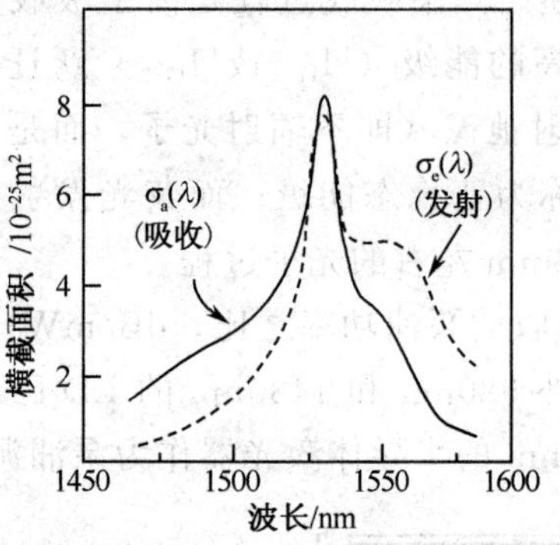

图4.9 典型Al-Ge铒光纤的发射谱和吸收谱

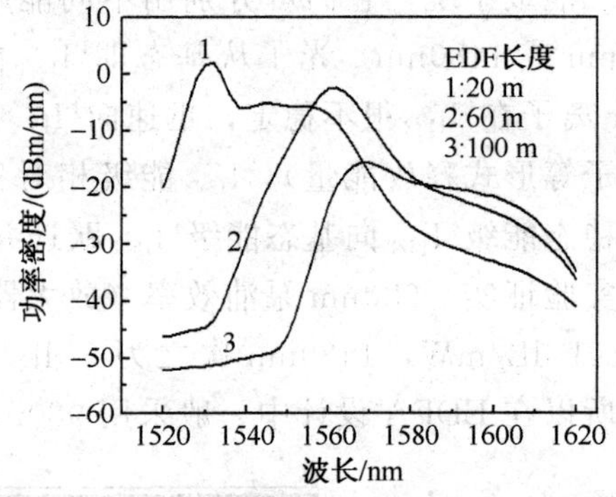

图4.10 铒光纤的ASE谱随长度变化关系

4.2.3 基本原理和基本特性

EDFA的增益与噪声和许多参数如吸收截面、发射截面、模场半径、掺铒半径、掺铒浓度等有关，而这些参数在实际光纤中并不是均匀的，精确测量比较困难，如何把上述测量难度大的参数简化成在实验中比较容易测得的物理量是十分有意义的。目前，此类模型主要有Saleh-Jopson模型和Giles-Emmanuel模型。

由于平均泵浦功率小于1W，从$^4I_{11/2}$能级到$^4I_{13/2}$能级的快速无辐射跃迁，使得对于$^4I_{11/2}$能级的粒子数（$N_3\approx 0$）可以忽略。所以在一切实用的场合，对于980nm和1480nm两个泵浦波长的放大过程，都可用两能级模型充分描述。

Saleh-Jopson模型可以表示为

$$Q_{out}=\sum_{k=1}^{N}Q_k^{in}\exp\left[\frac{1}{Q_k^{IS}}(Q_{in}-Q_{out})-\alpha_k L\right]=\sum_{k=1}^{N}A_k e^{-B_k Q_{out}} \tag{4.18}$$

式中，$A_k\equiv Q_k^{in}e^{-\alpha_k L}e^{Q_{in}/Q_k^{IS}}$，$B_k\equiv 1/Q_k^{IS}$，$Q_{in}\equiv\sum_{j=1}^{N}Q_j^{in}$，$Q_{out}\equiv\sum_{j=1}^{N}Q_j^{out}$

式（4.18）说明，只要知道了吸收系数 α_k、第 k 光束的本征饱和功率 P_k^{IS} 和输入功率 P_j^{in}，则 A_k、B_k 就是已知的，就可以通过数值方法求 P_{out}，从而计算出 EDFA 的各种特性曲线。

该模型提出了解析表达式，尽管只要使用四个参数就可预计 EDFA 的增益。但其使用了多种简化假设，使得其应用的场合比较有限，具体包括以下几点。

1）不考虑激发态吸收，也就是说仅适用于 980nm 和 1480nm 泵浦带。

2）认为以均匀展宽为主。

3）忽略了 ASE 噪声和背景损耗，并假定放大器不被自身的 ASE 噪声饱和，也就是仅适用于增益少于 20dB 或者输入信号光功率大于－20dBm 的情况。

4）假定铒离子掺杂区小于感兴趣的光波模式，也就是认为掺杂粒子分布与光纤位置和功率水平无关。因此这种模型只能提供较少的估计信息，而且精度比较差。

根据等效噪声的方法，考虑带宽为 Δv_k（计算噪声功率的频率间隔），中心波长为 $\lambda_k=c/v_k$ 的 k 个光束在掺铒光纤中传播。在考虑噪声和背景损耗的影响后，EDFA 的粒子数功率传输方程写为

$$\frac{dP_k^{\pm}(z)}{dz}=\pm(\alpha_k+g_k^*)\frac{\overline{n}_2}{\overline{n}_t}P_k^{\pm}(z)\pm g_k^*\frac{\overline{n}_2}{\overline{n}_t}mhv_k\Delta v_k\mp(\alpha_k+l_k)P_k^{\pm}(z) \tag{4.19}$$

其中，

$$\frac{\overline{n}_2}{\overline{n}_t}=\frac{\displaystyle\sum_k\frac{[P_k^+(z)+P_k^-(z)]\alpha_k}{hv_k\zeta}}{1+\displaystyle\sum_k\frac{[P_k^+(z)+P_k^-(z)](\alpha_k+g_k^*)}{hv_k\zeta}} \tag{4.20}$$

式中，$P_k^+(z)$和 $P_k^-(z)$——带宽 Δv_k 内沿前向传输和后向传输的光功率；

k——不同波长的光；

$\overline{n}_t$——基态和二能级的总平均粒子数；

$\overline{n}_2$——二能级的粒子数；

α、g^*、l、ζ——掺铒光纤的吸收系数、发射系数、本底吸收系数、饱和参数，它们可以通过实验容易测得，这将在下面部分介绍。

式（4.19）和式（4.20）就是 Giles-Emmanuel 模型，由于不能得到解析解，只能进行数值计算，通常采用龙格库塔法。式（4.19）中的因子 $m=2$，表示自发辐射的两个正交偏振态。与 Saleh-Jopson 模型相比，Giles-Emmanuel 模型则提供了全光谱的解决方案，可以精确地得知在全光谱范围内每一个波长沿光纤的功率分布，包括正向和反向，从而可以确定增益、噪声指数以及粒子数反转度沿光纤长度的分布。

由 4.1.3 节分析可知，仅考虑信号—自发辐射拍频噪声和散弹噪声引起的 SNR 劣化时，EDFA 的噪声指数可简化为

$$\mathrm{NF} = 10\lg\left(\frac{1}{G} + \frac{P_{\mathrm{ASE}}}{h\upsilon G \Delta\upsilon}\right) \tag{4.21}$$

这里以 980nm 和 1480nm 的正、反向泵浦的单段 EDFA 结构为例，对输入泵浦光功率和 EDF 长度进行参量扫描，由式（4.4）、式（4.19）、式（4.20）和式（4.21）即可得到各种泵浦方式下的增益和噪声指数随掺铒光纤长度和泵浦功率变化的等高曲线，见图 4.11。图中实线是信号光增益 G 的等高线，虚线是噪声指数 NF 的等高线。虚线的右端点所标的数值是噪声指数的大小，增益的大小则标在等高线旁边。

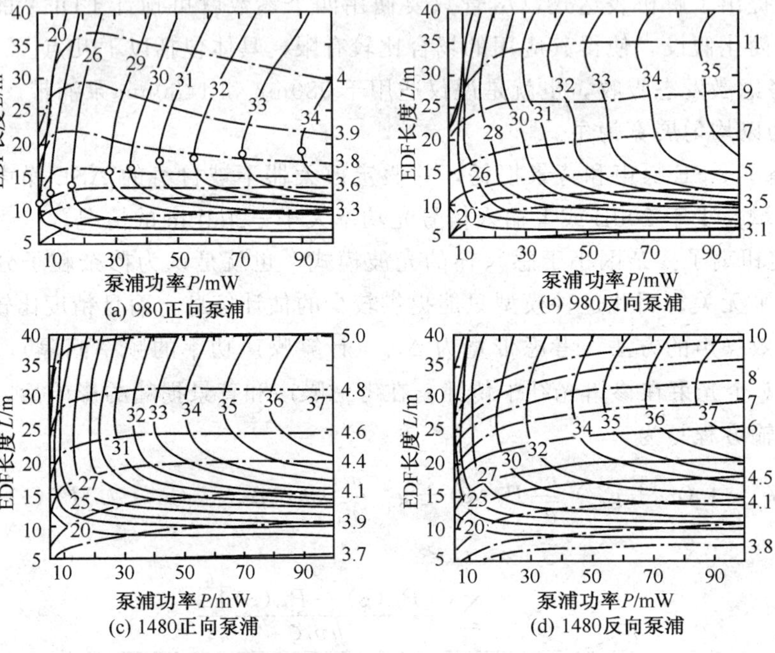

图 4.11 增益和噪声指数的 2 维等高线（增益和噪声指数的单位是 dB）

从图中可以很直观地得出，增益随着 EDF 长度的增加先增大，在达到增益最大值后，增益开始随着 EDF 长度的增加逐渐变小。这说明了 EDFA 优化设计中存在最佳掺铒光纤长度问题。这是因为泵浦光激发基态粒子到上能级，通过受激辐射实现光信号放大，当泵浦光沿 EDF 传输时，将因受激吸收而不断衰减，导致反转粒子数不断减少，当长度超过最佳长度后，泵浦光就不能让信号光得到充分的放大，同时信号光也被吸收，此时增益下降。

不管是正向泵浦还是反向泵浦，1480nm 泵浦得到的噪声指数和增益都高于 980nm 泵浦所得。反向泵浦的噪声指数和增益大于正向泵浦，长度越长，这种差别就越明显。

因此，人们在设计混合泵浦 EDFA 时候，通常把 1480nm 激光作为反向泵浦，980nm 作为正向泵浦。

4.2.4 多通道放大

EDFA 的带宽近 100nm，非常适合于多信道信号的同时放大。然而如前所述它的增益谱并不平坦。这种以均匀展宽为主的 EDFA，不同信道之间存在激烈的竞争。当多个波长的光信号通过 EDFA 时，不同信道的增益会有所不同，而且这种增益差还会随着级联放大而累积增大，如图 4.12 所示，导致某些信道的增益剧增而另一些信道的增益剧减，低电平信道信号的 SNR 恶化，高电平信道信号也因为光纤非线性效应而使信号特性恶化，从而导致系统出现误码。此外，在多点对多点的光纤网络中，通过 EDFA 的信道数会随网络的重构或信道的上下而随机改变，信道数目的变化将造成剩余信道总功率的随机变化，从而影响系统的稳定性。这就要求用于 WDM 系统的 EDFA 不仅要有合适的增益、噪声系数与输出功率，还要求增益的动态均衡。

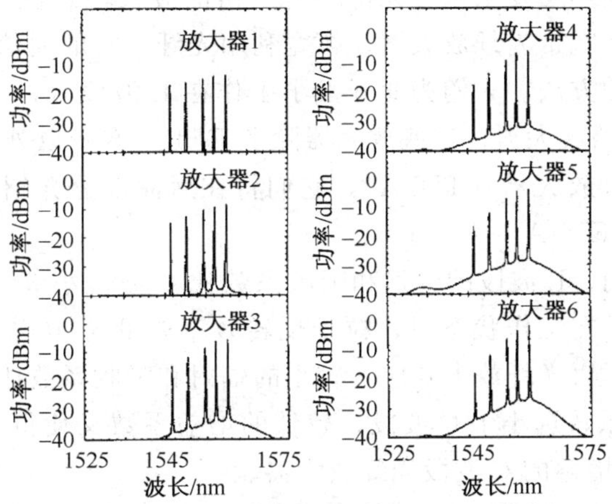

图 4.12　WDM 信号通过 EDFA 链的传播特性

目前，针对增益均衡问题，人们进行了大量的研究，提出了许多可行的解决方案，主要分为两大类：一是研究设计自身增益平坦的特性；二是在外部采用各种增益均衡技术，如端到端增益均衡、插入各种无源光滤波器等。具体概括起来有以下几种。

1）光纤本征型，选用不同掺杂即光纤基质成分，从而改善 EDFA 的特性。如研制碲化物玻璃材料光纤。

2）用增益谱反转的各种无源滤波器补偿型，如利用 Bragg 光纤光栅、双锥光纤、周期调制的双芯光纤等。

3）用增益谱反转的各种有源滤波器补偿型，如利用集成电光 M-Z 干涉仪，声光滤波器。

4）用不同掺杂材料和掺杂量的光纤进行混合组合 EDFA 型。

5）对掺铒光纤进行周期性弯曲来改变 EDFA 的增益谱和噪声指数。

6）自引入激射光的增益锁定控制。

此外，随着光纤通信向全光高速网络系统的深入发展，先前讨论的 C 波段（1520～1560nm）EDFA 的增益带宽已经不能满足 DWDM 系统的要求。如何利用现有的光纤传输系统，进一步提高通信容量以满足这种日益膨胀的需求，已成为光纤通信领域研究的热点。

目前增加光纤通信容量的基本方案有三个。

1）可以增加每个信道的字节传输率。

2）可以通过减小信道间隔（即在有限的带宽范围内增加信道数目），从而增加信道数目。

3）可以通过增加传输带宽实现。

其中方案1）从OC-48（2.5Gb/s）到OC-192（10Gb/s）增加了系统色散补偿的开支，如果传输率继续增大超过OC-192，将引入一系列系统关心的问题，如偏振模色散和高阶色散；方案2）随着间隔的逐渐减小，当降到50GHz时，将引起四波混频，从而引起信号在信道间的串扰，必须采取相应的抑制措施。

此外，小的信道间隔还要求系统元件具有严格的波长稳定性，带来系统成本上升。因此，通过开发新型超宽带光纤放大器，拓宽利用光纤丰富的通信带宽资源，将是提高光纤通信容量最有效的方法。人们为此开发了工作在L波段（1570～1610nm）和S波段（1460～1520nm）的放大器，这些放大器除了EDFA本身以外，还有光纤拉曼放大器（RFA）和掺铥光纤放大器（TDFA），它们将在后面部分介绍。这一部分先介绍L波段EDFA和S波段EDFA。

由于工作环境不同，L波段的辐射和吸收系数比C波段小3～4倍。L波段放大器为了使本征振荡最小，在工作状态时，粒子反转效率要低至40%左右效果才显著，均衡的反转效率又限制了铒光纤放大效应。较小的辐射和吸收系数伴随着较低的平均反转效率，使L波段增益系数远小于C波段，较低的增益系数又使得L波段放大器的光纤长度要4～5倍于同等增益的C波段光纤放大器。

此外，L波段放大器的铒光纤太长也带来几个问题。首先，由于泵源和信号功率均要经过较大的衰减，总的无源光纤衰减较大，降低了泵浦转换效率（PCE）。通常，泵浦功率未到铒光纤输出端口就被完全吸收，此时，信号都要在未泵浦掺铒光纤区遇到净吸收损耗，同样降低PCE。其次，较长的铒光纤长度导致后向的放大自发辐射功率的急剧积聚，而且由于泵浦光子贡献于放大的后向ASE而不是信号功率，使PCE下降，后向ASE又降低了放大器的前端口的转换效率，增加了噪声系数，因而，L波段放大器的PCE和噪声特性总是不如同等条件下的C波段放大器。目前提高L波段的PCE方法如下。

1）调节泵浦源波长法，如980nm的PCE可以在泵源吸收峰值980nm附近±30nm范围内调节波长来增加几个分贝。

2）利用C波段ASE泵浦（作为二级泵浦源）。

3）使用1550nm泵浦光放大；还有双程（DP）技术。

泵浦源波长可调谐范围是相当有限的，而且还需要相应的调谐器件来辅助实现，使用也比较繁琐；选用1550nm的泵浦源需要增加额外的泵浦源成本；双程技术固然可以使噪声得到改善，但它要用到两个光环形器，也增加了产品的成本。因而采用ASE泵浦（作为二级泵浦源）增强PCE是十分有效的方案。

S波段EDFA在原理上与C及L波段EDFA没有多大差别，但有许多新的特点。其中最主要的是由于在1530nm波长上的发射截面要比S波段大4～6倍，为了在S波段获得30dB增益，则在1530nm波长时的增益可达120～180dB，如何抑制1530nm增益峰及更长波长上的 ASE 成了 S 波段 EDFA 的关键。一种方法是采用多段 EDF 结构（如 5 段），每两段 EDF 之间是光滤波器，以抑制 C 波段及长波长上的 ASE；另一种方法采用专门设计的双包层 EDF，其基模截止波长为 1525nm，当 $\lambda>1525$nm 时，该 EDF 有大于 200dB 的损耗以抑制 ASE，而 S 波段上的分布损耗则要远小于增益。

采用双包层 EDF 的一个 S 波段 EDFA 模块性能如下：它有二级，第一级的 EDF 有 15m 长，用 980nm 进行正向泵浦，以获得低 NF；第二级 EDF 有 12m 长，用反向泵浦以获得高输出功率。该 EDFA 在 1500nm 波长上测得的峰值增益为 32dB，NF＝7～10dB，增益（20dB）带宽为 1485～1511nm，饱和输出功率为 11.5dBm。总的来说，S 波段 EDFA 的性能尚有很大的改进余地。

4.2.5　分布式放大器

前面讨论的 C、L、S 三个波段的 EDFA 都具有增益高、掺杂浓度高（一般达几十到 1000×10^{-6}），长度短（一般仅几米到几十米），与光纤通信系统相比，其长度很短，通常称为分立的光放大器，在系统中称为增益集中的放大器或集中式 EDFA。

集中式 EDFA 接入光纤通信系统中时，系统中传送的信号幅度起伏很大，将引起非线性效应，降低信噪比，并导致多信道系统中的串音，如图 4.13 所示。为降低这种有害影响，人们提出了一种新的光纤放大方案，采用浓度很低（一般低至 $0.05\sim0.1\times10^{-6}$），长度很大（几千米到 100km）的掺铒光纤作为放大介质，亦作为系统传输光纤，铒光纤增益补偿光纤损耗，在光纤通信系统中实现信号的无损“透明”传输，这是一种特殊的光纤放大器，称为分布式掺铒光纤放大器（d-EDFA），通常被用于光孤子通信。

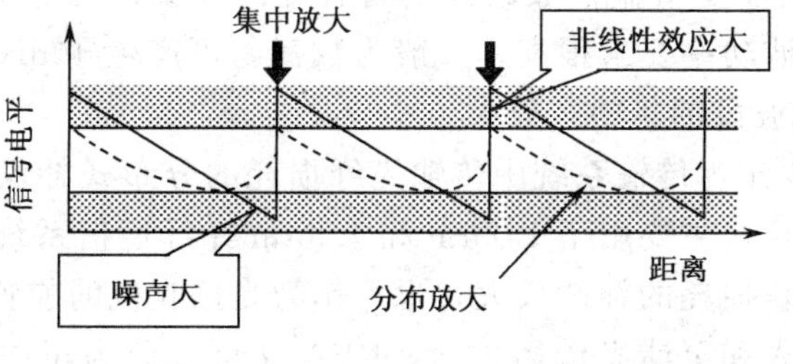

图 4.13　分布式放大和集中式放大系统

d-EDFA 类似于集中式 EDFA，同样具有三种基本泵浦结构和可级联的特性，为了满足光孤子通信系统的要求，d-EDFA 采用掺 Er^{3+} 浓度低、增益系数低、截止波长长、数值孔径大、负色散区宽的三角形折射率分布的掺铒光纤，并采用 1480nm 双向泵浦技术，以减少损耗，降低沿线能量起伏，从而达到约 100km 的放大或泵站间距。

4.3　光纤拉曼放大器

受激拉曼放大器是非线性光学研究中的一个重要问题，自激光器发明后就开展了广泛的研究。光纤中受激拉曼散射的研究始于20世纪70年代初期，研究发现，石英光纤具有很宽的拉曼增益谱（达40THz），并在13THz附近有一较宽的主峰，见图4.14。

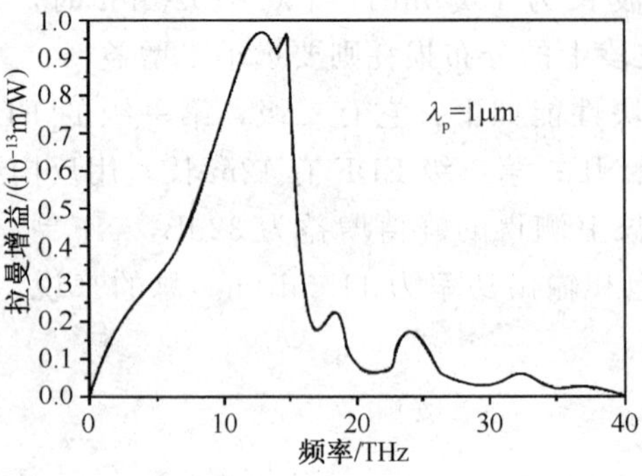

图 4.14 熔融石英光纤拉曼增益谱系统的功率传输特性

如果一个弱信号与一个强泵浦光波同时在光纤中传输，并使弱信号波长置于泵浦波的拉曼增益带宽内，则弱信号即可被放大，这种基于SRS机制的光放大器称为光纤拉曼放大器（RFA）。

然而RFA需要较高的泵浦功率（大于0.5W）。如何得到廉价的大功率激光器作泵浦是一直困扰人们的问题。拉曼放大器在等待中度过了10年，甚至在EDFA出现后曾一度销声匿迹，关键原因在于缺乏合适的大功率半导体泵浦激光器。近几年来，随着现有EDFA的可用带宽将逐步耗尽和高功率抽运光源尤其是光纤拉曼激光器与半导体激光器的发展以及光纤制造技术的进展，光纤拉曼放大器重新受到重视并得到迅速发展。

总体上说解决RFA泵浦源共有三个方案：一是大功率LD及其组合，其特点是工作稳定、与光纤耦合效率高、体积小、易集成，这是最佳的选择；二是拉曼光纤激光器（RFL）；三是半导体泵浦固体激光器（DPSSL）。后二者都存在稳定性及与普通常用光纤的耦合问题。

类似于EDFA，一般说来，RFA可以分为两种类型：分立式RFA和分布式RFA。

分立式RFA采用拉曼增益系数较高的特种光纤（如高掺锗光纤等），这种光纤长度一般为几公里，泵浦功率要求很高，一般为数瓦，可产生40dB以上的高增益用于实现EDFA无法实现的波段的集中式放大。

分布式RFA主要作为传输系统中传输光纤损耗的分布式补偿放大，实现光纤通信系统光信号的透明传输，主要用于1.3μm和1.5μm光纤通信系统中作为多路信号和高速超短光脉冲信号传输损耗的补偿放大，也可作为光接收机的前置放大器。

此外，按照信号光和泵浦光传播方向，RFA又可以分为正向泵浦、反向泵浦和双向泵浦等多种泵浦方式。采用后向泵浦具有噪声低、偏振依赖性小的优点，正向泵浦方式中，泵浦光的波动能够在很大程度上转移给信号光，也就是相当于引入了一种信号泵浦耦合噪声，同时正向泵浦由于偏振模色散（PMD）的存在使信号光和泵浦光的偏振态相对发生变化，与后向泵浦相比，在同样的泵浦条件下阈值变大，获得的增益也较小，所以在很多情况下不被采用。本节将讨论RFA的基本原理、放大特性及其在光纤通信系统中应用的一些问题。

4.3.1 拉曼增益和带宽

由于光增益

$$g = g_R I_p(z)$$

式中，I_p 为泵浦强度（由泵浦功率 P_p 决定），g_R 为拉曼增益系数，由此可得光纤中 SRS 的光增益

$$g(\omega) = g_R(\omega)(P_p/A_{eff})$$

式中，A_{eff}是泵浦光在光纤的有效作用面积。g_R 与 λ_p 成反比，一般与光纤纤芯的成分有关，对不同的掺杂物，g_R 有很大的变化。在实际应用中，人们常用有效拉曼增益系数 $C_R = g_R/A_{eff}$表示。对不同光纤 C_R 是不同的，如图 4.15（a）所示，但它们归一化后的增益谱谱型基本一样，如图 4.15（b）所示，在 13.2THz 附近都有一较宽的主峰。

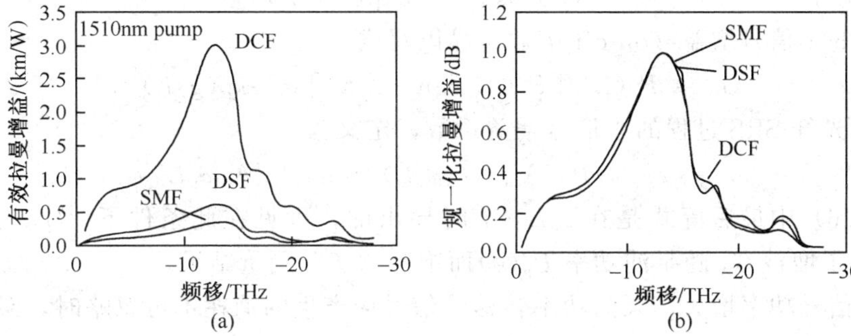

图 4.15　三种不同光纤的拉曼增益谱

由于 SRS 的增益谱较宽，它通常被作为宽带分布式补偿放大器应用在光纤通信系统中，但它需要较高的泵浦功率。例如，在小信号放大时，要得到 30dB 的增益，由 $G(\omega)=\exp[g(\omega)L]$计算可知，应有 $gL\approx 7$。为放大 1.55μm 的光信号，取峰值增益系数 $g_R = 6\times 10^{-14}$ m/W，$A_{eff}=50\mu m^2$，$L=1$km，即使忽略光纤损耗，所要求的泵浦功率已超过 5W。

如果考虑光纤损耗，所要求的泵浦功率将更大。但是用更长的光纤产生 30dB 的增益，补偿光纤分布损耗，构成分布式 RFA，可使光信号透明传输 100 多公里。下面将讨论光纤损耗和泵浦功率沿着光纤消耗时的放大特性。

4.3.2　拉曼放大器特性

RFA 放大过程中存在两个能量变换过程，一方面是信号光通过 SRS 增益，从泵浦得到能量而产生放大，被放大的光信号又被光纤吸收而衰减。另一方面是泵浦光通过 SRS 过程将能量转移给信号光而衰减，同时还受到光纤吸收而衰减。在连续波工作的情况下，忽略自发辐射噪声和高阶斯托克斯波的影响，它们的变化满足下面两个耦合方程

$$\frac{dP_s}{dz} = -\alpha_s P_s + \frac{g_R}{A_{eff}} P_p P_s \tag{4.22}$$

$$\frac{dP_p}{dz} = -\alpha_p P_p - \frac{\omega_p}{\omega_s}\frac{g_R}{A_{eff}} P_p P_s \tag{4.23}$$

式中，α_s 和 α_p 分别代表在信号频率 ω_s 和泵浦频率 ω_p 处的光纤损耗。先来考察一下小信号放大特性，这时可忽略式（4.23）右边最后一项的泵浦消耗，可近似认为泵浦功率

随光纤传输过程按指数衰减：

$$P_p(z) = P_p(0)\exp(-\alpha_p z)$$

将这关系代入式（4.22），可求得在长度为 L 的放大器输出信号功率为

$$P_s(L) = P_s(0)\exp(g_R P_0 L_{eff}/A_{eff} - \alpha_s L) \tag{4.24}$$

式中，$P_s(0)$和 $P_p(0)$分别为在 $z=0$ 处的输入信号功率和输入泵浦功率。$L_{eff}=[1-\exp(-\alpha_p L)]/\alpha_p$，为泵浦波长放大器的有效长度，当 $\alpha_p L\gg 1$ 时，$L_{eff}=1/\alpha_p$。

由式（4.24）可见，当不存在拉曼放大（$g_R=0$）时

$$P_s(L) = P_s(0)\exp(-\alpha_s L)$$

因此放大器的小信号增益（on-off 增益）可以写成

$$G_A = P_s(L)/[P_s(0)\exp(-\alpha_s L)] = \exp(g_0 L) \tag{4.25}$$

式中，g_0 为光纤 SRS 过程的小信号增益系数，定义为

$$g_0 = g_R(P_0/A_{eff})(L_{eff}/L) \approx g_R P_0/A_{eff}\alpha_p L \tag{4.26}$$

式（4.26）中最后等式是在 $\alpha_p L\gg 1$ 时导出的，可见在此条件下，G_A 与 L 无关。图 4.16给出了增益 G_A 随泵浦功率 $P_p(0)$而饱和的实验测量结果。

当输入信号功率增大，泵浦功率转移给信号而产生的消耗不可忽略时，泵浦功率在传输过程中不断衰减，信号光的放大速率受到限制，放大过程中就出现了饱和现象。假定 $\alpha_p=\alpha_s$，则可推出饱和增益的近似表达式为

$$G_s = \frac{1+\eta_q}{\eta_q + G_A\exp[-(1-\eta_q)]} \tag{4.27}$$

式中，$\eta_q=\omega_p P_s(0)/\omega_s P_p(0)$为量子效率。

图 4.17 给出了几种不同的小信号增益时，放大器的归一化饱和增益 G_s/G_A 随 $G_A\eta_q$ 的变化关系，显示了随着 η_q［即 $P_s(0)$］增大增益将呈现饱和特性。当 $G_A\eta_q\approx 1$ 时，增益降低到原来的一半（3dB），这时信号功率已接近输入泵浦功率，所以泵浦输入$P_p(0)$实际能代表 RFA 的饱和输出功率。

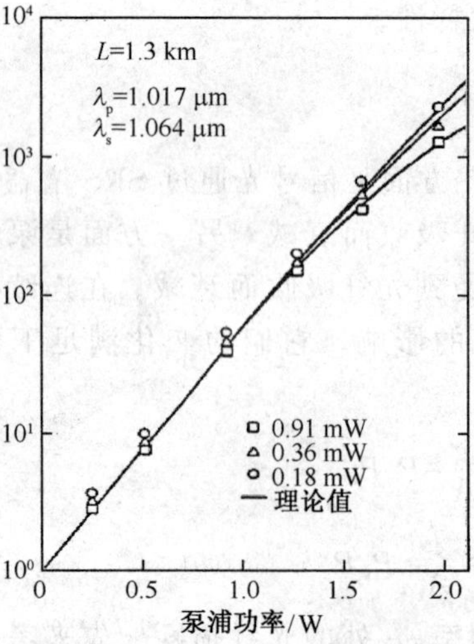

图 4.16　RFA 的小信号增益 G_A 随泵浦功率的变化

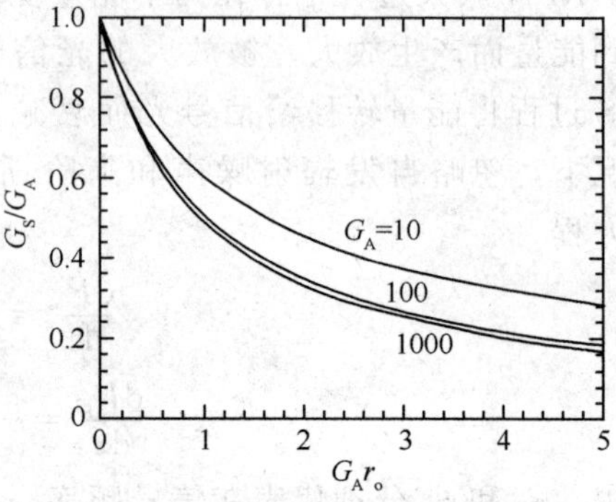

图 4.17　光纤拉曼放大器的饱和特性

4.3.3　拉曼放大器性能

如前所述，宽带 WDM 系统对所有的光放大器都要求增益谱平坦。从 RFA 的增益谱可知，对不同波长的信号，其增益不等，因此，RFA 也存在增益平坦问题。

目前，RFA 增益平坦化的方法主要有采用多波长泵浦和采用增益均衡器件两类。在多波长泵浦方面，主要研究通过全局优化算法（如遗传算法）优化配置泵浦波长和功率。在增益均衡器方面，主要研究设计一种增益均衡器，使其损耗特性与放大器的增益曲线准确吻合，最终达到增益平坦的目的。由于光纤拉曼放大器的机理不同于 EDFA，因此其噪声特性也不同于 EDFA，在实际研究 RFA 中必须考虑噪声对其放大性能的影响。

光纤拉曼放大器的噪声主要有三种，分别是自发辐射噪声、串扰噪声和瑞利散射噪声。

1）自发辐射噪声是由于自发拉曼散射经泵浦光的拉曼放大而产生的覆盖整个拉曼增益谱的背景噪声，主要包括放大信号注入噪声、ASE 注入噪声、信号-ASE 自拍频噪声和 ASE 拍频噪声。

2）串扰噪声可以分为两种：一种是由于泵浦光源的波动而造成的泵浦—信号串扰，另一种是由于泵浦同时对多信道放大而导致的泵浦引入-信号间串扰。第一种串扰是由于泵浦波动造成增益波动从而导致信号的噪声，因此，必须通过反馈等技术来稳定泵浦，另外采用后向泵浦也可以稳定增益。第二种串扰主要是由于泵浦光对放大单一信道与放大多个信道的增益不同而造成，具体表现为当两个相邻的信道同时传号时，信号的增益小于一个信道传号而另一个信道空号时的增益，从总体上来看就表现为两信道间传号与空号的相互影响，且信道数越多，串扰影响越大。

3）瑞利散射噪声是由于瑞利后向散射引起的，它在光纤后端反射到输出端形成噪声，导致信噪比的恶化。根据反射次数的不同，又可以分为单瑞利散射和双瑞利散射。单瑞利散射经过一次后向散射再反射到输出端，表现为信号自发拍频噪声；双瑞利散射则经过两次后向散射返回到输出端，主要表现为多径串扰。由于在拉曼放大器中发生的瑞利散射要经过双倍放大，因此也是一个重要的噪声因素。

4.4　半导体光放大器

所有靠近阈值但在阈值以下偏置的半导体激光器都可以实现光放大，做成半导体激光放大器（SLA），又称为半导体光放大器（SOA）。

SOA 具有快的动态增益特性、价格低、能耗小、宽的带宽，可以工作在 0.6～1.6μm 任意波段，易于与其他器件集成等优点。早在 1962 年发明半导体激光器不久，人们就已开始了 SOA 的研究。然而，由于 20 世纪 80 年代末期 EDFA 的出现并迅速成为光纤通信的主流，SOA 的研发和应用曾相对处于低谷，直到 20 世纪 90 年代后，人们进一步认识到 SOA 可以用于实现波长转换、WDM 与 TDM 转换等功能，才又对 SOA 进行了广泛的研究和开发。本节将从光纤通信系统应用的要求出发来讨论 SOA 的放大特性。

4.4.1 放大器设计

4.1节讨论的放大器特性是只对没有反馈的光放大器而言的。这种放大器被称为行波（TW）放大器，指的是入射信号只能单程放大。当半导体激光器偏流小于阈值时，由于端面反射率较大（反射系数约为32%），它会在法布里—珀罗（F-P）腔体界面上产生多次反射。这种放大器被称为F-P放大器。由F-P干涉仪的理论可以求得FP-SOA的放大系数G_{FP}（v）为

$$G_{FP}(v)=\frac{(1-R_1)(1-R_2)G(v)}{(1-G\sqrt{R_1R_2})^2+4G\sqrt{R_1R_2}\sin^2[\pi(v-v_m)/\Delta v_L]} \tag{4.28}$$

式中，R_1、R_2——腔体解理面反射率；

v_m——腔体谐振频率；

Δv_L——纵模间距，也是F-P腔的自由光谱范围。

当忽略增益饱和时，光波只传播一次的放大系数G对应于TW-SOA的G，并由式（4.5）给出。

由式(4.28)可见，当$R_1=R_2=0$时，$G_{FP}(v)=G(v)$；当入射光信号的频率$\omega(v)$与腔体谐振频率中的一个$\omega_m(v_m)$相等时，增益$G_{FP}(v)$就达到峰值，当$\omega(v)$偏离v_m时，$G_{FP}(v)$下降很快。于是，放大器带宽将由腔体谐振曲线形状所决定。人们可以由失谐时（$v-v_m$）从峰值开始下降3dB的G_{FP}值来确定放大器带宽，其结果是

$$\Delta v_A=\frac{2\Delta v_L}{\pi}\sin^{-1}\left[\frac{1-G\sqrt{R_1R_2}}{(4G\sqrt{R_1R_2})^{1/2}}\right] \tag{4.29}$$

为了得到大的放大系数，$G\sqrt{R_1R_2}$应该尽量接近1，由式（4.29）可见，此时放大器带宽只是F-P谐振腔自由光谱范围的很小一部分（典型值为$\Delta L\approx 100\text{GHz}$），此时$\Delta v_A<100\text{GHz}$。这样小的宽带使F-P放大器不能应用于光波系统。

假如减小端面反射反馈，就可以制出TW-SOA。减小反射率的一个简单方法是在界面上镀上抗反射膜（增透膜）。然而，对于TW-SOA，反射率必须相当小（$<10^{-3}$），而且最小反射率还取决于放大器增益本身。根据式（4.28），可用接近腔体谐振点的放大系数G_{FP}的最大值和最小值，来估算解理面反射率的允许值。很容易证明它们的比为

$$\Delta G=\frac{G_{FP}^{max}}{G_{FP}^{min}}=\left(\frac{1+G\sqrt{R_1R_2}}{1-G\sqrt{R_1R_2}}\right)^2 \tag{4.30}$$

假如ΔG超过3dB，放大器带宽将由腔体谐振峰而不是增益谱所决定。保持$\Delta G<2$，解理面反射率应该满足以下条件，即

$$G\sqrt{R_1R_2}<0.17 \tag{4.31}$$

当满足式（4.31）时，人们习惯把SOA作为TW放大器来描述其特性。要设计能提供30dB放大系数的SOA，解理面的反射率应该满足$\sqrt{R_1R_2}<1.7\times10^{-4}$。

然而，用常规的方法很难获得反射率小于0.1%的抗反射膜。后来，人们通过不断努力，开发出了解理面倾斜结构和窗口解理面结构，见图4.18。解理面倾斜结构是条

状有源区与正常的解理面倾斜，如图4.18（a）所示，在解理面处的反射光束，因角度解理面的缘故已与前向光束分开。在大多数情况下，使用增透膜（反射系数<1%），并使有源区倾斜，可以使反射率小于10^{-3}（理想设计可以小到10^{-4}）。而窗口解理面结构则是在有源区端面和解理面之间插入透明区，如图4.18（b）所示。光束在到达半导体和空气界面前在该窗口区已发散，经界面反射的光束进一步发散，只有极小部分光耦合进去薄的有源层。当与增透膜一起使用时，反射率可以小至10^{-4}。

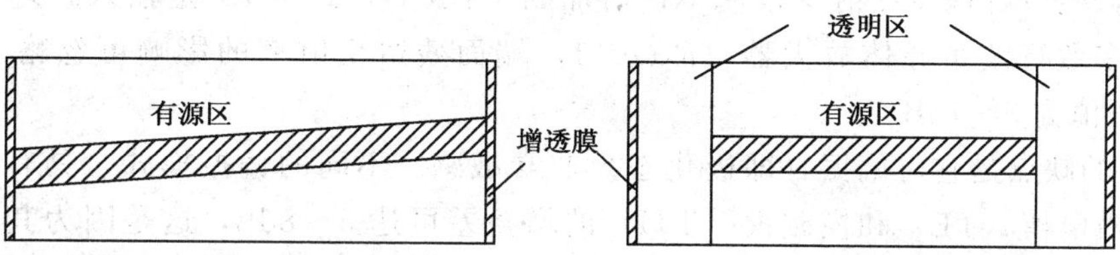

(a)条状有源区与解理面倾斜结构　(b)窗口解理面结构

图4.18　近似行波（TW）的半导体激光放大器

4.4.2　放大器特性

假设峰值增益随载流子浓度N线性增大，并表示为

$$g=(\Gamma\sigma_g/V)(N-N_0) \tag{4.32}$$

式中，Γ——限制因子；

σ_g——微分增益系数或称增益界面；

V——有源层体积；

N_0——受激辐射速率等于受激吸收率时的载流子浓度，称为透明载流子浓度。

N对时间变化的速率方程可表示为

$$\frac{\mathrm{d}N}{\mathrm{d}t}=\frac{I}{e}-\frac{N}{\tau_c}-\frac{\sigma_g(N-N_0)}{\sigma_m hv}P \tag{4.33}$$

式中，σ_m——波导模式截面；

τ_c——载流子寿命；

I——注入有源区的电流；

e——电子电荷；

h——普朗克常数；

v——光频。

对连续光信号或脉冲宽度远大于τ_c的脉冲光束输入时，可设$\mathrm{d}N/\mathrm{d}t=0$，由此可得$N$的稳态解，将此解代入式（4.18）可知，当满足下列条件时，光增益发生饱和

$$g=\frac{g_0}{1+P/P_s} \tag{4.34}$$

式中，$g_0=(\Gamma\sigma_g/V)(I\tau_c/e-N_0)$称为小信号增益，$P_S=hv\sigma_m/(\sigma_g\tau_c)$为饱和功率。

式（4.34）表明，半导体光放大器增益系数与均匀展宽二能级激光系统的增益系数按类似的机制产生饱和。因此，可以使用4.1.2节的分析方法。特别是饱和输出功率

P_{out}^{S}仍由式（4.9）给出。通常，典型P_{out}^{S}的值为5～10mW。

下面讨论SOA的噪声指数NF。SOA的NF要比最小值3dB大。究其原因主要有三个，首先对NF的主要影响来自粒子数反转因子n_{sp}；其次，SOA腔中的自由载流子吸收和散射损耗α_{int}将使得增益降低，亦将影响NF。考虑这些因素的影响后，噪声指数可表示为

$$\mathrm{NF} = 2[N/(N-N_0)][g/(g-\alpha_{int})] \tag{4.35}$$

最后，残留解理面反射率也使NF增加到$1+R_1G$，式中R_1是输入解理面反射系数。对大多数行波半导体放大器，$R_1G \ll 1$，端面残留反射率的影响可忽略。SOA的NF的典型值为5～7dB。

SOA的缺点是它对偏振（即极化态）非常敏感。不同的偏振模式，具有不同的增益G，如横电模（TE）和横磁模（TM）的增益差可达5～8dB，这是因为其增益表达式中的两个参数Γ和σ_g均受输入光的偏振态变化影响。

克服偏振灵敏性可从两方面来考虑，一是从放大器设计着手，采用宽度和厚度可比拟的有源层设计。例如，在设计中采用宽0.4μm，厚0.26μm的有源层，使TE和TM偏振光输入时增益差降至1.3dB以下。二是从使用上着手，将两个相同的放大器组合或使信号两次通过同一放大器，如图4.19所示。

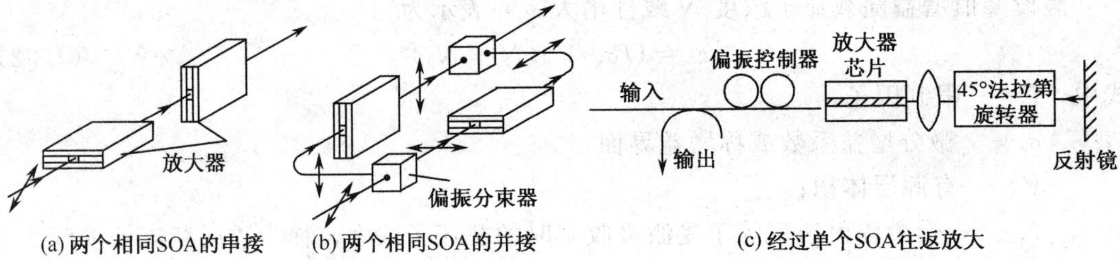

图4.19　减小SOA偏振敏感性的三种结构

其中，图4.19（a）采用两个相同结构特性且有源层互相垂直的SOA串接，所得增益将与偏振态无关。图4.19（b）则采用并接方案，在输入端口，采用偏振分束器将输入光信号分成TE和TM偏振信号，分别输入至有源层相互垂直的两只SOA，然后将由两只SOA放大的TE和TM偏振信号合成，得到与输入光同偏振态的放大信号。图4.19（c）采用输入光信号往返两次通过同一SOA的方案，但在反向通过前采用法拉第旋转器使返回光旋转90°，第二次放大后，用耦合器取出输出光信号。

4.4.3　系统应用

TW-SOA具有高增益、高输出功率、宽带宽等优点，在WDM系统中可以作为前置放大器、线路放大器以及功率放大器，然而在多信道放大时，SOA容易引起交叉增益饱和、交叉相位调制和四波混频等问题，影响通信系统性能，因此目前光纤通信系统中一般不采用SOA作为光放大器。但是，SOA的非线性效应在全光信号处理中却有重要应用。例如，可以利用SOA的上述非线性效应制作出全光网络中节点必需的全光波

长转换器，有关基于 SOA 波长转换的介绍将在第 5 章中讨论。

4.5　几种新型放大器

如前面几节所述，改善当前通信容量可通过增加传输带宽来实现，其中包括开发新型新波段的光放大器。大家知道，光纤在 1.45μm 波段的损耗较低，约为0.25dB/km，而且该波长处的色散也只有 6～9ps/(nm·km)，避免了 1.55μm 波长传输存在的四波混频的影响，所以，这一波段很适合于中、长距离通信使用。此外，随着光纤制造工艺的不断完善以及新材料的出现，如有望成为光纤通信历史上新的里程碑的光子晶体光纤，基于这些新材料的光放大器也屡见报道。本节主要介绍当前人们比较看好的几种新型放大器，它们包括掺铥光纤放大器（TDFA）、掺铒波导放大器（EDWA）以及光子晶体光纤放大器。

4.5.1　掺铥光纤放大器

TDFA 是指在光纤的纤芯中掺入 Tm^{3+} 离子，其能级及泵浦方式如图 4.20 所示，它可以看作四能级系统，影响它工作的最大问题是由于 Tm^{3+} 上能级$^3H_4$ 寿命（1.7ms）小于下能级$^3F_4$ 寿命（11ms），因而很难实现粒子数反转，解决这个问题通常采用上转换泵浦方式，即第一级泵浦通过基态吸收将 Tm^{3+} 由基态泵浦到$^3H_5$ 能级，并由于多量子弛豫衰减到亚稳态$^3F_4$；第二级泵浦将 Tm^{3+} 从能级$^3F_4$ 泵浦到$^3H_4$；第二级泵浦减少了$^3F_4$ 能级的粒子数，同时增加了$^3H_4$ 的粒子数，从而实现了粒子数反转。

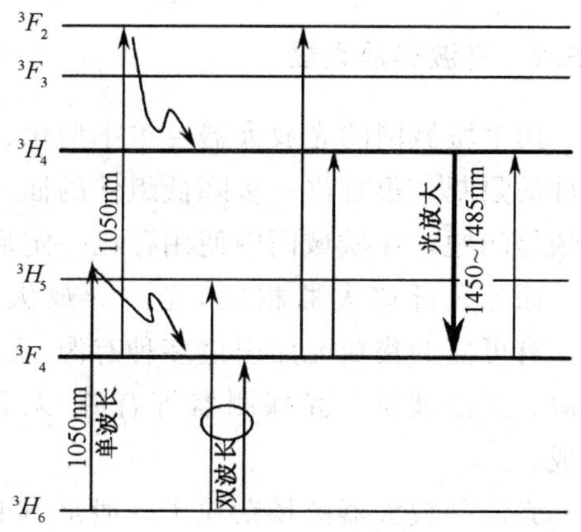

图 4.20　TDFA 的能级泵浦

目前，上转换泵浦主要有单波长和双波长两种方式。类似于 EDFA，TDFA 也有正向、反向和双向泵浦三种基本结构。在单波长泵浦时，人们一般采用双向泵浦，泵浦波长为 1064nm 或 1047nm。

研究表明，单波长泵浦获得的增益带宽范围是 1450～1480nm，PCE 一般低于 20%，而且在相同泵浦结构条件下，采用 1064nm 的泵浦光比采用 1047nm 泵浦的泵浦效率高，这主要是因为基态吸收$^3H_6 \to {}^3H_4$ 在 1064nm 优于 1047nm。为了使增益谱线移至 1480～1510nm，单波长泵浦常采用降低激发态能级$^3H_4$ 与终态能级$^3F_4$ 之间粒子数反转或者延长掺铥光纤长度实现，但这些方法都存在 PCE 低的问题。为了提高 PCE 和增加增益带宽，人们提出了双波长泵浦方法，到目前为止，出现了 1047nm/1550nm、1064nm/1117nm、1400nm/1560nm、1240nm/1400nm 四种双波长泵浦方式。

TDFA 的主要应用是 DWDM 系统，它的研制成功，可以和 EDFA 进行多波段合波的传输，从而解决了通信容量的问题。图 4.21 是使用 TDFA、C 波段 EDFA 和 L 波段

EDFA在三波段上进行超宽带合波DWDM传输实验的系统示意，并成功地在80km×3=240km的DSF光纤上进行了10Gb/s×54的DWDM传输。实验结果表明，该方案具有良好的可行性和传输性能（各信号误码率均低于1×10^{-10}），为今后的大容量传输提供了经验。

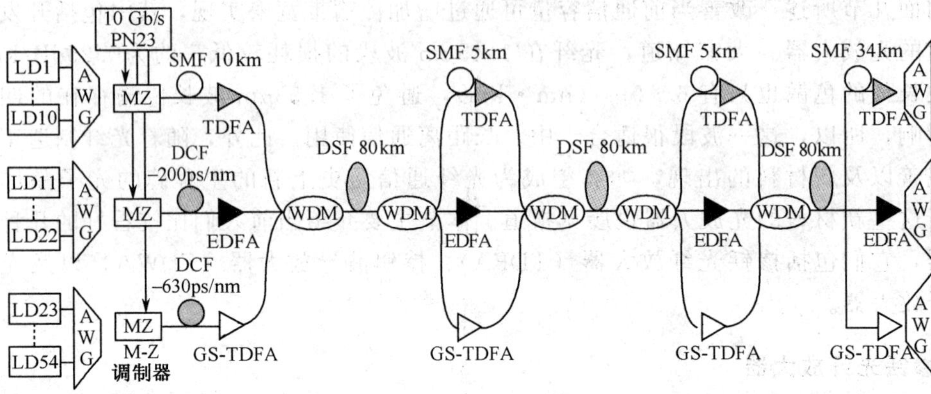

图4.21 利用TDFA和EDFA进行三波段DWDM传输实验系统

注：DCF－凹陷型包层光纤；DSF－色散位移光纤；SMF－单模光纤；Rev－接收机

4.5.2 光波导放大器

用于城域网的光放大器要求小型化、低成本、可靠性、灵活性。EDFA受其分立式组件的限制，很难进一步降低组件的插入损耗和耦合损耗，因此存在体积大、封装调试麻烦等问题，在城域网中使用存在一定局限性。

而与光纤放大器相比，光波导放大器则可以在较小的器件尺寸内获得较大的增益，有可能为集成光路引进多种有源/无源器件。可以像电路集成一样将光波导放大器、光源、光滤波器、光探测器等有源/无源器件集成在一片芯片中，进行所谓的光电子集成。

光波导放大器的掺杂粒子一般是Nd^{3+}和Er^{3+}，分别称为掺钕光波导放大器（NDWA，其中心工作波长为1060nm）和掺铒光波导放大器（EDWA，其中心工作波长为1550nm）。光波导放大器的基质一般是铌酸锂（$LiNbO_3$）、硅酸盐、磷酸盐玻璃和氧化物薄膜（Al_2O_3）等。其中，硅酸盐玻璃和磷酸盐玻璃（尤其是磷酸盐玻璃）是铒的良好基质，可进行高浓度铒掺杂。这里简要介绍EDWA的工作原理和制作中存在的一些问题。

类似于EDFA，EDWA主要由泵浦光源和掺铒元素的光波导组成，图4.22以Al_2O_3波导给出了一个例子，左下角是它的纵切面。波导绕成螺旋状只占很小的地方（一般为mm^2数量级）。EDWA是通过提高玻璃中的掺铒浓度来增加单位长度上的增益，但是，这种能力的提高也是有限的。这是因为随着注入玻璃中的铒离子增多，离子间的距离就会越近，增加了形成离子团的可能性。当离子团中的离子被激发时，就会相互交换能量，从而降低铒离子受激辐射的效率。

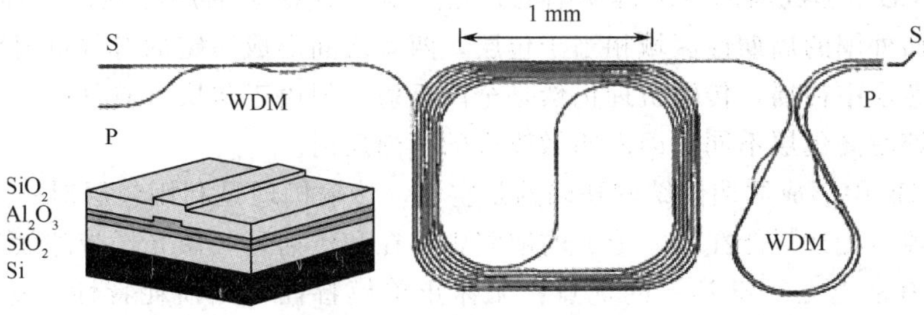

图 4.22　EDWA 结构示意

高掺铒浓度可实现单位长度上的高增益，而高掺杂浓度产生的寄生效应又反过来会降低增益，因此，问题的关键在于如何在二者之间找到一个折中点。这是制作可靠、高效的集成光放大器的关键。迄今为止，全世界只有少数实验室和研发部门在制造工艺中掌握了这种微调技术。

目前，制造商生产掺铒玻璃波导的方法有 PECVD 和加热水解沉积法、溅射法、离子交换法以及离子植入法，其中离子交换法和溅射法是最广泛应用的。在这些制造商中，仅有少数几家厂商能够制造诸如掺铒波导放大器这样的有源器件。

4.5.3　光子晶体光纤放大器

光子晶体光纤（PCF）又被称为微结构光纤或多孔光纤，它是一种由单一介质构成（通常为熔融硅或聚合物）、在二维方向上紧密排列（通常为周期性六角形）而在第三维方向（光纤的轴向）基本保持不变的波长量级的空气孔构成微结构包层的新型光纤。它可以视为一种芯层为破坏了周期结构的缺陷的二维光子晶体，且其芯层可以为实心材料或空气。

根据光子晶体光纤传导机理的不同可以将其分为折射率引导型（index-guiding）光子晶体光纤和带隙波导型光子晶体光纤，如图 4.23 所示。

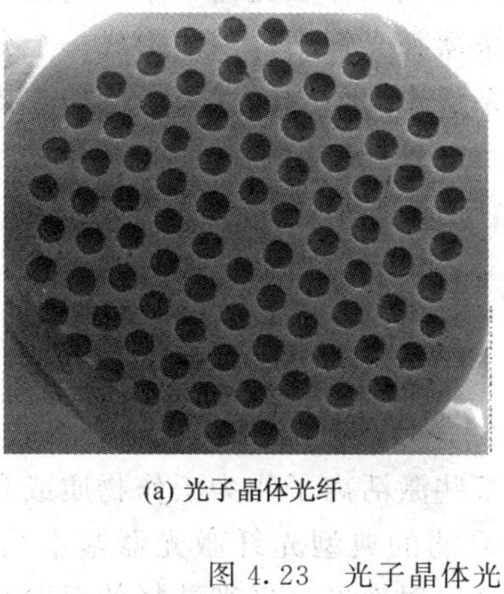

(a) 光子晶体光纤

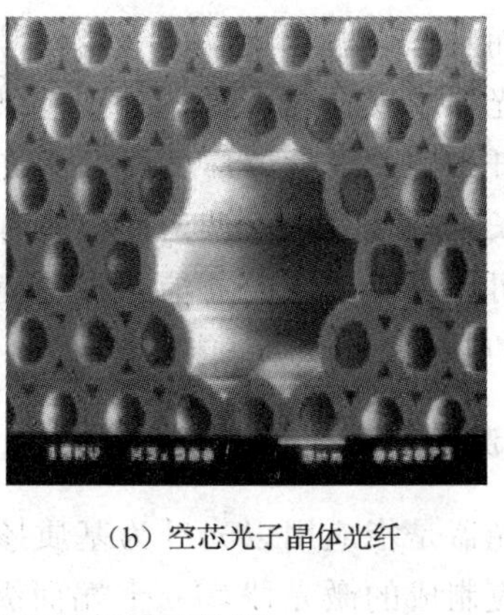

(b) 空芯光子晶体光纤

图 4.23　光子晶体光纤的电子扫描显微图

图 4.23(a)中形成周期性结构缺陷的是熔融硅（或掺杂的熔融硅），中间的缺陷相当于纤芯，而外围的周期性区域相当于包层，两者之间形成一定的有效折射率差，从而使光可以在芯层中传播，传输机理仍然是全内反射。但由于包层含有气孔，与传统光纤的“实心”熔融硅包层不同，因而叫做改进的全内反射。

图 4.23(b)中形成周期性结构缺陷的是空气，传输机理是利用包层对一定波长的光形成光子带隙，光波只能在气芯形成的缺陷中存在和传播，叫做光子带隙效应（PCF）。

PCF 具有常规光纤不具备的优点：无休止单模特性、低损耗特性、特殊的色散、非线性特性以及微结构的可设计性，自从 1996 年英国 Bath 大学的 Russell 等人研制出第一根光子晶体光纤以来，它已引起了人们的广泛关注，有可能成为光纤通信历史上的又一个里程碑。

大家知道，现行的光纤通信系统中使用的 EDFA 存在信号功率大容易产生非线性效应、RFA 存在泵浦效率低需要多个价格昂贵大功率不同波长的泵浦激光器等缺点，而且它们在解决色散问题的时候，都需要外接一段色散补偿光纤，无疑阻碍了系统进一步朝小型化、低造价方向的发展。

由于 PCF 的结构易于设计，容易控制光的行为，设计一种自身具有色散控制、非线性效应小、泵浦功率小、体积小且宽带的光子晶体光放大器是完全有可能的。近年来国内外许多学者开始了光子晶体光纤放大器（PCFA）的研究。

一般说来，类似于 EDFA 和 RFA，PCFA 也可以分为光子晶体光纤拉曼放大器和掺铒光子晶体光纤放大器。然而到目前为止，PCFA 还处在研究阶段。

4.6 光纤激光器

光纤激光器（Optical fiber laser，OFL）是在掺铒光纤放大器（Erbium doped fiber amplifier，EDFA）技术基础上发展起来的技术。20 世纪 80 年代，英国 Southhampton 大学的 S. B. Poole 等用 MCVD 法制成了低损耗的掺铒光纤，从而为光纤激光器带来了新的前景。光纤激光器可以认为是一种特殊的玻璃固体激光器，不同的是光纤不仅作为活性介质，而且作为波导将泵浦光与信号光束缚在光纤中，因而形成一个介质封闭腔结构。光纤激光器主要有两大类，分别是以掺杂稀土离子为活性离子的稀土掺杂光纤激光器和利用光纤中的非线性效应的光纤激光器。以光纤作为基质的光纤激光器，在降低阈值、振荡波长范围、波长可调谐性能等方面，已明显取得进步，是目前光通信领域的新兴技术，它可以用于现有的通信系统，使之支持更高的传输速度，是未来高码率密集波分复用系统的基础。

4.6.1 光纤激光器基本工作机理

光纤激光器是指应用以光纤为基质掺入某些激活离子作为工作物质或利用光纤本身的非线性效应制成的激光器，一个端面纵向泵浦的典型光纤激光器基本结构如图 4.24 所示。一段掺杂稀土离子的光纤被放置在两个反射率经过仔细选择的反射镜之间，这段掺有稀土离子的光纤作为增益介质，泵浦光束从反射镜 1 耦合进入光纤，激射输出光从反射镜 2 输出。可以看出，光纤激光器是一种波导型的谐振装置，光波的传输由光纤担负，这种结构实际上就是法布里-珀罗（Fabry-Perot，FP）谐振腔结构。从某种意义上讲，光纤激光器实质上是一个波长转换器，即通过它将泵浦波长光转换为所需的激射波长光。它的工作机理为：当泵浦光通过光纤中的稀土离子时，稀土离子吸收泵浦光，使稀土原子的电子激励到较高激射能级，从而实现通常所说的粒子数反转，反转后的粒子以辐射形式或非辐射形式从高能级转移到基态，前者就是通常所说的受激光发射，后者为自发发射。

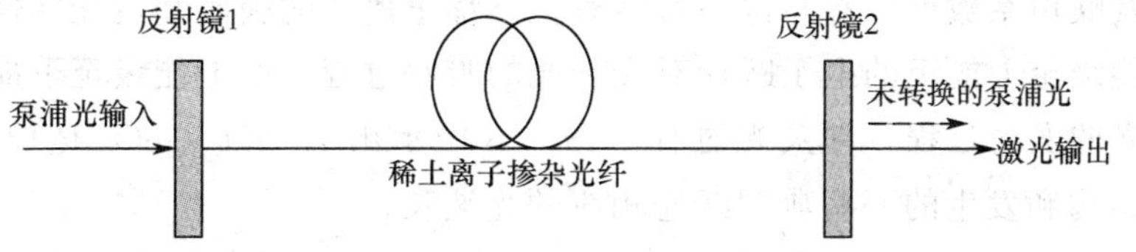

图 4.24　光纤激光器典型结构示意图

形成激光需要具备三个条件：泵浦源、合适的激光工作物质和光学谐振腔，为了更加清楚地了解光纤激光器的工作原理，必须对下面几个问题进行进一步介绍。

1. 泵浦源

由于激射是一种放大过程，要维持受激发射的增益，首先必须保证有足够的反转粒子数，泵浦是实现粒子数反转的必要条件。泵浦由外部较高能量光源提供。光纤激光器中的泵浦光使光纤介质中的电子实现粒子数反转，电子被激发到高于激射能级的某个能级上。当在阈值功率以下进行泵浦时，输出的是非相干的自发发射光；当高于阈值功率时，即可以产生激光。如果是两个能级参与激射，要维持受激发射增益还要求泵浦能量高于较高能级的能量。由于泵浦能量高于激射能级，所以激射的光子波长应大于泵浦光子的波长，这一特点为光纤激光器的实用化提供十分有利的条件。常见掺稀土元素光纤的吸收峰一般都在 800～1550nm 之间，而此波段恰好与半导体激光器的输出光谱相吻合，另外半导体激光器相关工艺技术较为完善且制备成熟，因此，光纤激光器的泵浦源一般都采用半导体激光器。但半导体激光器有一个缺点，即激光光束质量不高、发散角较大，所以用它来泵浦光纤激光器，还需要加入光学耦合系统。

2. 增益光纤

在光纤激光器中，作为激光增益介质的是增益光纤，也称作有源光纤，是在普通的光纤中掺入稀土元素，使原来无活性的光纤变为有活性的光纤。增益光纤的特性与普通无源光纤完全不同，它与掺杂元素及其能级结构密切相关，要了解光纤激光器的特性，必须首先了解构造增益光纤的掺杂元素（即稀土或镧系元素）的能级分布和光谱等特性。

稀土元素是化学元素周期表倒数第二行的一组元素，即镧系元素，共计 15 种元素，其范围从具有原子数 57 的镧（La）到具有原子数 71 的镥（Lu）。目前研究的稀土掺杂有掺铒（Er）、掺镱（Yb）、掺钕（Nd）、掺铥（Tm）等。所有稀土原子都具有相同的外层电子结构，占据内部4f电子壳层的电子数的多少，主导了此类元素的光学特性，光学吸收和发射引起的跃迁均发生在4f层内。稀土元素的离子化通常形成三价离子，如Er^{3+}、Yb^{3+}。稀土离子之所以能够成为光纤激光器的有源媒质，主要原因是：稀土离子可以吸收和发射特性波长范围内的光，并且吸收和发射波长与基质材料基本无关、亚稳态寿命长、量子效率高。

掺稀土离子的光谱特性是指稀土离子的吸收和荧光特性，是分析和了解稀土掺杂光纤激光器特性的重要基础，激光器的增益谱特性、泵浦功率、泵浦波长、输出功率、功率转换效率及噪声系数等，都与这一特性有关。稀土离子的吸收和荧光特性由能级结构决定。由下能级至上能级的电子跃迁对应于光的吸收过程，由上能级至下能级的电子跃迁则对应于光的发射过程，即荧光过程。图4.8中示出了SiO_2-GeO_2-P_2O_5玻璃基质中Er^{3+}的能级结构和发生的一些典型跃迁相应的光波长。

掺铒光纤中铒离子的浓度是影响Er^{3+}能量转换效率的重要因素。当掺铒光纤中铒离子的浓度足够低时，铒离子均匀地分布在玻璃基质中，离子间距大，离子间基本没有相互作用发生，但是浓度太低又难以实现激光激射，为了提高激光器增益，缩短腔长，需要尽可能地增加掺铒离子浓度。而当铒离子浓度增加到某一程度时，随着离子间距减小，这时就有可能形成铒离子对或铒离子簇，发生能量转移过程。固体中稀土元素离子能量转移过程有以下几种主要现象：荧光猝灭、交叉弛豫和频率上转换等。这些能量转移过程将会大大降低激光器增益。此外，由于铒离子在石英玻璃中的溶解度有限，过高的掺杂浓度，使铒离子在玻璃中不能充分溶解，而发生团簇现象。实验研究表明，最佳的激射结果有一个最佳的掺杂浓度，对大多数石英光纤来说，掺杂的浓度一般在百万分之几百。另外，研究发现，在玻璃光纤中掺入少量的铝（Al_2O_3）和磷（P_2O_5）能增加铒离子的溶解度，减小铒离子团簇形成，因此，对于高掺铒光纤，铝和磷是理想的共掺元素。

3. 基质材料及其影响

光纤基质材料一般都是玻璃，它是由大量的共价键分子所组成，形成一个无规则矩阵，稀土金属元素在其中通常是作为这个矩阵的改善粒子存在。基质对稀土元素光谱的影响主要表现在两方面。第一是引起Stark分裂，由于电场的非均匀性分布，消除了原来存在的能级简并度，因此对于给定的电子跃迁，光谱上将出现精细结构。第二是使能级加宽，由于基质作用而使离子能级加宽的机制主要有两种：一种是声子加宽，当两个能级之间发生跃迁时，将发生某种形式的能量交换，包括声子的产生和湮灭，而声子的能量取决于温度，也与光子有关，在给定温度下，存在着一个声子能量的分布，将引起吸收和发射的波长扩展，降低温度会减少声子数，从而使光谱变窄。第二种是基质电场对能级的围绕，它取决于周围环境，是一种非均匀加宽，与温度无关。

基质材料有硅玻璃、氟化锆玻璃、ZBLAN玻璃、光子晶体等。不同的基质材料对稀土离子的光谱特性的影响都不一样，一般可以根据不同的要求选择基质材料，以获得光纤激光器最终某种性能的优化。

4. 谐振腔

光纤激光器如果按照谐振腔的角度来分类，可以主要分为线形腔和环形腔激光器两大类。

线形腔的结构简单，基本结构为图 4.24 中所示的由稀土掺杂光纤和一对平行的透射、反射镜组成法布里-珀罗结构谐振腔。当腔长等于波长的 1/2 整数倍且谐振的频率间隔是自由光谱范围（FSR）时，谐振腔发生谐振。两个反射镜中，一个是泵浦入射的反射镜，这个反射镜对泵浦光应有 100％的反射；另一个反射镜是激射输出边的反射镜，为了将激射光耦合出来，该反射镜对激射波长的反射率应小于 100％。也就是说，入射光纤端的镜面对泵浦光透射率高，对激光反射率高；出射端则反之。输出反射镜对激射波长的最佳反射率取决于激射介质的增益。在光纤激光器制作中，也会采用直接在光纤的两端分别镀上不同的多层介质膜来代替反射镜，利用多层介质膜对光的选择反射性能实现谐振腔。

光纤激光器的环形腔结构可以利用光纤定向耦合器来构成，这种结构的特点是可以消除空间烧孔效应，常见的有 Sagnac 环形镜、环形谐振腔、环形器、复合腔等结构。如图 4.25 所示，将耦合器的 1、2 两臂连接起来就构成了一个环形谐振腔，耦合器起到了介质镜的反馈作用，谐振腔的精细度与耦合器的分束比有关。如果光波在腔内传播一周后相位不变，就可以得到放大。将耦合率为 50％的耦合器 2、4 两输出端连接起来，构成一个 Sagnac 环，泵浦光从一个输入端口进入，在环内沿两个方向都有传播，然后在耦合器中汇合。如果 50％的耦合器没有损耗，所有光将耦合回入射端口，因此 Sagnac 环等效于一个 100％反射器，又称为环形镜。在 Sagnac 环中加入增益光纤和隔离器，使环中的光波只能沿单方向行进，这样能够有效消除空间烧孔，如图 4.26 所示，这种带隔离器的 Sagnac 结构就等同于一个环形器。

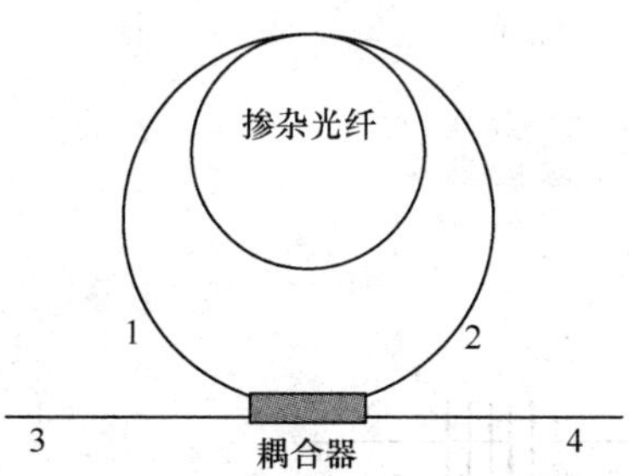

图 4.25　环形谐振腔示意图

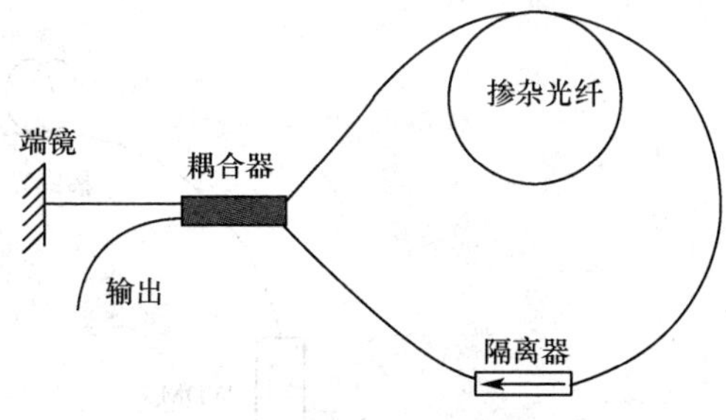

图 4.26　Sagnac 环形镜结构示意图

另外，近年来，随着紫外写入光纤光栅技术的日益成熟以及光纤光栅优异的波长选择特性，出现了许多基于光纤光栅的光纤激光器腔结构。其中三种典型的腔结构包括：分布 Bragg 反射器光纤激光器、分布反馈光纤激光器、σ 型腔光纤激光器。分布 Bragg 反射镜光纤激光器结构示意图如图 4.27 所示，利用一段稀土掺杂光纤和一对 Bragg 波长相等的光纤光栅构成谐振腔，一般使用两个高反射率的光纤光栅来增强模式选择，可以直接把光纤光栅写入掺铒光纤中，也可以把光纤光栅熔接到掺铒光纤两端。利用光纤光栅与纵向拉力的关系，可以实现激光出射频率的连续可调。

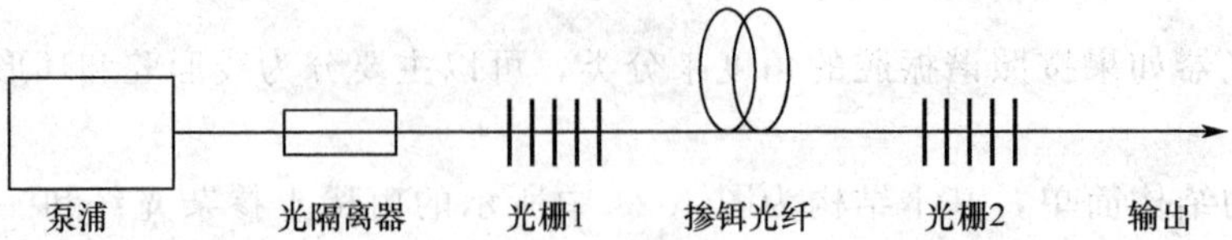

图 4.27 分布 Bragg 反射镜光纤激光器结构示意图

分布反馈光纤激光器则是利用直接在稀土掺杂光纤中写入的光纤光栅构成谐振腔，如图 4.28 所示，这种结构的有源区和反馈区同为一体，只用一个光栅来实现光反馈和波长选择，因而频率稳定性好、边模抑制比高。一般采用在 Bragg 光栅中引入 $\pi/2$ 相移的相移光栅来实现单频激光输出。

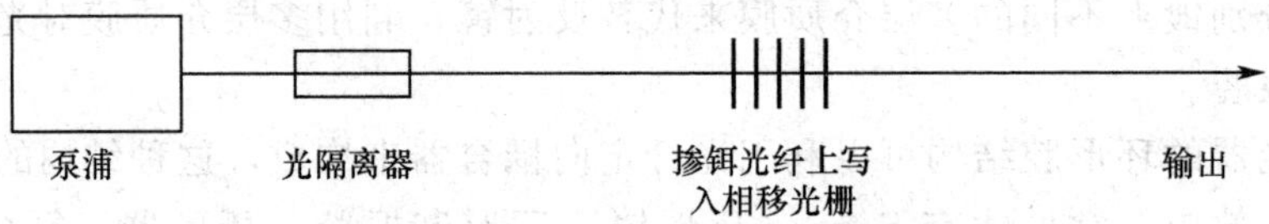

图 4.28 分布反馈光纤激光器结构示意图

在分布 Bragg 反射镜激光器中要采用两个波长一致的高反射率窄波长光纤光栅，制作比较困难。可以利用环形器、光纤环等构成反射镜来代替谐振腔一端的光栅，另一端仍可采用光栅选择激射波长，这样可以减少一个光栅，减小制作难度并增加稳定性。σ 型腔光纤激光器就是这种类型的光纤激光器结构，如图 4.29 所示，掺铒光纤产生的激光输入到光环形器的端口 1，从端口 2 进入光栅，从光栅反射回来与其 Bragg 波长相同的光，从端口 3 经耦合器、光隔离器再进入掺铒光纤，这样激光在环路中来回不断地被放大，最后从耦合器的输出口输出激光。

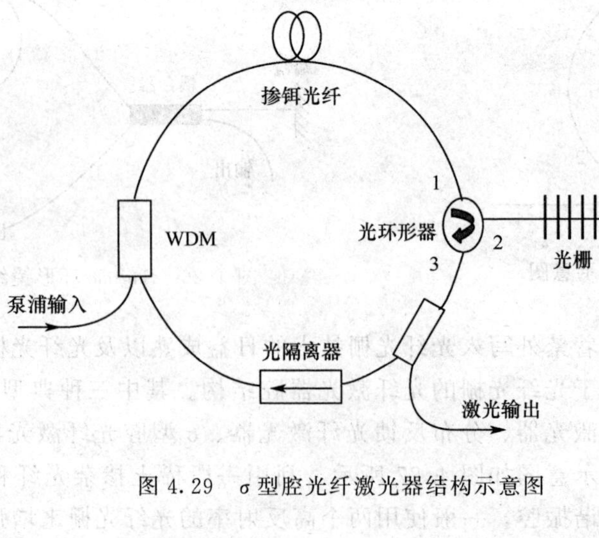

图 4.29 σ 型腔光纤激光器结构示意图

4.6.2 光纤激光器特点及分类

光纤激光器近些年来受到了广泛的关注，这是因为它具有一些其他激光器所无法比拟的优点，主要表现在以下几个方面。

1）光纤激光器中，光纤既是激光介质又是光的导波介质，因此泵浦光的耦合效率相当高，加上光纤激光器能够方便地延长增益长度，以便使泵浦光充分吸收，而使总的光-光转换效率超过 60%。

2）光纤的几何形状具有很大的表面积/体积比，散热快，它的工作物质的热负荷相当小，能产生高亮度和高峰值功率。

3）光纤激光器体积小、结构简单，且工作物质为柔性介质，可以设计得相当小巧灵活，使用方便。

4）作为激光介质的掺杂光纤，掺杂稀土离子和承受掺杂的基质具有相当多的可调参数和选择性，光纤激光器可以在很宽的光谱范围内设计运行，加上玻璃光纤的荧光谱相当宽，插入适当的波长选择器即可得到可调谐光纤激光器。

5）光纤激光器较易于实现单模、单频运转和超短脉冲。

6）光纤激光器增益高、噪声小，且光纤到光纤的耦合技术非常成熟，连接损耗小且增益与偏振无关。

7）光纤激光器光束质量好，具有较好的单色性、方向性和温度稳定性。

8）光纤激光器所基于的硅光纤工艺目前已经非常成熟，因此可以制作出高精度、低损耗的光纤，大大降低了激光器成本。

9）光纤激光器和光纤放大器与现有的光纤器件（如耦合器、偏振器、调制器）是完全相容的，故可以制作出完全由光纤器件组成的全光纤传输系统。

按照不同的分类方法，光纤激光器分为多种不同的类型。根据谐振腔结构可以分为线形腔和环形腔光纤激光器；根据激光输出的时域特性可以分为连续波光纤激光器与脉冲光纤激光器；根据激光输出波长数目可以分为单波长光纤激光器和多波长光纤激光器；根据工作机制可以分为上转换光纤激光器和下转换光纤激光器；根据增益介质特性可以分为稀土掺杂光纤激光器、塑料光纤激光器、基于非线性效应的光纤激光器、基于半导体光放大器的光纤激光器和利用晶体光纤作为激活介质的光纤激光器；根据光纤结构可以分为单包层光纤激光器、多包层光纤激光器和光子晶体光纤激光器等；根据应用分类可以分为高功率光纤激光器、锁模光纤激光器、超短脉冲光纤激光器、单纵模窄线宽光纤激光器、多波长光纤激光器等；根据掺杂元素可以分为掺铒（Er^{3+}）、钕（Nd^{3+}）、镱（Yd^{3+}）、铥（Tm^{3+}）、钬（Ho^{3+}）等光纤激光器。

在众多类型的光纤激光器中，稀土掺杂光纤激光器特别是掺铒光纤激光器发展十分迅速，光纤基质包括了石英晶体，硅酸盐玻璃，磷酸盐玻璃，氟化物玻璃等，光纤激光器的输出波长覆盖了从 0.38～3.9μm 的整个波段。这是由于以掺铒光纤激光器为代表的这类型激光器可以提供光纤通信低损耗窗口即 1550nm 附近波段的可调谐多波长激光光源或者单纵模窄线宽激光光源，是未来高速大容量光纤通信系统或者光纤传感网络中光源的理想选择，同时也在如激光加工、激光遥感、光谱学、光学测量等方面有着广泛的应用前景。经过近二十多年的研究，光纤激光器无论在机理研究还是实际应用方面都取得了长足的进展。目前的研究热点主要集中在高功率光纤激光器、锁模光纤激光器、超短脉冲光纤激光器、波长可调谐的单纵模窄线宽光纤激光器，以及可选择开关或同时输出的连续光和脉冲光多波长光纤激光器等方面。

4.7 光放大器的测试

OA 作为 DWDM 系统中的重要组件，其性能的优异对整个通信系统的质量及其性价比的影响是很大的。熟悉 OA 的常用性能指标对于分析设计高性能的 OA 是十分必要的。OA 常用的指标除了前面介绍的增益、噪声指数、饱和输出功率、增益带宽及功率转换效率外，还有以下几个参数。

1）动态范围。定义为放大器工作于饱和区时，保持恒定信号输出功率（±0.5dB）所对应的输入信号功率变化范围，称为动态范围，单位为 dB。

2）增益平坦度(GF)。指在整个可用的增益通带内，最大增益波长点的增益与最小增益波长点的增益之差，单位是 dB。在 WDM 系统中 GF 越小越好。

3）增益变化。指光放大器增益在光放大器工作波段内（多通路）的变化，最大和最小增益变化的数值与通路数无关。

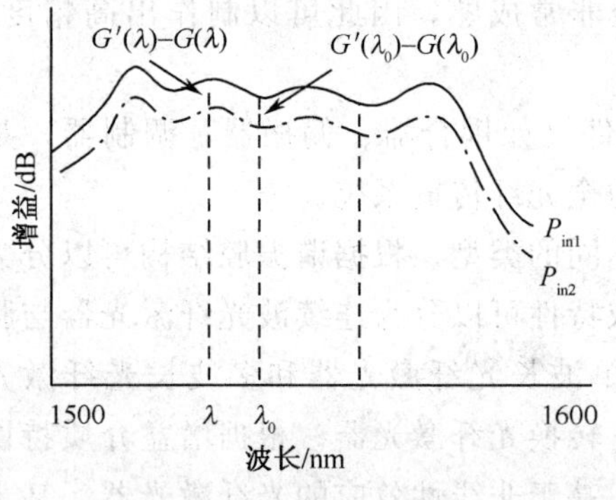

图 4.30 动态增益斜率的定义

动态增益斜率（DGT）表示不同波长信道的增益随输入光功率变化而产生的动态变化的差异，可表示为

$$\mathrm{DGT}=\frac{G'(\lambda)-G(\lambda)}{G'(\lambda_0)-G(\lambda_0)} \tag{4.36}$$

式中，λ_0——参考波长；

λ——定义的波长；

G——标称增益；

G'——不同输入光功率下的增益。

动态增益斜率的定义如图 4.30 所示。

动态增益变化（DGV）定义为最大动态增益斜率（$\mathrm{DGT_{max}}$）与最小动态增益斜率（$\mathrm{DGT_{min}}$）之比，即

$$\mathrm{DGV}=\mathrm{DGT_{max}}/\mathrm{DGT_{min}} \tag{4.37}$$

通常，WDM 系统要求 DGV 越接近 1(0dB)越好。

从上面的讨论可以看出，增益和噪声指数是最基本的，只要测出了它们，其他指标就可以依据定义计算出。因此，本节主要介绍目前常用的 EDFA 增益和噪声指数光学测试法、RFA 的增益谱测试法以及 SOA 的增益和噪声测量方法。

4.7.1　掺铒光纤放大器

1. 增益的测量

按图 4.31 使用光谱分析仪（OSA）先测得未接入 EDFA 时的光谱（见图 4.32 中曲线 1）；接着测量接入 EDFA 时的光谱（图 4.32 中曲线 2）；最后将图中两条曲线相减所得差值就是 EDFA 的增益。

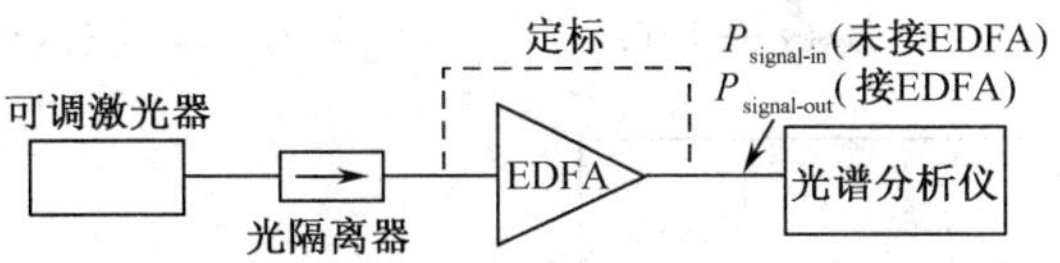

图 4.31　测量 EDFA 增益的基本装置

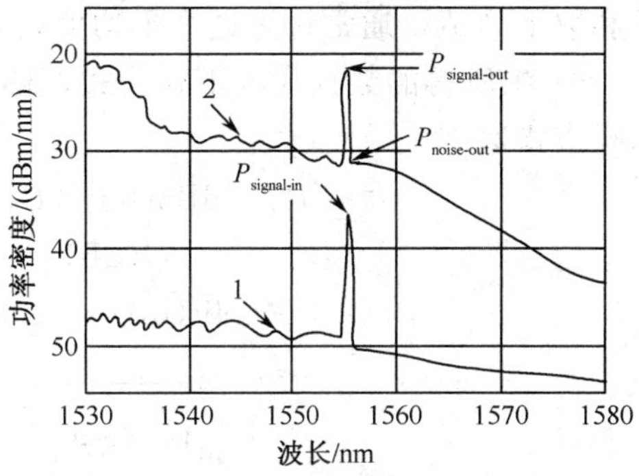

图 4.32　OSA 得到的输入信号光放大前后谱

2. 噪声指数的测量

测量噪声指数的方法很多，有电学方法，也有光学方法。光学方法又可以分为时域消光法、减少光源法、偏振消光法、信号替代法以及折合光源法等多种方法，其目的都是将放大自发辐射功率与信号或其他噪声功率分开。

通常，在没有输入信号光时 P_{ASE} 可以很容易地用 OSA 测量得到，但随着输入信号光功率的增加，ASE 功率会因自饱和而受到压制，此时的 P_{ASE} 就难以直接测量到，这里推荐采用偏振消光法来测量 EDFA 的噪声指数，见图 4.33。由于放大器的输出信号有固定的偏振方向，而 ASE 则是任意偏振方向，可以通过调整偏振控制器来改变信号的偏振方向，再配合偏振分束器来消除信号成分，从而达到测量 ASE 噪声功率电平的目的。为了保护光谱仪，通常会加上可调光衰减器以防止输出光功率过大。

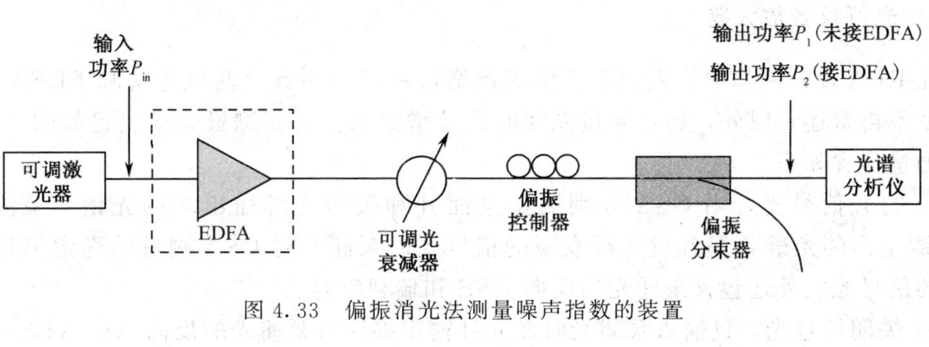

图 4.33　偏振消光法测量噪声指数的装置

具体测量噪声指数的步骤如下。

1）使用光功率计测量输入光功率 P_{in}。

2）在未接入 EDFA 时，调整偏振控制器使光波只通过偏振分束器的其中一条路径有最大的输出，用光谱分析仪测量此时信号的峰值功率 P_1。

3）接入 EDFA，调整偏振控制器使光谱仪测量到最大的信号峰值功率 P_2。

4）调整偏振控制器使信号峰值达到最小，只剩下 ASE 功率电平。如图 4.34 所示，采用线性插值方法，即在信号波长左右约 0.2nm 间隔处测量 ASE 电平 P_L、P_R，然后求和取平均值，通常认为这个平均值就是信号波长的 ASE 电平。

5）将所得的数据代入下列公式，即可计算出信号的 ASE 功率 P_{ASE}、放大器增益 G 和噪声指数 NF。

$$P_{ASE}(\text{dBm}) = (P_R + P_L)/2 + (P_{in} - P_1) + 3 \tag{4.38}$$

$$G(\text{dB}) = P_2(\text{dB}) - P_1(\text{dB}) \tag{4.39}$$

$$\text{NF}(\text{dB}) = 10\lg(P_{ASE}/h\upsilon B_0 G + 1/G) \tag{4.40}$$

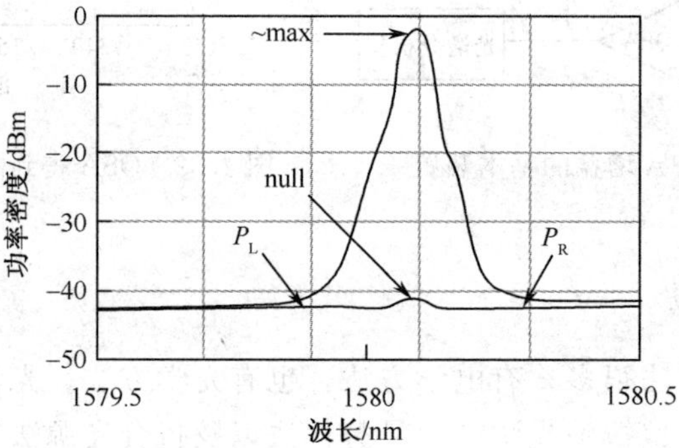

图 4.34 偏振消光法测量 ASE 功率示意

使用上述方法测量得到的噪声指数精确度取决于偏振分束器能否完全分离输出光的信号成分。此外，信号光光源本身也存在自发辐射的成分（SSE），SSE 具有任意偏振态，因此其无法用极化偏振分光器滤除。例如，SSE 功率为−50dBm/nm 的 DFB 激光器会造成将近 0.6dB 的噪声指数测量误差。

4.7.2 光纤拉曼放大器

在 RFA 设计制作中，人们除了要测量增益和噪声指数（测试方法和 EDFA 一样，这里就不再赘述）以外，还要测量光纤的拉曼增益系数，其测量原理装置如图 4.35 所示，测量步骤如下。

1）打开信号光，用 OSA 分别测量泵浦开和关时光纤输出端的光谱。泵浦关时 OSA 测量出的光谱 A 是经过光纤衰减的信号光。泵浦开时 OSA 测量的光谱 B 除了被放大的信号光之外还包含泵浦光的反向 ASE 和瑞利散射。

2）关闭信号光，只输入泵浦光时在光纤输出端测得泵浦光的反向 ASE 和瑞利散射的光谱 C。

3）在 OSA 里把光谱 B 和光谱 C 对数相减得到纯的放大后的信号光谱 D。

4）将纯信号光谱 D 和泵浦关闭时的光谱 A 对数相减便得到以对数形式表示的信号光的开关增益谱。

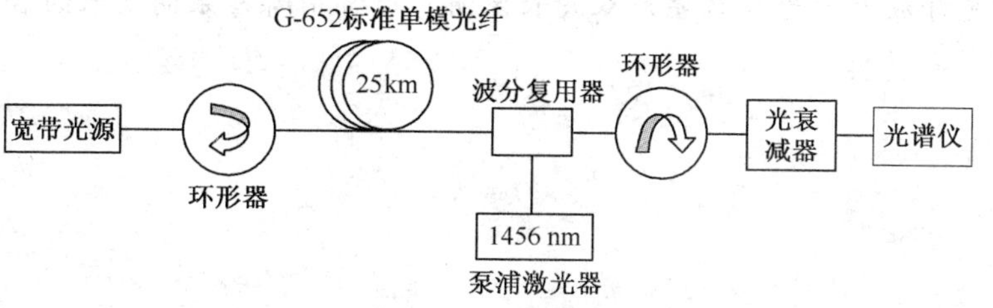

图 4.35　测量 RFA 拉曼增益系数的装置

4.7.3　半导体光放大器

由于半导体对偏振敏感，因此，在测试其增益和噪声指数时需要在图 4.31 和图 4.33的基础上添加一个偏振控制器控制其偏振态，如图 4.36 所示。首先调整偏振控制器，使得输入信号光分别以水平偏振态（TM 模）和垂直偏振态（TE 模）输入 SOA，接着按照 EDFA 测试增益和噪声指数的步骤就可以测得 SOA 的 TE 模（TM 模）状态下的增益与噪声指数。

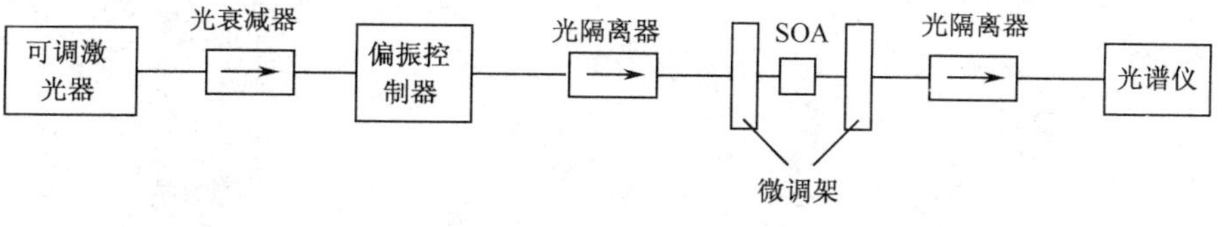

图 4.36　SOA 的测试系统框图

习题与思考题

1. 假设增益系数 g 满足高斯分布，即 $g(v)=g_0/[1+4(v-v_0)^2/(\Delta v)^2]$，式中 Δv 是光带宽，v_0 是最大增益频率。证明 3dB 带宽 $2(v-v_0)$ 和光带宽 Δv 的比率为 $2(v-v_0)/\Delta v=[\log_2(g_0/2)]^{-1/2}$。考虑放大器增益和光带宽的关系，此等式说明了什么问题？

2. 一光放大器能将 1μW 的信号放大到 1mW，当 1mW 信号输入至同一放大器时，输出功率有多大？假定小信号增益的饱和功率为 10mW。

3. 假设有一个 EDFA 功率放大器，波长为 1542nm 的输入信号功率为 2dBm，得到的输出功率为 $P_{s,out}=27$dBm。试求：

（1）放大器的增益；

（2）所需的最小泵浦功率。

4. RFA 为什么通常采用后向泵浦方式？提高 RFA 泵浦效率可以有哪些方法？

5. 请根据式（4.28）证明用接近腔体谐振点的放大系数 G_{FP} 的最大值和最小值的比值满足式（4.30）。

6. 掺铒光纤放大器为什么要用双波长泵浦？通常由哪些泵浦波长组合？

第5章 光 器 件

本章提要

一个完整的全光纤通信系统除了光发射机、传输光纤、光放大器以及光接收机以外，还需要许多配套的光器件才能实现各通信信道间的自由上下与交换等功能。本章首先介绍光器件在光纤通信系统中的重要性、发展趋势及其三种基本结构形式，接着介绍光纤通信系统中几种常用光器件的工作原理和结构特性，最后介绍光器件几种常用指标的测试方法与步骤。

5.1 光器件概述

高性能、大容量、灵活的全光网络（AON）是当前通信技术的发展主流，如图5.1所示，它以光纤为基本传播介质，采用WDM技术，以波长路由分配（RAW）为基础，在光节点采用光/分插复用（OADM）和光交叉连接（OXC）技术来提高吞吐量，从而使得光网络具有高度灵活性和生存性。AON的实现依赖于光器件和系统的发展，尤其是以DWDM为基础的全光网络引入光交叉连接和光分/插复用等一些全新的技术，这些功能的实现很大程度上取决于新型关键器件，如集成开关矩阵、滤波器、波长变换器、OADM和OXC等的开发和研制。一般说来，光器件按结构形式可分为三种类型：体块型、全光纤型和波导型。

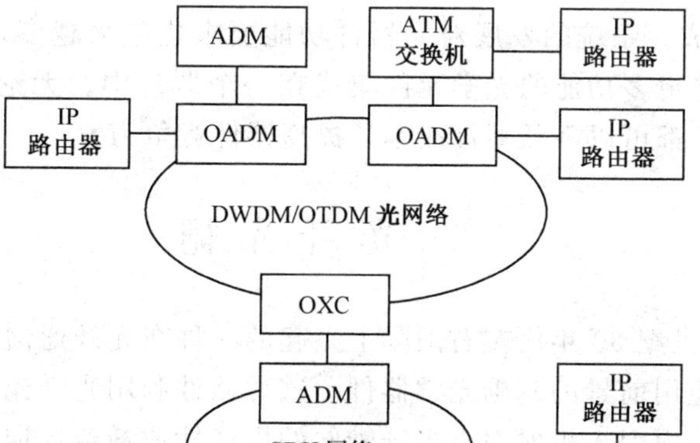

图5.1 采用OADM/OXC的全光网络结构

1．体块型光器件

体块型光器件是用分立式元件组成的，因而也称分立元件组合型。例如，在一玻璃片上镀吸收材料可构成光衰减器，两面镀高反射膜可构成光滤波器，一闪耀光栅可做成光波分复用/解复用器等。这种元件的缺点是不能直接与光纤线路连接，而是要通过耦合元件（最重要的耦合元件是自聚焦棒透镜组），因而损耗较大。

2．全光纤型光器件

全光纤型器件全部由光纤做成，如直接耦合式光连接器、光纤型方向耦合器、星型耦合器、光纤型滤波器等。在这类元件中可能需要一些金属或介质材料，但那仅是作为结构或封装零件而不介入光路。用光纤构成光纤元件用到光纤切割、熔融、拉伸，光纤端面的研磨、抛光、镀膜等工艺。这种元件的优点是体积小、质量轻、结构紧凑、抗电磁干扰。特别是能够做成“在线元件”，直接接入光纤线路，因而附加损耗很低。

3．光波导型器件

光波导型器件是用平面波导或带状介质光波导构成的。光波导有 SOI、掺钛的铌酸锂波导等。波导元件的优点是体积小、质量轻、热和机械稳定性好、功耗低、抗电磁干扰性强、适合批量生产。

近年来光器件的发展有如下几个显著的趋势。

1）尺寸小型化、微型化。无论是在系统传输设备中，还是在终端用户上，光器件在提供高性能功能的同时，应占据尽可能小的空间。在这方面技术改进与革新可以发挥作用。

2）低成本。降低器件成本的有效途径包括提高成品率，提高器件制作自动化程度，以及规范各种光器件的标准，如达成多边协议以提高光器件间的兼容性等。

3）多功能的集成。系统的发展对光器件功能要求也越来越多，要求单个器件能提供更多功能，或是将更多功能的光学元件集成在一个器件中。无论是器件尺寸的集成，还是功能上的集成，都可以降低器件成本，提高器件竞争力。

5.2 光纤光栅

光纤光栅是 20 世纪 90 年代左右国际上兴起的一种在光纤通信、光纤传感及光信息处理领域有着广泛应用前景的基础光学器件。这种器件利用光纤光敏特性，通过紫外曝光或其他手段在纤芯内引入折射率沿光纤轴向的周期性或渐变周期性改变，当向光栅中注入宽带光时，其中传输的光波在这种折射率微扰下发生模式耦合，将某些特定波长的能量反射回去或损耗掉。因此，光纤光栅最基本的特性就是它的滤波特性，不同结构的光栅可以实现不同的滤波功能，例如窄带滤波、宽带滤波和多通道滤波。这些滤波器，有的是反射型的，有的是透射型的，反射型光栅滤波器通常要与光环形器联合使用。

5.2.1 光纤光栅基本工作原理

光纤光栅是利用紫外曝光的方法在光纤中引入周期性的折射率调制而形成的光波导器件，其结构示意图如图 5.2 所示。图中中间灰色区域为光纤的纤芯，一般情况下都是对光纤的纤芯进行折射率调制，黑色区域的折射率增大，形成了周期为 Λ 的调制条纹。

图 5.2 光纤光栅结构示意图

若要详细定量描述光纤光栅的传输特性，通常需要采用耦合模理论来分析其滤波机理。简单地讲，由于光纤光栅的折射率呈周期性变化，其纵向折射率的变化将引起不同的光波模式之间的耦合，因此可以通过将一个光波模式的功率部分或者完全地转移到另一个光波模式中去来改变入射光的频谱。在一根光纤中，纤芯中的入射基模既可以被耦合到后向传输模式的光波中也可耦合到前向传输模式的光波中，这取决于具体的相位条件。

从广义上讲，光纤光栅可根据其模式耦合的特点分为两大类，一类是 Bragg 光栅，又称反射光栅或短周期光栅，其特点是传输方向相反的模式之间发生耦合；另一类是透射光栅，又称长周期光栅，其特点是传输方向相同的模式之间发生耦合。对于短周期光栅（周期 Λ 约为几百个 nm），正向导模的能量可转移到反向的导模或包层模上，正反向导模间的耦合或称能量转移只在某些满足相位匹配条件的波长上发生，这种波长称为谐振波长，经过推导可以得到两个模式耦合的谐振波长为

$$\lambda = (n_{\mathrm{eff},1} + n_{\mathrm{eff},2})\Lambda \tag{5.1}$$

式中，$n_{\mathrm{eff},1}$ 和 $n_{\mathrm{eff},2}$ 分别为两个模式的有效折射率。对于单模光纤 Bragg 光栅，只有正反向基模之间发生能量耦合，这两个模式的有效折射率相等，均为 n_{eff}，则得到谐振波长（也称为布拉格反射波长）为

$$\lambda_B = 2n_{\mathrm{eff}}\Lambda \tag{5.2}$$

而在长周期光栅（周期 Λ 约为几百个微米）中，模式耦合发生在基模和同向的包层模之间，可以得到模式耦合的谐振波长为

$$\lambda = (n_{\mathrm{eff,co}} - n_{\mathrm{eff,cl}})\Lambda \tag{5.3}$$

式中，$n_{\mathrm{eff,co}}$ 为基模有效折射率，$n_{\mathrm{eff,cl}}$ 为包层模有效折射率。

5.2.2 各种常见光纤光栅的特性及应用

为了满足不同应用场合对光栅特性的特殊要求，通过灵活设计光栅各个结构参数，研究者们在光纤 Bragg 光栅（周期通常不超过几百个 nm）和长周期光栅（周期通常不低于几百个 μm）的基础上，先后研制出了许多具有特殊用途的光栅，比如啁啾光纤光栅、相移光纤光栅、取样光纤光栅、闪耀光纤光栅、各种切趾光纤光栅和超结构光纤光

栅等。目前，这些不同种类的光纤光栅在光纤通信、光纤传感、光信息处理等领域有着非常广泛的应用，尤其在光通信领域，光纤光栅将影响到光发送、光放大、光交换、色散补偿、光接收等各个方面。下面对几种常用光纤光栅的特性及其应用进行介绍。

1. 均匀光纤 Bragg 光栅（Fiber Bragg Grating，FBG）

均匀 FBG 是光纤光栅中最简单也是最为常见的一种，它的特点是光栅周期和光致折射率变化大小为常数。

这种光栅可以达到很高的反射率（约 100%），带宽一般比较窄，约为零点几个纳米，因此常用它的窄带滤波特性进行波分复用/解复用、上下话路滤波，以及用于单纵模光纤激光器的选频反馈元件。例如将光纤光栅与光纤环形器结合，可以构成如图 5.3 所示的光上下话路滤波器。当多波长复用的光信号从第一个环形器输入时，位于光栅中心反射波长 λ_1 的信号将被反射到端口 3 下话路输出，而其他波长的信号穿过光栅后，将与从第二个环形器输入并被光栅反射的上话路信号一起形成通路继续传输。这种光上下话路滤波器直接利用了光栅的反射特性，当采用反射率较高（>90%）的光栅时，具有优良的串话抑制和较低的背向回波。但是，如果每对一个波长信号进行上下话路就需要两个昂贵的环形器，系统成本会大大提高。

将两个具有相同中心反射波长 λ_1 的均匀光纤光栅 FBG1 与 FBG2 分别接到一个 2×2的 3dB 耦合器的两个输出端，就能实现下话路操作，如图 5.4 所示。如果有与光栅中心波长相同的信号光入射时，它将同时被两个光栅反射，并在 3dB 耦合器的作用下，在两个反射端口发生相干干涉，通过调整两反射信号间的相位差，以便在下话路端口形成相干加强，而在输入端口形成相干抵消，这样就能实现近似 100%下话路输出，并很好地抑制背向回波干扰。

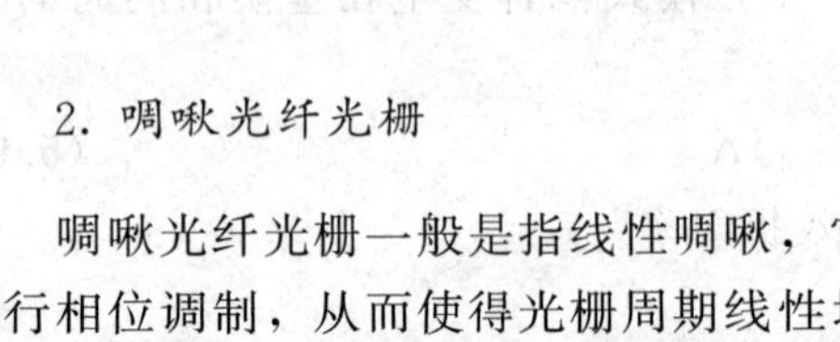

图 5.3 均匀周期光纤光栅与光环形器结合形成的光上下话路滤波器

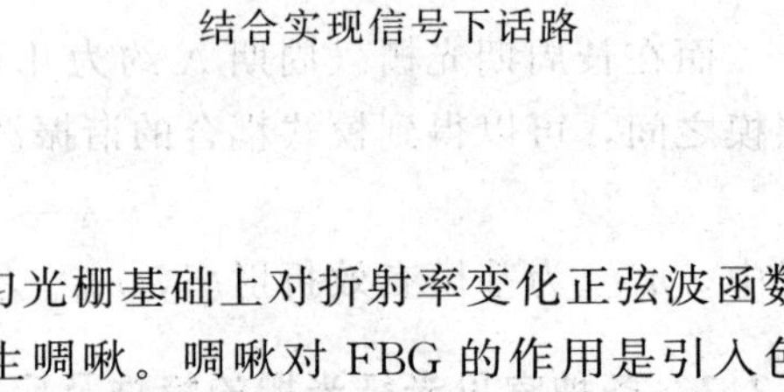

图 5.4 两均匀光纤光栅与 3dB 耦合器结合实现信号下话路

2. 啁啾光纤光栅

啁啾光纤光栅一般是指线性啁啾，它是在均匀光栅基础上对折射率变化正弦波函数进行相位调制，从而使得光栅周期线性增加，产生啁啾。啁啾对 FBG 的作用是引入色散和展宽带宽，适当切趾能够消除反射谱旁瓣以及反射带内的时延纹波，并且使时延具有较好的线性度，但切趾同时也损失了反射带宽。

在各波长成分的光同时从啁啾光栅长波长端入射的情况下，长波长的光返回入射点的时间早于短波长的光，近似认为这些波长成分的光具有相同的有效折射率和传播速度，所以长波长的光在啁啾光栅中的传播路径要小于短波长的光，实际上，正是啁啾光栅的这个特点使其能够广泛用于光纤通信系统中的色散补偿，利用啁啾光纤光栅进行色散补偿的典型传输系统图如图 5.5 所示。当对 DWDM 系统的多路信号色散补偿时，理想的方法是将多个啁啾光纤光栅级联，每个光栅补偿一路信号。然而，光纤光栅并非理想的带通或带阻滤波器，反射谱中存在旁瓣，这些旁瓣对应着带外反射，会引入带外色散，落入与之级联的其他光栅反射带内，会增加其他光栅的时延纹波。研究表明，能够通过对光栅折射率调制进行切趾的方法对这种相互影响进行抑制。

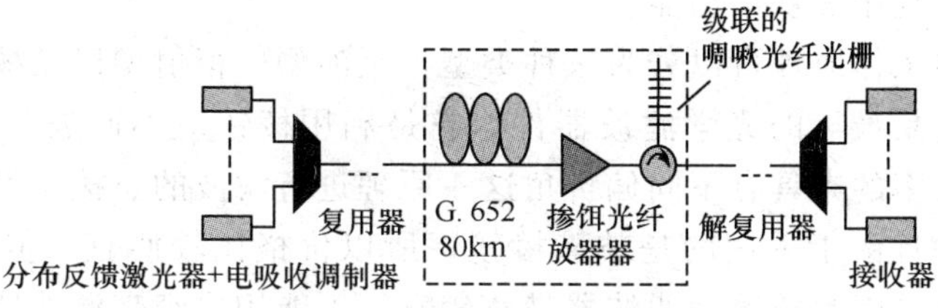

图 5.5　用啁啾光栅进行色散补偿的传输系统模型

3. 长周期光纤光栅

长周期光纤光栅的出现比光纤 Bragg 光栅晚，与光纤 Bragg 光栅不同的是，它把纤芯基模的能量耦合到同向传输的包层模中，从而导致相应波长的传输损耗，是一种典型的传输型器件。与短周期光栅相比，在制作长周期光栅时无需使用昂贵、精密的相位掩模板，一般使用价格低廉的幅度掩模板就可以，制作成本大大降低。

由于长周期光纤光栅呈现带阻式的透射谱，因此具有极低的背向反射（<－80dB）和插入损耗。长周期光纤光栅的阻带很宽（几纳米至十几纳米），作为滤波器在光纤通信领域有着独特的应用。最令人瞩目的是它用于 EDFA 的增益平坦，可以设计光栅参数使 LPG 的谱线形状恰好抵消 EDFA 增益突起的部分实现增益平坦，也可以将不同谐振波长的 LPG 级联得到恰当的滤波器形状从而实现 EDFA 的宽带平坦；当 EDFA 的增益谱变化时，加载辅助条件使作为增益平坦滤波器的 LPG 的滤波形状也随之发生适应性变化，这样就实现了增益平坦的动态可调。另外，利用长周期光纤光栅也可以实现上下话路滤波器，但无法单独实现此功能，必须用其他器件辅助或对其进行重构。图 5.6 为基于长周期光栅辅助耦合器的光上下话路滤波器，在失配光纤耦合器的一个纤芯中写入一个长周期光栅，利用光栅扰动对传输常数的调节效应，当多波长复用信号从光纤 1 输入时，在光栅调制作用下，满足相位匹配条件的波长信号将随耦合长度的增加在光纤 1 和光纤 2 间交替转换，当耦合长度满足一定长度时，初始输入信号将完全转换到交叉臂，形成下话路输出。不过，由于长周期光纤光栅的带宽较宽，一般用在粗波分复用系统中。

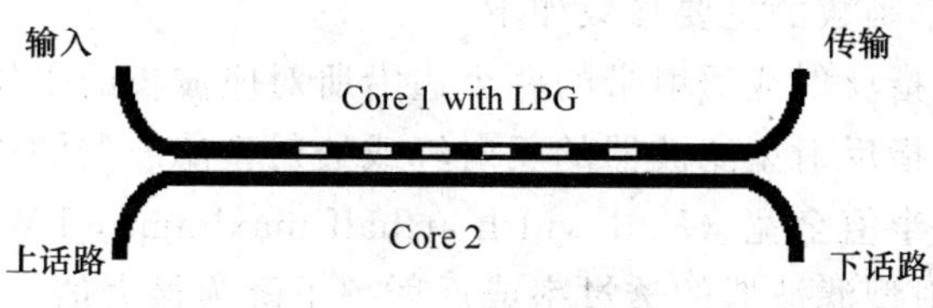

图 5.6　基于长周期光栅辅助耦合器的光上下话路滤波器

5.3 光滤波器

5.3.1 光滤波器概述

光滤波器是利用光学元件对不同波长的光产生不同透过率来进行光滤波的光器件，它在光纤通信系统中扮演着十分重要的角色，广泛用于稳频以及 WDM 系统的信道选择、上下话路、解复用等基本功能。

光滤波器按照工作原理可以分为三种类型：干涉型、衍射型以及棱镜型。

棱镜型滤波器是最早的光学滤波器件，它是利用棱镜对不同波长的光有不同折射率，从而使不同频率的光具有不同偏折角这一原理进行滤波的。棱镜型滤波器具有较强的峰值透过率，并且由于采用的是玻璃棱镜，所以价格比较便宜。但棱镜是块状元器件，其色散系数小，因此棱镜型滤波器带宽较宽，不能用作窄带滤波器。

干涉型滤波器是利用相干光干涉的原理来实现窄带滤波的，常见的干涉型滤波器有模式耦合型滤波器、多层介质薄膜滤波器以及法布里-珀罗型滤波器。模式耦合滤波器是基于声光、电光或磁光效应等各种模式耦合的滤波器。多层介质薄膜滤波器是在玻璃衬底上镀多层电介质薄膜，通过控制沉积在衬底上薄膜的层数而制成各种窄带、宽带滤波器。法布里-珀罗型滤波器通常是由平行放置的两块平面板组成，为了提高端面反射率，在两平面板上镀有多层介质膜或金属膜。若两个平行平面的间隔固定不变，该仪器称为法布里-珀罗型标准具；若两个平行平面间的间隔可以改变，则称该仪器为法布里-珀罗型干涉仪。

衍射型滤波器包括传统光栅和光纤光栅。传统光栅滤波器是利用入射光入射到光栅表面时，不同波长的光衍射角不同来实现滤波的，这种类型的滤波器技术比较成熟，并在光信息处理、可调谐激光器等诸多领域得到广泛应用。光纤光栅型滤波器是近年来受到广泛关注的一种光无源器件，它是利用光纤材料光敏性，在纤芯内产生沿纤芯轴向的折射率周期性变化，从而形成的窄带滤波功能。

另外，根据滤波器是否能提供光增益，还可以把滤波器分为有源和无源滤波器。有源滤波器在滤波的同时还能提供光增益，基于激光二极管的滤波器就属于有源滤波器。有源滤波器具有自由光谱范围大、带宽窄、调谐时间短等优点，但是，其动态范围小，以及由于增益饱和所带来的线宽展宽和频率牵引等不足限制了它的发展。

光滤波器性能的好与坏直接影响着系统的工作质量，理想情况下的滤波器应该具有所谓门状或矩形的光谱响应，其透过率函数应如图 5.7 所示，即在要求的带宽内全反或全透。而在实际中，这种理想滤波响应是难以实现的，滤波器的透过率函数是多种多样的。在图 5.8 中，给出了法布里-珀罗型滤波器的典型透过率函数。如图 5.8 中标注所示，表征滤波器透过率函数的主要参数如下。

1）中心波长：是指反射或透射带的两个边沿所对应波长的平均值。

2）峰值波长：是指反射型滤波器的反射峰或透射型滤波器的透射峰所对应的波长。

3）带宽：一般用半值全宽（Full width at half maximum，FWHM）也称 3dB 带宽来标定，即透射或反射型滤波器的透过率或反射率下降为最大值一半时所对应的两波长之差值。

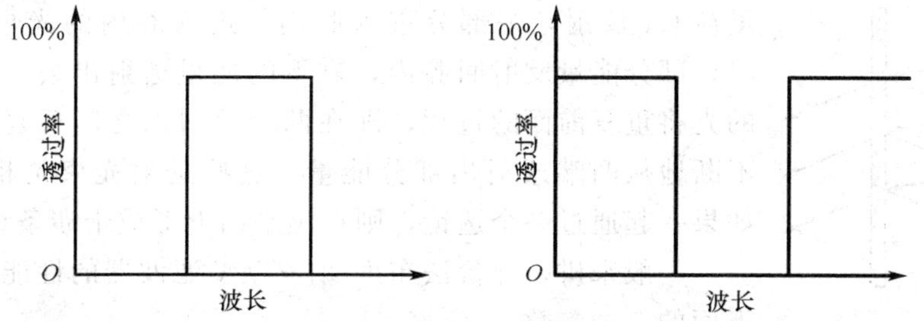

图 5.7　理想滤波器的透射率函数谱

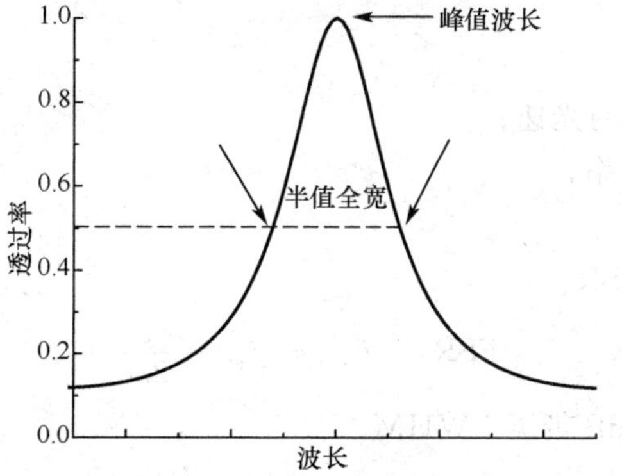

图 5.8　法布里-珀罗型滤波器的典型透过率函数

4）自由光谱范围：当滤波器透射峰有多个呈周期规律出现的峰值时，相邻两峰值波长（或频率）之差值。

另外，如果能通过改变滤波器的结构参数或所处环境参数，使滤波器的中心波长或带宽发生变化，这种滤波器称之为可调谐滤波器。由于光网络的动态重构以及温度等环境因素作用，滤波器的可调谐功能显得愈加重要，同时伴随着光纤通信系统器件的小型化、光纤化，光滤波器也逐步向光纤型滤波器过渡。

在本节下面的内容中，主要介绍下面几种滤波器结构：法布里-珀罗型滤波器、马赫-曾德尔滤波器和环形谐振滤波器。

5.3.2　法布里-珀罗型滤波器

1. 基本工作原理及主要性能参数

法布里-珀罗型滤波器是建立在法布里-珀罗型干涉仪基础上的，而法布里-珀罗型干涉仪是利用多光束干涉产生细锐条纹的重要器件。图 5.9 为法布里-珀罗型干涉仪结构示意图，最主要的部分是两块精密磨光的石英或玻璃板 G1、G2，利用精密调节装置，可将它们调节成精确地相互平行，这样在它们之间就形成了一个平行平面的空气层、为了提高反射率，在这两个表面上镀有多层介质膜或金属膜。图中略去了输入输出部分和

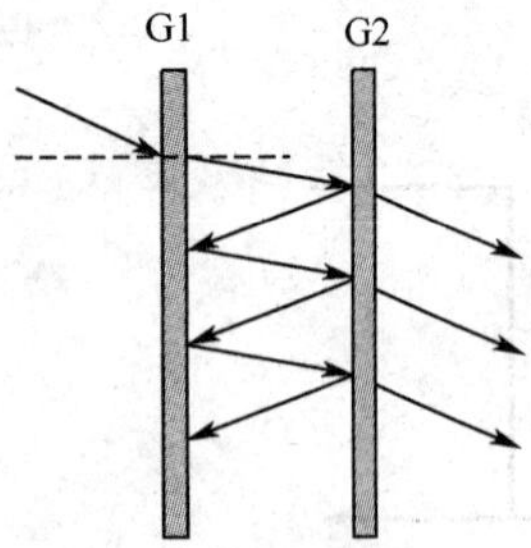

图 5.9 法布里-珀罗型干涉仪结构示意图

透镜系统，集中来讨论腔体本身。当一束光入射时，一部分能量被 G1 反射，一部分进入腔内。进入腔内的光再入射到 G2 时，部分能量反射回腔内，剩下的能量透射出去。反射回腔内的光将重复前面的过程，即在两个反射面之间反复反射，同时不断地从两端透射出部分能量。这些透射光束是相互平行的，如果一起通过一个透镜，则在焦平面上形成干涉条纹。

一般来讲，评价法布里-珀罗型型滤波器的性能时主要考虑下面的 5 个参数。

1）谐振频率 f。

$$f = \frac{mc}{2nl} \tag{5.4}$$

式中，m——正整数；

c——光在真空中的光速；

n——谐振腔折射率；

l——谐振腔腔长。

2）自由频谱范围 FSR。

$$\mathrm{FSR} = f_{m+1} - f_m = \frac{c}{2nl} \tag{5.5}$$

3）半峰值全宽或 3dB 带宽 FWHM。

$$\mathrm{FWHM} = \frac{c(1-R)}{2nl\sqrt{R}} \tag{5.6}$$

4）精细度 F，定义精细度为自由频谱范围与 3dB 带宽之比，它决定滤波器的选择性。

$$F = \frac{\pi\sqrt{R}}{1-R} \tag{5.7}$$

5）功率传输函数 T。

$$T = \frac{1-R^2}{(1-R^2)+4R\sin^2(\Phi/2)} \tag{5.8}$$

式中没有考虑腔内及镜面损耗，$\Phi = 4n\pi l/\lambda$ 为腔内往返一次的相移。

由精细度公式（5.7）可以看出，R 越大精细度越高，即滤波器分辨能力越强。

2. 基于法布里-珀罗型干涉仪原理的几种典型法布里-珀罗型滤波器

采用两块平行镜组成谐振腔的滤波器体积大、使用不便，光纤型法布里-珀罗型应运而生，图 5.10（a）、（b）、（c）为三种典型结构原理示意图。图 5.10（a）中为光纤波导腔法布里-珀罗型滤波器，采用光纤波导端面来代替平行镜的功能，通常输入输出光纤端面要被抛光、镀银。光纤被安装固定在压电陶瓷活动支架上，通过外加电压使压电陶瓷产生电致伸缩作用来改变谐振腔的长度，从而实现频率选择的调节。考虑实际情况的限制，光纤长度通常在 1～2cm 之间，因此自由频谱范围约为 10～5GHz。图 5.10（b）为空气隙波导腔法布里-珀罗型光纤滤波器，它的镜面镀在窄气隙波导腔两侧的光纤端面上，考虑到衍射损耗的影响，空气隙应小于 100μm，因此自由频谱范围应大于 1000GHz。第三种类型的谐振腔由空气隙波导腔和内部光纤波导腔混合波导腔构成，通过调节空气隙波导腔可以实现频谱调谐，通过设置内部光纤波导腔来增加腔长，内部波导腔长度可以小于 1mm，这类滤波器关键是空气隙谐振腔与内部波导腔折射率匹配，因此有必要在光纤内部波导腔的端面镀防反射层，或空气隙波导腔内填充折射率匹配液。这类型的滤波器制作过程基本如下：首先将光纤密封在标准的玻璃或陶瓷套管中，然后对光纤端面抛光，并镀上多层介质反射膜，再把这些管子和氧化锆套管对准，然后将这一组件放置在一个外径约几毫米的圆柱形压电外壳中，外壳端面与管子用环氧树脂黏结。

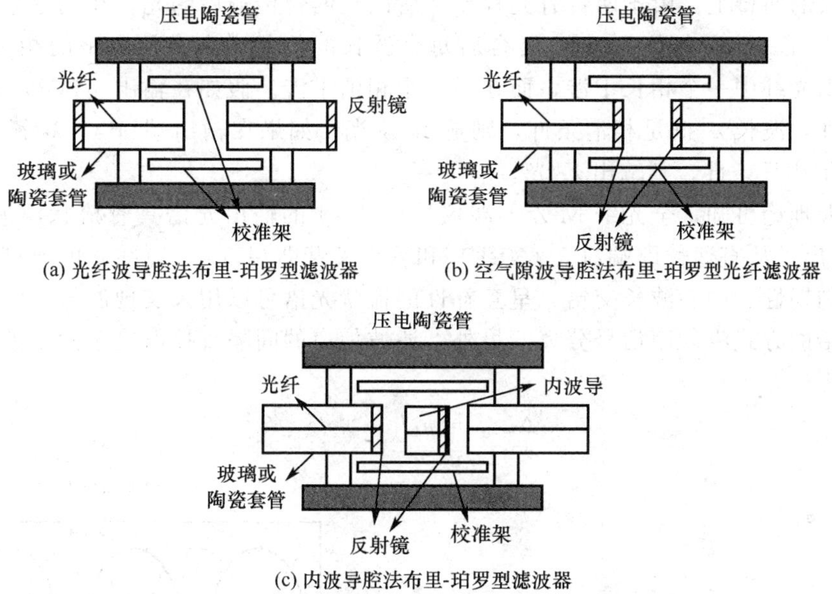

图 5.10 光纤型法布里-珀罗型滤波器典型结构

这种滤波器的优点是调谐范围宽，且通带可以做到很窄，通常可做到与偏振无关，并且体积小、功耗低、价格便宜，能够集成在系统内。缺点是调谐速度较慢，使用压电调谐技术，调谐速度约在 1ms。若在两光纤的缝隙中填入液晶，可将滤波器调谐时间缩短到 10μs，这是因为液晶的折射率在通电后能迅速改变。

除了利用光纤端面来代替光学反射镜之外，还可以在光敏光纤中写入一对或多个光纤光栅来构成基于光纤光栅的法布里-珀罗型滤波器。光纤光栅是通过紫外曝光方法在光纤纤芯内产生轴向折射率周期性变化的光纤器件，其作用实质上就是在纤芯内形成了一个具有一定带宽的反射型滤波器。利用光纤光栅对光波的选择性反射功能构造法布里-珀罗型腔结构，是光纤光栅的一个典型应用。

5.3.3 马赫-曾德尔滤波器

马赫-曾德尔（Mach-Zehnder，M-Z）滤波器实际上就是以 M-Z 干涉仪为基础进行工作，其插入损耗小，与光纤的兼容性好，具有梳状滤波特性等优点，在光纤通信波分复用系统中有着重要的应用价值，例如上下路复用解复用器、波长交错器、声光滤波器和多波长光纤激光器等。首先介绍由光纤耦合器构成的全光纤 M-Z 干涉仪基本工作原理。

全光纤 M-Z 干涉仪结构如图 5.11 所示，其中 C_1、C_2分别为光纤耦合器，两耦合器之间的两个臂长分别用 l_1、l_2表示，两臂光纤的折射率分别用 n_1、n_2表示，两光纤耦合器的耦合比分别为 k_1、k_2。M-Z 干涉滤波器的工作原理是基于两个相干单色光经过不同的光程传输后的干涉理论。考虑两个波长复用后的光信号由光纤送入 M-Z 干涉滤波器的输入端 1，两个波长为 λ_1 和 λ_2 的光功率经第一个耦合器 C_1以由 k_1决定的比例分配到干涉仪的两臂上，由于两臂有光程差，所以经两臂传输后的光，在到达第二个耦合器 C_2时产生了一定的相位差 $\Delta\phi$。复合后每个波长的信号光在满足一定的相位条件下，在两个输出光纤中一个相长干涉，而在另一个相消干涉。假如在输出端口 3，波长 λ_2 满足相长条件，波长 λ_1 满足相消条件，则输出 λ_2 光；如果在输出端口 4，λ_2 满足相消条件，λ_1 满足相长条件，则输出 λ_1 光。

由干涉理论可知，全光纤 M-Z 干涉仪端口 3、4 的输出光谱具有梳状滤波器特性，图 5.12 给出了从直通臂即端口 3（实线）和从交叉臂即端口 4（点线）的典型输出响应谱，这种周期性、中心波长交错、呈互补性的梳状光谱可以用来实现波长交错器，即能以奇偶交错的方式将复用信号分离。另外，滤波信道的间隔直接取决于两干涉臂间的有效长度差：

$$\Delta L_{\text{eff}} = n_1 l_1 - n_2 l_2 \tag{5.9}$$

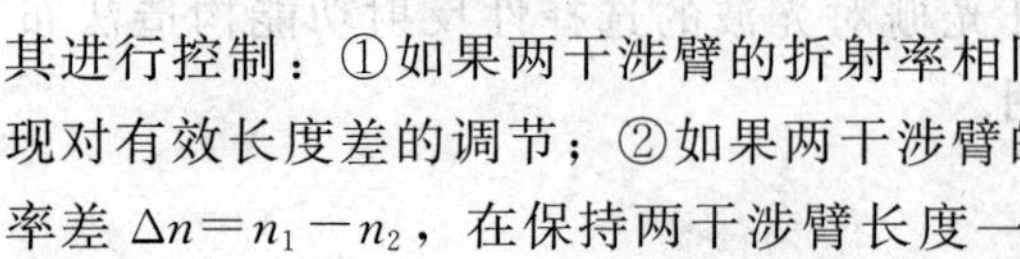

图 5.11　全光纤 M-Z 干涉仪结构示意图

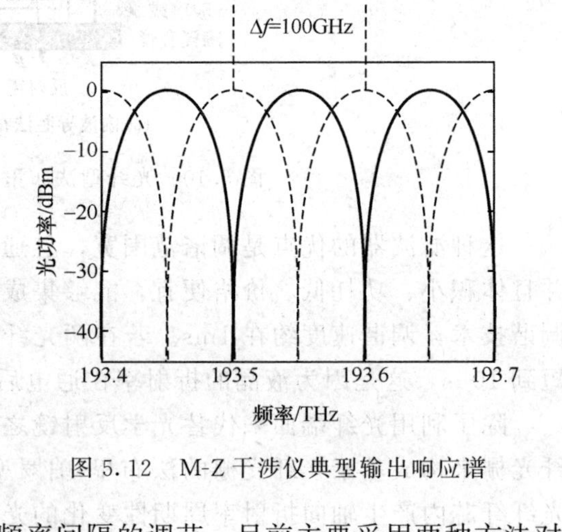

图 5.12　M-Z 干涉仪典型输出响应谱

通过改变有效长度差的方法就可以实现频率间隔的调节，目前主要采用两种方法对其进行控制：①如果两干涉臂的折射率相同，通过改变两干涉臂长度差 $\Delta l = l_1 - l_2$ 来实现对有效长度差的调节；②如果两干涉臂的折射率不同，通过调整它们之间的有效折射率差 $\Delta n = n_1 - n_2$，在保持两干涉臂长度一致的情况下，也能改变有效长度差。实际应用中可以借助在两干涉臂中的一臂上安放薄膜加热器，或者通过压电晶体施加机械压力来改变其物理长度和折射率。

5.3.4 环形谐振滤波器

环形谐振器因功能强、结构简洁等优点长期以来一直在光无源、有源器件的制作中发挥着重要的作用。通过在两平行波导间插入一个环波导就构成了典型环形谐振器，如图 5.13 所示。与法布里-珀罗谐振器（可以看作一种圆周被压扁的特殊环形谐振器）相类似，环形谐振器也能对光信号实现反馈加强和波长选择。由于环形谐振器是基于动态传输的光来形成谐振效应，因此与法布里-珀罗型谐振器（静态驻波谐振）相比，性能更加优越。同时环形谐振器可以方便地构成四个端口作为输入、输出，相比于两端口的法布里-珀罗型谐振器，在实现上下话路滤波器时更具优势。目前利用微环谐振器已能对 8 路间隔为 1.6nm 多波长复用信号进行上下话路。

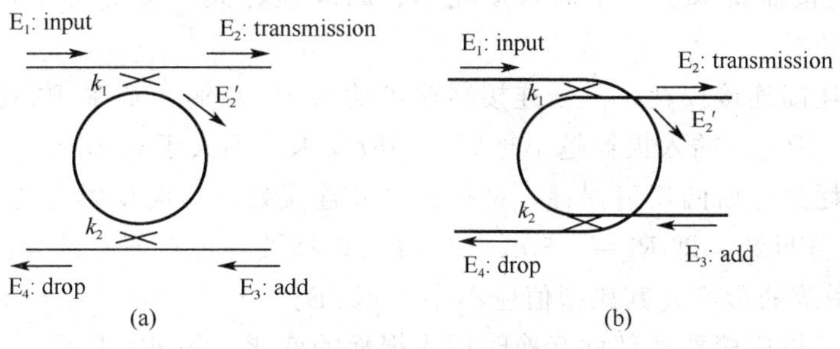

图 5.13 两种等效的环形谐振器型上下话路滤波器

自由光谱范围（FSR）、精细度（f）和品质因子（Q）是表征环形谐振器性能的三个重要参量。

由于单环谐振器的下话路滤波响应为洛伦兹型，当复用信号路数增多、间隔减小时，邻近信道间的相互串扰将严重影响系统性能，为此需要加强滤波响应过渡带的滚降特性；同时为提高下话路信号的质量，通带内的平坦性也应改善，这可以通过将多个环形谐振器进行级联来实现。

平面波导集成是目前制作环形谐振器最常采用的一种方法，随着集成工艺的日益改进，利用 InGaAsP/InP、Ta_2O_5 · SiO_2、Si、SiN、SiON、Hydex、聚合物等材料已能制作出性能优良的微环谐振器，最小环半径已降低到 10μm 以下，因此在 $1cm^2$ 的半导体芯片上就可集成大约 104～105 个微环谐振器，集成度大大提高的同时，微环的弯曲损耗、散射损耗和材料损耗也得到了明显改善。但是与其他集成器件一样，较高的连接损耗仍是限制微环谐振器实际应用的主要因素，而且为降低器件的弯曲损耗，在制作中通常需要加大波导芯子与包层间的折射率差，导致与通信光纤失配更大，进一步加剧了连接损耗，同时，集成微环谐振器存在的较高偏振影响尚未得到有效的解决。近年来，研究者们提出由普通光纤拉制成的微细光纤作为环形谐振器的输入及输出波导，这样能够使得与光纤的熔接更加方便，而且微环谐振腔是由微细光纤自缠绕构成，使得输入/输出波导与谐振腔相匹配，耦合效率大大提高。目前，利用这种微细光纤制作微环谐振器正引起越来越广泛的关注，制作方面的探讨不断深入。

5.4 光连接器与衰减器

5.4.1 光连接器

光连接器，俗称活接头，ITU 将其定义为“用以稳定地但并不是永久地连接两根或多根光纤的无源组件”。主要用于实现系统中设备间、设备与仪表间、设备与光纤间以及光纤与光纤间的非永久性固定连接，是光纤通信系统中不可缺少的无源器件。正是由于连接器的使用，使得光通道间的可拆式连接成为可能，从而为光纤提供了测试入口，方便了光系统的调试与维护；又为网络管理提供了媒介，使光纤通信系统的转接调度更加灵活。对光连接器要求主要是插入损耗小、回波损耗大、重复插拔的寿命长和互换性好。

1）插入损耗即连接损耗，是指连接器输出功率 P_1 和输入功率 P_0 比的分贝数，即 $I_L=-10\lg(P_1/P_0)$。插入损耗越小越好，一般要求应不大于 0.2dB。

2）回波损耗又称后向反射损耗，是指在光纤连接处，后向反射光功率 P_r 相对输入光功率 P_0 比的分贝数，即 $R_L=-10\lg(P_r/P_0)$。回波（绝对值）越大越好，以减小反射光对光源和系统的影响，其典型值应不小于 45dB。

3）互换性是指连接器各部件互换时插入损耗的变化，用 dB 表示。

4）重复性则是指光连接器多次插拔后插入损耗的变化，也用 dB 表示。

后两项指标可以考核连接器结构设计和加工工艺的合理性，也是表明连接器实用化的重要标志。它们一般都小于 0.1dB。

1. 光纤连接损耗及影响因素

光纤连接时引起的损耗与多种因素有关，诸如光纤的结构参数（如纤芯直径、数值孔径等）、光纤的相对位置（如横向位移、纵向间隙等）以及端面状态（如形状、平行度等），如图 5.14 所示。

（1）光纤结构参数失配引起的损耗

1）纤芯（或模场）尺寸失配。如图 5.14（f）所示，两多模光纤连接时，输入光纤纤芯半径为 a_1，输出光纤纤芯半径为 a_2，则连接损耗为

$$\alpha_a=\begin{cases}-20\lg(a_2/a_1) & a_2\leqslant a_1\\ 0 & a_2>a_1\end{cases}\tag{5.10}$$

两单模光纤连接时，如输入光纤模场直径为 w_1，输出光纤模场直径为 w_2，则连接损耗为

$$\alpha_w=-20\lg[(w_1^2+w_2^2)/(2w_1w_2)]\tag{5.11}$$

2）数值孔径失配。如图 5.14（f）所示，若输入光纤的数值孔径为 NA_1，输出光纤的数值孔径为 NA_2，则连接损耗为

$$\alpha_{NA}=\begin{cases}-10\lg(NA_2/NA_1) & NA_2\leqslant NA_1\\ 0 & NA_2>NA_1\end{cases}\tag{5.12}$$

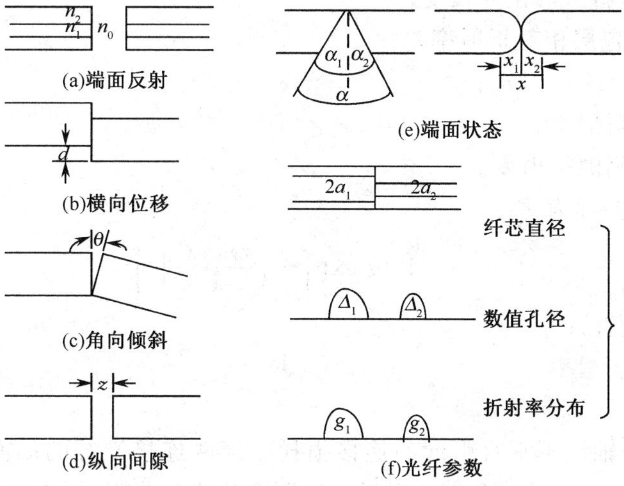

图 5.14　光纤连接损耗因素

3）折射率分布失配。如图 5.14（f）所示，折射率分别为 g_1 和 g_2 的两渐变折射率光纤连接时，连接损耗为

$$\alpha_g = \begin{cases} -10\lg[g_2(g_1+1)/g_1(g_2+1)] & g_2 \leqslant g_1 \\ 0 & g_2 > g_1 \end{cases} \tag{5.13}$$

（2）两光纤相对位置偏离设计要求引起的损耗

1）横向错位引起的连接损耗。当两光纤连接时发生横向错位，如图 5.14（b）所示，会产生错位损耗。阶跃多模光纤在模式均匀分布时，则错位连接损耗为

$$\alpha_d = -10\lg \frac{2}{\pi}\left\{\arccos\left(\frac{d}{2a}\right) - \frac{d}{2a}\left[1-\left(\frac{d}{2a}\right)^2\right]^{1/2}\right\} \tag{5.14}$$

渐变多模光纤错位连接损耗为

$$\alpha_d = -10\lg \frac{2}{\pi}\left\{\arccos\left(\frac{d}{2a}\right) - \frac{d}{2a}\sqrt{4-\left(\frac{d}{a}\right)^2}\left[\frac{5}{6}-\left(\frac{d}{2a}\right)^2\right]\right\} \tag{5.15}$$

式中，d——横向错位；

a——纤芯半径。

单模光纤连接时（模场直径为高斯分布），错位连接损耗为

$$\alpha_d = -10\lg\exp[-(d/w)^2] \tag{5.16}$$

式中，w 为模场直径。

2）端面不平行引起的连接损耗。当两连接的光纤端面呈斜交时，如图 5.14（c）所示，会产生倾斜损耗。阶跃多模光纤在模式均匀分布时，倾斜损耗为

$$\alpha_\theta = -10\lg\left(1 - \frac{\theta}{\pi K\sqrt{2\Delta}}\right) \tag{5.17}$$

渐变多模光纤倾斜损耗为

$$\alpha_\theta = -10\lg\left(1 - \frac{\theta}{3\pi K\sqrt{2\Delta}}\right) \tag{5.18}$$

式中，θ——端面倾斜角，化为弧度；

Δ——纤芯-包层相对折射率差；

K——比值，$K=n_1/n_0$；

n_1——纤芯折射率；

n_0——空气间隙折射率。

单模光纤倾斜损耗为

$$\alpha_\theta = -10\lg \exp\left[-\left(\frac{\pi n_2 w\theta}{\lambda}\right)^2\right] \tag{5.19}$$

式中，w——模场直径；

n_2——包层折射率；

λ——光波长。

3）端面与光纤轴线不垂直引起的连接损耗。当两连接光纤的端面与光纤轴线不垂直时，如图 5.14（e）所示，会产生损耗。阶跃多模光纤在模式均匀分布时，其损耗为

$$\alpha_\alpha = -10\ \lg\left[1-\frac{|K-1|}{\pi K\ \sqrt{2\Delta}}(\alpha_1+\alpha_2)\right] \tag{5.20}$$

式中，α_1 和 α_2 分别为两光纤端面法线与轴线夹角，$K=n_1/n_0$。

（3）端面形状与间隙引起的损耗

1）端面纵向间隙引起的连接损耗。当两连接的光纤纵向间有间隙时，如图 5.14（d）所示，会产生间隙损耗。阶跃多模光纤在模式均匀分布时，则端面间隙损耗为

$$\alpha_z = -10\ \lg\left(1-\frac{z}{4a}K\ \sqrt{2\Delta}\right) \tag{5.21}$$

单模光纤间隙损耗为

$$\alpha_z = -10\ \lg\frac{1}{[1+(\lambda z)^2/2\pi n_2 w^2]^2} \tag{5.22}$$

式中，z——端面间隙宽度；

n_2——包层折射率；

w——模场直径。

2）非平面端面间隙损耗。两光纤端面不是平面，而有一定的曲率存在时，如图 5.14（e)所示，会产生损耗。阶跃多模光纤，在模式均匀分布时，其损耗为

$$\alpha_x = -10\ \lg\left[1-\frac{1}{2\ \sqrt{2\Delta}}\times\frac{|K-1|}{K}\times\frac{x_1+x_2}{a}\right] \tag{5.23}$$

式中，x_1 和 x_2 分别为弯曲面的边缘和中心的距离。

3）端面多次反射（菲涅尔反射）引起的损耗。连接损耗的下限由光纤与空气交界面的菲涅尔反射所确定，其损耗为

$$\alpha_f = -10\ \lg\frac{16K^2}{(1+K)^4} \tag{5.24}$$

上面是各种因素引起的连接损耗的计算。在实际的光纤连接时，这些因素的影响可能会同时存在，而总的损耗应是各种因素影响产生的损耗的叠加。为减小连接损耗，在光连接器的设计与制造过程中，应尽量避免上述各种因素的影响。

2. 光连接器的结构

光连接器应用广泛，品种繁多。按连接头结构形式可分为FC、SC、ST、LC、D4、DIN、MU、MT-RJ和MT等各种形式；按光纤端面形状可分为PC、UPC和APC；按光纤芯数还可分为单芯和多芯。各种型号的连接器都有自己的特点和用途，如ST连接器通常用于光纤配线架、光纤模块等布线设备端，而SC和MT连接器则通常用于网络设备端。以下是一些目前比较常见的光连接器。

（1）平面对接（FC）型光纤活动连接器

FC型光纤活动连接器如图5.15（a）所示。FC是ferrule connector的缩写，表明其外部加强方式是采用金属套，紧固方式为螺丝扣。最早，FC类型的连接器，采用的陶瓷插针的对接端面是平面接触方式（FC）。此类连接器结构简单，操作方便，制作容易，但光纤端面对微尘较为敏感，且容易产生菲涅尔反射，提高回波损耗性能较为困难。后来，对该类型连接器做了改进，采用对接端面呈球面的插针（PC，物理接触），而外部结构没有改变，使得插入损耗和回波损耗性能有了较大幅度的提高。

（2）矩形（SC）光纤活动连接器

SC型连接器外壳呈矩形，如图5.15（b）所示，不用螺纹连接，可以直接插拔，所采用的插针与耦合套筒的结构尺寸与FC型完全相同。其中插针的端面多采用PC或APC型研磨方式。ST和SC接口是光连接器的两种类型，对于10Base-F连接来说，连接器通常是ST类型的，对于100Base-FX来说，连接器大部分情况下为SC类型的。ST连接器的芯外露，SC连接器的芯在接头里面。

（3）多芯光纤活动连接器

这种连接器适合于多芯的光纤连接。图5.15（c）所示的是一种用于带状光纤接续的阵列式活动连接器，采用塑料铸模技术制造，两个插头采用两根导针对准定位，可以一次连接数根光纤。平均插入损耗小于0.3～0.35dB。

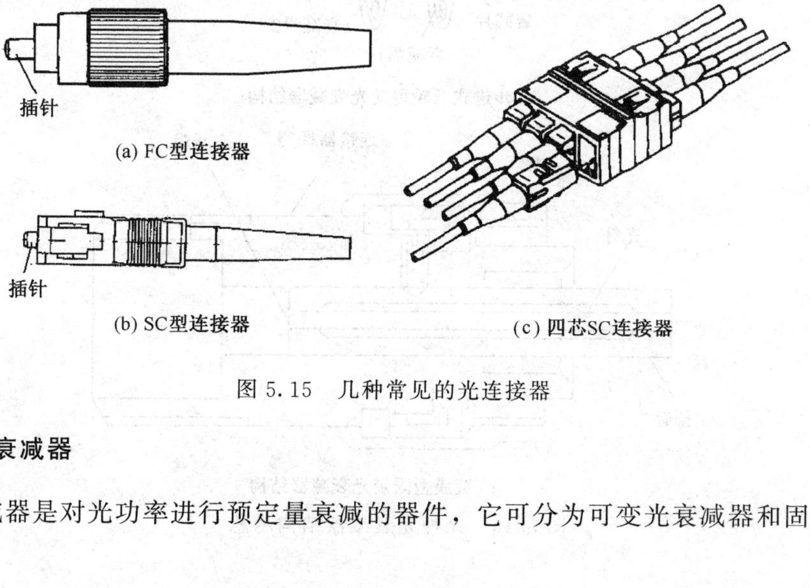

(a) FC型连接器

(b) SC型连接器

(c) 四芯SC连接器

图5.15　几种常见的光连接器

5.4.2　光衰减器

光衰减器是对光功率进行预定量衰减的器件，它可分为可变光衰减器和固定光衰减器。前者主要用于调节光功率电平，后者主要用于电平过高的光纤通信线路。对光衰减器的主要要求是插入损耗低、回波损耗高、分辨率线性度和重复性好、衰减量可调范围大、衰减精度高、器件体积小及环境性能好。

光衰减器的类型很多，传统的光衰减器实现方法包括位移型（分为横向位移型和纵向位移型）、直接镀膜型、衰减片型和液晶型。随着光电子技术和材料技术的发展，近年还出现了一些实现光功率衰减功能的新技术方案，如热光技术、电光技术、微机械技术（MEMS）等。

从目前的技术状况来看，基于热光效应如波导技术的器件插入损耗大，偏振相关损耗（PDL，即光设备在所有偏振状态下最大传输和最小传输的比率分贝数）大；基于电光技术的器件如液晶器件插损、PDL、热漂移较大，动态范围有限；MEMS技术是目前发展较快的技术，也是最有竞争力的技术，该技术使用静电力驱动光学元件运动改变光路传输方向从而产生光衰减，其特点是体积很小，响应速度较快，功耗小，易于批量生产，但目前商用化的产品插损较大，而且成本高昂。下面是几种常用光衰减器的工作原理。

1. 平移式光衰减器

如图 5.16（a）所示，光纤输入的光经自聚焦透镜变成平行光束，平行光束经过衰

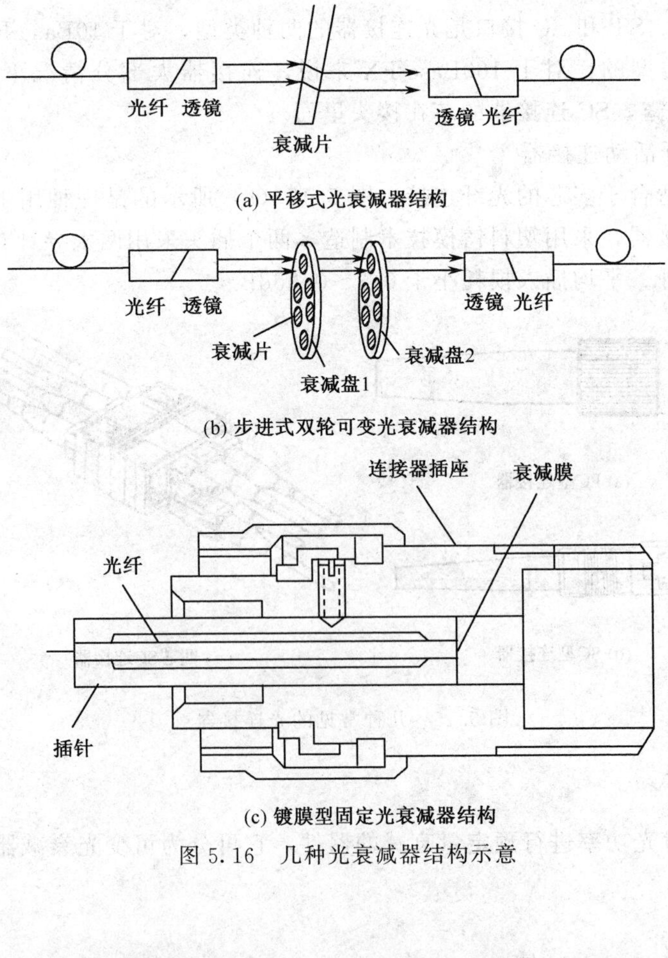

图 5.16 几种光衰减器结构示意

减片再送到自聚焦透镜耦合到输出光纤中去。衰减片通常是表面蒸镀了金属吸收膜的玻璃基片，为减小反射光，衰减片与光轴可以倾斜放置。

2. 连续可调光衰减器

连续可调光衰减器一般采用旋转式结构，如图 5.16（b）所示。衰减片在不同位置的金属膜厚度不同，可用来获得不同的衰减。两块衰减片组合大约可以获得 60dB 的可调范围。

3. 固定光衰减器

固定光衰减器一般做成活动连接器形式。如图 5.16（c）所示，在光纤端面按要求镀上一层有一定厚度的金属膜即可实现光的衰减，也可用空气衰减式，即在光的通路上设置一个几微米的气隙，从而获得固定衰耗。

5.5 耦合器与分束器

光耦合器/分束器的功能是实现光信号的合路/分路，就是把多个输入的光信号组合成一个输出或者把一个输入的光信号分配给多个输出。一般是对同一波长的光功率进行合路或分路。光耦合器/分束器的使用将会对光路带来一定的附加插入损耗以及一定的串扰和反射。

分束器的种类繁多，从端口形式，它可分为 X 型（2×2）分束器、Y 型（1×2）分束器、星型（$N\times N$，$N>2$）分束器以及树型（$1\times N$，$N>2$）分束器等；从工作带宽的角度，它可分为单工作窗口的窄带分束器、单工作窗口的宽带分束器和双工作窗口的宽带分束器；从传导光模式，它可分为多模分束器和单模分束器；从器件工艺实现方式，它可分为分立光学元件组合型、光纤型光分束器以及集成波导型光分束器。分立光学元件组合型主要应用棒透镜、反射镜、棱镜来完成光功率的分配。

光纤型分束器的制作目前主要是基于熔融拉锥技术，其制作工艺相对于集成波导型光分束器的工艺要简单，并且所制作的器件具有损耗低等优点。集成波导型光分束器具有集成度高，顺应光纤通信发展的趋势，目前主要有 Y 分支波导型、定向耦合型、多模干涉型以及衍射星型等。

光分束器是一种光无源器件，描述其性能的参数除了该领域内的一般术语外，还有下面几个主要参数（以 4 端口光纤耦合器为例对参数进行定义）。

（1）插入损耗 L_i

是指一个指定输入端口（1 或 2）的输入光功率 P_i 和一个指定的输出端口（3 或 4）的输出功率 P_o 的比值，用分贝表示，即

$$L_i = -10\lg(P_o/P_i) \tag{5.25}$$

（2）附加损耗 L_e

是指全部输入端口（1 和 2）的输入光功率 P_i 总和与全部输出端口（3 和 4）的输出光功率 P_o 总和的比值，用分贝表示，即

$$L_e = -10\ \lg[(P_{o3} + P_{o4})/(P_{i1} + P_{i2})] \tag{5.26}$$

(3) 耦合比 CR

是指某一个输出端口（3 或 4）的输出光功率 P_o 与全部输出端口（3 或 4）的输出光功率 P_o 总和的比值，用百分比表示，即

$$\mathrm{CR} = [P_{o3}/(P_{o3} + P_{o4})] \times 100\% \tag{5.27}$$

(4) 串扰 L_c

是指一个输入端口（1）的输入光功率 P_i 与由耦合器泄漏到其他输入端口（2）的光功率 P_r 的比值，用分贝表示，即

$$L_c = -10\lg(P_r/P_i) \tag{5.28}$$

下面介绍几种常用的光耦合器/分束器。

1. 熔锥型光纤耦合器

2×2 定向耦合器以及 $N \times N$ 星型耦合器大多采用此种结构。首先将两根（或多根）光纤扭绞在一起，然后在施力条件下加热，并将软化的光纤拉长形成锥型并稍加扭转，使其熔接在一起。在熔融区形成渐变双锥结构，在熔融区各光纤的包层合并成同一包层，纤芯变细、靠近，如图 5.17（a）所示。

使用多模光纤和单模光纤的耦合器的工作原理各不相同。对于多模光纤耦合器，当纤芯中的导模传到变细的锥形区后，可传输的模式越来越少，高阶模达到截止状态。高阶模入射角进入纤芯—包层界面，进入包层成为包层模在包层中传输。而低阶模仍在原来纤芯中传输。当锥形区又逐渐变粗后，高阶模又会再次被束缚到纤芯区域内成为导模。由于此时熔融的锥形区具有同样的包层，因而进来的高阶模功率对于两根光纤是共有的，变回导模的光功率将平均分配到每根输出光纤中去。

任何一根输入光纤的光功率都能均匀地分配到每根输出光纤中去，总的功率分光比将取决于锥形耦合区长度和包层厚度。对于单模光纤耦合器，以 2×2 单模光纤定向耦合器为例，在锥形耦合区，两根光纤的芯径变小且两个芯区非常靠近，因而归一化频率（V）显著减小，导致模场直径增加。这使两根光纤的消逝场产生强烈的重叠耦合。光功率可以从一根光纤耦合到另一根光纤，随后又可以耦合回来，使两根光纤的消逝场的重叠部分增加。根据耦合区的长度和包层厚度，可以在两根输出光纤中获得预期的光功率比例。

2. 微光元件型耦合器

微光元件型光纤耦合器采用两个 1/4 焦距的渐变折射率圆形透镜，中间夹有一层半透明涂层镜面构成，如图 5.17（b）所示。输入光束投射到第一个 grin len 圆柱形透镜，其中部分光被半透明镜面反射回来，经过第二个 grin len 圆柱透镜并耦合进第二根光纤，而透射光则聚焦在第三个 grin len 圆柱透镜并耦合进第 3 根光纤。这种微光元件型耦合器结构紧凑、简单，插入损耗低，对模功率分配不敏感，因而也得到很多的应用。如果采用一个干涉滤波器来代替半透明涂层透镜，也可作为波分复用器件。

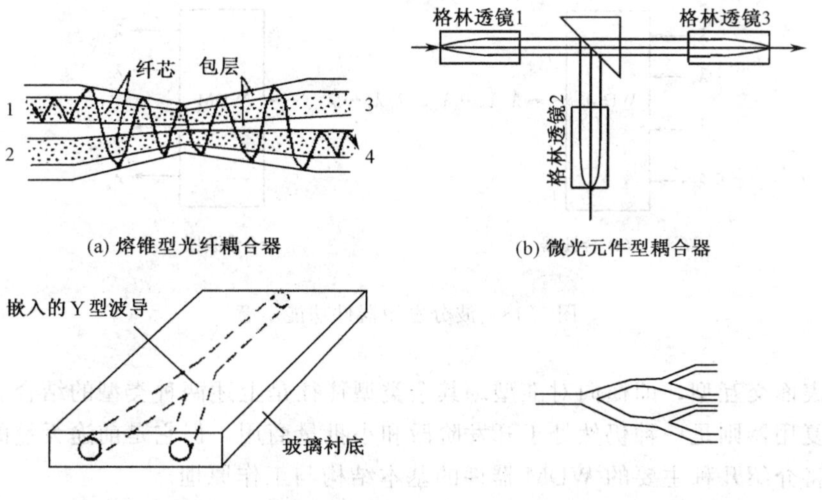

(a) 熔锥型光纤耦合器 (b) 微光元件型耦合器

(c) Y型集成光波导型耦合器 (d) 树型集成光波导耦合器

图 5.17 几种常见光耦合器结构示意

3. 集成光波导型耦合器

集成光波导型耦合器的制作分为两步工艺。首先利用光刻技术将所要求的分支功能的掩模沉积到玻璃衬底，然后利用离子交换技术将波导扩散进玻璃衬底，在其表面掩模形成圆形嵌入波导。图 5.17（c）所示为一最简单的 Y 型（1×2）分支耦合器的基本结构。将多个 1×2 分支耦合器级联，可以构成如图 5.17（d）所示的树型集成光波导耦合器。

5.6 复 用 器

光波分复用器（WDM）属于波长选择性耦合器，是一种用来合成不同波长的光信号或者分离不同波长的光信号的无源器件，其中将不同光源波长的信号结合在一起经一根传输光纤输出的器件称为复用器（合波器），如图 5.18（a）所示；经同一传输光纤送来的多波长信号分解为个别波长分别输出的器件称解复用器（分波器），如图 5.18（b)所示。

从原理上说，该器件是互易的，即只要将解复用器的输出和输入端反过来使用，就是复用器，但实际应用中，复用器更多的考虑是插入损耗的指标，而解复用器则对隔离度要求较高。

对 WDM 器件的要求主要是插入损耗低、隔离度大、带内平坦、带外插入损耗变化陡峭、中心波长稳定性高等。

WDM 器件有多种制造方法，目前已广泛商用的 WDM 器件主要有三大类：角色散器件、干涉滤波器以及光纤耦合器。前两者属于芯区交互型器件，即轴向对准型；第三

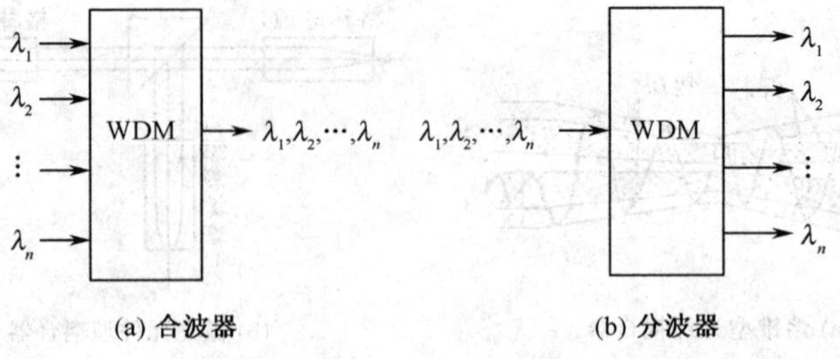

图 5.18　波分复用器件功能示意

种则属于表面交互型，即横向对准型。其余类型往往是上述两种类型的结合。集成光波导型波分复用器则是一种仍然处于开发阶段和小批量商用，但它是前途无量的波分复用器。下面将介绍几种主要的 WDM 器件的基本结构与工作原理。

5.6.1　衍射光栅型

衍射光栅型波分复用器利用衍射光栅的色散作用来实现分光，当一束复色光入射衍射光栅时，由于不同的波长具有不同的衍射角，从而彼此相互分离。

图 5.19 是由光栅、自聚焦透镜和一个光纤阵列组成的 DWDM 器件。这种类型的 WDM 的通道数决定于光纤阵列的制作，通常可以做到 64 路，国外有报道称可制作到 128 路。

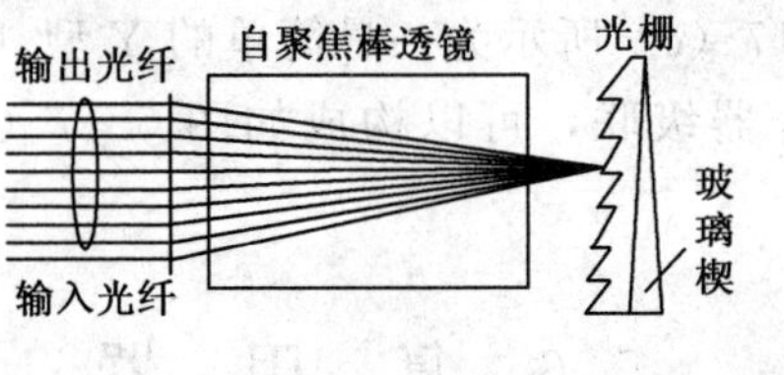

图 5.19　光栅型光波分复用器结构示意

5.6.2　DTF 型

介质薄膜滤光型（DTF）波分复用器是目前工程中广为采用的波分复用器，它由几十层不同材料、不同折射率和不同厚度的介质薄膜按照设计要求组合起来，每层的厚度为 $\lambda/4$，一层为高折射率，一层为低折射率，交替叠合而成。当光入射到高折射率层时，反射光没有相移。当光入射到低折射率层时，反射光经历 π 相移。由于层厚 $\lambda/4$，因而经低折射率层反射的光经历 2π 相移，与经高折射率层的反射光同向叠加。这样在中心波长附近，各层反射光叠加，在滤波器前端面形成很强的反射光。在这高反射区之外，反射光突然降低，大部分光成了透射光，据此可以使之对一定波长范围呈通带，对另外的波长范围呈阻带，从而形成所要求的滤波特性。利用这种具有特定波长选择性的干涉滤波器就可以将不同的波长分离或者合并起来，如图 5.20 所示。

DTF 型 WDM 器件的主要优点是设计与所用光纤参数几乎完全无关，可以实现结

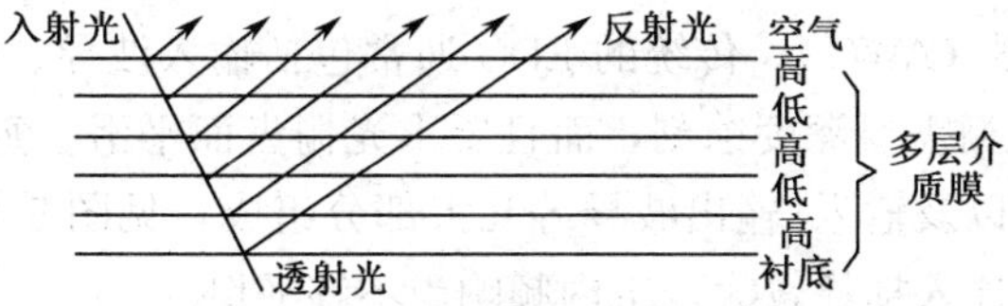

图 5.20 多层介质膜干涉滤光器原理

构稳定的小型化器件，信号通带较平坦，PDL 低，插入损耗低，温度特性很好，可达 0.001nm/℃以下。这种技术的不足之处是要实现 40 通道，通道间隔在 50GHz 以下的复用与解复用难度大。

5.6.3 熔锥型

熔融拉锥全光纤型波分复用器主要应用于双波长的复用：如 1310nm/1550nm 的 WDM 以及用于 EDFA 泵浦的 980nm/1550nm 和 1480nm/1550nm 的 WDM。图 5.21 为这种器件的原理结构，将两根（或两根以上）除去涂覆层的裸光纤以一定方式（打绞或使用夹具）靠近，在高温下加热熔融，同时两侧拉伸，利用电脑监控其光功率耦合曲线，并根据耦合比与拉伸长度关系控制停火时间，最后在加热区形成如图 5.21 所示的双锥波导结构。采用熔融拉锥法实现传输光功率耦合的耦合系数与波长有关，因此，可以利用在耦合过程中耦合系数对波长的敏感性制作 WDM 器件。制作器件时，可通过改变熔融拉锥条件，增强耦合系数对波长的敏感性，从而制成熔融拉锥全光纤型 WDM 器件。如图 5.22 所示，根据耦合系数与熔融拉锥长度的关系，如果拉伸终止在 E 点，则两光纤输出端口的一端将获得 1310nm 波长的全功率输出，而另一端将获得 1550nm 波长的全功率输出。

熔融型 WDM 器件的特点是插入损耗低（最大值<5dB，典型值为 0.2dB）、无需波长选择器件、具有较好的光通路带宽/信道间隔比和温度稳定性，其不足之处是复用波长数少，隔离度较差（20dB 左右），很少用于目前的 DWDM 系统。

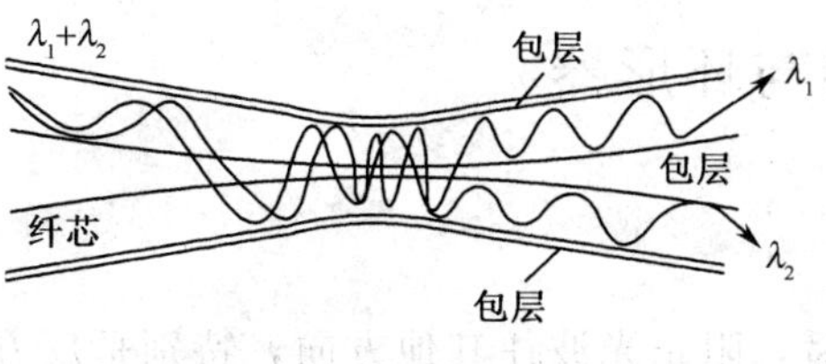

图 5.21 熔锥型 WDM 的原理

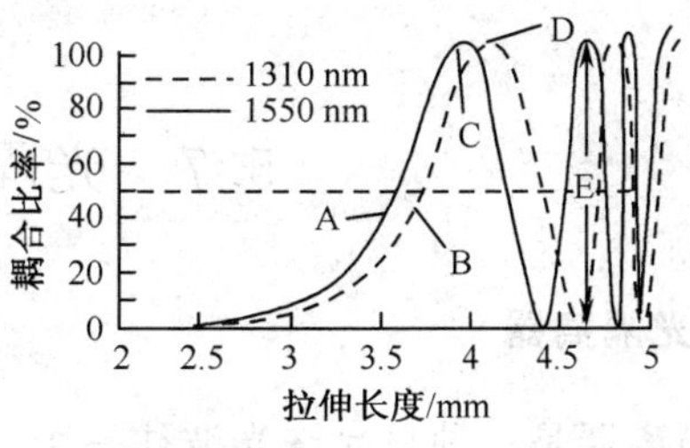

图 5.22 耦合系数与熔融拉锥长度的关系

5.6.4 集成光波导型

集成光波导型波分复用器是以光集成技术为基础的平面波导型器件，具有一切平面波导技术的潜在优点。目前平面波导型波分复用器有前景的主要有两大类：蚀刻衍射光栅（EDG）和阵列波导光栅（AWG）。传统的EDG通常包括输入波导、输出波导及凹面光栅组成，见图5.23，其中光栅需要深度蚀刻，而且要求光栅齿面平滑、垂直。AWG主要由波导阵列、两个自由传输区以及输入/输出波导等几大部分组成，见图5.24。AWG和EDG的缺点是温度稳定性不好，插入损耗较大，带内频响尚不够平坦。

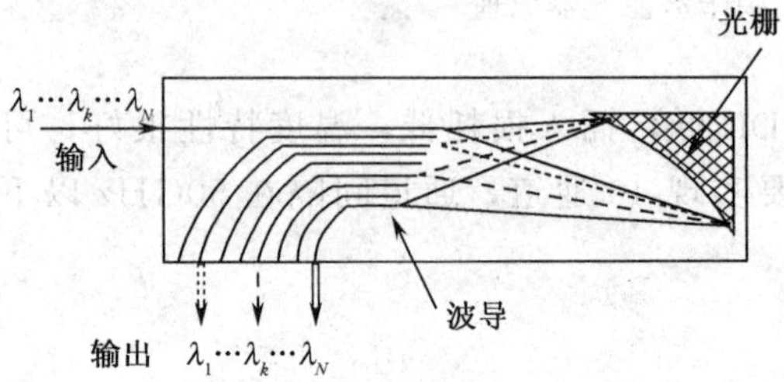

图5.23 EDG波分复用器的结构原理

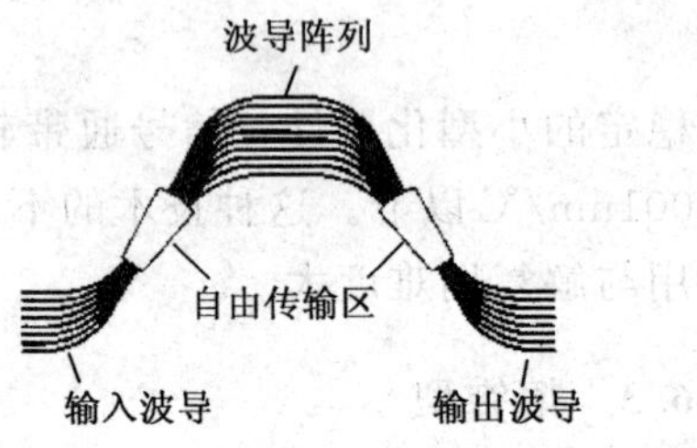

图5.24 AWG波分复用器的结构原理

此外，近年又出现了一种具有可以从复用的单模光纤中下载或分出（drop）光通道中通往本地的信号，同时上载或插入（add）本地发往其他网络节点用户的信号进入复用单模光纤通道的复用器件，称为光插/分复用器（OADM）。其结构形式繁多，如可以通过上述构成波分复用器的原理构建，如图5.25所示。

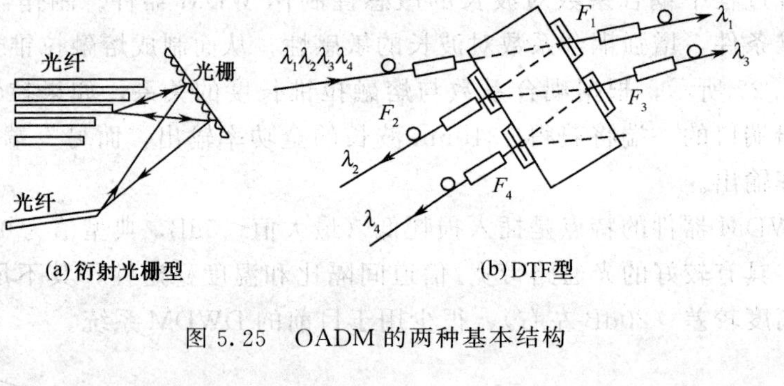

图5.25 OADM的两种基本结构

5.7 光隔离器与环形器

5.7.1 光隔离器

光隔离器是一种只允许光波往一个方向传播，阻止光波往其他方向，特别是反方向传输的一种光无源器件，主要用在激光器或光放大器的后面，以消除反射光的影响，使系统工作稳定。对光隔离器的主要参数要求是插入损耗小（典型值约为0.5dB）、隔离度大（典型值约在40～50dB之间）、PDL小（＜0.2dB）。已经商用的光隔离器几乎都是利用具有法拉第磁光效应的材料（旋光材料）制成。当光通过受磁场作用的旋光材料时，如果磁场和光的传播矢量平行，那么光偏振面将发生旋转，旋转角θ_F和磁场强度与材料厚度的乘积成比例。

$$\theta_F = VHl \tag{5.29}$$

式中，H——磁场强度；

l——材料厚度；

V——维德常数，与材料（通常为钇铁石榴石 YIG 晶体）和工作波长有关。

这种光隔离器的结构如图 5.26 所示。这里以偏振相关光隔离器为例解释光隔离器的工作原理。起偏器使入射光的垂直偏振分量通过，调整法拉第旋转器的磁场强度，使偏振面旋转 45°，然后通过检偏器。反射光返回时，通过法拉第旋转器又一次旋转 45°，正好与入射光偏振面正交，因此受到隔离。

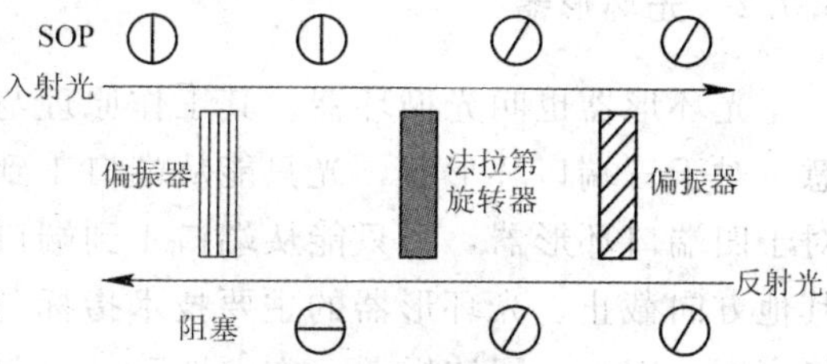

图 5.26　偏振相关的隔离器原理图

然而在实际应用中，入射光的偏振态（偏振方向）是任意的，并且随时间变化，因此必须要求隔离器的工作与入射光的偏振态无关，于是隔离器的结构就变复杂了。一种小型的与入射光的偏振态无关的隔离器结构如图 5.27 所示。具有任意偏振态的入射光首先通过一个空间分离偏振器（SWP），这个 SWP 的作用是将入射光分解为两个正交偏振分量，让垂直分量直线通过，水平分量偏折通过。两个分量都要通过法拉第旋转器，其偏振态都要旋转 45°。法拉第旋转器后面跟随的是一块半波片（λ/2 plate），这个半波片的作用是将从左向右传播的光的偏振态顺时针旋转 45°，将从右向左传播的光的偏振态逆时针旋转 45°。因而法拉第旋转器与半波片的组合可以使垂直偏振光变为水平偏振光，反之亦然。最后两个分量的光在输出端由另一个 SWP 合在一起输出，如图 5.27（a）所示。另一方面，如果存在反射光在反方向上传输，半波片和法拉第旋转器的旋转方向正好相反，当两个分量的光通过这两个器件时，其旋转效果相互抵消，偏振态维持不变，在输入端不能被 SWP 再组合在一起，如图 5.27（b）所示，于是就起到隔离作用。

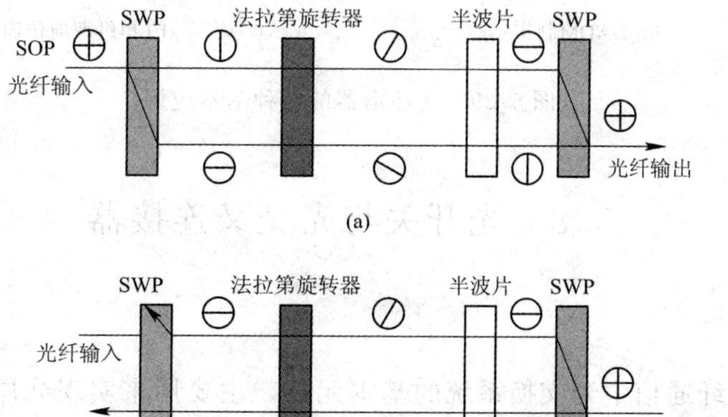

图 5.27　一种与输入光的偏振态无关的隔离器

光隔离器的分类有多种方法，按形状可分为自由空间型和在线型；按结构可分为块型、光纤型和波导型；按波段可分为 C 波段和 L 波段；按偏振无关的性能高低可分为单级和双级，一般说来，与单级光隔离器相比，双级光隔离器的反向隔离度大大提高，正向插入损耗不会有很大的增加，但要小于两个单元光隔离器的简单相加值。总之，在实际应用中要根据需要挑选不同性能结构的光隔离器。

5.7.2 光环形器

光环形器也叫光循环器，其工作原理与光隔离器相似，图 5.28 为它的主要功能示意。对于三端口环形器，光只能从端口 1 到端口 2，从端口 2 到端口 3，其他方向截止；对于四端口环形器，光只能从端口 1 到端口 2，从端口 2 到端口 3，从端口 3 到端口 4，其他方向截止。光环形器的主要技术指标与光隔离器基本相同，主要指标有插入损耗、隔离度、PDL、回波损耗、方向性等。目前用的光环形器基本都是偏振无关的。

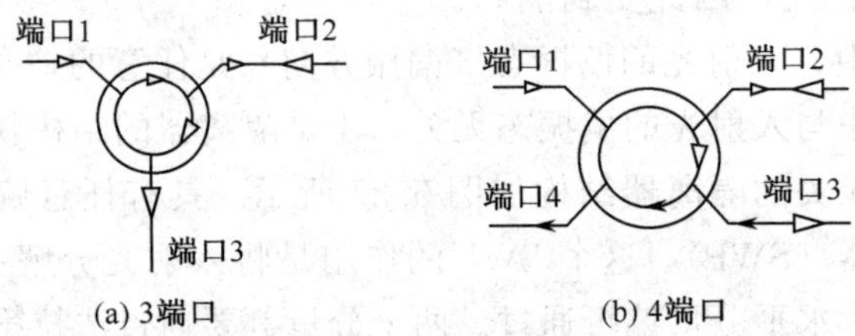

图 5.28 光环形器的功能示意

光环形器的应用主要有 OADM 制作、单纤双向传输等，见图 5.29。

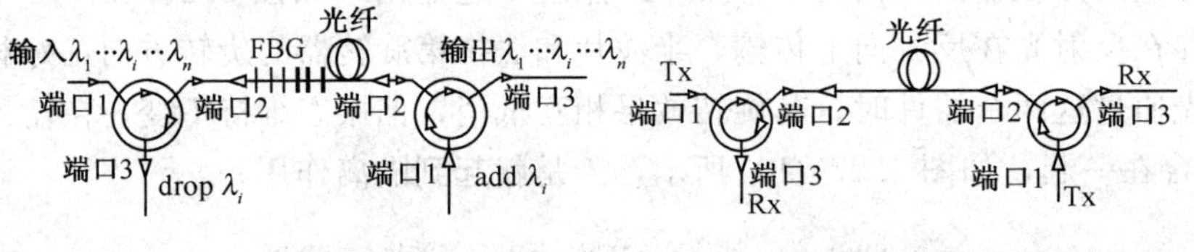

图 5.29 光环形器的两种基本应用

5.8 光开关与光交叉连接器

5.8.1 光开关

光开关是光纤通信中光交换系统的基本元件，主要用来实现光层面上的路由选择、波长选择、光分插复用、光交叉连接和自愈保护等功能。依据不同的光开关原理，光开关可分为机械式光开关、波导光开关、光调制光开关等。光开关的特性参数主要有插入损耗、回波损耗、隔离度、串扰、工作波长、消光比（两个端口处于导通和非导通状态的插入损耗之差）、开关时间（开关端口从某一初始状态转为通或断所需的时间）等，这些参数中有些与前面介绍的器件的定义相同，有的则是光开关特有的。

1. 机械光开关

机械光开关可分为传统的机械式光开关、微机械光开关和气泡光开关。传统机械光开关通过移动光纤将光直接耦合到输出端或采用棱镜、反射镜切换光路，如图 5.30 所示。它不受偏振和波长的影响，插入损耗低（<1dB）、串扰优于-60dB、光学性能好，但其体积较大、开关速度为毫秒级，限制了其大规模应用。

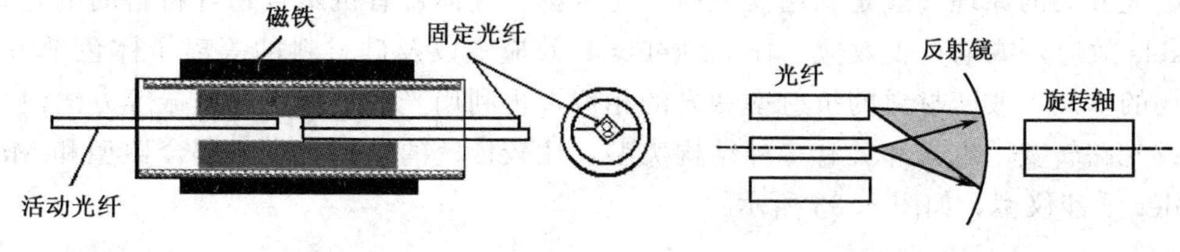

(a) 移动光纤式光开关

(b) 移动反射镜式光开关

图 5.30 传统机械光开关的结构示意

微机电系统（MEMS）开关是一种新型机械光开关，它将微制动器、微机械结构和微光学元件集成在同一半导体衬底上，通过磁、静电效应移动或旋转微反射镜，利用这些微镜片的二维或三维空间运动，将光直接反射到不同的输出端，如图 5.31 所示。它既有传统机械光开关低损耗、低串扰、低偏振敏感性和高消光比的优点，又有波导光开关体积小、集成度高、开关速度快（2×2 MEMS 开关速度可达 1μs 量级）的优点，目前已成为光交换器件的主流之一。

气泡光开关利用毛细管效应，它由交叉的硅波导和交叉点的微型管道组成，微型管道内填充特定的折射率匹配液，当入射光照入并要求交换时，一个热敏硅片会在液体中产生一个气泡，气泡将光从入射波导全反射到输出波导，如图 5.32 所示。它同机械光开关一样，利用了气泡（镜面）对光反射的原理，因此对偏振不敏感，对速率和协议透

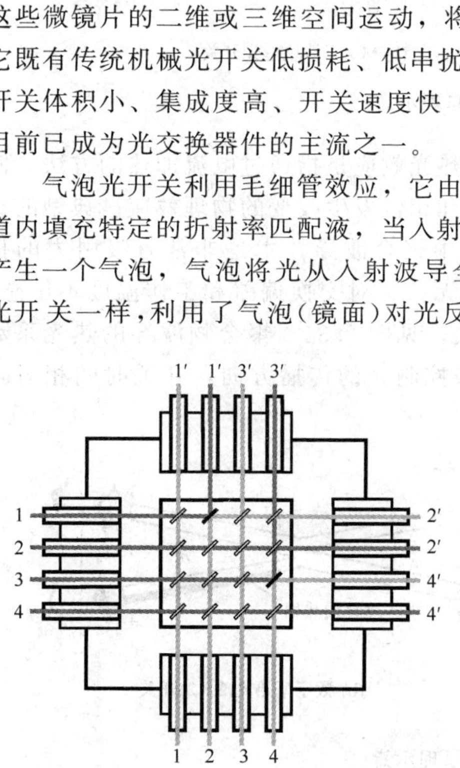

图 5.31 MEMS 开关阵列

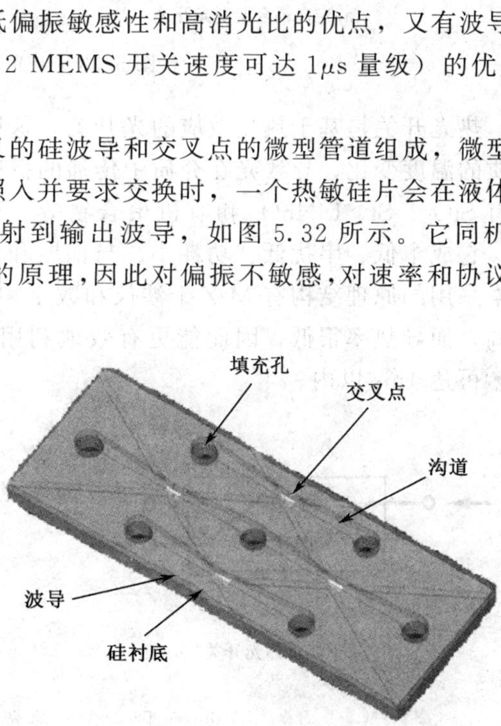

图 5.32 喷墨气泡热光开关模块

明，开关速度为毫秒量级，插损低、串扰小，具有较好的可扩展性。但光开关状态的控制以及内部材料、液体的生存性等问题在一定程度上降低了它的可靠性。

2. 波导光开关

波导光开关通过改变介质的波导折射率来实现交换目的。根据物理效应和所用材料不同，波导光开关可分为电光开关、热光开关、声光开关、磁光开关等。

电光开关的原理一般是利用铁电体、化合物半导体、有机聚合物等材料的电光效应（pockels 效应）或电吸收效应（franz-keldysh 效应）以及硅材料的等离子体色散效应，在电场的作用下改变材料的折射率和光的相位，再利用光的干涉或者偏振等方法使光强突变或光路转变。电光开关有多种结构类型，比较传统的结构有定向耦合器型和 Mach-Zehnder 干涉仪型，如图 5.33 所示。

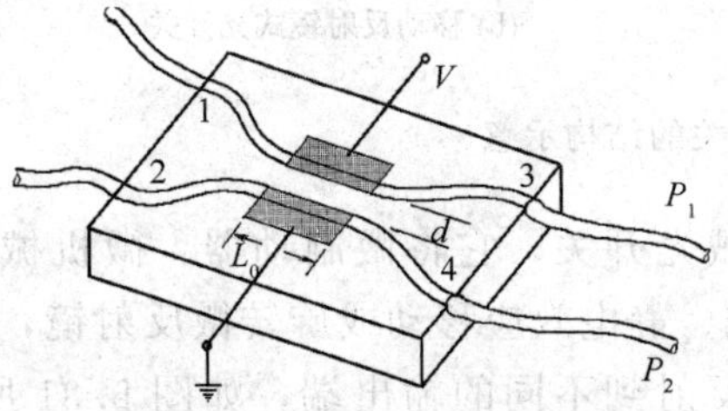

(a) 定向耦合器型光开关

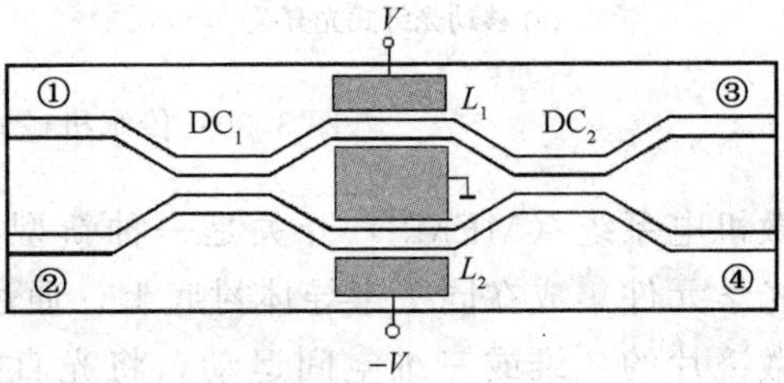

(b) M-Z干涉仪型光开关

图 5.33 电光开关原理示意

热光开关是基于热光效应的光开关，这里的热光效应是指通过电流加热的方法，使介质的温度变化，导致光在介质中传播的折射率和相位发生改变的物理效应。典型的材料有 SiO_2、Si、$LiNbO_3$ 和有机聚合物等。而其中聚合波导技术是非常有吸引力的技术，它成本低、串扰低、功耗小、与偏振和波长无关、对交换偏差和工作温度不敏感，通常采用的原理结构有 M-Z 干涉仪和数字型开关，见图 5.34。聚合物波导的热光系数很高，而导热率很低，因而能更有效地利用热来控制光的传播方向，开关时间相对减小，可达 1ms 以内。

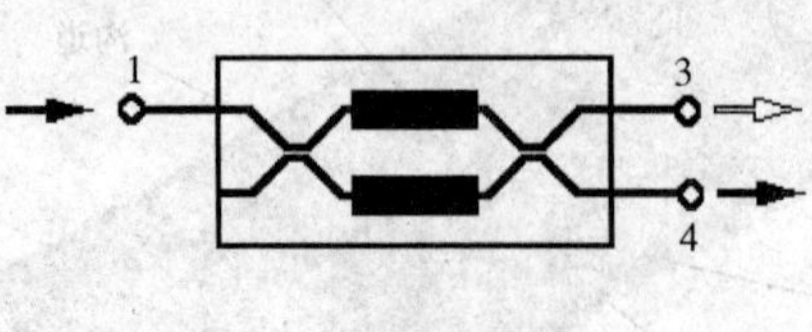

(a) M-Z干涉型热光开关

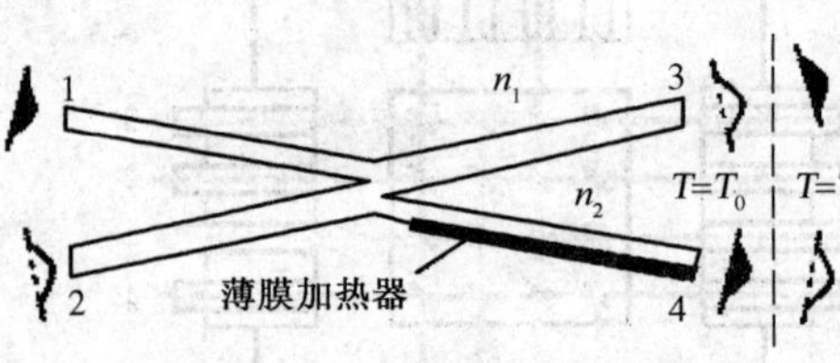

(b) 数字型热光(2×2)开关

图 5.34 热光开关原理示意

声光开关利用声光效应，即声波在某些介质中传播时，该介质会产生与声波信号相应的、随时间和空间周期性变化的弹性形变，从而导致介质折射率的周期性变化，形成等效的位相光栅，见图 5.35，其光栅常数等于声波波长，因而能提供一种方便地控制光的强度、频率和传播方向的手段。它可采用的原理结构有 M-Z 干涉仪和方向耦合器，优点是开关速度较快（500ns 左右），缺点是插损比较大，而且成本比较高。

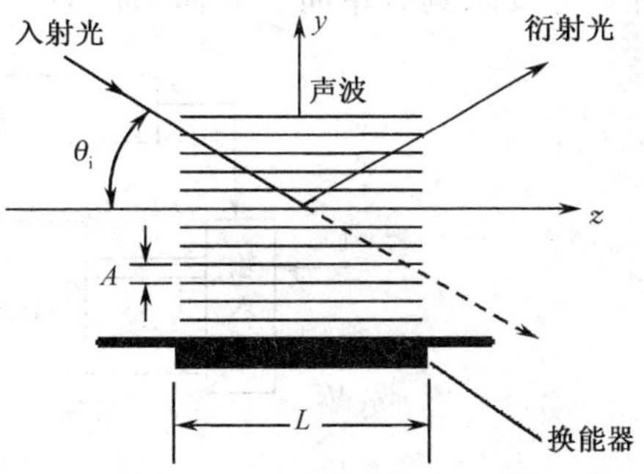

图 5.35 声光开关原理示意

3. 光调制光开关

光调制光开关利用输入的控制光信号与信号光进行光交叉相位调制，来调节输出信号光的相对相位关系以实现开关通断，或者通过外部输入控制光调制半导体光放大器（SOA）的折射率来调节输出信号光的相对相位关系以实现开关通断。目前采用的原理结构有 M-Z 干涉仪和 Sagnac 干涉仪，如图 5.36 所示。光调制光开关可为高速全光网络的核心技术如全光判决、全光变换、全光再生等提供可行的解决方案，目前研究较多的有非线性光纤环路镜（NOLM）、太赫兹光学非对称解复用器（TOAD）和全光 M-Z 器件，它们结构简单、开关速度快、功耗低，但其稳定性、可集成性等还需进一步提高。

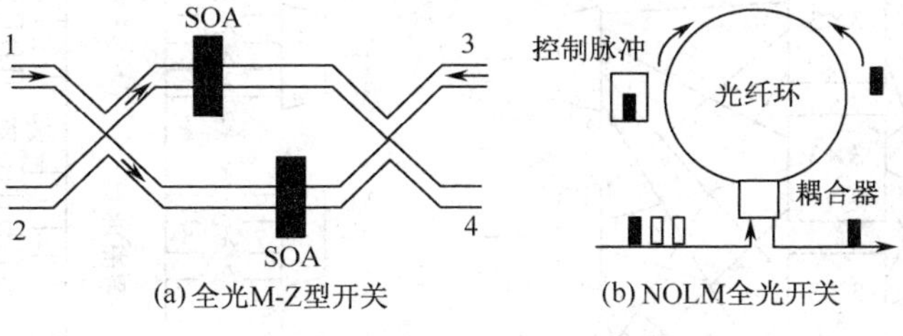

图 5.36 光调制光开关原理示意

光开关在通信系统中大量应用，并成为光网络的重要组成部分，因而各种实现技术也层出不穷，如近年来发展起来的液晶光开关、全息光开关等。

5.8.2 光交叉连接器

光交叉连接器（OXC）是用于光纤网络节点的装置，通过对光信号进行交叉连接，能灵活有效地管理光纤传输网络，是实现可靠的网络保护/恢复以及自动配线和监控的重要技术。OXC 装置主要由光交叉连接矩阵、输入/输出接口、管理控制单元模块等模块构成，见图 5.37。为了增加每个 OXC 的可靠性，每个模块都设有主用和备用的冗余结构，OXC 能自动进行主备倒换。输入/输出接口直接与光纤链路相连，分别对输入/输出信号进行适配、放大。管理控制单元通过编程对 OXC 矩阵、输入/输出接口模块进行监测和控制。具有波长选择功能的 OXC 和 OADM 能使末端彼此相通，并可得到高的通过量和短的等待时间。光交叉矩阵 OXC 的核心是光交叉连接矩阵（一般是通过光开关矩阵来实现），它要求无阻塞、低串扰、低延迟、无偏振依赖性、宽带和高的可靠性，并要求具有单向、双向和广播形式的功能。

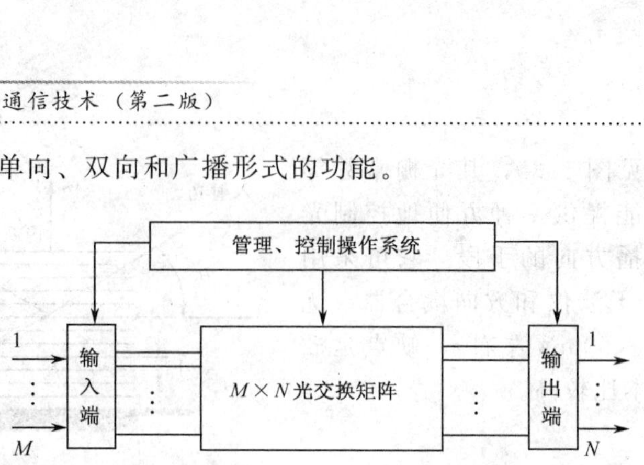

图 5.37　OXC 功能结构示意

OXC 中光交换有空间交换和波长交换两种机制，见图 5.38。实现空间交换的器件主要是各种类型的光开关和波长选择器（可调谐滤波器和解复用器），它们在空间域上完成入端到出端的交换功能。实现波长交换的器件是各种类型的波长变换器，可以将信号从一个波长上转换到另一个波长上，有关波长转换器将在下一节介绍。

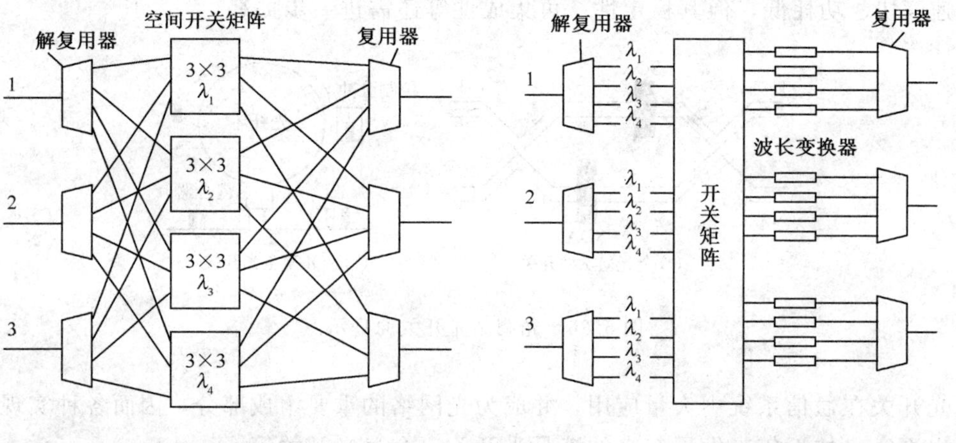

图 5.38　OXC 的两种基本结构

5.9　光波长转换器

波长转换器（WC）是将某输入波长所携带的数据转换到系统波长系列中可能与之不同的输出波长上的器件。WC 是波分复用光网络及全光交换网络中的关键部件，解决了光路中的波长冲突问题，从而提高了网络效率。一个理想的波长转换器应当具有如下特性。

1）对比特率和信号形式透明。

2）输出波长能快速建立。

3）长波和短波都可以转换。

4）适当的输入功率和较宽的变换范围。

5）输出波长可以和输入波长一致，即无波长转换。

6）对输入信号偏振不敏感。

7）高消光比及大信噪比的低啁啾输出信号。

8）实现简单。

波长转换器有多种结构和机制，广义上可分为两类：光/电/光波长转换和全光波长转换。前者，必须进行光信号与电信号之间的变换，而后者的信号始终保持是光信号。

1. 光/电/光波长转换器

图 5.39 所示的方法首先要求利用光探测器将光信号转化为电信号，再将此信号存储于缓存器中，然后用此电信号驱动可调谐激光器，变成另一波长的光信号。由于光电转换技术已经很成熟，对信号还具有再生能力，且具有输入动态范围较大、不需光滤波器、对输入偏振不敏感等许多优点，是目前一种非常成熟的波长变换器。但此方法的转换速率有限，最高可达 10Gb/s，且此种方法较复杂，功耗较大。此外，光/电转换影响了透明性，光信号中的相位、频率以及模拟幅度将会丢失，它最多只能达到数字级透明，而且数字信号的功率受限。第 7 章介绍的光转发器（OTU）目前主要采取这种光/电/光的波长转换技术，它的主要作用就是把非标准的波长转化为 ITU-T 所规定的标准波长，以满足系统的波长兼容性。

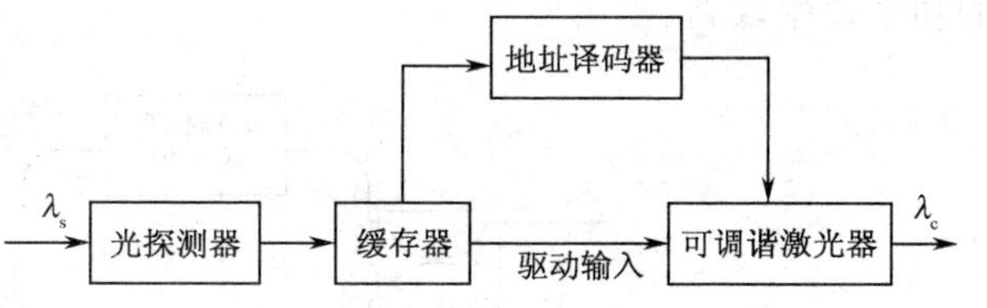

图 5.39 光/电/光波长转换器结构原理

2. 全光型波长转换器

为了克服光/电/光波长转换器的上述弊端，人们提出了基于全光型波长转换（AOWC）的转换器。目前研究较为成熟的是以半导体光放大器（SOA）为基础的波长转换器，包括交叉增益饱和调制型（SOA-XGM）、交叉相位调制型（SOA-XPM）以及四波混频型波长转换器（SOA-FWM）等。

图 5.40 是 SOA-XGM 型全光波长转换器的结构原理，其工作原理如下：SOA 工作于增益饱和状态，由于增益饱和，受强度调制的输入信号 λ_s 要调制 SOA 的增益，使得预期输出波长 λ_c 的 CW 信号被增益起伏调制，从而携带与初始输入信号相同的信息。SOA-XGM 有两种基本方案：一种是 λ_s 和 λ_c 同向进入 SOA；另一种是反向进入 SOA。前者必须使用滤波器滤掉多余的原 λ_s 光，而反向进入 SOA 则不需要滤波器。SOA-XGM 的优点主要是结构易于实现、转换效率高、对偏振不灵敏，并能提供 10Gb/s 的无误转换。其缺点是转换后的比特流倒置和转换后信号的消光比恶化。

SOA-XPM 型波长转换器利用设置在干涉仪内的 SOA 的相位调制来改变干涉状态，并进行开关操作以对被转换光实施强度调制（见图 5.41）。SOA 的相位调制利用了由信号光引起的载流子波动所造成的折射率变化。目前使用的干涉仪主要有麦克尔逊

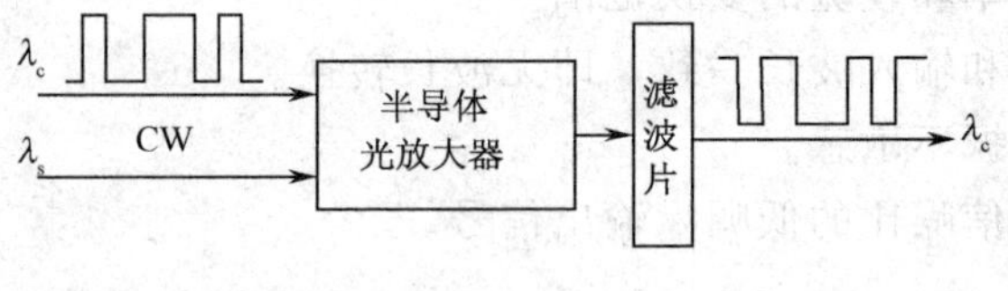

图 5.40　SOA-XGM 型全光波长转换器结构原理

（Michelson）和 M-Z 干涉仪。虽然从原理上讲，作为相位调制器的 SOA 只需安置在干涉仪的一条臂上就可以了，但是为了对干涉状态进行微调，在大多数情况下都在两条臂上安放 SOA。利用 XPM 方案，转换后的输出信号既可以是反转的，也可以是非反转的；这与 XGM 方案不同，其输出信号往往是反转的。与 XGM 方案相比，XPM 方案的功率效率较高。

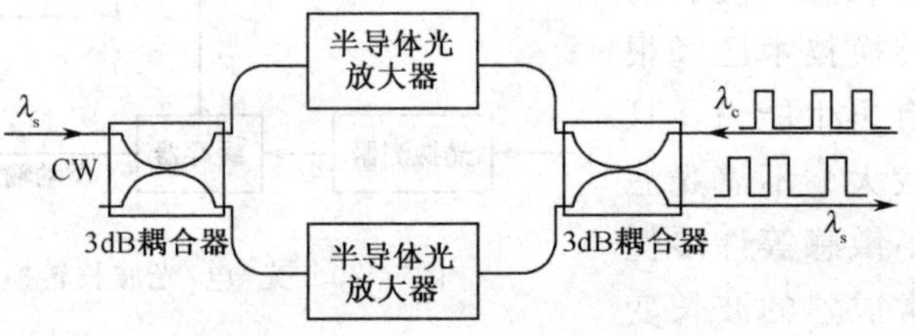

图 5.41　MZI 结构的 SOA-XPM 波长转换器的结构原理

SOA-FWM 型波长转换器是目前唯一能对输入信号光的调制方式和传输速率进行变换的方法。FWM 对应 $n=3$。它是三阶非线性效应的结果，三个光波频率 f_i、f_j 和 f_k（$k\neq i$，j）产生另一个（第四个）频率为 $f_i+f_j-f_k$ 的波。该技术的突出缺点是转换效率不高、自发辐射噪声大、输出光的 SNR 极大地依赖于输入信号光与输出信号光之间的频差、与偏振有关。为解决此类问题，人们提出了许多方案，如基于正交双泵浦和光纤环行激光器（SFRL）结构，见图 5.42。

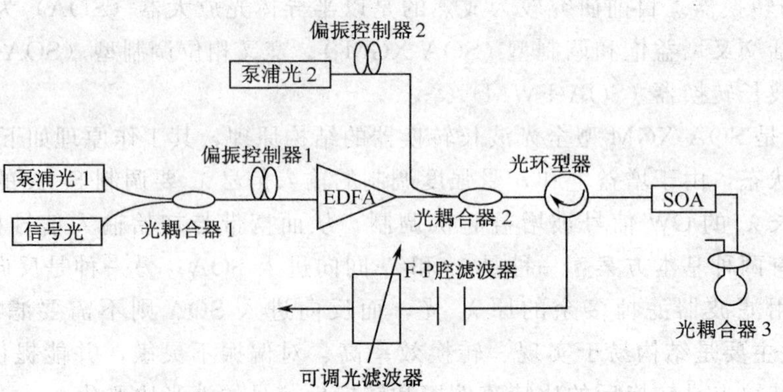

图 5.42　基于正交双泵浦和 SFRL 结合的 SOA-FWM 波长转换器的结构原理

5.10　光器件测试

光器件是保证光纤通信系统实现各通信信道间的自由上下与交换等功能实现的重要组成部分，其性能的优异决定着系统性能的优异（如稳定性）。因此，不论在制作设计还是选购这些光器件时，都要对其性能指标进行测试。这里主要介绍系统中常用的光无源器件的测试。

一般说来，对于光无源器件，需要测量的指标主要有插入损耗、回波损耗、隔离度、方向性以及偏振相关损耗等。在测试中，用到的测试设备主要有光谱分析仪（OSA）、光功率计（PM）、可调激光器（TLS）、宽带光源（BBS）和偏振控制器（PC）。下面将介绍光器件主要指标的测试方法及具体步骤。

5.10.1　插入损耗的测量

插入损耗包括单一波长的插入损耗和波长相关的插入损耗，它们的区别在于测试中使用的光源分别是 TLS 和 BBS。通常测量插入损耗有截断法和替代法。

1. 截断法

截断法是一种破坏性方法，测量步骤如下。

1）按照图 5.43 所示测量并记录 P_1。

2）在 P_1 稳定后，将临时接点 TJ 与插头 CA 之间的光纤截断，截断点 J 与临时接点 TJ 的距离应不少于 30cm，见图 5.44。

3）待系统稳定后，按图 5.45 测量并记录 P_0。

4）按公式 $I.\ L. = -10\lg(P_1/P_0)$ 计算出插入损耗。

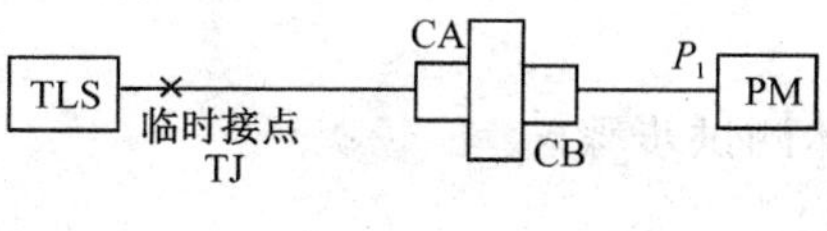

图 5.43　测量 P_1

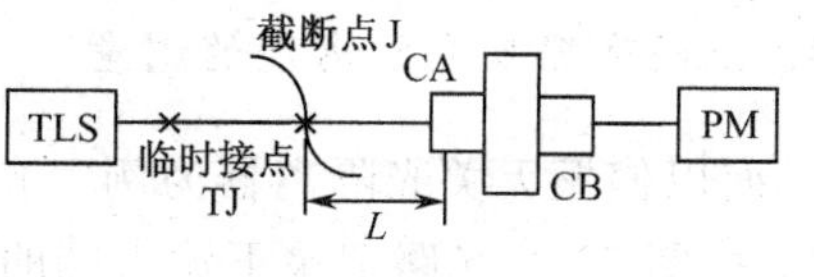

图 5.44　截断输入光纤

2. 替代法

替代法是一种非破坏性的方法，与截断法相比，精度稍微低了些，测量步骤如下。

1）按图 5.43 测试并记录 P_1。

2）在 P_1 稳定后，按图 5.46（即直接将插头 CA 插入光功率计）测量并记录 P_0。

3）按公式 $I.\ L. = -10\lg(P_1/P_0)$ 计算出插入损耗。

5.10.2　回波损耗的测量

回波损耗通常采用光耦合器测试法。下面以光隔离器为例，具体介绍它的测

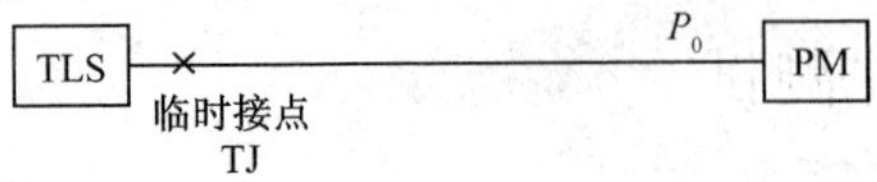

图 5.45 测量 P_0

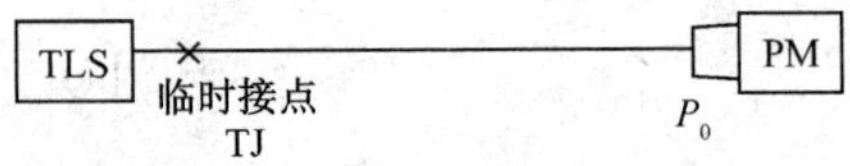

图 5.46 用替代法测量 P_0

试步骤。

1）选择一个 2×2 插入损耗小，分光比为 1∶1 带连接器端口的光耦合器，按图 5.47的光路测量 P_0。

2）按图 5.48 的光路接上待测光隔离器 ISO，并测量回返光功率 P_1。

3）根据公式 $R.\ L.\ =-10\lg\ (P_1/P_0)$ 即可计算出被测隔离器的回损。

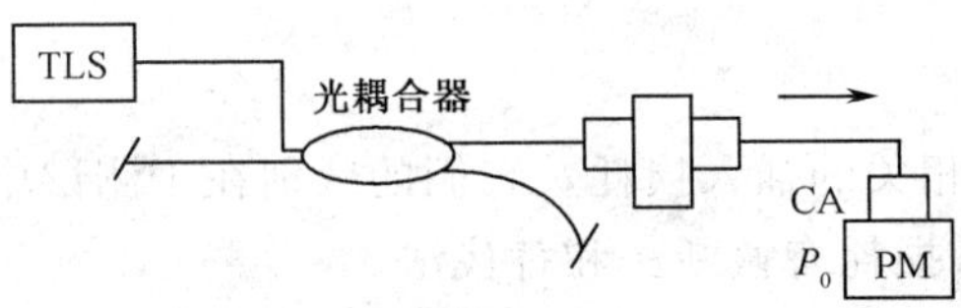

图 5.47 测量 P_0

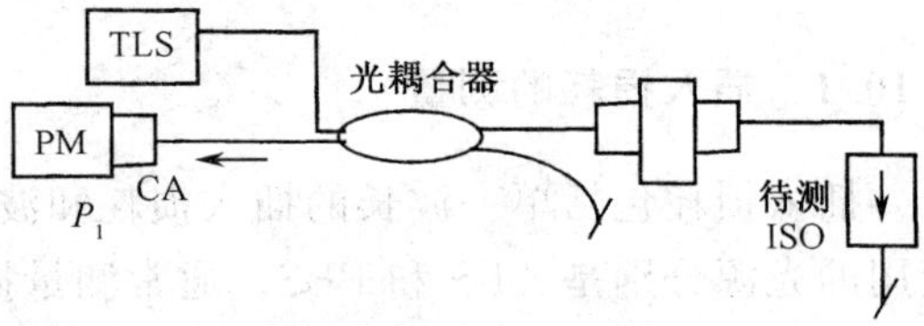

图 5.48 测量 P_1

5.10.3 隔离度的测量

隔离度是光隔离器和 WDM 器件的重要参数。对于光隔离器，它主要指反向隔离度，而对于 WDM，它则主要表示输出端口的光进入非制定输出端口光能量的大小。因此，下面将分别介绍它们的测试步骤。

1. 光隔离器反向隔离度的测量

下面以偏振无关光隔离器为例，介绍它的具体测试步骤。

1）按图 5.49 光路记录下输入端的频谱 $P_0\ (\lambda)$。

2）按图 5.50 光路反向接入光隔离器，并测出输出端的频谱 $P_1\ (\lambda)$。

3）根据公式 $I.\ L.(\lambda)=-10\lg\ [P_1\ (\lambda)\ /P_0\ (\lambda)]$ 即可算出光隔离器的反向隔离度。

图 5.49 测量 $P_0\ (\lambda)$

图 5.50 测量 $P_1\ (\lambda)$

2. WDM 隔离度的测量

下面以 1×2 的 1310nm/1550nm WDM 为例，介绍它的具体测试步骤。

1）按图 5.51 光路分别记录下 TLS 在 1310nm 和 1550nm 的输入光功率 $P_{0,1310}$ 和 $P_{0,1550}$。

2）按图 5.52 光路接上 WDM，分别测出 1310nm 和 1550nm 输出臂的功率 $P_{1,1310}$ 和 $P_{1,1550}$。

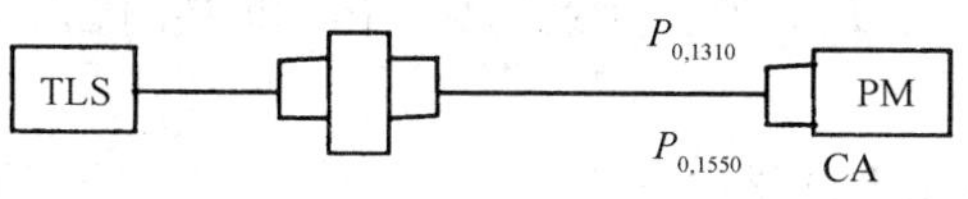

图 5.51 测量 $P_{0,1310}$ 和 $P_{0,1550}$

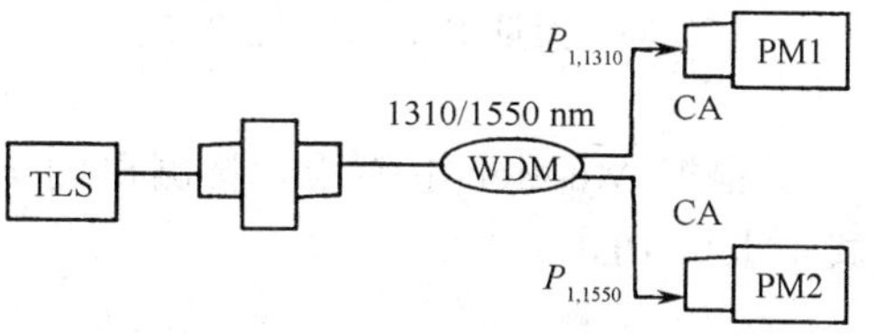

图 5.52 测量 $P_{1,1310}$ 和 $P_{1,1550}$

3）按照公式 $I.L._i=-10\lg(P_{1,i}/P_{0,i})$（$i=1310$，1550）分别计算出 1310nm 和 1550nm 的插入损耗。

5.10.4 方向性的测量

方向性是光耦合器所特有的一个指标，它是衡量器件定向传输特性的参数。具体步骤如下。

1）按图 5.53 光路测出输入端注入功率 P_0。

2）按图 5.54 光路接上光耦合器，并测出非注入光端的输出光功率 P_1。

3）根据公式 $D.L.=-10\lg(P_1/P_0)$ 即可算出上述端口的方向性。

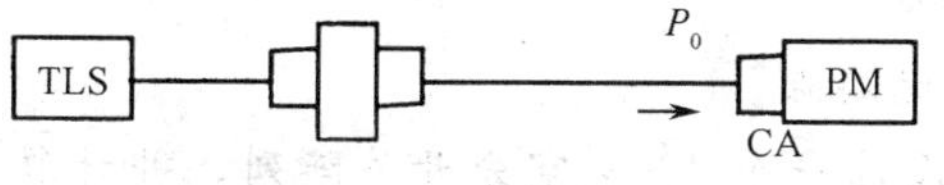

图 5.53 测量 P_0

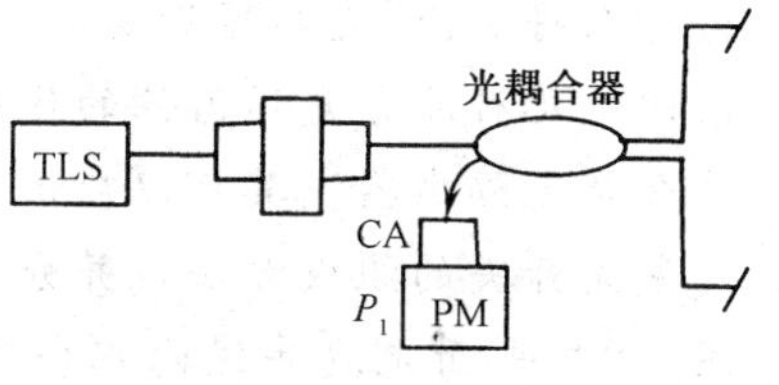

图 5.54 测量 P_1

5.10.5 偏振相关损耗的测量

偏振相关损耗是光隔离器、波分复用器、光开关等器件的重要参数。偏振相关有两种方法，一种是基于 Mueller 矩阵法原理的，另一种则是用价格昂贵的偏振分析仪直接测量，由于用偏振分析仪测量方法十分简单，这里就不予介绍了。下面主要介绍基于 Mueller 矩阵法的测试步骤。

1）按图 5.55 光路，调整偏振控制器（PC）使得输入光分别处于水平偏振态、垂直偏振态、45°线偏振态以及右旋圆偏振态，并测得相应的输入功率 P_a、P_b、P_c 和 P_d。

2）按图 5.56 光路，接入待测元件（DUT），同样调整偏振控制器，使得输出光分别处于水平偏振态、垂直偏振态、45°线偏振态以及右旋圆偏振态，并测得相应的输出

功率 P_A、P_B、P_C 和 P_D。

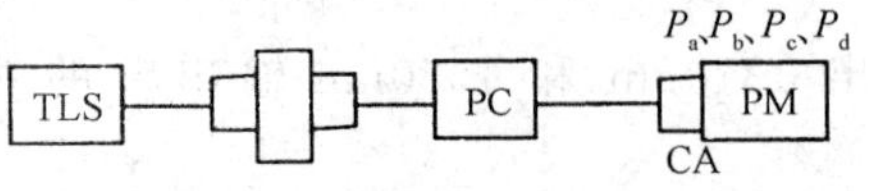

图 5.55 测量 P_a、P_b、P_c 和 P_d

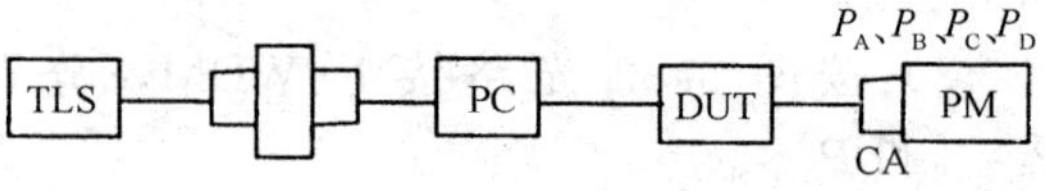

图 5.56 测量 P_A、P_B、P_C 和 P_D

3）根据 Mueller 矩阵法，将测出的 P_a、P_b、P_c、P_d、P_A、P_B、P_C 和 P_D 代入下面式子求出 PDL。

$$m_{11} = (P_A/P_a + P_B/P_b)/2 \tag{5.30}$$

$$m_{12} = (P_A/P_a - P_B/P_b)/2 \tag{5.31}$$

$$m_{13} = P_C/P_c - m_{11} \tag{5.32}$$

$$m_{14} = P_D/P_d - m_{11} \tag{5.33}$$

$$T_{max} = m_{11} + \sqrt{m_{12}^2 + m_{13}^2 + m_{14}^2} \tag{5.34}$$

$$T_{min} = m_{11} - \sqrt{m_{12}^2 + m_{13}^2 + m_{14}^2} \tag{5.35}$$

$$\text{PDL} = 10\ \lg(T_{max}/T_{min}) \tag{5.36}$$

习题与思考题

1. 你认为将来的光器件发展趋势是什么？
2. 举例说明减小跳线回波损耗的有效途径。
3. 为什么将 APC 连接器抛磨成 8°角？
4. 请比较几种波分复用器件的优缺点。
5. 什么是光隔离器？其可以应用于哪些场合？
6. 列举光开关的组成方法，并分析它们的优缺点。
7. 用 2×2 平面光波导定向耦合器型开关设计一个 4×4 空分开关阵列，并计算所需开关数目。
8. 为什么 FWM-SOA 转换效率很低，如何提高？谈谈你的设想。

第 6 章　SDH 传输技术及网络

本章提要

光纤通信系统经历了从模拟系统到 PCM 系统，又从 PCM 数字系统的准同步数字系列 PDH 到同步数字系列 SDH 的演变。虽然这种演变仍在继续，但是建设以同步数字体系 SDH 为基础的大容量、高质量、高可靠性并能有效地支持现有各种业务网络、支撑网，已经成为目前光纤传输系统的一个发展方向。同时，为了适应光纤传输系统宽带化、数字化、智能化发展的趋势，SDH 体系也衍生出各种新的技术，如 IP OVER SDH/WDM 技术、MSTP 技术、RPR 技术等。

本章首先介绍 SDH 的结构组成、基本原理以及 SDH 网络的自愈能力，然后着眼于 SDH 在网络中的应用，介绍城域光网络、光接入网的概念、特点及其采用的各项新的 SDH 技术，最后介绍 SDH 光接口的测试。

6.1　两种数字光纤通信系统传输系列：PDH 和 SDH

在数字光纤通信系统中，传送的信号都是数字化的脉冲序列。这些数字信号流在数字交换设备之间传输时，其速率必须完全保持一致，才能保证信息传送的准确无误，这就是"同步"的概念。

数字传输系统中，有两种传输系列，一种叫"准同步数字系列"，简称 PDH；另一种叫"同步数字系列"，简称 SDH。

早期的光纤传输网由 PDH 系列组建而成，但由于其复用的方式明显不能满足信号大容量传输的要求，另外 PDH 系列的地区性规范也使网络互联增加了难度。如今的通信网向大容量、标准化的方向发展，PDH 的传输系列已经越来越不能适应通信网络的发展需求。总结起来，PDH 系列存在以下的缺点。

1. 接口标准不统一

PDH 系列既缺乏全球统一的电接口标准，更没有统一的光接口标准。目前世界上有三种 PDH 信号速率等级：欧洲系列、北美系列和日本系列。各种信号系列的电接口速率等级以及信号的帧结构、复用方式均不相同，这种局面造成了国际互通的困难。

中国采用欧洲系列的 PDH 信号等级，其中包括基群（E1，2Mb/s）、二次群（E2，8Mb/s）、三次群（E3，34Mb/s）与四次群（E4，140Mb/s）等。

另外，PDH 系列没有统一的光接口标准，即使在同一种异步复用体制中，也不能保证光接口的互通。只有通过光电变换将光接口转换为电接口后才能保证互通。这增加了网络成本，影响了光纤系统的互联。

2. 复用结构复杂

由于 PDH 采用异步复用方式，它将导致当低速信号复用到高速信号时，使得在高速信号的帧结构中的位置没有规律性和固定性。

由于 PDH 的低速信号分/插到高速信号要通过层层的复用和解复用过程，这样就会使信号在复用/解复用过程中产生的损伤加大，使传输性能劣化。

3. 缺乏有效的网络管理功能

PDH 信号的帧结构里用于运行、维护和管理（OAM）工作的开销字节不多，需要通过增加冗余编码来完成线路性能监控功能，这对完成传输网的分层管理、性能监控、业务的实时调度、传输带宽的控制、告警的分析定位是很不利的。

6.2 SDH 技术

6.2.1 SDH 的产生

由于 PDH 存在的固有缺陷，使 PDH 传输系列越来越不适应通信传输网的发展，仅在原有框架上修改或完善已无济于事，因此，必须打破 PDH 的思维方式，提出一种全新的体制。

最初完成这一任务的是美国贝尔通信研究所的科学家们，他们针对社会上出现的非标准化设备的大量滋生蔓延，提出了同步光网络（SONET）的概念和相应的标准，其基本思想是采用一整套分级的标准数字传送结构组成同步网络，可在光纤上传送经适配处理的电信业务。这一体系于 1986 年成为美国数字体系的新标准。与此同时，欧洲和日本等国也提出了自己的意见。1988 年国际电报电话咨询委员会（CCITT，现改组为 ITU-T，即国际电信联盟标准化组织）经充分地讨论协商，接受了 SONET 的概念，并进行了适当的修改，重新命名为同步数字体系（SDH），使之成为不仅适于光纤，也适于微波和卫星传输的技术体制，从而揭开了现代信息传输崭新的一页，并在短短的 10 年里得到了空前的应用和发展。

SDH 与 SONET 相比，二者之间主体思想和内容基本一致，但在一些技术细节上却不尽相同，主要反映在速率等级、复用映射结构、开销字节定义、指针中比特定义、净负荷类型等方面。近年来，SDH 与 SONET 的标准各自都有一些修改，并向彼此靠拢，尽量做到兼容互通。

SDH 是一套可进行同步信息传输、复用、分插和交叉连接的标准化数字信号的结构等级。SDH 网络则是由一些基本网络单元（NE）组成的，在传输介质上（如光纤、微波等）进行同步信息传输、复用、分插和交叉连接的传送网络。

SDH 具有全球统一的网络节点接口（NNI），从而简化了信号的互通以及信号的传输、复用、交叉连接和交换过程；它有一套标准化的信息结构等级，称为同步传送模块 STM-*N*，并具有一种块状帧结构，允许安排丰富的开销比特用于网络的 OAM；它的基本网元有终端复用器（TM）、分插复用器（ADM）、中继器（REG）、数字交叉连接器（DXC）等，其功能各异，但都有统一的标准光接口，能够在基本光缆段上实现横向兼容性，即允许不同厂家的设备在光路上互通；它有一套特殊的复用结构，允许现存的准同步数字体制、同步数字体制和 B-ISDN 信号都能进入其帧结构，因而具有广泛的适应性。

6.2.2　SDH 的主要特点

SDH 是完全不同于 PDH 的新一代传输网体制，它主要具有以下特点。

1. 接口方面

SDH 网不仅能与现有的 PDH 网实现完全兼容，使得 PDH 的 1.544Mb/s 和 2.048Mb/s 两大体系（含三个地区性标准）在 STM-1 等级上获得统一，实现了数字传输体制上的世界性标准，同时还可容纳各种新的数字业务信号（如 ATM 信元、Ethernet 和 IP 信号等），因此 SDH 网具有完全的纵向兼容性。

由于具有全世界统一的网络节点接口，并对各网络单元的光接口有严格的规范要求，从而使得任何网络单元在光路上得以互通，体现了横向兼容性。

2. 复用方式

由于低阶 SDH 信号是以字节间插方式复用进高阶 SDH 信号的帧结构中的，这样就使低阶 SDH 信号在高阶 SDH 信号的帧中的位置是固定的、有规律性，也就是说有可预见性。这样就能从高阶 SDH 信号中，如 10Gb/s（STM-64），直接分出低阶 SDH 信号，如 155Mb/s（STM-1）、622Mb/s（STM-4）、2.5Gb/s（STM-16）等，这样就简化了信号的复接和分接，使 SDH 体制特别适合于高速大容量的光纤通信系统。

另外，由于采用了同步复用方式和灵活的映射结构，可将低速 PDH 信号，如 2Mb/s（E1），34Mb/s（E3）与 140Mb/s（E4）等，复用进 SDH 信号的帧（STM-*N*）中去。这样使在高阶 SDH 帧中低速支路信号的位置是可预见的，从而可以从 STM-*N* 信号中直接分出/插入（drop/add）低速支路信号。于是节省了大量的复接/分接设备，增加了可靠性，减少了信号损伤、设备成本、功耗、复杂性等，使业务的上、下更加简便。

SDH 的这种复用方式使数字交叉连接（DXC）功能更易于实现，使网络具有了很强的自愈功能，便于用户按需动态组网，实时业务调配。

3. 运行维护方面

SDH 信号的帧结构中安排了丰富的用于运行、管理和维护功能的开销比特，使网络的监控功能大大加强，也就是说维护的自动化程度大大增强。PDH 的信号中开销字节不多，以至于在对线路进行性能监控时，还要通过在线路编码时加入冗余比特来完成。以 PCM30/32 信号为例，其帧结构中仅有 TS0 时隙和 TS16 时隙中的比特是用于 OAM 功能。

SDH 信号丰富的开销占用整个帧所有比特的 1/20，大大加强了 OAM 功能，这样就使系统的维护费用大大降低，而通信设备的综合成本中，维护费用占相当大的一部分，于是 SDH 系统的综合成本要比 PDH 系统的综合成本低，据估算仅为 PDH 系统的 65.8%。

6.2.3 SDH 的帧结构

帧结构及相应的信息格式是 SDH 的核心，它的结构会直接影响到传送业务信息的灵活性、对外的兼容性和适应性。SDH 的帧结构如图 6.1 所示。

在图 6.1 中，STM-*N* 为同步传输模块（*N*＝1，4，16，64）；RSOH 为再生段开销；MSOH 为复用段开销；AU-PTR 为管理单元指针；POH 为通路开销。帧结构中的指针是 SDH 所特有的概念和功能，它用于指出净负荷的第 1 个字节在 STM-*N* 帧内的准确位置，并通过指针调整实现净荷信息的同步。

从图 6.1 中可以看出，STM-*N* 的信号是 9 行×270×*N* 列的帧结构。此处的 *N* 与 STM-*N* 的 *N* 相一致，取值范围为 1、4、16、64……表示此信号由 *N* 个 STM-1 信号复用而成。由此可知，STM-1 信号的帧结构是 9 行×270 列的块状帧。由图 6.1 还可看出，当 *N* 个 STM-1 信号通过字节间插复用成 STM-*N* 信号时，仅仅是将 STM-1 信号的列按字节间插复用，行数恒定为 9 行。

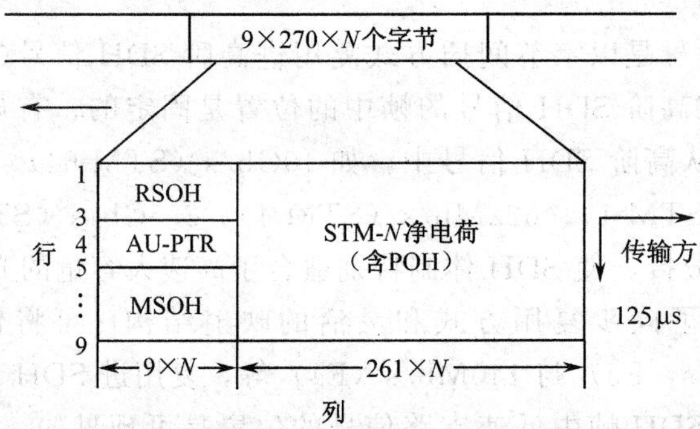

图 6.1 STM-*N* 的帧结构

大家知道，信号在线路上传输时是一个比特一个比特地进行的，STM-*N* 信号的传输也遵循按比特的传输方式，SDH 信号帧传输的原则是：帧结构中的字节（8 比特）从左到右，从上到下一个字节一个字节（一个比特一个比特）地传输，传完一行再传下一行，传完一帧再传下一帧。

ITU-T 规定对于任何级别的 STM 等级，其帧频（也就是每秒传送的帧数）都是 8000 帧/s，也就是帧长或帧周期为恒定的 125μs。PDH 的 E1 信号也是 8000 帧/s。帧周期的恒定是 SDH 信号的一大特点。由于帧周期的恒定使 STM-*N* 信号的速率有其规律性。例如，STM-4 的传输速率恒定地等于 STM-1 信号传输速率的 4 倍，STM-16 恒定地等于 STM-4 的 4 倍，等于 STM-1 的 16 倍。注意，PDH 的高阶信号速率与低阶信号速率之间不以恒定倍数递增。SDH 信号的这种规律性使高速 SDH 信号直接插/分出低阶 SDH 信号成为可能，特别适用于大容量的传输情况。

以 STM-16 为例，其帧频为 8000 帧/s。参照图 6.1，STM-16 每帧包含（9×270×16）个字节，共（9×270×16×8）个比特，由此可以计算出 STM-16 设备的传输速率为（9×270×16×8）×8000＝2.5Gb/s。

在图 6.1 中，STM-*N* 的帧结构由三部分组成，即段开销（包括再生段开销、复用段开销）、管理单元指针及信息净负荷。下面分别讲述这三大部分的功能。

1. 段开销（SOH 区域）

所谓段开销是指为保证信息正常、灵活、有效地传送所必须附加的字节，它主要用于网络的运行、管理、维护（OAM）。段开销可分为再生段开销（RSOH）和复用段开销（MSOH）两部部分，其中 RSOH 位于帧结构中的 1～3 行和 1～9×*N* 列，MSOH 位于帧结构中的 5～9 行和 1～9×*N* 列。例如，对于 STM-1 而言，每帧共有 576 比特（8 比特/字节×9 字节/行×8 行）可用于段开销，由于帧长定为 125μs，即每秒传输 8000 帧，所以共有 4.608Mb/s 用于 OAM（如公务通信、误码监测、自动倒换信息等）。正是由于具有丰富的开销，从而为实现强大的网络管理奠定了基础。

2. STM-*N* 净负荷（payload）区域

所谓信息净负荷指的是可真正用于电信业务的比特。例如，对于 STM-1 而言，共有 18792 比特（8 比特/字节×261 字节/行×9 行）位于净负荷区域，可用于业务传输。另外，在该区域内还存放了少量可用于通道维护管理的通道开销（POH）字节。

3. 管理单元指针（AU-PTR）区域

AU-PTR 位于帧结构左边的第 4 行，为一组特定的编码，其作用是用来指示净负荷区域内的信息首字节在 STM-*N* 帧内的准确位置，以便接收时能正确分离净负荷。采用指针处理的方式是 SDH 的重要创新，它消除了在常规 PDH 系统中由于采用滑动缓存器所引起的延时和性能损伤。

6.2.4 SDH 的复用结构和步骤

SDH 的复用包括两种情况：一种是低阶的 SDH 信号复用成高阶 SDH 信号；另一种是低速支路信号（如 2Mb/s、34Mb/s、140Mb/s）复用成 SDH 信号 STM-*N*。

第一种情况在前面已有所提及，复用的方法主要通过字节间插复用方式来完成的，复用的个数是 4 合 1，即 4×STM-1→STM-4，4×STM-4→STM-16。在复用过程中保持帧频不变（8000 帧/s），这就意味着高一级的 STM-*N* 信号是低一级的 STM-*N* 信号阶率的 4 倍。在进行字节间插复用过程中，各帧的信息净负荷和指针字节按原值进行间插复用，而段开销则会有些取舍。在复用成的 STM-*N* 帧中，SOH 并不是所有低阶 SDH 帧中的段开销间插复用而成，而是舍弃了一些低阶帧中的段开销。

第二种情况就是将 PDH 信号复用进 STM-*N* 信号中去。

传统的将低速信号复用成高速信号的方法有两种。

（1）比特塞入法（又叫做码速调整法）

这种方法利用固定位置的比特塞入指示来显示塞入的比特是否载有信号数据，允许被复用的净负荷有较大的频率差异（异步复用），因为存在一个比特塞入和去塞入的过程（码速调整），而不能将支路信号直接接入高速复用信号或从高速信号中分出低速支路信号，也就是说不能直接从高速信号中上/下低速支路信号，要一级一级地进行，这也就是 PDH 的复用方式。

（2）固定位置映射法

这种方法利用低速信号在高速信号中的特殊位置来携带低速同步信号，要求低速信号与高速信号同步，也就是说帧频相一致，可方便地从高速信号中直接上/下低速支路信号，但当高速信号和低速信号间出现频差和相差（不同步）时，要用 125μs（8000 帧/s）缓存器来进行频率校正和相位对准，导致信号较大延时和滑动损伤。

从上面可看出这两种复用方式都有一些缺陷，比特塞入法无法从高速信号中上/下低速支路信号；固定位置映射法引入的信号时延过大。

SDH 网的兼容性要求 SDH 的复用方式既能满足异步复用（如将 PDH 信号复用进 STM-*N*），又能满足同步复用（如 STM-1→STM-4），而且能方便地由高速 STM-*N* 信号插/分出低速信号，同时不造成较大的信号时延和滑动损伤，这就要求 SDH 需采用自己独特的一套复用步骤和复用结构。在这种复用结构中，通过指针调整定位技术来取代 125μs 缓存器用以校正支路信号频差和实现相位对准，各种业务信号复用进 STM-*N* 帧的过程都要经历映射（相当于信号打包）、定位（相当于指针调整）、复用（相当于字节间插复用）三个步骤。

ITU-T 规定了一整套完整的复用结构（也就是复用路线），通过这些路线可将 PDH 的 3 个系列的数字信号以多种方法复用成 STM-*N* 信号。ITU-T 规定的复用路线如图 6.2 所示。

从图 6.2 中可以看到此复用结构包括了一些基本的复用单元：C——容器、VC——虚容器、TU——支路单元、TUG——支路单元组、AU——管理单元、

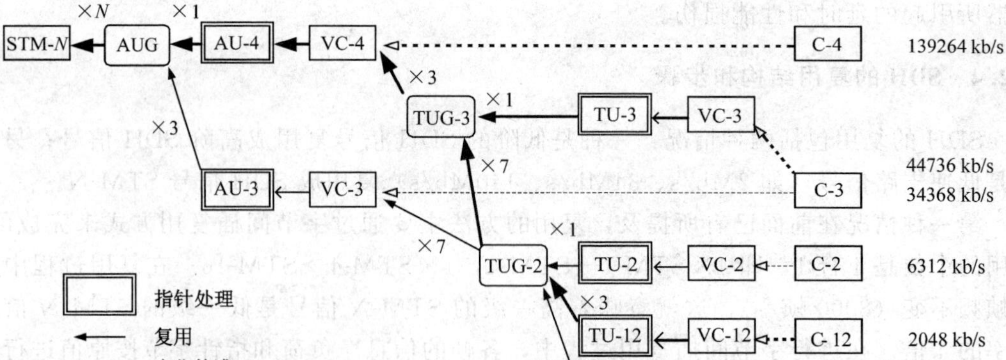

图 6.2 SDH 的一般复用映射结构

AUG——管理单元组，这些复用单元后面的标号表示与此复用单元相应的信号级别。

PDH 复用成 SDH 信号必须经过映射、定位和复用三个步骤。

1. 映射

映射是一种在 SDH 网络边界处，使支路信号适配进虚容器（VC）的过程。即各种速率的 PDH 信号分别经过码速调整装入相应的标准容器，再加进低阶或高阶通道开销（POH），形成虚容器负荷的过程。

2. 定位

定位是一种将帧偏移信息收进支路单元或管理单元的过程。即以附加于 VC 上的支路单元指针（或管理单元指针）指示和确定低阶 VC 帧的起点在高阶净负荷中（或高阶帧的起点在 AU 净负荷中）的位置。在发送相对帧相位偏差使 VC 帧起点浮动时，指针值随之调整，从而始终保证指针值准确指示 VC 帧的起点的过程。

3. 复用

复用是一种使多个低阶通道层的信号适配进高阶通道或者把多个高阶通道信号适配进复用层的过程，即以字节交错间插方式把 TU 组织进高阶 VC 或者把 AU 组织进 STM-*N* 的过程。由于经由 TU 和 AU 指针处理后的各 VC 支路已经相位同步，此复用过程为同步复用。

由图 6.2 可见，从一个有效负荷到 STM-*N* 的复用路线不是唯一的，有多条路线。例如，2Mb/s 的信号有两条复用路线，也就是说可用两种方法复用成 STM-*N* 信号。由图 6.2 还可以发现，8Mb/s 的 PDH 信号（E2）是无法复用成 STM-*N* 信号的。

尽管一种信号复用成 SDH 的 STM-*N* 信号的路线有多种，但是对于一个国家或地区则必须使复用路线唯一化。中国的光同步传输网技术体制规定了主要以 2Mb/s 信号为基础的 PDH 系列作为 SDH 的有效负荷，并选用 AU-4 的复用路线，其结构见图 6.2 中粗线部分，即所谓的 3×7×3 复用结构。

6.2.5　SDH 的传输网结构和自愈能力

1. SDH 的分层结构和线路模型

电信网有两大类基本功能群：传输功能群和控制功能群。传输功能群负责将通信信息从一个点传递到另一些点。传输网是完成传输功能的手段，同时也传递各种网络控制信息。传输网自上而下分为电路层、通道层和传输媒质层，其分层模型如图 6.3 所示，其中 SDH 功能主要涉及通道层和传输媒质层，基本作用是提供信息的传输通道，而不包括交换。

其中电路层网络直接为用户提供通信业务，如电路交换业务、分组交换业务和租用业务等，其主要节点设备有交换机和用于租用线业务的交叉连接设备等；通道层网络支持一个或多个电路层网络，为电路层网络节点（如交换机）提供透明的通道即电路群，

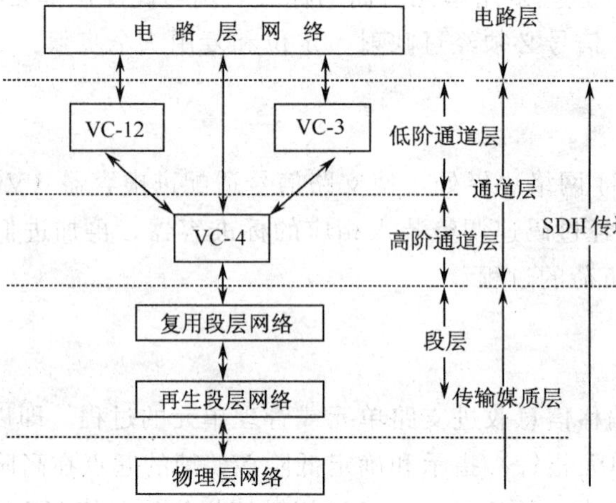

图 6.3 SDH 传输网的分层模型

通道层网络又可进一步划分为高阶通道层（VC-4）和低阶通道层（VC-11、VC-12、VC-2 和 VC-3）；传输媒质层网络与传输介质（光缆或微波）有关，它支持一个或多个通道层网络，为通道层网络节点（如 DXC）间提供合适的通道容量，并且还可以进一步划分为段层网络和物理介质层网络（简称物理层）。

图 6.4 给出了在 SDH 线路系统中再生段、复用段和通道的具体位置。图中的设备为终端复用设备（TM）、再生器（REG）、分插复用设备（ADM）或交叉连接设备（DXC）。

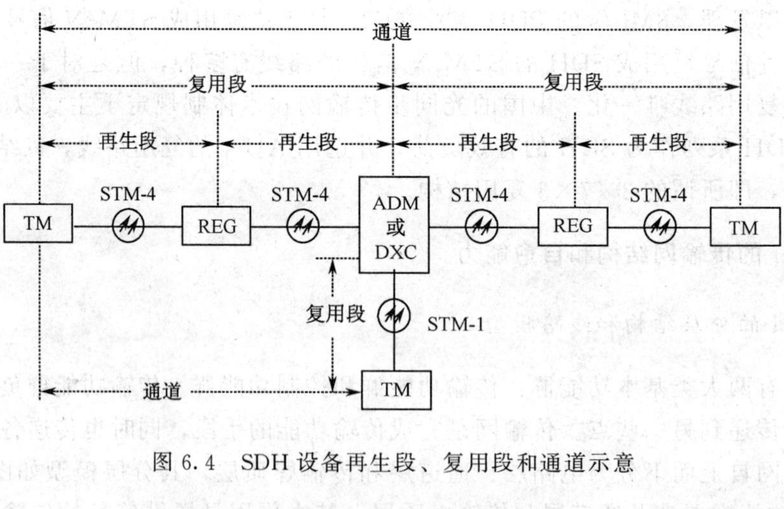

图 6.4 SDH 设备再生段、复用段和通道示意

在图 6.4 中，TM 用在网络的终端站点上，作用是将支路端口的低速信号复用到线路端口的高速信号 STM-N 中，或从 STM-N 的信号中分出低速支路信号。

ADM 用于 SDH 传输网络的转接站点处，是 SDH 网上使用最多、最重要的一种网元。它的作用是将低速支路信号交叉复用进线路上去，或从线路端口接收的线路信号中拆分出低速支路信号。

光传输网的 REG 有两种，一种是用于脉冲再生整形的电再生中继器，主要通过光/电变换、电信号抽样、判决、再生整形、电/光变换，以达到不积累线路噪声，保证线路上传送信号波形的完好性；另一种是纯光的再生中继器，主要进行光功率放大以延长光传输距离。图 6.4 对应的是前一种再生中继器，它的作用是将一侧的光信号经 O/E、抽样、判决、再生整形、E/O，然后在线路的另一侧发出。后一种中继器中最为常见的就是光放大器，如 EDFA 等。

DXC 完成的主要是 STM-*N* 信号的交叉连接功能，它是一个多端口器件，它实际上相当于一个交叉矩阵，完成各个信号间的交叉连接。DXC 可将输入的 *m* 路 STM-*N* 信号交叉连接到输出的 *n* 路 STM-*N* 信号。DXC 的核心是交叉连接，功能强的 DXC 能完成高速（如 STM-16）信号在交叉矩阵内的低级别交叉（如 VC12 级别的交叉）。

通常用 DXCm/n 来表示一个 DXC 的类型和性能（$m \geqslant n$），m 表示可接入 DXC 的最高速率等级，n 表示在交叉矩阵中能够进行交叉连接的最低速率级别。m 越大表示 DXC 的承载容量越大；n 越小表示 DXC 的交叉灵活性越大。m 和 n 的相应数值的含义见表 6.1。

表 6.1 m、n 数值与速率对应表

m、n	0	1	2	3	4	5	6
速率/（Mb/s）	0.064	2	8	34	140/155	622	2500

由于 SDH 支持网络的分层概念，除了网络拓扑不同外，SDH 的 ADM 还具有立体的灵活性，这使得环行网成为 SDH 设备的主要组网形式。由于 ADM 具有灵活上、下电路能力，由它组成的物理上呈环形拓扑的网络可以演绎成各种形式的逻辑网络。因此，一种物理网络就可以适应各种组网要求。

2. 基本的网络拓扑结构

SDH 网是由 SDH 网元设备通过光缆互联而成的，网络节点（网元）和传输线路的几何排列就构成了网络的拓扑结构。网络的有效性（信道的利用率）、可靠性和经济性在很大程度上与其拓扑结构有关。网络拓扑的基本结构有链型、星型、树型、环型和网格型，如图 6.5 所示。

（1）链型网络拓扑

链型网络拓扑是将网中的所有节点一一串联，而首尾两端开放。这种拓扑的特点是较经济，在 SDH 网的早期用得较多。

（2）星型网络拓扑

星型网络拓扑是将网中一网元作为特殊节点与其他各网元节点相连，其他各网元节点互不相连，网元节点的业务都要经过这个特殊节点转接。这种网络拓扑的特点是可通过特殊节点来统一管理其他网络节点，利于分配带宽，节约成本，但存在特殊节点的安全保障和处理能力的潜在瓶颈问题。

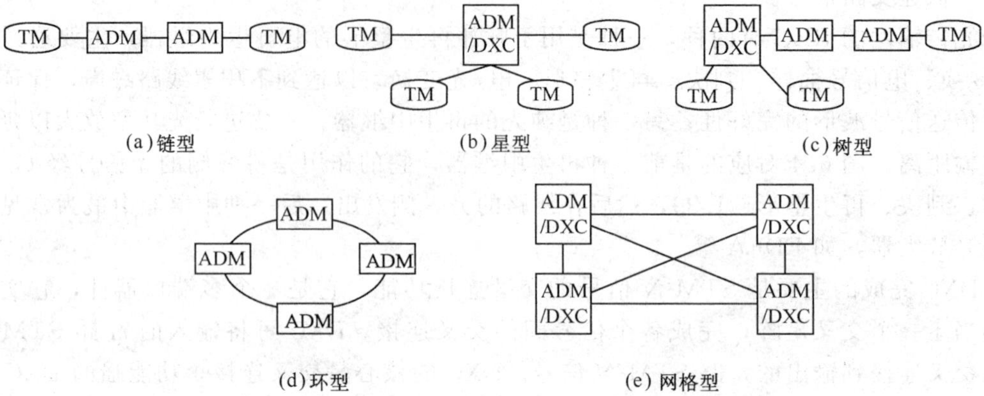

图 6.5 基本网络拓扑

(3) 树型网络拓扑

树型网络拓扑可看成是链型拓扑和星型拓扑的结合，也存在特殊节点的安全保障和处理能力的潜在瓶颈。

(4) 环型网络拓扑

环型网络拓扑实际上是指将链型拓扑首尾相连，从而使网上任何一个网元节点都不对外开放的网络拓扑形式。这是当前使用最多的网络拓扑形式，主要是因为它具有很强的生存性，即自愈功能较强。

(5) 网格型网络拓扑

网格型网络拓扑是将所有网元节点两两相连，就形成了网格型网络拓扑。这种网络拓扑为两网元节点间提供多个传输路由，使网络的可靠性更强，不存在瓶颈问题和失效问题。但是由于系统的冗余度高，必会使系统有效性降低，成本高且结构复杂。

前三种结构主要用于网络的接入层以及用户侧，它们的优势在于，网络配置灵活、经济性好。在本地网的汇接层和城域网中，当前用得最多的是环型结构，主要是考虑环型网具有较强的自愈保护能力。而在长途网，以及部分城域网的核心层，多考虑格状网结构。这种网络结构不仅能提供网络的保护，还能在网络部件失效时，具有自动恢复的能力以及自动路由选择功能。

3. SDH 环网的自愈

保护和恢复是提高传输网可用性的两种主要途径。恢复通常是在网络级执行的，ITU-T 对恢复机制标准的制定还处在研究阶段。SDH 系统最简单的保护机制就是线路保护倒换方式，它可分为 1+1 和 1∶N 两种保护方式。1+1 的线路保护方式中每一工作系统都用一个专用的备用系统，互为主备用。1∶N 是 N 个工作系统共用一个保护系统，是一种共享保护方式。最简单的 1∶N 方式是 1∶1，即一个工作系统使用一个备用系统。1∶1 方式中的备用系统可用于传送额外业务，因而利用率优于 1+1 方式。

利用 ADM 形成的环型网，是自愈网的一种。自愈是自行恢复的意思，是指在网络发生故障时能在极短时间内使传输业务的能力自动复原，无需人为干预。自愈网的基本原理就是使网络具备发现替代传输路由并重新建立通信的能力。SDH 的 ADM 很适于构成自愈能力的环型网络结构，可大大提高网络的生存能力。自愈网能在网络出现意外故障情况时自动恢复业务。ADM 构成的环型网有通道倒换环和复用段倒换环两种，前者通过检查通道信号的优劣作为倒换判据。后者则利用检查节点间线路信号质量的好坏决定是否倒换。可见，通道倒换是以每一通道为单位进行倒换，而复用段倒换则是以整个复用段为单位。常见的 SDH 自愈环网如下。

(1) 二纤双向通道专用保护环（OCh-DRPing）

OCh-DRPing 采用双发选收工作方式，W1 为主纤，P1 为备纤，如图 6.6 所示。AC 与 CA 组成双向业务。正常情况下，接收端选择主纤信号。当发生断纤事件时，受影响的业务 AC 倒换到备纤选择，具有恢复与非恢复两种工作方式。

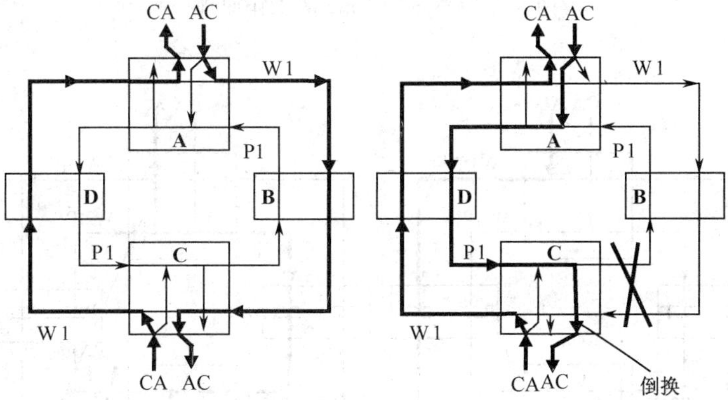

图 6.6　OCh-DRPing 的工作原理

(2) 二纤双向复用段共享保护环（OMS-SPRing）

每纤波长数被一分为二，一半用于工作，一半用于保护，两纤互为备份，如图 6.7 所示。此种工作方式需要自动保护倒换（APS）协议协调两端进行倒换。相对于前面保护方式，其优势为容量大，尤其适于节点数多的情况。设每纤时隙 N，波长时隙 T 的划分有两种：(a) $W1=T_1\sim T_{N/2}$，$P1=T_{N/2+1}\sim T_N$，W2＝W1，P2＝P1；(b) $W1=T_1\sim T_{N/2}$，$P2=T_{N/2+1}\sim T_N$，W2＝P2，P1＝W1。采用第二种方式进行倒换时，不需要进行波长转换。

(3) 二纤双向通道共享保护环（OCh-SPRing）

如图 6.8 所示，通道共享保护环保护机理与复用段保护环基本相同，区别在于倒换发生在业务受影响的节点而不像光复用段保护环发生在光路中断的相邻节点。如图 6.8 所示 A 点—C 点业务在 BC 间光缆中断时受到影响，则 A、C 两节点的 OADM 设备根据协议进行倒换信号不再向 B 节点传送。从而缩短了倒换后的传输距离。最大优点在于它减少了倒换后的光信号传输距离，减少了光信号的衰减变型和噪声积累，当然这种方式需要更复杂的倒换协议来支持。

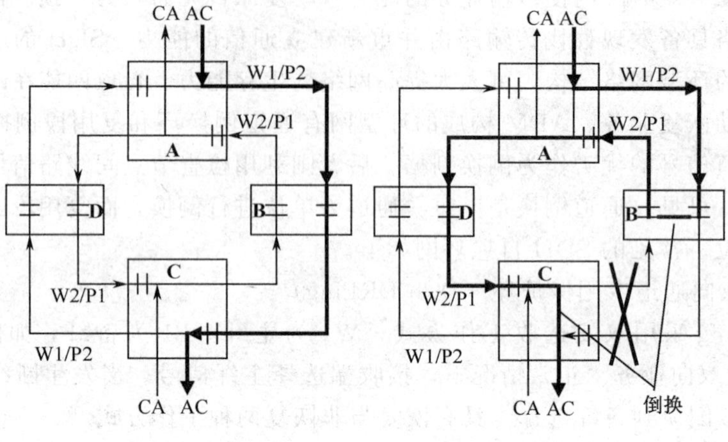

图 6.7 OMS-SPRing 的工作原理

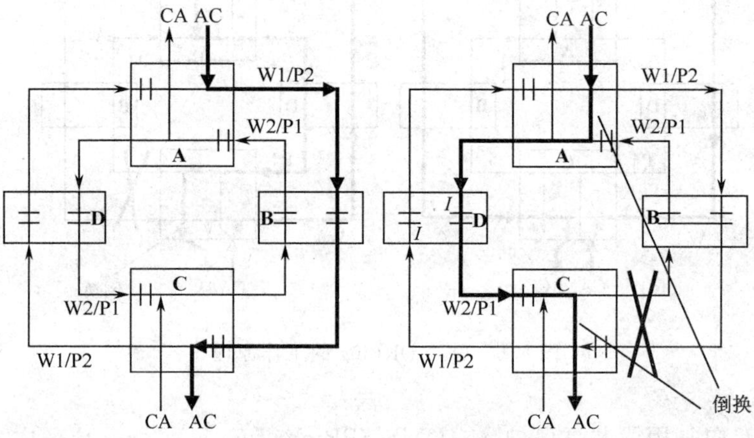

图 6.8 OCh-SPRing 的工作原理

对比以上三种保护结构，OCh-DRPing 基于本地保护，不需要 APS 协议，造价较低，快速稳定，倒换时间一般在 20ms 左右。但由于进入环的所有信号都要经过两个方向传到接收节点，相当于通过整个环传输，因而环的业务容量等于节点间容量，最大值为 $1/2G$（G 为光纤容量）。

OMS-SPRing 是基于线路的保护，环中业务量的路由仅占环的一部分，即业务通道可以重新使用，在极端情况下，为 $K/2^{*}G$（K 为环中节点数）。不过这种保护方式的倒换协议复杂，相应的设备造价较高。一般地，在均匀的分布型业务量时，OMS-SPRing 的业务量是 OCh-DRPing 的 1.5～2 倍。

OCh-SPRing 情况基本同 OMS-SPRing 类似，区别是减少了保护倒换后的光信号传输距离。表 6.2 对上述几种保护方式进行综合比较。

表 6.2 几种 WDM 环网保护方式比较

保护结构类型	OCh-DRPing	OMS-SPRing	OCh-SPRing
操作对象	OCh	OMS	OCh
协议支持	无	APS	APS
恢复速度	最快	较快	快
单波长恢复代价	最低	中	高
恢复通道长度	最小	最大	大
环网业务容量	最少	多	多
适合业务类型	集中式	分布式	分布式

6.3 城域光网络

6.3.1 城域光网络的概念及特点

城域网的概念是由计算机网络演化而来，光纤传输技术尤其是 WDM 技术的引入赋予了城域网新的内涵。城域光网络是指本地传送网中覆盖城市中心的部分，也是本地传送网在城市区域的具体表现，它负责为同一城市内的交换机、基站、路由器等业务节点提供传输电路。概括来讲，城域光网络是一种主要面向企事业用户的、最大可覆盖城市及其郊区范围的、可提供丰富业务并支持多种通信协议的本地公共网络，它可以提供语音、数据、图像、视频等多媒体综合业务，其中以数据业务为主。

城域光网既不同于局域网，又不同于光纤长途网。与局域网的主要区别首先是网络性质的不同，局域网是企事业专用网，而城域光网是面向公用网应用和多用户环境的；其次是传输距离的扩展，典型局域网的传输距离为数公里，而城域光网范围可扩展到 50～150km；最后是业务范围的扩展，典型局域网主要提供数据业务，而城域光网的业务范围不仅有数据，还有语音、图像和视频，是全业务网络。同样使用 WDM 技术，城域光网络也在许多方面有别于长途 WDM 传送网络，长途传送网络要求的是高速安全地传送各种业务，而城域光网则是有效地接入、疏导和汇聚各种业务。

6.3.2 城域光网络的发展

典型的城域光网络可以分为核心层、汇接层和接入层，网络结构如图 6.9 所示。各层分别完成对应的业务需求。

1. 核心层

核心层完成整个网络的高速信息交互并与省际传输网的互联互通，提供大容量的业务调度能力和多业务传输能力。该层多采用 WDM 传输结构以满足宽频带、大容量、可靠性高、生存能力强、易升级扩容、可持续发展的要求，核心层通常采用高速的 SDH 环网（如 STM-64/256）或附以点对点的 WDM 网。

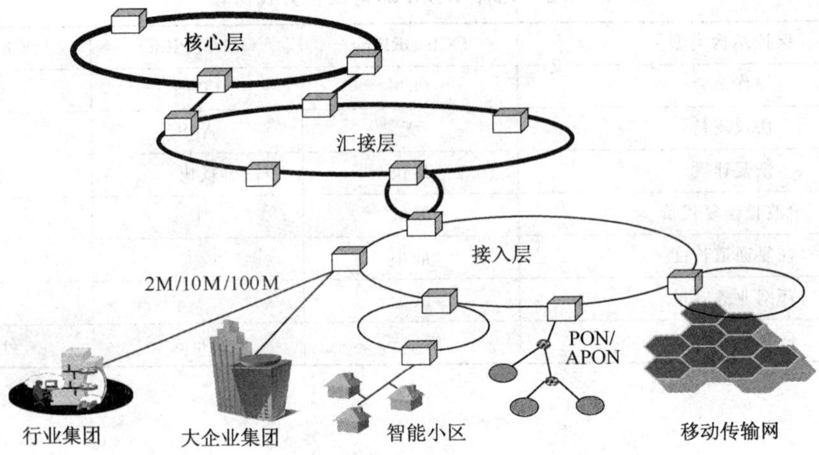

图 6.9 典型 SDH/WDM 城域光网络解决方案

2. 汇接层

汇接层负责汇集分散的接入点，完成一定区域内业务的汇聚和疏导，提供强大的业务汇聚能力，使网络具有良好的可扩展性。汇接层以传输容量为 STM-16/64 的 SDH 环网为主，一方面提供到 WDM 设备的波长颗粒的光接口，一方面通过多速率光口的 SDH 设备与接入层连接，接收由接入层传送的跨环业务。

3. 接入层

接入层主要完成各种类型用户和业务的接入，接入层是汇接层以下连接用户的部分，有容量小、接入用户分散的特点，通常采用小容量 SDH 环网（如 STM-1/4）或具有经济、灵活、免维护优势的 PON 构成链型、环型、星型或树型网络。对地理等条件受限，有线难到达的地方，则采用无线接入。接入层具有有源、无源一体化，有线、无线相结合的特点。

在市场的推动下，WDM 技术在不断进步，很多针对于城域网发展要求的新技术和设备也层出不穷，相应地针对城域光网的解决方案也在发生根本性变化，从图 6.10 中可以清楚地体会到 WDM 技术的发展对城域光网络产生的影响，这些发展总结起来主要表现在以下三个方面。

1）不同于图 6.9 的 SDH/WDM 环网，图 6.10 中在核心层由光分插复用器（OADM）和光交叉连接设备（OXC）组成多波长全光环网甚至波长路由网状网结构：网络中信息从源节点到目的节点的传输和交换过程中始终在光域内进行，避免了在所经过的各个节点上的光/电/光转换，即电子瓶颈的限制。全光网络不仅克服了交换瓶颈，而且是完全透明的，能够传输和交换不同速率、协议、调制频率的信号，从而为诸如 PDH、SDH、ATM、IP 路由器等设备提供了一个高性能的电子网络平台。

在图 6.10 中，OADM 实现光网中有选择地上/下特定的任何速率、格式和协议类型的所需光波长信道，提供高速大容量 WDM 光网络与用户接口的界面。OADM 器件一般是由复用器、解复用器、光开关阵列的单片集成或混合集成。目前可调波长工作的 OADM 器件正在开发之中，并且已取得突破性进展。同时 WDM 光网络中的交叉互联也将逐步过渡到完全采用光的形式进行，目前已经有单片集成 OXC 的报道，但是更多的工作是集中在其中的关键器件上，主要包括为了解决网络阻塞和合理利用网络资源的波长转换器件。

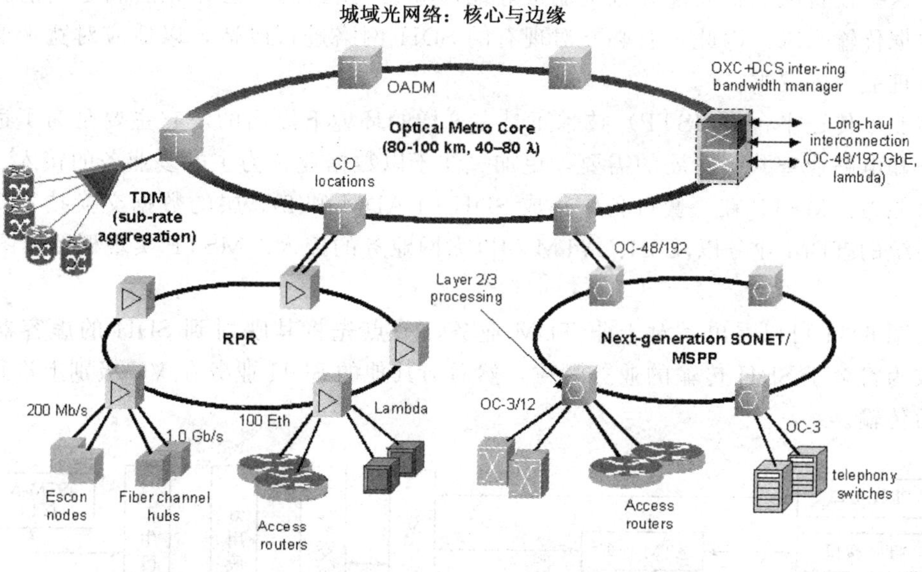

图 6.10 新技术在城域光网络中的应用

2）城域光网可承载大量客户的多种协议和多种速率业务，已往的每个波长承载一种业务的方式将很快耗尽光纤中的波长资源。为了提高每个波长的带宽利用率，应尽量避免低速率业务单独占用一个光波长通道。目前，一种新兴的经济有效的方法是将多个低速率客户信号复用到一个波长信道中，该技术被称为子速率（或子波长）复用技术，子速率复用实现了“每个波长多种业务”。这种“子速率复用器”降低了城域光网络的应用门槛，可以直接容纳低速率的信号，给组网带来了灵活性。

3）为了适应 IP 业务发展的需要，近来提出一种基于多协议标签交换（MPLS）的 IP over WDM 网络技术。该技术的应用将目前普遍接纳的 IP 寻址、标签交换与光联网技术有机结合起来，主要由 MPLS 功能块和波长交换功能块构成，上层由 IP 提供流量工程（TE）能力，执行诸如资源发现、网络状态、通路计算和路由管理等功能，下层以波长交换为核心实现波长路由和交换，主要提供选路、监控、整形和光信道的保护与恢复等功能。

在光网络节点中集成 MPLS 业务量工程控制层技术是一种注重实效的资源调度策略，并具有不断满足 Internet 发展需要的潜力。该方法将有助于光层的带宽管理、动态维护和在光域上提供保护和恢复能力来加强网络生存性。

同时，接入层和汇接层之间的区别已经模糊，原来的 SDH 接入环网演化为 MSTP、RPR 或以太环网。

6.3.3 基于 SDH 的多业务传送平台

SDH 体系基于时分复用（TDM）技术，早期的 SDH 网络承载的主要是语音业务。网络依赖于传统的为传输语音信号优化的分插复用器（ADM）和数字交叉连接（DXC）设备，这些设备缺乏扩展性并且不能很好地传输 IP 数据流，已经无法满足当前日渐增长的数据传输需求。因此，有必要对现有的 SDH 网络进行改造，以适应对宽带业务承载和处理能力的要求。

多业务传送平台（MSTP）技术正是在这样的环境下提出的，它主要是为了适应数据业务和电路业务共同发展的需要，更加关注于以数据业务为主的多业务的接入、承载和汇聚能力。MSTP 在一套设备中集成 SDH 的 ADM 和 2/3 层的数据交换技术，同时支持传统的 TDM 业务以及 IP、ATM 和以太网业务的接入。MSTP 实现框图如图 6.11 所示。

由图 6.11 可以看出，对于非 TDM 业务，节点先将其映射到 SDH 的虚容器 VC，使其成为符合于 SDH 传输的业务颗粒，然后与其他的 SDH 业务在 VC 级别上进行交叉连接后传输。

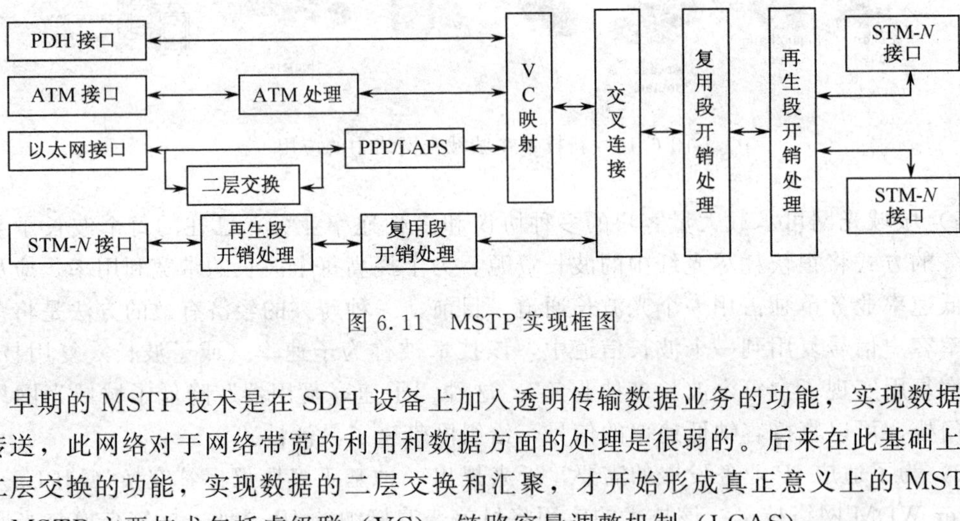

图 6.11 MSTP 实现框图

早期的 MSTP 技术是在 SDH 设备上加入透明传输数据业务的功能，实现数据业务的传送，此网络对于网络带宽的利用和数据方面的处理是很弱的。后来在此基础上加入了二层交换的功能，实现数据的二层交换和汇聚，才开始形成真正意义上的 MSTP 网络。MSTP 主要技术包括虚级联（VC）、链路容量调整机制（LCAS）。

1. 级联技术

级联技术是伴随以太网映射到 SDH 的虚容器通道的应用而产生的一项技术，解决了 SDH 带宽和以太网带宽的不匹配问题。ITU-T 定义了连续级联和虚级联概念，利用 VC 技术可实现以太网带宽和 SDH 的虚容器的速率适配，从而实现对带宽的灵活配置，尤其是虚级联技术能够支持带宽的充分利用。

SDH 的级联分为相邻级联和虚级联两种。相邻级联就是 SDH 中将多个的 VC-12

或 VC-4 通道捆绑起来，共同提供一个更高带宽的传输通道，也就是说，SDH 中用以承载相同业务的各个 VC 在 SDH 的帧结构中是连续的，共用相同的 POH。这种方式实现起来简单，缺点是这些捆绑的 VC 必须作为一个整体来进行处理，要求端到端所经过的所有设备必须支持该功能。

虚级联技术可理解为将若干个 VC 级联起来组成一个更大的 VC 来传输相当速率的数据业务，而这些虚容器都各自拥有自己的开销字节，比如一个 100Mb/s 的以太网可采用 50 个 VC-12 或 2 个 VC-3 的虚级联方式来传输。

对于 VC-12、VC-3、VC-4 的虚级联组可表示为 VC-12-xV、VC-3-xV、VC-4-xV，x 表示虚级联的个数，每个虚级联的 VC 在网络上的传输路径是各自独立的，这样当物理链路中有一个方向出现中断时不会影响从另一个方向传输的虚容器，当虚级联和 LCAS 协议相结合时，可以保证数据在传输网络上的传送，从而提高整个网络的可靠性和稳定性。虚级联技术是 MSTP 的基石，因为它的诞生才使 IP 数据在 SDH 网络中的灵活传送成为可能。

2. 链路容量调整机制

链路容量调整机制（LCAS）是一种在虚级联技术基础上实现的调整虚容器的虚级联数目的机制。在 SDH 传输网络中，LCAS 调整带宽是通过动态地增加或减少虚容器的个数（改变总的映射容量）来实现，虚容器容量的调整则是根据源端和目的端相互交换控制信息自动实现的。LCAS 是一个双向的协议，表示状态的控制包会实时地在收发节点之间进行交换，控制包包括六种状态：固定、增加、正常、EOS（表示这个虚容器是虚级联通道的最后一个虚容器）、空闲、不使用。LCAS 协议具体有以下三种方式的应用。

1）链路指定保证带宽和突发带宽，它们分别对应各自的虚容器通道，当网络带宽没有剩余时，网管系统利用保证带宽所对应的虚容器通道来传送数据，当网络带宽空闲时，网管系统根据业务的优先级来决定是否添加突发带宽对应的虚容器通道，这种实现方式比较灵活，可以合理地利用网络资源，提供和 ATM 相类似的服务。

2）链路带宽指定以后，新的虚容器通道的添加和删除，能根据不同用户需求由网管人员利用网管系统手工调整。

3）当 LCAS 的控制包由其他高层协议（如 GMPLS）来传送时，可以实现更加灵活的网络管理功能，如实现带宽的分时调度业务。

目前，LCAS 第二种应用能具体实现，而第一种方式和第三种方式的结合则有很好的应用前景，这也将是 LCAS 技术进一步完善的发展方向。

3. 以太网业务和 ATM 业务在 SDH 中的传输

（1）以太网在 MSTP 系统中透明传输的处理过程

采用虚拟级联或连续级联，将 10M/100M 的数据包映射到 N 个 VC-12 中，可提供的接口有 1～N 路以太网电接口板和 1～N 路以太网光接口板。如果用户的业务发生变化，可以通过更换接口板，与之适配；采用 VLAN 技术控制每个端口的容量，并实现用户间业务的隔离。由于以太网业务在 SDH 上透明传输，业务的安全性和传输质量都能够得到充分保证。

(2) ATM 业务在 MSTP 系统中透明传输的处理过程

ATM 业务通过 ATM 处理板的 ATM 层处理，将本地的 ATM 信元与来自其他站点的 ATM 信元进行汇聚，然后放到共享的 VC-4 上，通过 SDH 交叉后，统一通过光接口传输到下一个站点。采用 ATM VP-RING 实现对业务的统计复用，以及 ATM 的业务层面实现环保护。

6.3.4 弹性分组环技术

MSTP 技术的缺点是每个 MSTP 设备的以太网处理板卡需要对每个业务进行 MAC 地址查询，随着环路上节点的增加，查询 MAC 地址表的速度会下降，处理性能明显降低。另外，在以太环网上，则表现在每个 MSTP 节点上的以太网板卡分配带宽的不公平性，无法保证环路各个节点带宽的公平接入，即使采用端口速率限制机制，也不能成为全局性公平机制，不适应数据业务的突发性。

针对上述问题，近来提出了弹性分组环（RPR）技术，将 RPR 技术与 SDH 技术相结合，通过 RPR 卡板集成到 SDH 的设备中，RPR 采用 GFP 协议映射到 SDH 的 VC 通道中，使 SDH 对 TDM 业务和 RPR 对分组业务有效支持的优势结合起来。

弹性分组环技术吸收了千兆以太网的经济性和 SDH 系统快速环网保护特性，采用类似以太网的帧格式，结合 MPLS 的标记，同时具有空间复用机制。RPR 技术可以支持更细小的带宽颗粒，网络成本较低，能够承载具有突发性的 IP 业务，同时支持传统的语音传送，有比较好的带宽公平机制和拥塞控制机制。由于 RPR 环是在整个环上而不是在单独链路上实行公平机制，因此容易实现全局的公平机制。

RPR 是一种适用于多业务分组传送的新型光纤环网传送技术，既可支持 IP 业务，又可支持 TDM 语音和数据化的图像业务。RPR 技术综合了传统 SDH 和计算机以太网的优点，同时具有和 SDH 相当的可靠性（弹性）、面向分组而不是面向电路、带宽利用率更高的光纤传输技术。RPR 技术可用于城域网的核心层、汇聚层、接入层，实现弹性分配带宽传送 IP 数据包，并引入了拓扑标识，能够弹性地识别网络的拓扑结构，当网络拓扑结构变化时，节点迅速识别新的拓扑，完成新的配置。RPR 的 MAC 帧结构类似于以太网的帧分装格式，实现 2 层快速分组和 MPLS 无缝结合。结合 MPLS 协议定义业务等级字节，就可以提供不同的业务支持，如宽带虚拟专线服务（VLL）、透明 LAN 服务（TLS）和 VPN 业务等，既可传送“尽力传送”的 IP 分组，又可以传送实时性较强的语音业务。

目前，RPR 标准化过程中使用单波长传输数据，没有定义使用波分复用技术，虽然单纤的速率可以达到 10Gb/s，双向总速率可达 20Gb/s，但是对于大都市的骨干城域传输，在节点个数较多的情况下，每个节点占用的带宽将很有限。充分利用光纤资源巨大容量的最好方法是使用 WDM 技术，RPR 扩展后支持 WDM 技术融合 MPLS 将是一个有希望的方向。

6.4　光接入网技术

从现代通信网观点来看，公共电信网由核心网（CN）和接入网（AN）两部分组成。核心网承担传送业务，接入网承担用户信息的接入。

所谓接入网是指交换局到用户终端之间的所有机线设备。如图 6.12 所示，其中主干系统为传统的电缆和光缆，一般长数公里；配线系统也可能是电缆和光缆，其长度一般为几百米；而引入线通常长几米到几十米。接入网技术根据使用的媒介可分为光接入、铜线接入、光纤同轴混合接入（HFC）和无线接入等多种类型，本节主要介绍光接入技术。

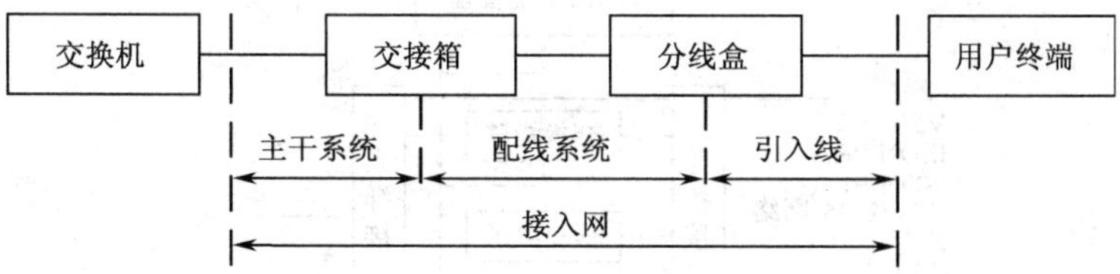

图 6.12　接入网的物理位置

6.4.1　光接入网的结构

光接入网（OAN）就是采用光纤传输技术的接入网，是指从本地交换机或远端模块到用户之间的馈线、配线段乃至引入线段部分或全部以光纤实现的接入手段。通常，OAN 指采用基带数字传输技术并以传输双向交互式业务为目的的接入传输系统，将来应能以数字或模拟技术升级传输宽带广播式和交互式业务。

图 6.13 给出光接入网的结构。从图中可见，光接入网主要由远端设备［光网络单元（ONU）］和局端设备［光线路终端（OLT）］组成。

OLT 和 ONU 在整个接入网中主要完成从 SNI 到 UNI 之间有关信令协议的转换。接入设备本身还具备组网能力，同时接入设备还具备本地维护和远程集中监控功能，通

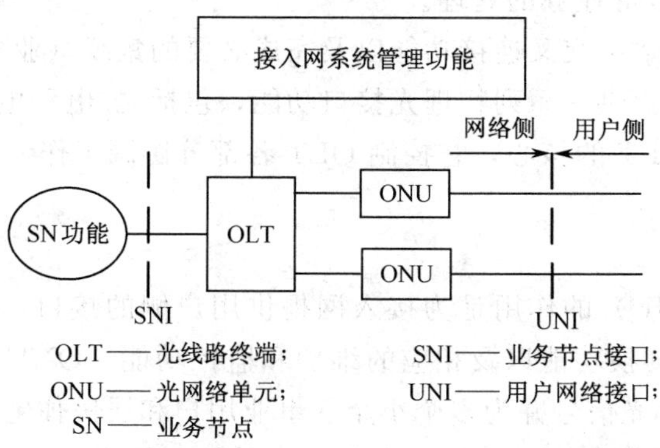

图 6.13　光接入网结构

过透明的光传输形成一个维护管理网，并通过相应的网管协议纳入网管中心统一管理。

1. 光线路终端

光线路终端（OLT）的作用是为接入网提供在网络侧与本地交换机之间的接口，并且通过光传输与用户侧的光网络单元通信。它将交换机的交换功能与用户接入完全隔开。OLT 提供对自身和用户侧的维护和监控，它可以直接与本地交换机一起放置在交换局端，也可设置在远端。图 6.14 为 OLT 的功能框图。从图 6.14 可见，OLT 由 OAM 系统管理、业务接口、信令处理、光纤接口、交换矩阵和控制等功能模块组成。

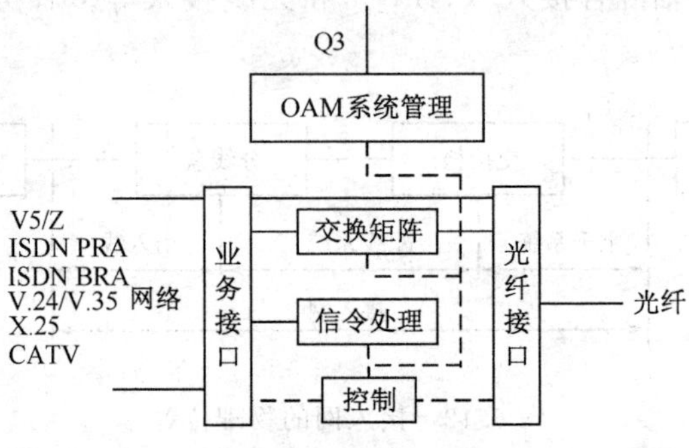

图 6.14 OLT 的功能框图

1）OAM 系统管理实现对接入系统的远程集中监控和本地维护管理。它通过 Q3 接口与电信管理网的上层网管操作系统相连，收集各个 ONU 送来的操作维护信息，并通过相应的协议转换纳入网管中心。

2）OLT 具有各种业务接口来支持多种不同业务。它与公用电话网、综合业务数字网、公用数字数据网、公用分组数据网、有线电视网等网络相连，完成多种业务的引入。可能提供的业务接口有 V5 接口、2B＋D 接口、30B＋D 接口、DDN 接口、X. 25 接口等。此外，OLT 还可直接提供透明的 2Mb/s 接口。

3）信令处理功能实现与各种业务相关的信令处理，如对 V5 接口信令的处理、ISDN、FR 以及租用线等业务的处理。

4）交换矩阵实现数字交叉连接功能以及完成必要的集线（业务集中）功能。

5）光纤接口功能提供一系列物理光接口功能，包括光/电和电/光转换。

6）控制部分是 OLT 的核心，它控制 OLT 各部分协调工作。

2. 光网络单元

光网络单元（ONU）的作用是为接入网提供用户侧的接口。它可以接入多种用户终端，同时具有光电转换功能以及相应的维护和监控功能。ONU 的主要功能是终结来自 OLT 的光纤，处理光信号并为多个小企、事业用户和居民住宅用户提供业务接口。

ONU 的网络侧是光接口，而其用户侧是电接口。因此，ONU 具有光/电和电/光转换功能。它还具有对语音的数/模和模/数转换功能。ONU 通常放在距离用户较近的地方，其位置有很大灵活性。按照 ONU 在接入网中所处的不同位置，可以确定接入网的不同应用类型，如光纤到路边、光纤到大楼、光纤到小区或光纤到用户家庭等。

图 6.15 为 ONU 功能框图。从图 6.15 可见，ONU 包括光纤接口、传输复用、用户接口、监控、测试和控制等功能。

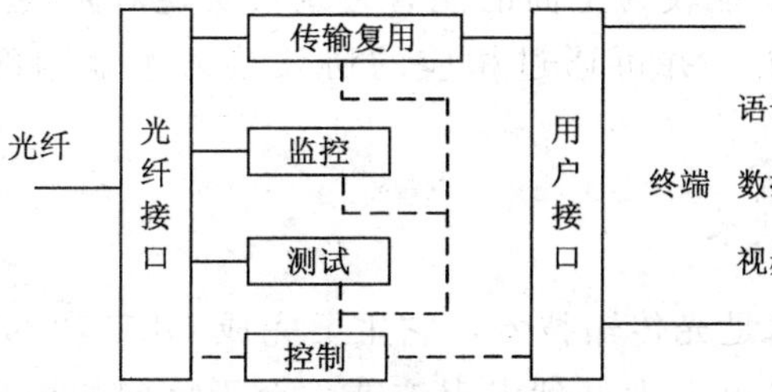

图 6.15　ONU 的功能框图

1）传输复用功能是面向传输的功能块，它对来自/发至传输线的相关信号进行提取、分配和输入。

2）用户接口功能与各种不同的用户相连，它面向不同用户接收/发送不同的用户信息。例如，提供 POTS，提供 ISDN 业务，提供各种数据接口（包括 DDN、V.24/V.35 和 X.25 接口等）。除了上述基本窄带业务外，ONU 还能支持宽带业务。诸如单向广播式业务（如 CATV 业务），双向交互式业务（如 VOD 或数据通信业务）等。

3）监控功能用来对接入网设备的外部运行环境进行监控，包括对电源的输入/输出电压和输出电流的监控，对设备环境（如温度、湿度、烟雾、门禁等）的监控，对 CATV 系统的发射/接收光功率与电源的监控等。监控所得信息经传输线传送到 OLT 进行统一管理。

4）测试功能主要完成对各个用户的内线和外线的测试。

5）光纤接口和 OLT 一样，提供一系列物理光接口功能，包括光/电和电/光转换功能。

6）控制部分是 ONU 的核心，它控制 ONU 各部分协调工作。

6.4.2　光接入网的特点和传输技术

1. 光接入网的特点

光接入网是业务提供点与最终用户之间的连接网络。它具备以下特点。

1）主要完成复用、交叉连接和传输功能，不具备交换功能。

2）提供开放的 V5 标准接口，可实现与任何种类的交换设备进行连接，因此，光接入网的发展可以不受交换设备的限制，使光接入网市场完全开放，形成竞争，从而降低成本。

3）光纤化程度高，光接入网可以将其远端设备 ONU 放置在更接近用户处，使得剩下的铜缆段距离缩短，有利于减少投资，也有利于宽带业务的引入。

4）能提供各种综合业务，光接入网除接入交换业务外，还可接入数据业务、视像业务以及租用线业务等。

5）组网能力强，光接入网可以根据实际情况提供环型、星型、链型、树型等灵活多样的组网方式，且环型网具有自愈功能，也可带分支，有利于网络结构的优化。

6）光接入网提供了功能较为全面的网管系统，实现对光接入网内所有设备的集中维护以及环境监控等功能，并可通过相应的协议接入本地网网管中心，给网管带来方便。

2. 光接入网的传输技术

光接入网的主要技术是光传输技术，它主要完成 OLT 和 ONU 的连接功能，其连接方式可以为点到点，也可以为点到多点方式。至于反向的用户接入方式也可以有多种。目前光纤传输的技术发展相当快，多数已处于实用化。用得最多的有时分复用(TDM)、波分复用（WDM)、码分复用（CDM)、空分复用（SDM)、副载波复用(SCM)、时间压缩复用（TCM）和相干多信道（CMC）等技术，目前的 ITU-T 标准是以 TDM 方式为基础的，但不排除其他接入方式。下面就几种主要的双向传输技术进行简要介绍。

(1) 时分复用/时分多址

此技术的本质是将通信时间等价分成一系列间隙，每一间隙只传播特定信号，各信号按时间顺序轮流传播。在 OAN 中，在下行时，OLT 将 TDM 的多路比特流发射到一根馈线光纤，并分配到各个 ONU，各个 ONU 根据下行比特流的同步时钟信号，接收传给本 ONU 的特定时间间隙的信息。在上行时，各 ONU 将规定的时间以特定的功率发送与下行比特宽度一致的上行比特流。

前面提到的 SDH 系列即采用这种复用方式，SDH 技术可以为 OAN 提供理想的网络性能和业务可靠性，还可以增加传输带宽，其丰富的开销使得 OAN 的网络管理和维护易于实现。

(2) 波分复用/频分复用

当光源发送功率不超过一定门限时，光纤工作于线性传输状态。此时，不同波长的信号只要有一定间隔就可以在同一根光纤上独立地进行传输而不会发生相互干扰，这就是波分复用的基本原理。对于双向传输而言，只需将两个方向的信号分别调在不同波长上即可实现单纤双向传输的目的。

波分复用/频分复用技术能有效地挖掘光纤的带宽潜力，各通道是透明的，在一个系统可以用不同方式传输不同的业务，易于网络升级扩容。如果 WDM 技术采用光放大器（OFA）就可为更多用户提供宽带业务。

(3) 码分复用/码分多址

TDM 是以不同的时间间隙区分不同信号，WDM 是以不同的波长区分不同的信号，而 CDM 是用不同的编码区分不同的信号。各用户可共用一个射频频段（较宽)，但各自都有互不相同的编码信号。CDM/CDMA 既不需要如 TDM 那样划分时间间隙，又不需要如 WDM 那样规定波长，可允许用户随机接入，不需要与其他用户同步，系统的全部带宽随时可用。该技术还可有效防止非法用户进入，具有较强的保密性，因为非法用户不可能知道特设的编码。

(4) 相干多信道

相干多信道技术如无线电载波那样处理光载波。该技术对 ONU 激光器的稳定性和线宽有非常严格的要求。而且各个 ONU 的光接收机必须具备有各自的本振荡激光器，相干多信道技术对提高接收机灵敏度和带宽利用率特别有效。然而，此技术仅在研究中，因为涉及到相干光通信的一系列难题，譬如需要集成光学无源器件和光电集成回路等，技术难度大。

6.4.3　基于 SDH 的光接入网

目前，基于 SDH 的光接入网的应用方案多采用内置 SDH 的组网方式，如图 6.16 所示，OLT 和 ONU 内部都包含一个 SDH 分插复用器（ADM），完成网络的光接口和复用功能；OLT 处的 ADM 和相应的处理单元还用于处理 V5.2 协议并提供网络侧的业务接入；ONU 的处理单元用于处理内部协议，同时 UNI 用于提供各种不同的用户侧的业务接口。

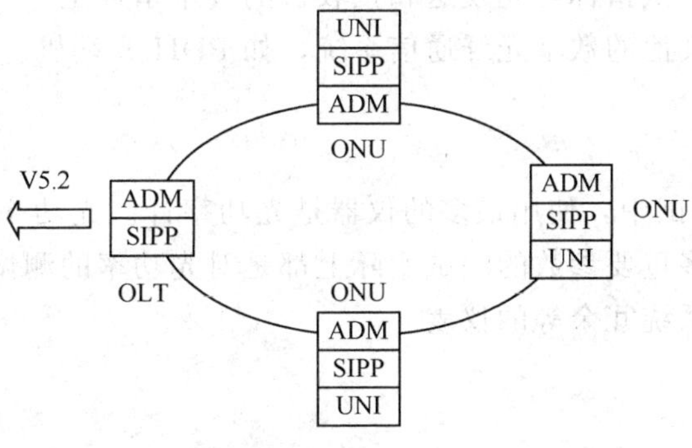

图 6.16　SDH 设备在光接入网中的应用

对于需要带宽大的用户，直接将 ADM 设置在 ONU 处用 STM-1 通道与 OLT 相连。这种连接既可以是点对点方式，也可以通过环结构实现，如图 6.16 所示。对于带宽要求远小于 34Mb/s 的情况，则采用更低速率的复用器或共享 ADM 的方式。

对于低于 2Mb/s 的业务需求，可将这些低速业务接口集成进 ADM 或利用 SDH 来传送 2Mb/s 及以上速率的业务，后面连接 PON 来传送低于 2Mb/s 的业务。

在 OAN 中内置 SDH 设备主要有以下优势。

1）兼容性强。SDH 的各种速率接口都有标准规范，在硬件上保证了不同厂家的设备互联互通，为统一管理打下了基础。

2）完善的自愈保护能力，增加网络可靠性。

3）借助 SDH 的大容量、高可靠性，可组成传输与接入的混合网。AN 除承载接入业务外，还可承载 GSM 基站、交换机终端等其他业务，降低了整个电信网络的投资。

4）面向网络发展的升级能力。目前的接入网建设，一般为 5Mb/s 速率就能满足需要，但是随着电话普及率的提高及宽带化需求，内置 SDH 标准化结构可灵活扩展升级。

5）网络操作、维护、管理功能（OAM）大大加强。SDH 帧结构中定义了丰富的管理维护开销字节，大大方便了维护、管理，由此建立的管理维护系统很容易实现自动故障定位，可以提前发现和解决问题，降低维护成本。

6）有利于向宽带接入发展。SDH 利用虚容器（VC）的特点可映射各级速率的 PDH 而且能直接接入 ATM 信号，为向宽带接入发展提供了一个理想的平台。

6.5 SDH 光接口的测试

SDH 的测试包含的内容非常多，总结起来有四大类：光接口的测试、电接口的测试、定时和时钟的测试、SDH 系统的测试。限于篇幅，本节主要介绍与 SDH 光接口有关的测试，SDH 系统性能的测试内容在第 8 章介绍。

光接口的测试指标主要包含平均发送光功率、消光比、光源器件的均方根谱宽或－20dB谱宽、光接收机灵敏度、光接收机过载功率、误码率、动态范围等。由第 3 章的分析可以发现这些测试指标与光发送和接收机的技术指标是一一对应的，本节介绍的测试内容同样适用于其他的数字光纤通信系统，如 PDH 光端机。

6.5.1 测试仪表

在 SDH 光接口测试中，使用最多的仪器是光功率计。光功率计是光纤通信领域使用最广泛的一种，许多重要参数的测试实际上都是对光功率的测试。它是用来测量光功率大小、线路损耗、系统冗余等的仪表。

1. 光功率计

光功率计的主要技术指标如下。

(1) 波长范围

不同的半导体材料响应的光波长范围不同，为了覆盖较大的波长范围，一个光功率计可以配备几个不同波长的探测头。

(2) 光功率测试范围

主要由光功率计中光探测器的灵敏度和主机的动态范围决定。

光功率计的基本结构由两部分组成，即主机和探头。其工作原理，首先由探头中的光电探测器将微弱光信号转变为电信号，然后将电信号进行放大，最后进行信号处理。

2. 光谱分析仪

光谱分析仪（OSA）采用的技术比较多，有单光栅型、双光栅型。它的主要特点是动态范围大，一般可达 70dB；灵敏度好，可以达到－90dBm；等效噪声带宽小，一般小于 0.1nm。但测量中心波长时精度稍差，体积较大，一般适合在实验室、机房，以及在工程开通、验收中使用。

如图 6.17 所示，OSA 的设计原理是用衍射光栅分离出不同的波长，反射镜将特定波长的光聚焦在光阑孔/探测器，再旋转衍射光栅对波长范围进行扫描。

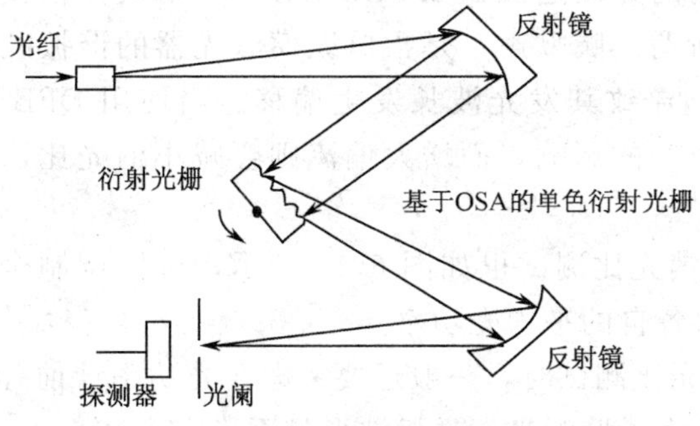

图 6.17　OSA 设计的基本原理

6.5.2　平均光发送功率的测试

平均光发送功率是光发送机最重要的技术指标，发送机的发射光功率和所发送的数据信号中“1”占的比例有关，“1”越多，光功率也就越大。当发送伪随机信号时，“1”和“0”大致各占一半，这时测试得到的功率就是平均发送光功率，单位为 dBm。

平均光发送功率的测试框图如图 6.18 所示。

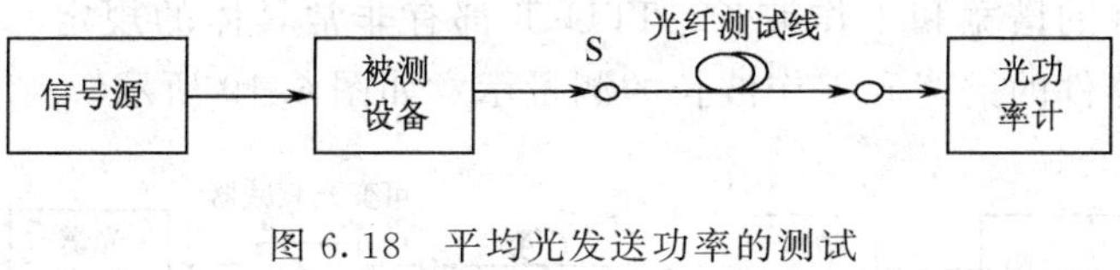

图 6.18　平均光发送功率的测试

测试步骤如下。

1）按图 6.18 接好电路。

2）对于 SDH 设备一般输入口不需要送信号；如需要送则可送入伪随机码。

3）光功率计上设置被测光的波长，待输出功率稳定，读出值即为平均光发送功率。

6.5.3　消光比的测试

从理想状态讲，当数字电信号为“0”时，光发送机应该不发光；只有当数字电信号为“1”时光发送机才发出一个传号光脉冲。但实际上在数字电信号为“0”的情况下，光发送机也会发出极微弱的光。当然这种发光越小越好，于是就引出了消光比的概念。按照第 3 章的内容，消光比定义为

$$\mathrm{EX} = \frac{A}{B} \tag{6.1}$$

式中，A——光端机调制数据全部为“1”时的平均光功率；

B——光端机调制数据全部为“0”时的平均光功率。

光发送机的消光比一般要求大于 8.2dB，即“0”码光脉冲功率是“1”码光脉冲功率的 1/7。通常希望光发送机的消光比大一些为好，但对于有些情况却并非如此。例如，对于码速率很高的光发送机如 2.5Gb/s 以上，若使用的是单纵模激光器时会出现“啁啾声”现象。所谓“啁啾声”是指单纵模激光器的谐振腔的光通路长度会因注入电流的变化而变化，导致其发光波长发生偏移。当使用 DFB 单纵模激光器时，增大偏流会降低“啁啾声”的影响，而增大偏流则会减小消光比，因此消光比并非越大越好。

一般 PCM 端机的消光比测试也如图 6.18 所示，分别调制全“1”码和全“0”码输入光发送机，并测得各自的平均光功率。

在 SDH 设备的消光比测试时，一般还要考虑在光功率计前外加入光电变换器和示波器。示波器的作用是为了监测光发送机波形是否稳定。

6.5.4 光源器件的谱宽和工作波长的测试

谱宽和工作波长都是光源激光器的重要指标。从前面已经知道，光源器件的谱宽越窄越好，因为谱宽越窄，由它引起的光纤色散就越小，就越利于进行大容量的传输。目前，关于谱宽的提法有三种，即常用的均方根谱宽 $\delta\lambda_{rms}$ 和半值满谱宽 $\delta\lambda_{1/2}$，它们适用于多纵模激光器。同时，ITU-T 还定义－20dB 谱宽为 $\delta\lambda_{-20dB}$，它主要用于单纵模激光器，意思是指从中心波长的最大幅度下降到 1%（－20dB）时两点间的宽度。激光器的工作波长是指它的主纵模中心波长。

对于光源器件的谱宽和工作波长，ITU-T 都有非常具体的规定。两者的测试方法基本相同，光源器件的谱宽和工作波长的测量示意如图 6.19 所示。

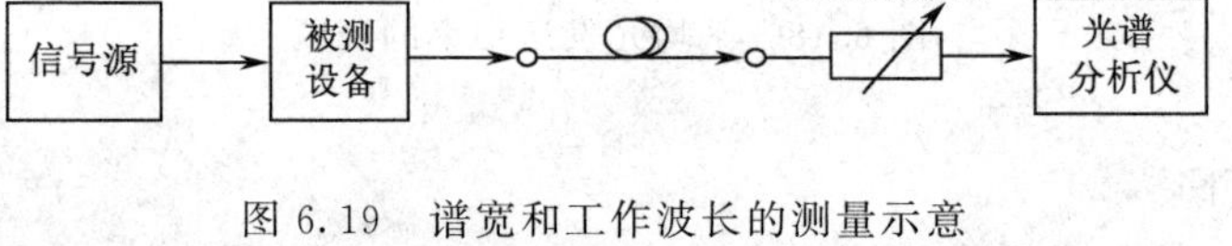

图 6.19　谱宽和工作波长的测量示意

图 6.19 中可变光衰减器的作用是使得输出光功率在光谱分析仪要求的范围内。测试光源的工作波长时，只需调整光谱分析仪，找到并记录主模中心波长。测试 $\delta\lambda_{-20dB}$ 时，先记录光功率下降到－20dB 时谱线对应的波长 λ_1 和 λ_2，并由计算得到 $\delta\lambda_{-20dB}=\lambda_1-\lambda_2$。

6.5.5 光接收机灵敏度的测试

光接收机灵敏度的测量示意如图 6.20 所示。

图 6.20 中的伪随机码发生器按不同的码率输出不同序列的伪随机码（如 140Mb/s 时为 $2^{23}-1$）驱动光发送机，光发送机发出的光脉冲信号经光纤与可变光衰减器传输后到达接收端，调节 APD 的增益（改变其反向偏压）与判决门限，使误码率达到规定要求为 $BER=1\times10^{-10}$（通过误码仪的读数），然后增大光衰减器的衰减值，则误码率增

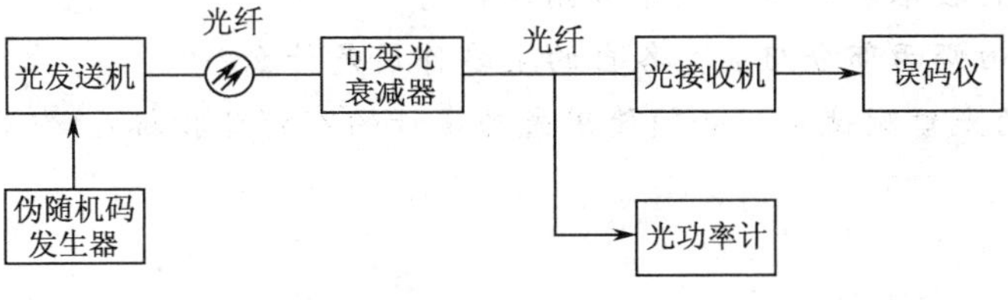

图 6.20　光接收机灵敏度的测量

大。当误码率达到规定值（一般为 $BER=10^{-10}$），并保持较长时间的稳定后，用光功率计测量出光接收机输入端的光功率值，即为灵敏度。

误码率和灵敏度是联系在一起的，在 8.2 节，结合数字光纤通信系统的主要性能指标给出 SDH 和 WDM 两种光纤传输系统的误码率和灵敏度测试。

6.5.6　光接收机过载光功率和动态范围的测试

按照第 3 章的定义，光接收动态范围可以表示为

$$D = 10\lg \frac{P_0}{P_r}(\mathrm{dB}) \tag{6.2}$$

式中，P_0——光接收机过载光功率；

P_r——光接收机灵敏度。

光接收机过载光功率是指，在保证一定误码率要求的条件下，光接收机所允许的最大光功率值。因为光接收机的输入光功率达到一定数值时，其前置放大器进入非线性工作区，继而会出现饱和或过载现象使脉冲波形发生畸变，导致码间干扰增大、误码率增加，为此对之进行了规范。

光接收机过载光功率的测量示意也如图 6.20 所示，测试过程与灵敏度测试唯一不同的是减小光衰减器的衰减值。当减少到一定程度时，误码率也会达到规定值（一般为 $BER=10^{-10}$）。这时，光功率计测量出光接收机输入端的光功率值，即为光接收机过载光功率。

再通过式（6.2）就可以得到光接收机的动态范围。需要注意的是，动态范围的测量同光接收机其他性能测量一样，需要考虑测量时间的长短，只有在长时间内系统处于误码要求以内的条件下测得的功率值才是实际值。

习题与思考题

1. 指出 PDH 和 SDH 的异同。

2. SDH 有哪几种网元结构？

3. 对一个由 16 个节点组成的 STM-16 环网，在最大容量条件下，计算 OCh-DRP-ing 和 OMS-SPRing 容量。

4. 试画出 STM-4 的帧结构，由 SDH 的复用映射结构计算一个 STM-4 包含多少个 2Mb/s（E1）信号。

5. 简述 WDM 技术在城域光网中应用的优势。
6. 光接入网由哪两部分组成？各自的主要作用是什么？
7. 在 SDH 的光口测试中，必须使用光功率计的有哪些指标？

第7章　光纤通信复用技术

本章提要

光纤最重要的一个特点是容量大，可以传送高速率的数字信号。为了进一步提高光纤的利用率，参照已经比较成熟的电复用方法，人们提出了各种光复用方法，如波分（频分）复用、时分复用、空分复用、副载波复用、光码分复用等。所谓频分、时分、波分、码分和空分复用，是指按频率、时间、波长、编码和空间的不同进行分割的光纤通信系统。其中，被认为最具潜力的是波分（频分）复用、光码分复用与光时分复用。

本章将对上述的光波分复用、光时分复用、光码分多址复用技术的基本结构和工作原理进行介绍，着重讨论光波分复用技术，包括它的概念、结构、涉及的关键技术以及WDM测试问题。

7.1　光波分复用的基本概念

7.1.1　基本概念

波分复用（WDM）是光纤通信中的一种传输技术，它利用了一根光纤可以同时传输多个不同波长的光载波的特点，把光纤可能应用的波长范围划分成若干个波段，每个波段用作一个独立的通道，传输一种预定波长的光信号。

与通用的单信道系统相比，WDM技术不仅极大地提高了网络系统的通信容量，充分利用了光纤的带宽，而且它具有扩容简单和性能可靠等诸多优点，特别是它可以直接接入多种业务。

光波分复用的实质是在光纤上进行光频分复用，只是因为光波通常采用波长而不是频率来描述、监测与控制，在波分复用技术高度发展、每个光载波占用的频段极窄、光源发光频率极其精确的前提下，或许使用光频分复用（OFDM）来描述更恰当些。在波分复用传输系统的发送端，采用波分复用器将需要传输的多个光载波信号进行复接，而在接收端采用去复用器分离出不同波长的光信号。

要能在一根光纤上同时传输多个波长信号，那么光纤必须要有足够的带宽资源。目前，单模光纤的适用工作区有两个，即1310nm和1550nm波长段两个低损耗区域。单模光纤的带宽资源如图7.1所示。

由图7.1可见，1310nm波长段，其低损耗区大约从1260～1360nm，共100nm。1550nm波长段，其低损耗区从1480nm～1580nm，共100nm。因此，两个工作波长段一共约有200nm低损耗区可用，这相当于30000GHz的频带宽度。但在目前的实际光纤通信系统中由于光纤色散和调制速率的限制，其通信速率被限制在40Gb/s或以下，

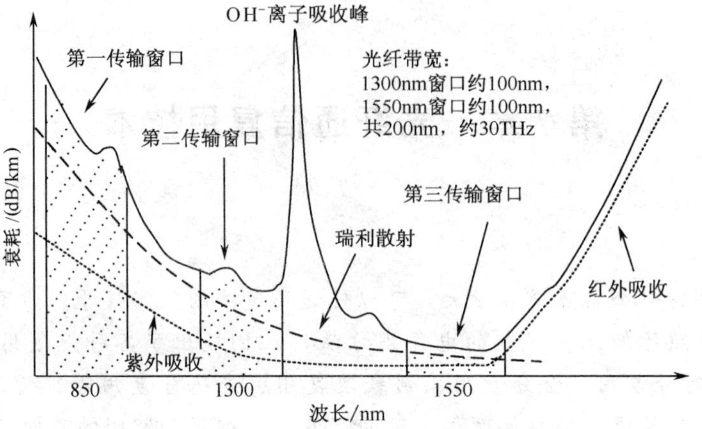

图 7.1　光纤损耗谱特性及单模光纤的带宽资源

所以单模光纤尚有绝大部分的带宽资源有待开发。

WDM 技术对网络的扩容升级、发展宽带业务（如 CATV、HDTV、BIP-ISDN 等），充分发掘光纤带宽潜力，实现高速通信等具有十分重要的意义。尤其是应用掺铒光纤放大器（EDFA）的 WDM 系统更是对现代信息网络具有更大的吸引力。应用非零色散位移光纤（NZDSF）加掺铒光纤放大器（EDFA）加光子集成（PIC）的密集波分复用系统正在成为高速光纤通信系统发展的主要技术方向。

就发展而言，如果某一个区域内所有的光纤通信传输链路都升级为 WDM 传输，那么就可以在这些 WDM 链路的交叉处设置以波长为单位对光信号进行交叉连接的光交叉连接设备（OXC），或进行光上/下路的光分插复用器（OADM）。这样在原有以光纤链路组成的物理层上面就会形成一个新的光层。在这个光层中，相邻光链路中的波长通道可以连接起来，形成一个跨越多个 OXC 和 OADM 的光通路，完成端到端的信息传送。如果可以根据需要灵活地动态建立和释放这种以波长为单位的光通路，就是一个全新的、新一代的 WDM 全光网。

7.1.2　密集与稀疏

图 7.2 表示了 WDM 技术近几年的发展进程，从早期 1310nm 和 1550nm 两波长信号的简单复用，已发展到贯穿于光纤介质 1260～1625nm 通信波段范围的数百波长的复用。其复用的密集与稀疏程度按通道间隔来区别，一般的看法是光载波复用数小于 8 波，信道间隔大于 3.2nm 的系统称为 WDM。而光载波复用数大于 8 波，信道间隔小于 3.2nm 的系统称为密集波分复用（DWDM）。波分复用的密集程度与其他电通信的频分复用密集程度相当时，就称为 OFDM。

以相对信道间隔（即信道间隔/中心频率）来比较，目前 DWDM 的实用窄信道间隔为 50GHz，相对信道间隔为 $50\text{GHz}/193.4\text{THz}=2.6\times10^{-4}$，而移动通信为 $25\text{kHz}/960\text{MHz}=2.6\times10^{-5}$。也就是说波分复用的信道间隔还要减小一个数量级，减到大约 5GHz 才算得上 OFDM，信道间隔 5GHz 相当于波长间隔为 0.04nm。

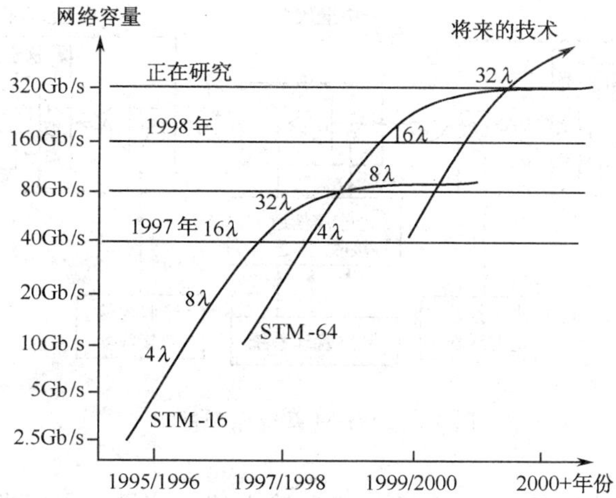

图 7.2　WDM 技术的发展趋势

近年来，城域网的发展日益受到人们的高度关注，而城域网的特点是传输距离短（通常在 20～30km 范围内），通信容量大，为经济而有效地扩展带宽的需要人们提出了粗波分复用技术（CWDM）。

DWDM 的目前带宽范围为 1530～1625nm，带宽仅为 95nm，通常采用的波长间隔是 200GHz（1.6nm）、100GHz（0.8nm）或者 50GHz（0.4nm）。CWDM 传输距离小于 DWDM，一般应用的距离小于 100km，可以考虑不用光纤放大器，也就不受限于 EDFA 的带宽，则光纤可使用的带宽从 95nm 扩展到 345nm，也就是波长从 1280～1625nm。如果设定的波长间隔为 20nm，则在光纤中可有 16 个频道可用。因频道间隔变大，设备中诸如滤波器等其他器件由于技术要求低就放宽了要求，而且 CWDM 系统使用的激光器是不需要制冷的。CWDM 系统的结构基本上和 DWDM 系统相类似，但在城域网和接入网的应用中，同样可提供多种业务的透明传输下，可以充分发挥其优势，就是更低的硬件成本、功耗和体积更小。

7.2　WDM 系统的工作原理与基本结构

7.2.1　WDM 系统的工作原理

1. WDM 系统总体结构及各部分功能

WDM 系统主要由以下六个部分组成：光发送机、光中继放大、光接收机、光合波/分波器（复用/解复用器）、光监控信道和网络管理系统。WDM 系统总体结构及原理示意如图 7.3 所示。

在图 7.3 中，光发送机是 WDM 系统的核心，根据 ITU-T 的建议和标准除了对 WDM 系统中发送激光器的中心波长有特殊要求之外，还要根据 WDM 系统的不同应用（主要是传输光纤的类型和无中继传输的距离）来选择具有一定色散容量的发送机。在

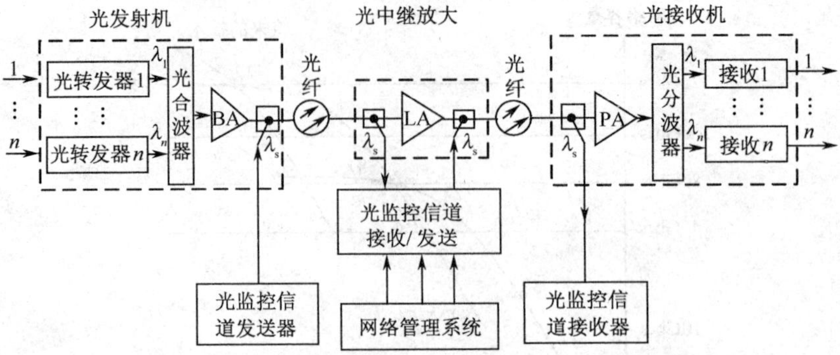

图 7.3　WDM 系统原理框图

发送端首先将来自终端设备（如 SDH 端机）输出的光信号，利用光转发器（OTU）把符合 ITU-T G.957 建议的非特定波长的光信号转换成稳定的特定波长的光信号；利用合波器合成多通路光信号，通过光功率放大器（BA）放大输出多通路光信号。

经过长距离传送后（与传输速率和光纤介质等有关），需要对光信号进行光中继放大。目前使用的光放大器多为掺铒光纤放大器（EDFA），在 WDM 系统中必须采用增益平坦技术，使 EDFA 对不同波长的光信号具有相同的放大增益。同时，还需要考虑到不同数量的光信道同时工作的各种情况，能够保证光信道的增益竞争不影响传输性能。在应用时，可根据具体情况，将 EDFA 用作线路放大器（LA）、功率放大器（BA）和前置放大器（PA）。

在接收端，光前置放大器放大经传输而衰减的主信道光信号，采用分波器从主信道光信号中分出特定波长的光信号。接收机不但要满足一般光接收机对光信号灵敏度、过载功率等参数的要求，还要能承受有一定噪声的信号，要有足够的电带宽性能。

波分复用器分为发端的合波器和接收端的分波器。合波器又称复用器，其功能是将满足 G.692 规范的多个单通路光信号合成为一路合波信号，然后耦合进同一根光纤传输。分波器又称解复用器，其作用是在接收端将一根光纤传输的合波信号还原成单路波长光信号，然后分别耦合进不同的光纤。大多数波分复用器都是可逆器件，即合波器反方向使用就成了分波器。

光监控信道主要功能是监控系统内的各信道的传输情况。在发送端，插入本节点产生的波长为 λ_s（1510nm）的光监控信号，与主信道的光信号合波输出；在接收端，将接收到的光信号分波，分别输出 λ_s（1510nm）波长的光监控信号和业务信道信号。帧同步字节、公务字节和网管所用的开销字节等都是通过光监控信道来传递的。

网络管理系统通过光监控信道传送开销字节到其他节点或接收来自其他节点的开销字节对 WDM 系统进行管理。实现配置管理、故障管理、性能管理、安全管理等功能，并与上层管理系统（如 TMN）互联。

2. 光波长区的分配

目前在 SiO_2 光纤上，光信号的传输都在光纤的两个低损耗区段，即 1310nm 和

1550nm。但由于目前常用的 EDFA 的工作波长范围为 1530～1565nm。因此，光波分复用系统的工作波长主要在 1530～1565nm。在这有限的波长区内如何有效地进行通路分配，关系到提高带宽资源的利用率及减少相邻通路间的非线性影响等。

(1) 标称中心频率和最小通路间隔

为了保证不同 WDM 系统之间的横向兼容性，必须对各个通路的中心频率进行规范。所谓标称中心频率是指光波分复用系统中每个通路对应的中心波长。目前国际上规定的通路频率是基于参考频率为 193.1THz，最小间隔为 100GHz 的频率间隔系列。

对于频率间隔系列的选择应该满足以下要求。

1）至少应提供 16 个波长，因为当单通路速率为 2.5Gb/s 时，则一根光纤上的 16 个通路就可提供 40Gb/s。

2）波长数量不能太多，因为对这些波长的监控是一个比较复杂的问题。

3）所有波长都应位于光放大器增益曲线相对比较平坦的部分，可使光放大器在整个波长范围内提供相对较为均匀的增益。对于 EDFA，它的增益曲线相对较平坦的区域是 1540～1560nm。

4）这些波长应与系统中光放大器使用的泵浦波长无关。

5）所有通路在这个范围内均应保持均匀间隔。

WDM 信道的标准波长分等间隔和不等间隔两种配置方案。不等间隔配置是为了避免四波混频效应的影响。鉴于使用 G.652 和 G.655 光纤的 WDM 系统中没有观察到四波混频效应明显的影响，因此 ITU-T 对使用 G.652 和 G.655 光纤的 WDM 系统推荐使用的标准波长按等间隔配置。四波混频引起的信道间的串扰发生在采用 G.653 光纤的 WDM 系统中，因此用 G.653 光纤的 WDM 系统采用不等间隔中心波长配置。

(2) 通路分配表

16 通路 WDM 系统的 16 个光通路的中心波长应满足表 7.1 的要求，8 通路的 WDM 系统的 8 个光通路的中心波长应选择表中标有 * 的波长。

表 7.1　16 通路和 8 通路 WDM 系统中心频率

序号	标称中心频率/THz	标称中心波长/nm	序号	标称中心频率/THz	标称中心波长/nm
1	192.10	1560.61*	9	192.90	1554.13*
2	192.20	1559.79	10	193.00	1553.33
3	192.30	1558.98*	11	193.10	1552.52*
4	192.40	1558.17	12	193.20	1551.72
5	192.50	1557.36*	13	193.30	1550.92
6	192.60	1556.55	14	193.40	1550.12*
7	192.70	1555.75*	15	193.50	1549.32
8	192.80	1554.94	16	193.60	1548.51*

* 8 通路 WDM 系统选择的中心波长。

(3) 中心频率偏差

中心频率偏差定义为标称中心频率与实际中心频率之差。对于16通路WDM系统，通道间隔为100GHz（约0.8nm），最大中心频率偏移为±20GHz（约为0.16nm）；对于8通路WDM系统，通道间隔为200GHz（约为1.6nm）。为了未来向16通道系统升级，也规定对应的最大中心频率偏差为±20GHz。对于信道不等间隔情况，中心频率偏差要求更为严格，其规范值见表7.2。

表7.2 不等信道间隔在寿命终结时允许的中心频率偏差

频率间缝①/GHz	25	50	100
最大中心频率偏差/GHz	4～5	11	23

注：①频率间缝（frequency slot）不同于频率间隔，其定义为FWM光功率和光信号之间的最小频差。

7.2.2 WDM系统的基本结构

WDM系统的基本构成主要有以下三种基本形式：双纤单向传输、单纤双向传输和光分路插入传输。

1. 双纤单向传输

单向WDM是指所有光通路同时在一根光纤上沿同一方向传送，在发送端将载有各种信息的、具有不同波长（λ_1，λ_2，λ_3，…，λ_n）的已调光信号通过光复用器组合在一起，并在一根光纤中单向传输，由于各信号是通过不同波长携带的，所以彼此之间不会混淆。在接收端通过光解复用器将不同光波长的信号分开，完成多路光信号传输的任务。反方向通过另一根光纤传输，原理相同。双纤单向传输示意如图7.4所示。

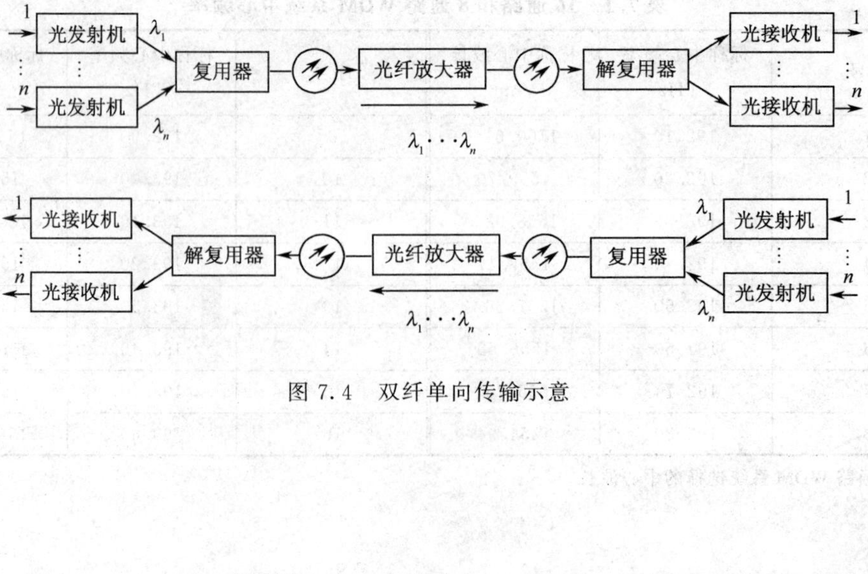

图7.4 双纤单向传输示意

2. 单纤双向传输

双向 WDM 是指光通路在一根光纤上同时向两个不同方向传送，所有波长相互分开，以实现彼此双方全双工的通信联络。单纤双向传输示意如图 7.5 所示。

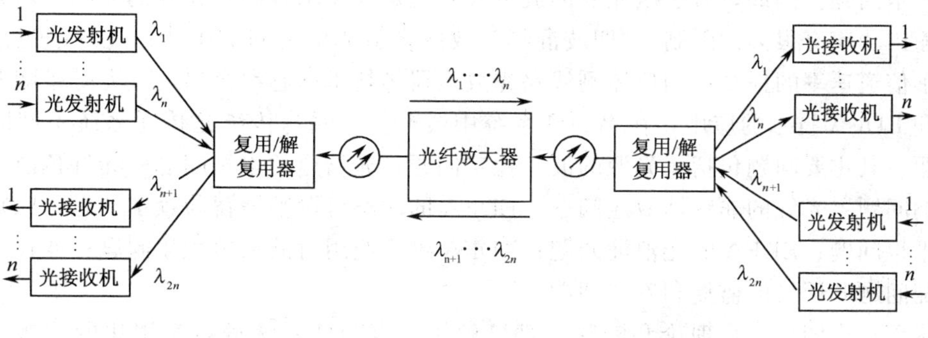

图 7.5　单纤双向传输示意

单向 WDM 系统在开发和应用方面都比较广泛。双向 WDM 系统的开发和应用相对来说技术要求更高些。双向 WDM 系统在设计和应用时要考虑到几个关键因素。如为了抑制多通道的干扰，必须要注意到光反射的影响、双向通路之间的隔离、串扰的类型和数值、两个方向传输的功率电平和相互间的依赖性及自动功率关断等问题，同时还必须使用双向放大器。但与单向 WDM 系统相比，双向 WDM 系统可以减少使用光纤和线路放大器的数量。

3. 光分路插入传输

光分路插入传输示意如图 7.6 所示。图 7.6 中，通过解复用器将光信号 λ_1 从线路中分出来，利用复用器将光信号 λ_1' 插入线路中进行传输。通过线路中间设置的分插复用器或光交叉连接器，可使各波长的光信号进行合流或分流，实现光信号的上/下通路与路由分配。这样就可以根据光纤通信线路沿线的业务量分布情况和光网的业务量分布情况，合理地安排插入或分出信号。

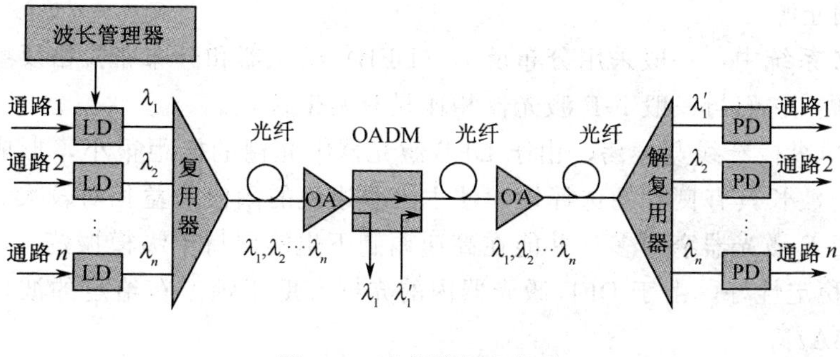

图 7.6　光分路插入传输

7.3 光波分复用系统的关键技术

WDM 系统的应用对增加通信容量、信息网络的建设有重大意义。但是目前还存在一些技术问题。例如，对于激光器的波长及其稳定性要求较高；光纤的非线性对光放大器的输出功率有很大的限制；“四波混频”效应会造成信道间的串扰；光纤的色散效应限制了信道速率的提高；如何监测线路光放大器等技术问题都会出现。尤其是随着波分复用和 EDFA 技术的应用，在 WDM 系统中会产生一些与传统光传输系统不同的新技术问题。其主要问题包括：光源的波长稳定问题；光信道的串扰问题；光纤色散对传输的影响问题；光纤的非线性效应问题；EDFA 的动态可调整增益与锁定问题；EDFA 的增益平坦问题；EDFA 的光浪涌问题；EDFA 级联使用时的噪声积累问题；波长的路由和分配问题和网络的监控和安全问题。

尽管技术的进步从理论和实践上都已解决了 WDM 系统进入实用化的问题，并且光学器件的发展也保证了 WDM 系统的商用，但以 WDM 技术为标志的全光网技术仍然面临许多需要解决的新问题和一批与之相适应的配套技术，如光源技术、光波分复用与解复用技术、光纤技术、光放大技术、监控技术等，其中光信号放大技术（主要是 EDFA）在第 4 章已有详细叙述。

7.3.1 关键器件

WDM 具有很大的技术优势和良好的经济性，既能满足爆炸性增长的市场需求，又有广阔的发展前景。但是，要实现 WDM 传输，需要许多与其作用相适应的高新技术和器件，其中包括光源、光合波/分波器、光放大器、光线路技术以及监控技术等。

1. WDM 传输系统用的光源

在 WDM 系统中，必须对光源的波长进行精确的设定和控制，采用的主要方法有温度反馈控制法和波长反馈控制法来达到控制与稳定波长的目的。目前，用于 WDM 系统的光源有多波长光源、绝对波长光源、分布反馈型激光器和超级周期结构衍射光栅分布反馈型激光器等波长可变半导体激光器以及多波长光纤环形激光器等。

(1) 常用光源

在 WDM 系统中，一般采用分布反馈（DFB）激光器和分布布拉格反射（DBR）激光器作为光源，它们与一般 F-P 激光器相比具有两个优点。

1）动态单纵模窄线宽振荡，由于 DFB 激光器中光栅的栅距很小，形成了一个微型的谐振腔，对波长具有良好的选择性，使主模和边模的阈值增益相对较大。因此，光波谱线宽度比 F-P 激光器窄很多，并能在高速调制下也能保持单纵模振荡。

2）波长稳定性好，由于 DFB 激光器内的光栅有助于锁定在给定的波长上，其温度漂移约为 0.8A/℃。

量子阱（QW）半导体激光器是一种窄带隙有源区夹在宽带隙半导体材料中间或交替重叠生长的半导体激光器，是一种很有发展前途的激光器，可用于 WDM 系统。它的结构与一般的双异质结激光器相似，只是有源区的厚度很薄。QW激光器与一般的双异质结激光器相比，具有以下优点。

1）阈值电流低，其阈值电流密度可降至双异质结激光器的1/3和1/5。

2）谱线宽度变窄，与双异质结激光器相比，可缩小一倍。

3）频率啁啾小，动态单纵模特性好。

（2）光源调制类型

目前，在WDM系统中主要采用外调制器。激光器产生稳定的大功率激光，外调制器以低啁啾对光进行调制，以使激光器工作在连续波形式，能更有效地克服频率啁啾，从而获得大于直接调制的色散受限距离。目前应用的光外调制器有马赫-曾德尔调制器，它的主要特性是啁啾数值很低，色散受限距离很长，但插入损耗较大，需要较高的调制电压。

（3）半导体激光器的波长调谐

一般半导体激光器的光谱线较宽，传输性能不好。为了得到单色性能良好的光源，目前采用了DFB、DBR等多种结构的单波长激光器，获得了单色性能良好的单波长振荡，但由于其振荡波长是由制造器件时衍射栅的周期决定，虽然能改变注入电流等方法，使其折射率发生变化，从而改变波长，可控制的波长范围为10nm左右，但都无法实现较大范围波长的控制和调谐。

为了实现能在宽范围内的波长选择，做成一种超周期结构衍射光栅（SSG）激光器。SSG采用了衍射栅周期随位置而变化的结构，它具有多个波长的反射峰，利用这种衍射栅制成DBR激光器的发射镜。由于产生的光波长是与栅周期相对应的，因此，根据这种随位置而变的周期性，即可反射各种波长的光。目前，按照这种原理制作的SSG-DBR激光器，已能实现在1550nm波长段，波长可变范围超过100nm。

另外，外腔可调的半导体激光器、双极DFB激光器、三极DFB激光器、多波长光纤环形激光器均可以调谐激射的光波长。

2. 波长可调谐滤光器技术

只允许特定波长的光顺利通过的器件称为滤光器或光滤波器。如果所通过的光的波长可以改变，则称为波长可调谐滤光器。这种滤光器在波分复用系统、全光交换系统中具有广泛的应用价值。

下面介绍一种F-P腔型滤光器。

F-P腔型滤光器的主体是F-P谐振腔，其结构是一对高度平行的高反射率镜面构成的腔体，如图7.7所示。设光波入射腔体的角度为θ_i，谐振腔长为L，材料折射率为n。凡满足下面相位条件的光波，可形成稳定振荡并输出等间隔的梳状波形。相位条件为在两个反射镜之间一次往返传输后的相位变化量δ是2π的整数倍，即

$$\delta = \frac{4\pi nL\cos\theta_i}{\lambda} = 2m\pi \tag{7.1}$$

式中，m——正整数。

一般情况下，当m取定后，确定满足相位条件具有峰值透过率波长的因素是n、L

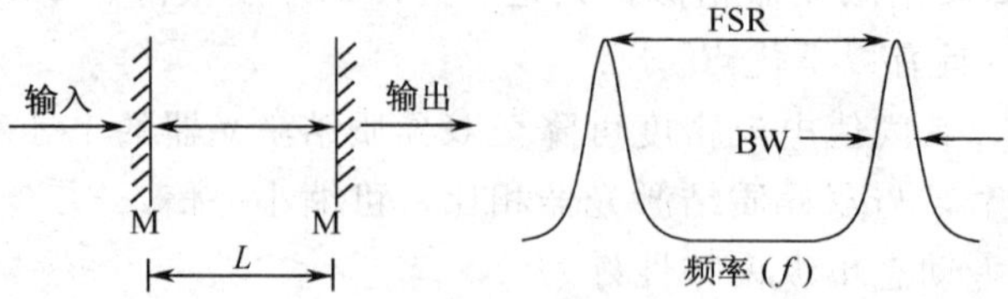

图 7.7 F-P 谐振腔与光传输特性示意

和θ_i，所以通过设计和调谐这三个参数，即可实现波长可调谐的目的。

目前，世界上已研制出多种结构的波长可调谐滤光器，其基本原理都是通过改变腔长、材料折射率或入射角度来达到可调谐的目的。

3. 光分波/合波技术

光波分复用/解复用器是波分复用系统的关键器件。其功能是将多个波长不同的光信号复合后送入同一根光纤中传送（波分复用器）或将在一根光纤中传送的多个不同波长的光信号分解后送入不同的接收机（解复用器）。波分复用器和解复用器也分别被称为合波器和分波器，是一种与波长有关的光纤耦合器。

光波分复用/解复用器在超高速、大容量波分复用系统中起着关键作用，其性能的优劣对于 WDM 系统的传输质量有决定性的影响，其性能指标有插入损耗和串扰。WDM 系统对光波分复用器/解复用器的特性要求是损耗及其偏差要小，信道间的串扰要小，通带损耗平坦，通路间的隔离度高、偏振相关性小及温度稳定性好。常用的光波分复用/解复用器器件有光栅型、干涉滤波器型、集成光波导型等多种类型，具体结构参见 5.4 节。

4. 光放大器

波分复用光信号在光纤中传输时，由于波分复用器件的加入和随距离的延伸不可避免地存在着一定的损耗，每隔一段距离就需设置一个放大器或中继器，以便对信号进行放大或再生。此外，作为大容量密集波分复用系统，一般来说，每个信道的传输速率都很高（2.5Gb/s，10Gb/s），系统的最大无再生跨距受到光纤线路色散的限制。为了减小色散的影响，可以进行色散补偿，在加了色散补偿光纤（或器件）之后，插入损耗显著加大，对该插入损耗也必须用光放大器来进行补偿。根据放大器在网络中的位置，光放大器主要有三种不同的用途：在发射机侧用作功率放大器，用以提高发射机的功率；在接收机之前作预放大器，提高接收机的灵敏度；在线路中作线路放大器。现行 WDM 系统多使用光纤的最低损耗窗口 1550nm 处的波段 C 和 L，而采用具有多信道同时放大能力的 EDFA 作放大器能使再生长度明显增加，在成本上用一个 EDFA 可以替代几个、几十个传统的放大器，在线路放大中甚至可以代替上百个再生中继器。对 EDFA 的基本要求是高增益且在通带内增益平坦、高输出、宽频带、低噪声、增益特性与偏振不相关等，有关 EDFA 的工作原理和结构特征参见 4.2 节。

5. 光转发器技术

(1) 光转发器的基本结构

WDM 系统在发送端采用光转发器（OTU），主要作用是把非标准的波长转化为 ITU-T 所规定的标准波长，以满足系统的波长兼容性。

OTU 器件目前使用的还是光/电/光的变换形式。先由光电二极管 PIN 或者 APD 把接收到的光信号转换为电信号，经过定时再生后，产生再生的电信号和时钟信号，再用该信号对标准波长的激光器重新进行调制，从而得到新的合乎要求的标准光波长信号（G.692 要求的标准波长）。至于采用光/光（O/O）变换方式的波长转换器，主要有基于半导体光放大器的交叉增益调制（XGM）、交叉相位调制（SPM）、四波混频效应（FWM）和基于半导体激光器的布拉格反射器、双稳型 LD 等方法构成的全光波长变换器，但目前尚未商用。

符合 G.957 的发送机与 OTU 合并使用的示意如图 7.8 所示。

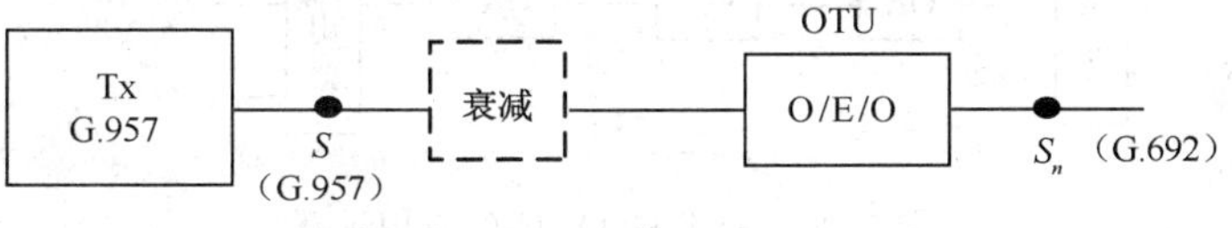

图 7.8　符合 G.957 的发送机与 OTU 合并使用的示意

图 7.8 中，OTU 的前端为符合 G.957 要求的 SDH 发送机接口 S，OTU 的输出端为符合 G.692 要求的 WDM 系统接口 S_n，在 S 点符合 G.957 的 Tx 发送功率有时会超过 OTU 的输入过载功率，这时需要在 S 点插入固定的光衰减器。

(2) OTU 在发送端的使用

图 7.9 为发送端使用 OTU 的示意。在发送端，OTU 的位置位于具有 G.957 接口的 SDH 设备与波分复用器之间。图中 S_1，S_2，…，S_n 是符合 WDM 系统要求的 SDH 接口。当把符合 G.957 的发送机和 OTU 结合起来作为 G.692 光发送机时，参考点 S_n 位于 OTU 输出光连接器后面。

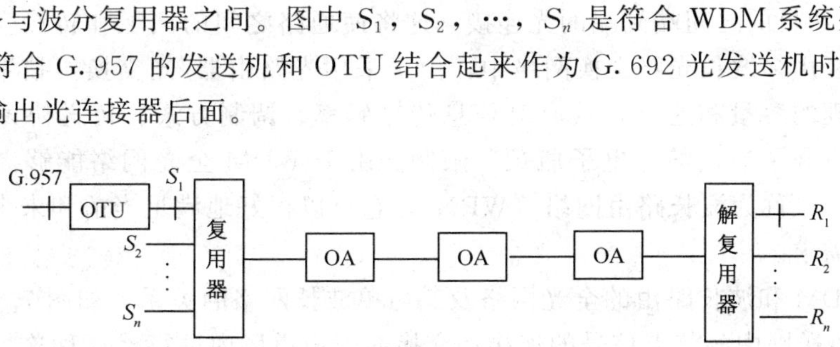

图 7.9　发送端 OTU 的应用示意

(3) OTU 在中继器中使用

图 7.10 给出如何使用 OTU 作为再生中继器的示意。其中 S_1，S_2，…，S_n 是符合 WDM 系统要求的 SDH 接口。而作为再生中继器使用的 OTU 除执行光/电/光转换、定时再生功能外，还需要具有对某些再生段开销字节进行监控功能。

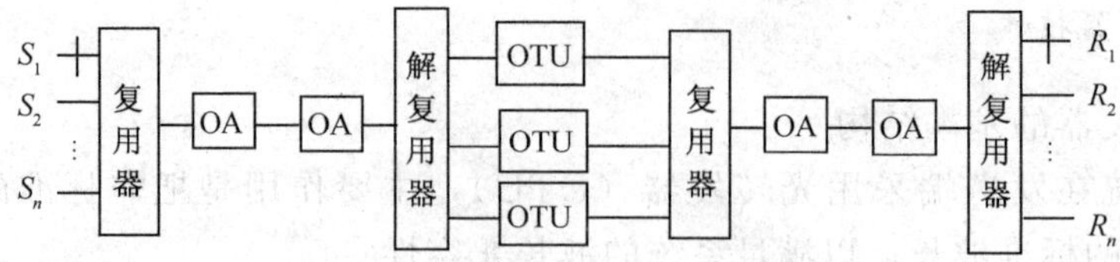

图 7.10 有再生中继功能的 OTU 的应用示意

(4) OTU 在接收端的使用

图 7.11 给出了在接收端使用 OTU 的示意。其位置位于具有 G.957 接口的 SDH 接收机前面。图中 S_1，S_2，…，S_n 是符合 WDM 系统要求的 SDH 接口。OTU 输出符合 G.957 输出特性的光信号，G.957 接收机参考点位于 OTU 输出光连接器后面。

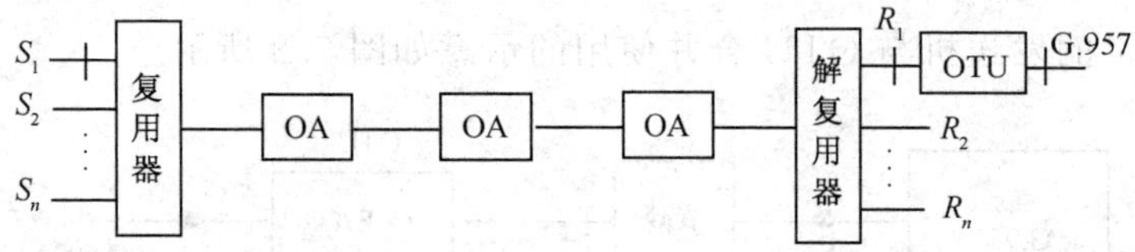

图 7.11 接收端 OTU 的应用示意

7.3.2 波长路由

WDM 全光纤通信网是在现有的传送网上加入光层，通过使用波分复用多波长光路交换网来实现联网的。光路交换网络利用波分复用和波长路由技术，将一个个波长作为通道，全光地进行路由选择。通过可重构的选路节点（如 OXC、OADM、光路由器、光交换机）建立端到端的“虚波长”通路（波长值不同的一系列波长连接起来的一条光路），实现源和目的之间端到端的光连接，这将使通路之间的调配和转接变得简单和方便。在波分复用多波长光路交换网络中，由于采用光路由器/光交换机技术，极大地增强了节点处理的容量和速度，具有对信息传输码率、调制方式、传送协议等透明的优点，有效地克服了节点的“电子瓶颈”限制。由于 WDM 全光网络能够提供灵活的波长路由能力，又称为波长路由网络（WRN），它可以很好地满足当前和未来通信业务量迅速增长的需求。

基于 WDM 和波长路由的全光网络及其与单波长网络的关系，如图 7.12 所示。

WDM 传送网中各节点信号的连接和交换在光通道层内进行，这种连接和交换依据波长确定。亦即当光信号从输入信号端（信源）传送到输出端（用户）时，是根据它们的波长进行路由选择的，称为波长路由（WR）。在 WDM 光网中，波长路由有两个特点。

1）波长路由决定了光信号选取的路径，如果多波长复合信号从同一节点发出，则各个波长信号将到达不同的目的点，而目的点的数目等于各个节点产生的波长数。

2）每个波长的信号被限制在某一特定路径，因而在整个网络的不同路径上每个波

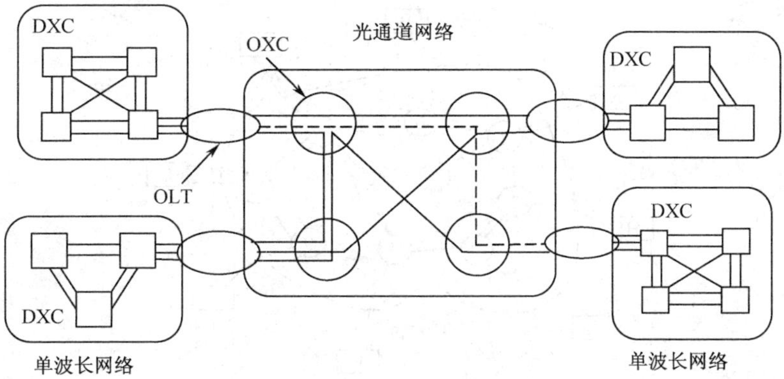

图 7.12　基于 WDM 和波长路由的光网络

长可以重用。

波长路由光网络的关键元素是波长选择交换器，它分为两种：波长选择交换方式和波长转换交换方式。前者是通过改变 WDM 路由动态地在通道间交换数据信号，后者则通过波长转换将数据倒换到另一个波长通道上。

波长路由光网络由选路节点光交叉连接器（OXC）和点到点的 WDM 传输链路组成。每个终端用户都通过光链路连接到 OXC 上，终端用户与其相应 OXC 的组合就是一个网络节点。每个网络节点都配有波长可调谐的发射器和接收器。

波长路由网络是通过光通道（lightpath）来实现通信的。光通道就是网络节点之间的全光通信信道，可以跨越多个光链路。一条光通道上中间节点处的 OXC 负责为光通道提供光域的路由。光通道的终端节点则把接收器或发射器调谐到特定波长上，以建立波长通路。

在波长路由光网络（WRON）中，OXC 与光链路互相连接组成任意的拓扑结构，如图 7.13 所示。在没有波长转换器的 WDM 网络中，一条光通道输入端口和输出端口上的波长应该相同，这一点被称为波长连续性约束条件，如图 7.13 中由 A 到 C 的通道和由 B 到 F 的通道就满足波长连续性条件。带有波长转换器的光网络不必满足这一需求，如图 7.13 中由 D 到 E 的通路。

波长路由网络的基本要求是同一光纤链路上的不同光通道必须具有不同波长（同一链路中的不同光通道必须分配不同波长的约束条件），以免通道间互相干扰。而如果两条光通道所跨越的所有链路都是互不相交的，则这两条光通道就可以使用相同的波长，这就是波长重用，例如，图 7.13 所示的网络中，A 到 C 和 H 到 G 的两条光通道都使用了波长 λ_1。波长可重用机制使得光网络实现了可扩展性，另外一点好处就是它消除了静态路由设备分波所造成的功率损耗问题。

WDM 光网络本质上是一组节点和一组点到点的光纤链路的集合。其中，物理拓扑就是网络节点的物理连接关系，从组成上讲，它是网络节点与光纤链路的集合。逻辑拓扑指的是网络节点之间业务的分布状况，它与物理拓扑紧密联系，是为各种业务提供的

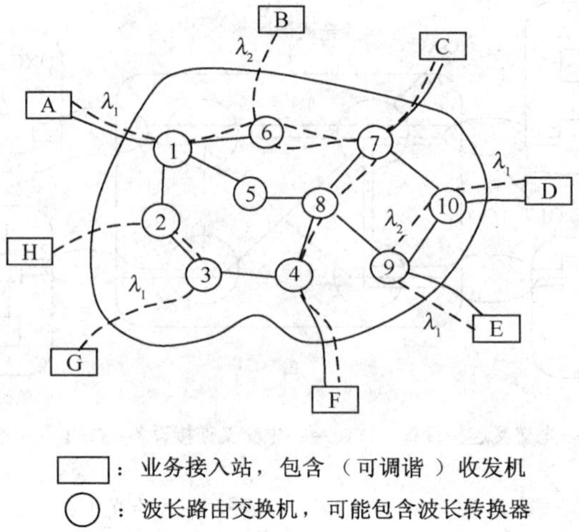

图 7.13 一种波长路由 WDM 光网络结构示例

光通道的集合。利用光通道概念构成的逻辑拓扑与节点之间的业务分布情况紧密相关，可以由软件配置而比较容易改变。

在 WDM 光网络中由于成本和技术的限制不能给网络提供足够的波长和光通道数目，进而路由也就受限。由于路由的限制而不能建立某些光通道，将会造成某些波长的“阻塞”，在这种情况下，网络就出现了互联问题，即在约定的光通道数目和给定的波长数下，如何建立通道以尽可能多地建立光网络路由。网络优化和设计就是要尽可能地减小“阻塞”概率，也就是要研究所谓的路由和波长分配（RWA）问题。路由和波长分配问题的核心就是在逻辑拓扑中寻找一种合适的路由和波长分配算法，使得网络能够在所需波长数最小的情况下获得最大的全连接能力。

7.3.3 信道串扰

在设计光波分复用系统时最重要的问题是信道间串扰（crosstalk）。当串扰发生时一个信道中的部分能量传递到另一个信道中，造成系统性能劣化。这种转移是由于光纤的非线性造成的，然而即便是线性信道，但各种光波分复用器件的非线性，如光滤波器、光解复用器、光开关等具有非线性的元件，也会引入串扰。

1. 线性串扰和非线性串扰

(1) 线性串扰

按照产生的原因，线性串扰可分为两类：带内串扰和带间串扰。带内串扰产生于光波分复用的信号通过多节点实现路由选择时。带间串扰产生于光滤波器和光解复用器（如波导光栅路由器、WGR）不理想情况，造成一部分相邻信道信号能量泄漏，进而干扰光检测。但由于带间串扰具有非相关特性，相对于带内串扰而言不是很重要的问题。带内和带间串扰一般也称为同频和异频串扰，在下面将具体介绍。

(2) 非线性串扰

当光纤处于非线性工作状态时，光纤中的几种非线性效应均可能在信道间构成串扰，具体来讲，就是一个信道的光强和相位将受到其他相邻信道的影响，从而形成串扰。由于是光纤非线性效应引起的，故这种串扰称之为非线性串扰。

光纤的非线性效应包括受激拉曼散射、受激布里渊散射、交叉相位调制和四波混频等，这些在光纤的传输理论中已进行了分析，此处不再论述。

2. 同频串扰和异频串扰

在 WDM 系统中，根据串扰波长与信号波长是否相同，串扰可分为同频串扰和异频串扰。

(1) 同频串扰

同频串扰是 WDM 全光网所特有的传输限制，其特征是串扰与传输信号波长相同（或非常接近），该串扰落入接收机带宽内无法滤除，对系统影响严重，最终限制系统的传输距离。其来源有解复用器/复用器对，光开关和交叉连接器等，如图 7.14 所示。

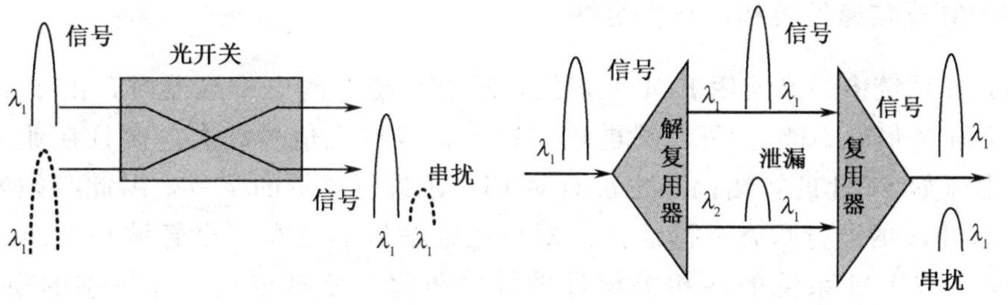

图 7.14　光开关和复用/解复用器中的同频串扰

假定串扰光频率与信号频率完全相同，P 表示信号光功率，ε 为串扰功率对信号功率的比值，则 εP 代表平均串扰光功率。在带有光预放大或 APD 接收机中，如果只考虑与信号功率相关的噪声的情况下，引入的功率代价为

$$\Delta P = -5\lg(1-2\sqrt{\varepsilon}) \tag{7.2}$$

对于有 N 个同频串扰源的情况，式（7.2）中的 ε 替代为 $\sqrt{\varepsilon} = \sum_{i=1}^{N} \sqrt{\varepsilon_i}$。

(2) 异频串扰

异频串扰的特征是串扰波长与传送信号波长不同。在点到点波分复用系统中。由于波长选择器件性能的不完善，相邻波长信道之间会产生串扰，对系统性能造成影响。这串扰与传送信号的光频差远大于接收机的带宽，是一种加性串扰，即表现为在信号上叠加了一定功率的噪声，恶化了信号的信噪比。构成光网络时这种串扰的影响不会积累，且在接收机前加光滤波器可以将其滤掉，因此对系统的影响较小。其来源有解复用器和光开关等，如图 7.15 所示。

异频串扰会导致信号消光比恶化，令 ε 为串扰功率对信号功率的比值，在带有光预放大或 APD 接收机中，如果只考虑与信号功率相关的噪声的情况下，引入的功率代

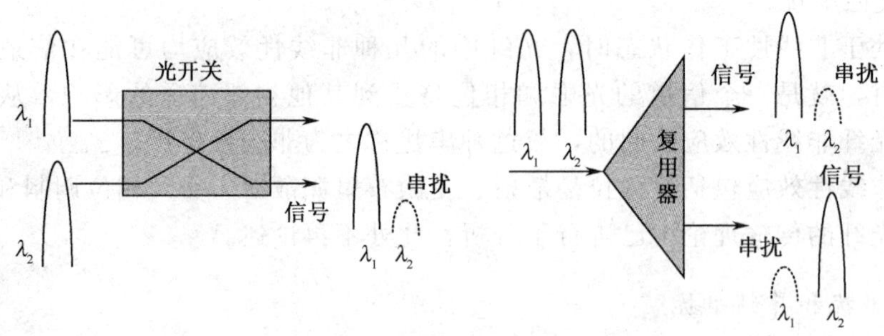

图 7.15　光开关和解复用器中的异频串扰

价为

$$\Delta P = -5\lg(1-\varepsilon) \tag{7.3}$$

对于有 N 个异频串扰源的情况，式（7.3）中的 ε 替代为 $\varepsilon = \sum_{i=1}^{N}\varepsilon_i$ 。

7.3.4　WDM 光信道监控和网络安全性

在 WDM 系统中，当使用 EDFA 来代替现有系统中的电中继器时，由于 EDFA 的光中继器上业务信号不能上/下，无电接口接入，只有光信号放大，而且在业务信号的开销位置上（如 SDH 的帧结构）也没有对 EDFA 进行监控的字节，因此必须增加一个电信号对 EDFA 的运行状态进行监控。现在通常采用的是在一个新波长上传送监控信号。另外，对 WDM 系统的各相关部件的故障告警、故障定位、运行中的质量监控、线路中断时备用线路的监控等也需要监控。所以在 WDM 系统中考虑设置了光监控信道（OSC）。

1. WDM 光监控技术

在 WDM 系统中，当 EDFA 是用于功率放大器或前置放大器时，传输系统自身用的监控信道就可以用来对它们进行监控。但对于作线路放大器的 EDFA，必须采用单独的光信道来传输监控管理信息。常见的光监控技术如下。

（1）带间波长监控技术

对于使用 EDFA 作为线路放大器的 WDM 系统，需要一个额外的光监控信道。ITU-T 建议采用一个特定波长作为光监控信道，传送监测管理信息。此波长位于业务信息传输带宽之外时可选用（1510±10）nm。由于是位于 EDFA 的增益带宽（1530～1565nm）之外，所以称为带间波长监控技术，如图 7.16 所示。监控信号不能通过 EDFA，必须在 EDFA 前取出（下光路），在 EDFA 之后插入（上光路）。由于带间监控信道的光信号得不到 EDFA 的放大，所以传送的监控信息的速率可以低一些，一般取为 2048kb/s。通常 2048kb/s 系统的接收灵敏度优于－50dBm，所以虽不经过 EDFA 放大也能正常工作。

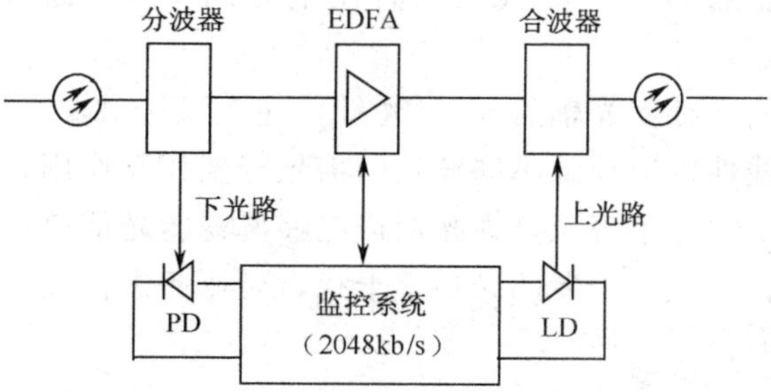

图 7.16 带间波长监控示意

（2）带内波长监控技术

选用位于 EDFA 增益带宽内的波长（1532±4.0）nm 作为监控信道波长。此时监控系统的速率可取为 155Mb/s。尽管 1532nm 的波长已处于 EDFA 增益平坦区边缘的下降区，但因 155Mb/s 系统的接收灵敏度优于 WDM 系统中各信道的接收灵敏度，所以监控信息能够正常传输。

（3）光监控通道的保护

当光缆整个被切断时，造成光监控信道双向都被中断，使网元管理系统无法正常得到监控信息，此时可通过数据通信网（DCN）传输监控信息，达到保护监控信道的目的。监控信道的接口参数如表 7.3 所示。

表 7.3 监控信道的接口参数

监控波长	1510nm
监控速率	2048kb/s
信号码型	CMI
信号发送功率	0～－7dBm
光谱类型	MLM LD
灵敏度	－48dBm
误码性能	1×10^{-11}

2. WDM 网络的安全性问题

全光网络与全电网络和电光网络相比具有本质的区别，全光网络的部件和结构特性给网络安全带来了新的、未知的脆弱性。

全光网络的透明性也带来了许多在前两代网络中不存在的安全性问题。众所周知，波长选择交换器为不同波长的信号选择不同的输出路由，它的基本构件是波长复用/解复用器、光分插复用器、波长转换器和波长路由器，以及为补偿器件引起的损耗而加入的光放大器。尽管串扰电平已足够小（－30～－20dB），攻击者仍可以利用它向波长选择交换器注入一个非常强的光信号，即使仅有一小部分泄漏到其他信道上，也会对全光网络传输的业务产生极大的破坏。这与电光网络的情形截然不同，在电光网络中，非透明的 O/E/O 再生器能隔离掉这类攻击：而在全光网络中，透明的全光放大器却无能为力。

另外，轻微地弯曲光纤使光辐射入/出光纤，注入某个波长的光就能使该波长上的业务中断：光纤的非线性效应导致不同波长的信号产生相互作用，而有可能被专业攻击者利用。EDFA 存在增益竞争现象，强光信道能够覆盖弱光信道，降低了弱光信道的增益，EDFA 还容易受目的地攻击者的光功率干扰，对业务进行破坏。所以这些问题都应该引起重视和进一步研究。

7.4 光时分复用

7.4.1 基本概念

时分复用（TDM）的概念就是将通信时间等价分成一系列间隙，每一间隙只传播特定信号，各信号按时间顺序轮流传播，TDM 技术是目前一项比较常用的扩容方式，传统 PDH 的一次群至多次群的复用，以及 SDH 的 STM-N 的复用都采用 TDM 技术。

光时分复用（OTDM）的实质就是将多个高速电调制信号分别转换为等速率光信号，然后在光层上利用超窄光脉冲进行时域复用，将其调制为更高速率的光信号。目前解决 OTDM 的关键在于三个关键技术：超窄光脉冲产生与调制、全光时分复用、全光时分解复用和定时提取。OTDM 点对点传输系统如图 7.17 所示。

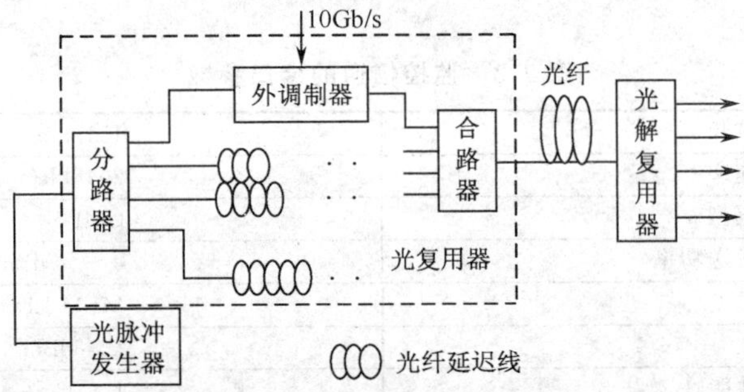

图 7.17 OTDM 点对点传输系统结构原理

7.4.2 超短脉冲光源

OTDM 传输中，光脉冲的宽度决定了传输速率的上限，光信号源还要求脉冲宽度至少小于 1/3 码元周期，脉冲质量是变换受限的，以减小脉冲传输过程中的脉冲展宽，降低码间干扰。光源输出脉冲的时间抖动应尽可能小，以保证稳定的脉冲序列和时钟同步。目前，比较成熟的高重复率超短脉冲光源主要有两类：半导体类激光器与锁模光纤激光器。

主动锁模光纤激光器是目前 OTDM 实验系统中很有吸引力的超短光脉冲源，它利用掺铒光纤作为激光增益介质，并利用腔内调制器的强制锁模作用使激光器工作在锁模状态，其输出脉冲几乎是理想的变换极限脉冲，且脉冲宽度很窄（小于－3ps），重复频率可以高达 40GHz，并且波长和重复频率可调。如图 7.18 所示，这种光源的谐振腔由光纤环组成，腔长很长，主动锁模是靠一个光调制器来完成，当加在调制器上信号的频率为谐振腔基模频率的整数倍时，就可达到锁模的效果。

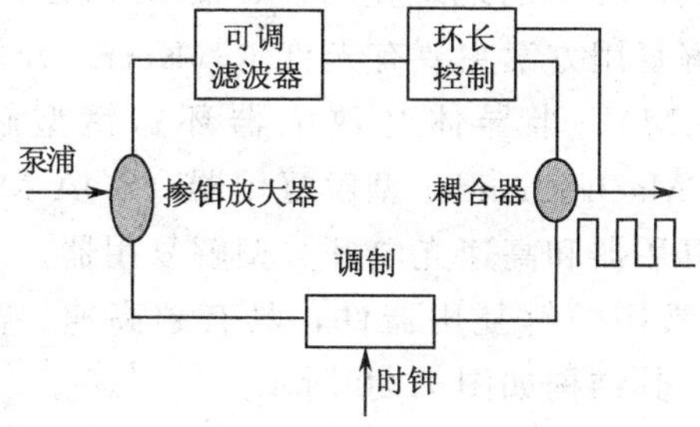

图 7.18　锁模环形激光器工作原理

半导体锁模激光器具有体积小、结构紧凑的特点，它是通过锁定基模的方法来达到锁模的效果，可以达到数十吉赫兹的重复频率。半导体锁模激光器产生的脉冲质量没有锁模光纤激光器好，其频宽和脉冲之积（0.4～0.5）较锁模光纤激光器（约 0.32）大。

7.4.3　通道复用

OTDM 是在光域上进行时间分割复用，一般有两种复用方式：比特间插和信元间插，比特间插是目前被广泛使用的方式，信元间插也称为光分组复用。

传统的复用器由耦合器和光纤延时线组成，如图 7.19 所示，各支路信号被调制到各束超短光脉冲上后，通过光纤延迟线阵列。该延迟线阵列的第一路延迟时间为 0，第二路延迟时间为 T，第三路延迟时间为 $2T$，以此类推，第 n 路延迟时间为 $(n-1)T$，从而使各支路光脉冲精确地按预定要求在时间上错开，再经过光耦合器将这些支路光脉冲串复用在一起，即完成了在时域上的比特间插复用。这种方法很简单，但很难保证产生的码元间隔精确相等，而且温度的改变将影响光纤延时线的长度，使得码元间隔随温度产生波动。目前，较好的方法是采用全光调制和光时钟相结合的方案或采用集成的方法。

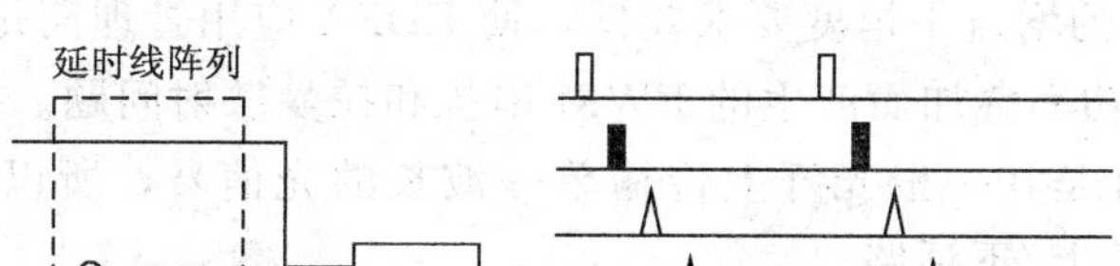

图 7.19　光纤延迟线和耦合器构成的比特间插光时分复用

7.4.4 通道解复用

光解复用器是OTDM网络系统中最关键的部分，主要用来从高速的OTDM数据流中把目标解复用信道下路到本地接收机处理；在OTDM分组网中，光解复用器还用在地址识别中，用于提取数据分组的地址比特。OTDM解复用器实质上就是一个高速光开关。目前比较成熟的解复用方案主要有光克尔（Kerr）开关解复用器、非线性光纤环路镜型解复用器（NOLM）、半导体光放大器环路镜型解复用器（SLALOM或TOAD）、半导体光放大器Mach-Zhendcr型解复用器（SOA-MZI）、基于光纤或半导体光放大器中四波混频的解复用器和高速光电开关型解复用器。

NOLM解复用器是最常用的解复用器件，具有超高速、高稳定及低功耗等特点，是全光解复用的优良器件，其结构如图7.20所示。

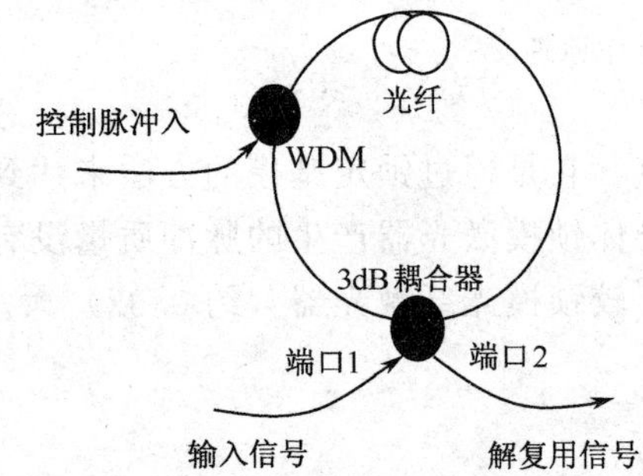

图7.20 非线性光纤环路镜型解复用示意

NOLM的工作原理基于交叉相位调制（XPM），由单个信道速率构成的光时钟信号序列被注入环中且顺时针方向传播。图7.20中，OTDM信号通过3dB耦合器后被均匀分成两路沿相反方向传播，控制脉冲和其中的顺时针信号同向传输。对于特定信道时钟信号可加入控制脉冲，通过交叉相位调制产生相对于该信道的π相移，这样绕环一周后输入信号从端口2输出，不加控制脉冲下两路信号相位差为0导致输入信号完全从端口1反射回去。多个信道可以通过几个并行的NOLM来实现。光纤的非线性的响应速度可以达到飞秒（fs）级。

所有的解复用方法均需要时钟信号，是单个信通速率B^{-1}的脉冲序列。时钟信号在电光效应解复用方式中采用电的形式，但在全光解复用中是光脉冲序列。

7.4.5 OTDM系统性能

OTDM是在一根光纤中只传输单一波长的光信号，通过提高信号传输速率来提高传输容量，其优点如下。

1）它对EDFA的增益平坦度要求较低，使EDFA应用管理简化。

2）不存在各路功率叠加而产生的FWM串扰和拉曼散射问题。

3）由于OTDM是在一根光纤上传输单一波长的光信号，所以便于利用光交叉连接（OXC）技术进行上/下话路。

4）采用的归零码完全适合于比特级的全光信号处理，从而使超高速帧头处理成为可能。

OTDM是在相对较高的速率上利用窄脉冲（ps级）来实现的，在实际使用中信号的传输距离L受到光纤色散的限制。实际上，由于一个OTDM信号等价于复合速率为NB的单个信号，则速率和传输距离的乘积（NBL）受到色散的限制，其性能分析方法也类同单个信号。因此OTDM系统的实现不仅需要采用色散位移光纤，而且需要采用色散补偿技术来减小高阶色散的影响。

未来OTDM技术不仅仅是作为提高系统容量的一种手段，还将在全光网络的交换节点或路由器方面扮演更重要的角色。将来的太比特率级传输可能采用DWDM/OTDM混合方案，并可在两个层面上处理光信号。WDM系统通过光无源器件在较粗的层面上交换大颗粒业务流量，OTDM通过包交换技术和归零码的比特级光处理技术在较细的层面上交换小颗粒业务流量。

7.5 光码分复用

7.5.1 基本概念

光码分复用/光码分多址接入（OCDM/OCDMA）是一种扩频通信技术，不同用户的信号用互成正交的不同码序列来填充，这样经过填充的用户信号可调制在同一光载波上在光纤信道中传输，接收时只要用与发送方向相同的码序列进行相关接收，即可恢复原用户信息。由于各用户采用的是正交码，因此相关接收时不会构成干扰。这里的关键之处在于选择适合光纤信道的不同的扩频码序列对码元进行填充，形成不同的码分信道，即以不同的互成正交的码序列来区分用户，实现多址。

典型OCDM系统如图7.21所示。首先给每个用户分配一个地址码，用来标记这个用户的身份，不同的用户有不同的地址码。并且它们互相正交（或准正交）。在发射端，要传输的数据信号首先经过适当的调制方式，转换成相应的光域上的信号，然后再经过一个编码器进行扩频处理，标记上这个用户的地址信息，成为伪随机信号。编码器是在光域上进行工作的，它是OCDM技术的核心内容之一。扩频信号（伪随机信号）通过光纤网络到达接收端之后，通过解码器进行解码处理，恢复出期望的光信号，再经过光电转换设备，得到电域上的数据信号。

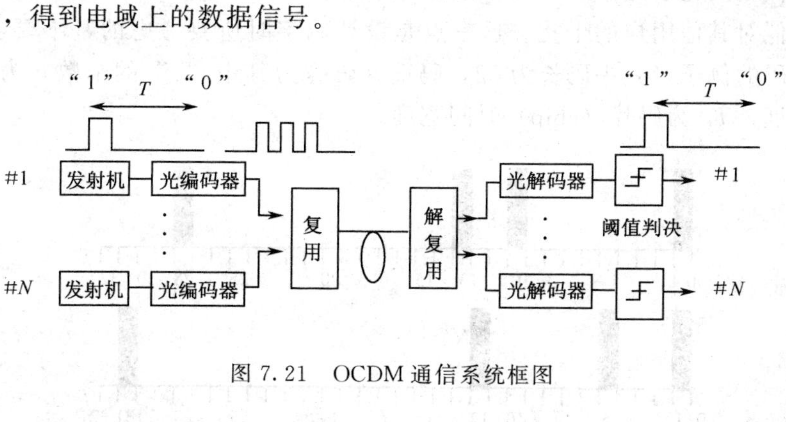

图7.21 OCDM通信系统框图

OCDM通信具体实现可以是各种各样的，它们的分类也没有统一的标准。可以根据其采用的是单极性正交码还是双极性正交码分为单极性和双极性OCDM通信；根据光纤通信的接收机是直接检测还是相干检测分为非相干和相干OCDM通信；根据编解码器是扩时、扩频还是扩空编码分为扩时、扩频和扩空OCDM通信；根据编解码器是采用电信号处理还是采用光信号处理分为电处理的 OCDM 通信、光电混合处理的 OCDM 通信和全光 OCDM 通信等。当然这些分类方法间是有联系的，且还有其他的分类方式。这里根据是否采用双极性码和电信号处理来对 OCDM 通信系统进行分类。这种分类方法对实际的系统设计和应用极为方便，也符合 OCDM 通信的产生和发展方向，而不拘泥于各种不同的具体实现方法的细节。

7.5.2 扩频码技术

对于 OCDM 通信扩频码的选择至关重要，扩频编码的类型、长度和速率直接影响到编码的实现难度、变址能力、系统的抗干扰能力、系统的容量等，因此为了提高 OCDM 系统的性能就必须选择合适的扩频码。由于光纤通信有强度调制直接检测和相干检测即所谓的正系统和正负系统之分，因此 OCDM 采用的扩频码必须适应光纤通信的特点，正系统采用的扩频码称之为单极性的扩频码，正负系统采用的扩频码称之为双极性扩频码。双极性的扩频码可以直接采用传统的电 CDMA 所使用过的扩频码，因此下面重点介绍单极性扩频码序列中的光正交码（OOC）。

光正交码是 OCDM 系统最直接的正交码型，其命名包含两层意义，“光”表示非负性，“正交”表示其弱的互相关性，它是具有良好的自、互相关特性的一组（0，1）序列。在分析设计扩频序列时最主要考虑的是与地址序列码密切相关的两个特性：自相关特性与互相关特性。前者使每个序列能容易地从它本身时间偏移不为零的不同偏移序列中区分开来；后者能使每个序列容易地从其他用户的地址序列码中区分出来。

光正交码是一组取值于（0，1）域并且具有良好的自、互相关特性的准正交序列。它具有尖锐的自相关峰值、较低的自相关旁瓣和互相关值。光正交码尖锐的自相关峰值使有用信号的检测更为方便，提高了抑制其他干扰信号的能力。较低的自相关旁瓣值使系统可以按异步方式进行工作，所有的用户可以随时接入网络，发送数批信息而不必进行同步，这样就简化了网络的结构和设备，降低了网络的造价。较低的互相关值使用户尽可能地降低对其他用户的干扰。这三点是设计码字时所要考虑的基本要素。图 7.22 是两个正交码的例子，其中码长为 32，码重（码重为其中“1”的个数）为 4，T 为码字的时间宽度，T_C 为码片（chip）时间宽度。

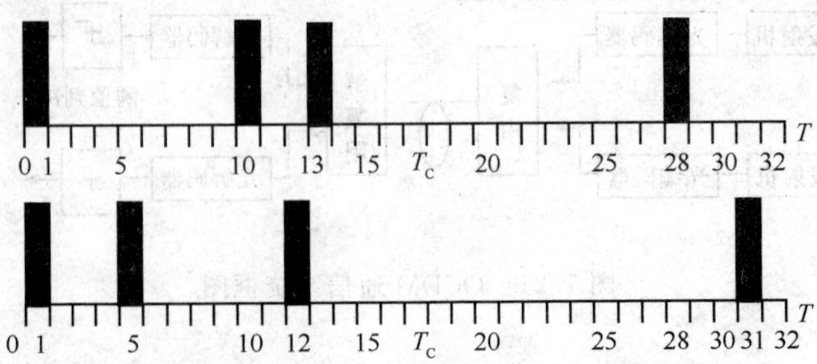

图 7.22 两个光正交码的例子（码长为 32，码重为 4）

图 7.23（a）表示图 7.22 中第一个光正交码的自相关曲线，图 7.23（b）表示

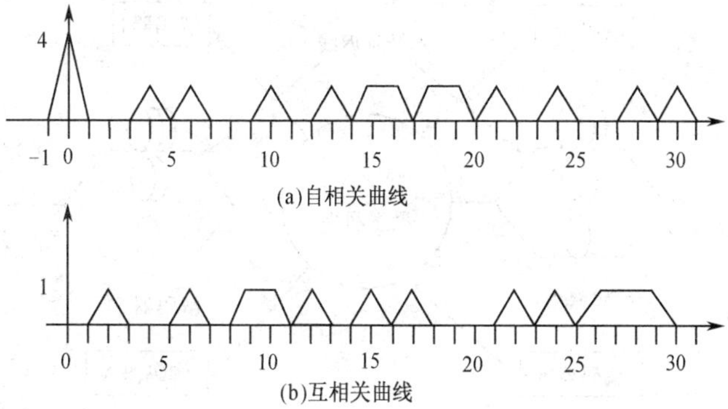

图 7.23　自相关曲线和互相关曲线

图 7.22 中两个光正交码的互相关曲线。从图 7.23 中可以看出，本例中自相关旁瓣值和互相关值都不超过“1”。采用这样的码字的系统多址干扰比较小。另外，在图 7.23 中，自相关峰和互相关峰都呈三角形，原因是在进行自相关和互相关运算时，把码片视为理想的矩形脉冲。

7.5.3　编/解码技术

OCDM 又被称为脉冲时间编码，它传递信息的脉冲宽度远小于比特周期（也就是占空比很小的归零码）。在发送端一个代表信息“1”的脉冲通过不同的延时（相位延迟）被编成一串特定的脉冲序列，而在接收端则通过相反的延时（相位延迟）再把脉冲序列作相关处理，不同的延时（相位延迟）顺序对应不同的正交码。不匹配的解码则把收到的脉冲序列进一步分割。这样实现的处理增益一般等于码重。

图 7.24 是采用光纤延迟线作为编解码器的单极性扩时 OCDM 系统。此系统采用光正交码作为地址码。在发射端，当数据是“0”时，光源不发光，编码器也没有任何输出；当发送数据“1”时，光源发射一个短脉冲，进入编码器后，根据码重的大小被分成若干个小脉冲，每个小脉冲经历长短不同的光纤延时线，每个小脉冲所经历时延的大小完全由地址码决定。编码器的输出是一个小脉冲串，这就是所谓的直接扩时信号。直接扩时信号通过光纤网络（图 7.24 中的星型网络）到达接收端。在接收端，解码器对该扩时信号进行解扩处理后，输出到判决设备进行判决。在期望用户发“1”的情况下，如果解码器与编码器完全匹配，那么输出一个尖锐的自相关峰值，判决器判定为“1”；否则输出一系列低功率的伪随机噪声信号，判决器判定为“0”。这样，所传输的信息比特就被恢复出来了。通常，判决器的域值需要精心设置，它会明显地影响系统的性能。

光编/解码器是 OCDM 系统的核心部件，OCDM 的发展实质上就是光解码器和编码器的发展。光编/解码器的结构和特性直接影响着系统的功率损耗、用户容量、误码率、成本以及整个系统的灵活性。可以说，每一种伪随机地址码序列都可以设计出相应的编/解码器。

在光振幅编码 OCDM 系统中，树型网络、梯型网络结构应用较多，光波长编码

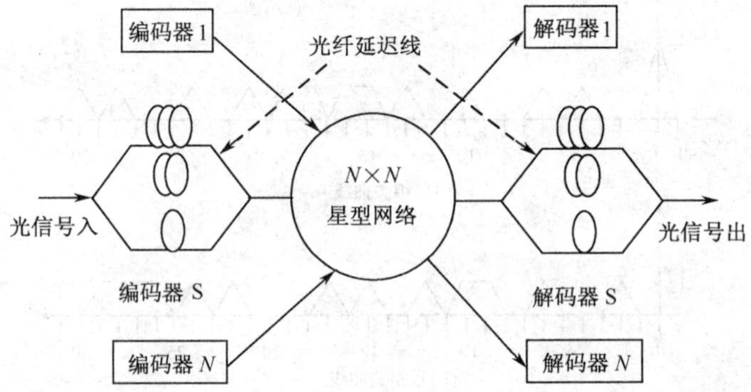

图 7.24 采用光纤延迟线作为解/编码器的 OCDM 系统

OCDM 系统中采用光纤光栅、AWG 技术，相位编码 OCDM 系统采用掩模板、光纤延时线加移相器和光纤光栅等技术。下面介绍一种光波长编码 OCDM 系统和采用 AWG 技术的编/解码器。

光波长编码 OCDM 系统的特点在于对宽带光源的波长进行选择，不同的用户根据预先设计好的伪随机地址码而采用不同的波长组合，用户间的区分由地址码的正交性来完成。既可以是简单的等间隔频率分割，也可以是如图 7.25 所示的跳频图案的选择。其中等间隔频谱分割技术分配给每个用户的频谱为等间隔梳状谱，利用等间隔梳状谱的不同光谱自由程（FSR）来区分不同的用户。

图 7.25 所示的 OCDM 系统编/解码器中，用户的比特信息由于在时间和波长上同时被标记，即不同的时间片上，传输不同波长的光脉冲，因此这种系统又被称为跳频扩时 OCDM 系统。发送端光脉冲经编码器后，成为按跳频图案设计的时间波长组合的光脉冲序列，接收端解码器与发送端编码器的结构类似，只有匹配的用户才能恢复初始脉冲，完成阈值判决，而其他用户经解码器后，仍旧是低功率的光信号。

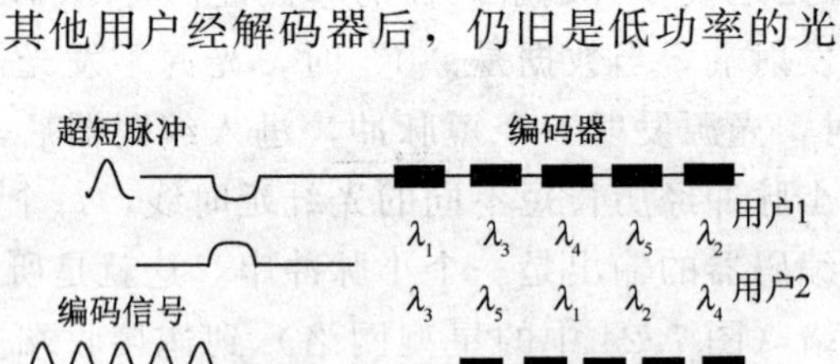

图 7.25 光波长编码 OCDM 系统编/解码器原理和跳频图案

光波长编码 OCDM 系统中可采用 AWG 技术，如图 7.26 所示的自反馈 AWG 编码器，在发送端，宽带光脉冲经过 AWG 后，首先在波长上分离，不同波长的光脉冲按编码方案经历不同的光纤时延，然后再反馈回至 AWG 相应输入端口，从输出端口输出的则是时间和波长上分离的跳频扩时序列。接收端的光解码器与发送端编码器结构类似，只是光纤延时线的分布与发送端编码器互补。

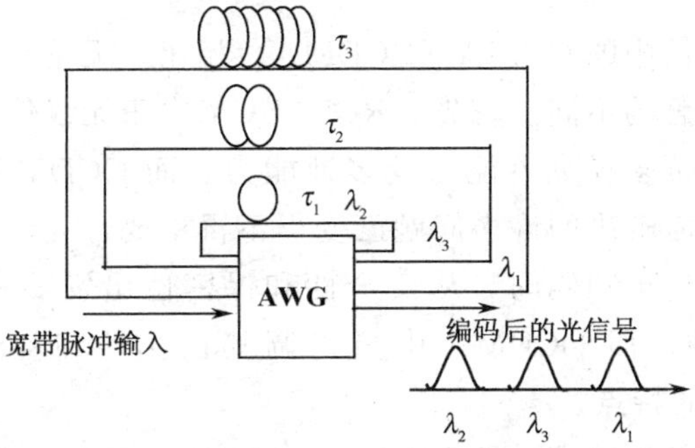

图 7.26　基于 AWG 的自反馈光波长编码 OCDM 系统编/解码器

图 7.27 为利用 AWG 的对称性而构成的编/解码器。在该方案中，巧妙地利用了 AWG 的对称性和光纤延时线的互补性，实现了编/解码器的合一。编码时，按照跳频图案设计好光纤延时线和光反射器、吸收器的位置，同时也就完成了解码器的设计。

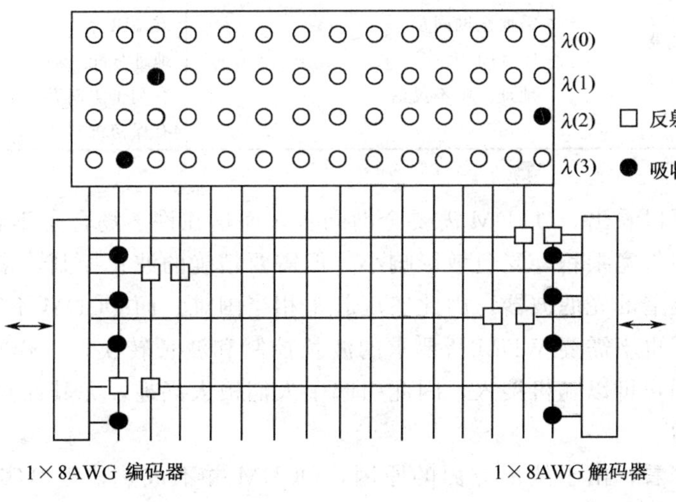

图 7.27　基于 AWG 的编/解码合一的光波长编码 OCDM 系统编/解码器

利用 AWG 来实现 OCDM 系统的优点在于光信号处理灵活，可充分利用光波长。例如，同一个时间片位置可以传输相同的波长信息，而这一点在光纤光栅编/解码方案中很难实现，难点在于 AWG 的制造技术、成本以及编/解码器的可调谐性，特别是 AWG 的端门数直接限制了可用码长的长度。

7.5.4 OCDM系统性能

CDMA技术不是一项新技术，作为一种多址方案已经成功地应用于卫星通信和蜂窝电话领域，并且显示出许多优于其他技术的特点。但是，由于卫星通信和移动通信中带宽的限制，因此CDMA技术尚未充分发挥优点。光纤具有丰富的带宽，能够很好地弥补这个缺陷。

OCDMA与无线通信中的CDMA（RCDMA）相比，无论是在适用范围、目的，还是在实现技术上都有显著的不同。首先，RCDMA工作于无线信道，因此强调抗噪声干扰能力、克服远近效应抗多径衰落能力及多址能力。而OCDMA工作于传输质量很高的光纤中，RCDMA所需解决的许多问题已变得不再重要，人们更关心的是它的多址功能。其次，RCDMA选择扩频码时，从安全性和保密性出发要考虑其似噪声的频谱形状，然后才是其正交性；而OCDMA中只强调其正交性和容纳用户的能力。总之，OCDMA具有自己崭新的特点。

前面共介绍了三种复用技术，即WDM、OTDM、OCDM，表7.4对这三种多址复用技术进行比较。

表7.4 WDM、OTDM、OCDM三种多址复用技术的比较

WDM	OTDM	OCDM
需要精确的波长控制 需要多波长之间转换 需要精确调谐的光滤波器 允许的地址数少 受色散影响小	采用超短脉冲激光器 需要全网同步 需TBP大 地址分配不灵活	采用超短脉冲激光器 在零色散附近工作 需TBP大 地址分配灵活 有利于实现无源全光编/解码 有保密机制

从表7.4中可以看出，OTDM需要全网同步，而这在许多场合是不希望的。WDM不需要很大的时间带宽乘积，受色散影响小，但需要精确的波长控制，多波长之间的转换，还需要精确调谐的光滤波器，因此实现起来相当困难。而OCDM不需要OTDM所要求的全网同步，也不需要WDM所要求的波长控制和波长转换，工作在低色散窗口，地址分配灵活，用户可以随机接入，因此引起了人们极大兴趣，尤其在高速光纤局域网中的应用更具潜力。

从目前情况来看，由于技术方面的原因，OCDM并不成熟，距离实用化还有一段路要走。

7.6 WDM测试

7.6.1 WDM的测试指标

为规范光接口参数，ITU-T G.692定义了WDM光传输系统的全部参考点，如

图 7.28 所示。图中，$S_1 \cdots S_n$ 为通路 $1 \cdots n$ 在发射机光输出连接器处光纤上的参考点；$R_{M1} \sim R_{Mn}$ 为通路 $1 \cdots n$ 在 OM/OA 的光输入连接器处光纤上的参考点；MPI-S 为 OM/OA 的光输出连接器后面光纤上的参考点；S' 为线路光放大器的光输出连接器后面光纤上的参考点；R' 为线路光放大器的光输入连接器前面光纤上的参考点；MPI-R 为 OA/OD 的光输入连接器前面光纤上的参考点；$S_{D1} \cdots S_{Dn}$ 为 OA/OD 的光输出连接器前面光纤上的参考点；$R_1 \cdots R_n$ 为接收机光输入连接器处的参考点。

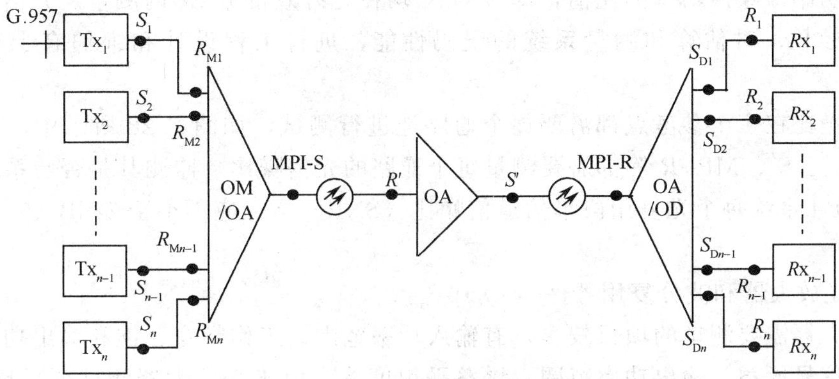

图 7.28　WDM 光路接口参考点

WDM 系统与常规的 SDH 系统的测试不同。在常规 SDH 系统中，需要监测的基本上是一些性能监测量，如误码性能等；需要监测的模拟量基本上限制在发送机的发送光功率和接收光功率等。而在 WDM 系统中，需要测试的模拟量就大大增加，如光信号波长、发送光功率、接收光功率、总光功率、每通路光功率和信号的光信噪比（OSNR）等。对信号波长、光信噪比的测试是 WDM 系统所特有的，而且在多个测试点都需要进行测试；另外，对 WDM 系统引入的波分复用器件和光放大器的测试也是一个新问题。下面就一些重要 WDM 测试内容作一介绍。

（1）通路中心频率和中心频率偏移

WDM 系统的一个重要特点是在光波分复用器处输入的信号均为固定波长的光信号，各个通路的信号波长不同，而且对中心频率偏移有严格规定。通路中心频率偏移定义为通路实际的中心频率与通路中心频率标称值的差值。如对于 8×2.5Gb/s WDM 系统，通路间隔选择 200GHz，到寿命终了时的波长偏移应不大于±20GHz。在理想情况下，光信号的脉冲宽度应无限接近于 0，但实际产生的脉冲都有一定的宽度。相邻两个通路如果波长偏移过大，就会造成通路间的严重串扰，使被串通路中信号光的特性和功率等发生变化，造成系统光信噪比下降，产生误码，影响传输性能，因此通路中心频率成为 WDM 系统的一个重要的测量参数。通路中心频率定义为在参考点测得的光信号的实际中心频率，在多个参考点都需要逐个通路地进行测试。图 7.28 中的参考点 S、MPI-S、R'、S'、MPI-R 和 R 都需要测量每个通路的中心波长，监测其是否与系统指标相符。

（2）光信噪比

光放大器是 WDM 系统的一个重要组成部分。EDFA 在 1545～1560nm 波长范围的增益较平坦，其输出的放大信号中有 ASE 噪声，即信号是叠加在 ASE 噪声上的，因此单纯测量每通路信号的光功率并不能完全反映系统的工作情况。例如，有可能信号的光功率很高，但 ASE 噪声也与它相当；实际上信号的劣化已很明显，但光功率却反映不出来，所以在 WDM 系统中引入了光信噪比的概念。每通路信号的光信噪比定义为通路内信号功率与噪声功率的比值，即 S 与 N 均在光有效带宽 $\Delta\lambda$ 内测量。光信噪比是一个重要的参数，对估算和测量系统的误码性能，进行工程设计和维护有十分重要的意义。

光信噪比在多个参考点都需要逐个通路地进行测试，如图 7.28 所示中，在参考点 MPI-S，R'、S'、MPI-R 等都需要测量每个通路的光信噪比，监测其是否与系统指标相符。DWDM 系统每个光复用段单信道信噪比（SNR）指标应不小于 22dB（0.1nm 光信号带宽）。

（3）光放大器和波分复用器件

光放大器需要测试的项目较多，有输入功率范围、工作带宽、饱和输出功率、噪声系数、小信号增益、输出功率范围、增益平坦度等。由于光放大器测试项目比较复杂，需要集成化的平台，一般并不常见；而若用分离设备搭设平台测试则误差过大；因此对光放大器的某些参数只能进行验证，即根据给定的输入条件，观察光放大器的输出是否符合要求，这也是目前情况下较为现实的一种做法。

波分复用器件也是 WDM 系统引入的新器件，对波分复用器件的要求是插入损耗小、隔离度大、带内平坦、带间插入损耗变化陡峭、温度稳定性好、复用通路数多、尺寸小等。根据上述要求，对波分复用器件的测试项目包括器件的插入损耗、隔离度、极化相关损耗、温度特性和通带特性等。

（4）误码和抖动指标

DWDM 系统的误码和抖动性能，单个光复用段应满足 SDH 单个数字段的指标要求，多个光复用段应满足 SDH 通道的指标要求。

7.6.2 WDM 的测试仪器和测试方法

对 WDM 系统信号的波长、光信噪比的测试内容比较简单，即对上述相应参考点（各通道）的峰值的波长、接收光功率进行测量，相关测试步骤可参考 SDH 测试部分。同时，在前面的章节中已经介绍了波分复用器、光放大器的几个重要指标的测试方法，如波分复用器插入损耗和隔离度，光放大器的增益和噪声指数而 WDM 系统的误码和抖动的测试内容将在下一章讨论。这里对 WDM 系统中两个主要的部件：波分复用器件和光放大器的测试加以总结。

1. WDM 测试仪器——多波长仪

WDM 系统常用的测试仪器有可变波长光源、光功率计、SDH 分析仪、多波长仪和光谱分析仪等。这里简单介绍 WDM 测试专用的多波长计，其余测试仪器的工作原理可见本书其他章节。

多波长仪（MWM）多采用麦克尔逊干涉仪原理制造，它测量波长精度较高，绝对准确度可达 0.005nm，特别适合测量波长间隔小（100GHz 或更小）的 WDM 系统，同时可以测量多达上百个通路的中心频率，并且可以测量波长漂移。其缺点是动态范围小，测量 OSNR 时精度稍差，但与光谱分析仪相比体积较小，操作比较方便，在 WDM 系统中测量通路中心频率和中心波长漂移时多采用多波长仪。

麦克尔逊干涉仪的工作原理是基于光分路器。在图 7.29 中，光分束镜可以使用特制的镀银反射镜或在两个棱镜之间涂一层不同折射系数的薄层，该光分路器可以将一半的光反射、一半的光折射。其中反射光后射向一面固定的镜子 M2，折射光投向一面移动的镜子 M1。当 $L_1=L_2$、M1 垂直于 M2 时，两束光就沿着相同的路径和相位到达观测者眼中，如果 M1 和 M2 不绝对垂直，这样就形成了光的干涉。如果 L_1 和 L_2 之差为 $m\lambda$ 或 $(m+1/2)\lambda$ 时，就会观测到中心有一个黑点或亮点。首先，假设在观测中心有一个亮点，M1 可以很精确地移动来控制 L_1 的长度。当 M1 移动 $\lambda/4$ 时，两束光的路径差为 $\lambda/2$，就会发现中心有一个黑点。如果将 M1 移动 $\lambda/4$，两束光的路径差为 λ，又会发现中心有一个亮点。用这种方法可以观测到明暗相间的干涉条纹，利用干涉条纹数和 M1 的移动距离，可以计算光波长。

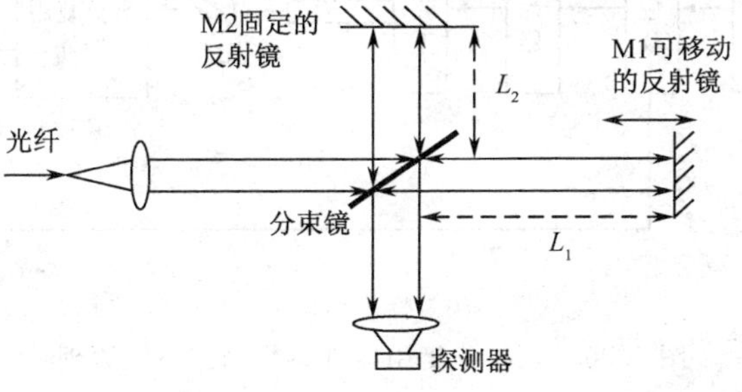

图 7.29　迈克尔逊干涉仪

相反的，如果知道光的精确波长，就可以计算 M1 的移动距离。也就是说，可以利用麦克尔逊干涉仪来进行长度的精密计量和波长测试。这种仪器的特点是测量精度高，只要光程差有微小的变化，即使变化量只有波长的 1/10 量级，干涉条纹就出现可鉴别的移动。

此外，光谱分析仪（OSA）也是 WDM 测试中常用的仪器，由第 6 章的介绍可知，OSA 的主要特点是动态范围大、灵敏度好、等效噪声带宽小，但测量中心波长时精度稍差，体积较大。

针对图 7.28 中各参考点的通路信号光功率、各参考点的光信噪比和光放大器各个波长的增益系数和增益平坦度的测试可以采用光谱分析仪。它在测量单个波长的光功率时精度较高，而且测量光信噪比也更准确；但使用起来相对较复杂，需要设置的项目多一些。如在测量 OSNR 时需要设置滤波器的带宽为 0.1nm。

2. WDM 测试方法

波分复用器件和光放大器是 WDM 系统最主要的两个部件，也是 WDM 系统测试的核心和区别于传统 SDH 的部分。

波分复用器件参数测试系统如图 7.30 所示。图中左半部为测试系统的光源部分，其功能是能够为待测光波分复用器件提供不同信道的波长，所以是一个可变波长的光源系统。其中宽带光源是一个能提供具有较宽光谱的白光光源（如卤钨灯），通过聚焦镜和单色仪，输出具有测试所需的波长和一定强度的单色光，如 1.3μm、1.55μm、0.85μm 等。把由单色仪出来的滤波光束输入到斩光器，调相产生调制光以抑制背景光产生的影响。图中的右边为测试部分，锁相放大器与光源调制同步。将输入的微弱信号进行锁相跟踪与放大，由自聚焦透镜耦合到光纤的光接入待测光波分复用器件，并将待测器件的输出光分别由两个尾纤输入到光探测器，把光信号变为电信号，即可由测出的光功率得出信道的插入损耗和隔离度，如果再将光功率和波长接入到 X-Y 记录仪，则可通过计算机由 X-Y 记录仪绘出光波分复用的频谱特性。

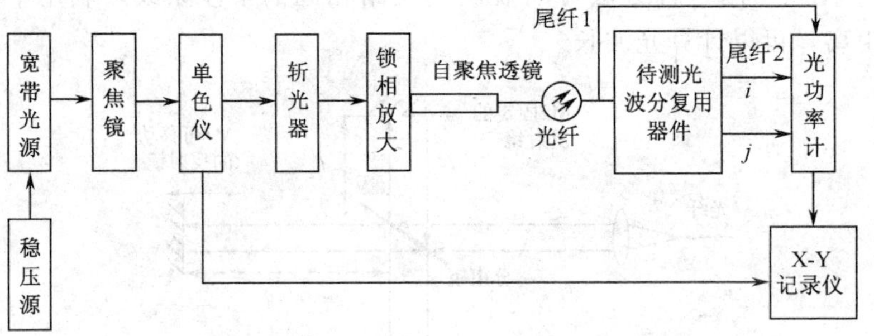

图 7.30 光波分复用器件参数测试系统原理

使用 EDFA 光放大器的 WDM 系统对光放大器的增益及平坦度有相当高的要求，噪声指数则表明在使用 EDFA 的情况下，由理想的光电探测器检测的电信号的信噪比的减小。EDFA 的增益和噪声系数测量已在第 4 章中涉及。下面就 EDFA 的输入、输出光功率范围及工作波长带宽测量作一介绍。

根据 ITU-T G.662 定义输入功率范围是指在保证光纤功率放大器的性能和输出光功率的条件下，允许输入的信号光功率范围。输出功率范围是指在输入光功率范围内所输出的信号光功率范围。工作波长带宽是指一定的波长范围。当信号在输入光功率范围内时，输出信号功率在规定范围内。其测试系统如图 7.31 所示，它的主要仪器有可调谐激光光源，光功率计和光谱分析仪等。

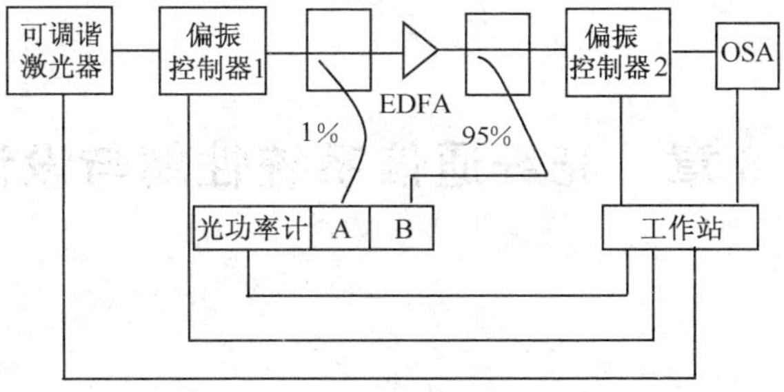

图 7.31　EDFA 输入/输出光功率范围及工作波长带宽测量

习题与思考题

1. 一个光传输系统的信道间隔限制在 500GHz，在 1536～1556nm 频带内可用波长信道数为多少？

2. 简述波分复用的分类。

3. 试画出 WDM 系统的工作原理，其基本结构有哪些？

4. 光波分复用技术的关键技术有哪些？

5. 不采用波长变换器，但假定波长可由网络的不同端口重用。

(1) 试证明一个 WDM 网有 N 个节点，其所需的最少波长数如下所示。

1) 对于星型网络为 $N-1$。

2) 总线型网中所需的波长数目，当 N 为偶数时为 $(N/2)^2$；N 为奇数时为 $(N^2-1)/4$。

3) 对于一个环型网为 $N(N-1)/2$。

(2) 对 $N=3$ 和 4 画出网络示意及其波长分配。

(3) 绘出波长数随节点数变化的曲线，要求针对星型、总线型和环型拓扑，且 $2<N<20$。

6. 试分析 WDM 系统光网络的安全性及影响因素？

7. 三种复用技术（波分、码分、时分）的特点是什么？

8. WDM 系统的测试指标有哪些？试比较两种主要仪器多波长计和光谱分析仪的优缺点？

第 8 章　光纤通信系统性能与设计

本章提要

本书在前面的章节中讨论了光纤传输系统的组成部分，如光纤、光源、检测器、放大器等的原理和相关知识。同时讨论了 SDH 设备和 WDM 设备的概念、特点以及在各种现有光纤通信网中的应用情况。本章将在此基础上讨论光纤通信系统的性能与设计方面有关的问题，首先介绍光纤通信系统的结构和特点，然后介绍光纤通信系统性能分析与测试，最后分析单通道、多通道数字光纤通信系统的结构与设计问题。

8.1　光纤通信系统的概念

将一个用户的信息传送给另一个用户的全部设备及线路通称为通信系统，其中包括把信源信号转换成可在信道中传送信号的发送部分、信号传送的线路及附属设备把信号转换成用户信息的接收部分。最基本的光纤通信系统是由光发送机、光接收机、光纤传输线路、光中继器和各种无源光器件组成的信息传输系统。要实现通信，电信号还必须经过电端机对信号处理后送到光纤传输系统完成通信过程。根据所使用的光波长、传输信号形式、传输光纤类型、信号的调制方式、光接收方式的不同，光纤通信系统可分成不同的类型。表 8.1 给出了系统的不同分类以及各自的特点。

表 8.1　光纤通信系统的分类

分类方式	类　别	特　点
按信号类型	数字光纤通信	抗干扰能力强，传输质量好
	模拟光纤通信	对系统要求高，适用于图像传输
按光波长（通道）个数	单波长（通道）	技术难度小，应用成熟
	多波长（WDM）	传输容量大，距离远
按调制方式	直接强度调制 IM	技术成熟，成本低
	外调制	高速传输，成本较高
按接收方式	直接检测 DD	技术成熟，成本低，效率高
	相干检测 CD	灵敏度高，传输容量大，距离远
按光纤特性	多模光纤 MMF	采用 850nm 波长，距离短
	单模光纤 SMF	采用 1310/1550nm 波长，传输容量大，距离远

由表 8.1 可见，按照不同的方式，光纤通信系统有多种分类方法。本章从目前应用

的角度，阐述两类典型的光纤通信系统，即单通道 IM-DD 系统和多通道 WDM 系统。从系统的结构组成、主要性能分析，力争给读者一个简单、明晰的光纤通信应用系统的概念。同时，在前几章已经讨论了光纤通信系统中所采用的器件，如光收/发器、光耦合器、光解复用/复用器、光纤放大器等器件的结构和工作原理，在此基础上本章将讨论有关整个光纤通信系统设计方面的问题。

8.1.1　基本光纤通信系统结构

一个光纤通信系统结构如图 8.1 所示，它主要包括光发送、光传输和光接收三个主要部分。图 8.1 只给出了单向传输的示意，实际的系统绝大多数都是双向的。这个系统模型可以是单通道的 IM-DD 系统，也可以是 WDM 系统，区别在于如果是 WDM 系统，则在系统模型中需要增加波分复用器件，对多个波长光发送机的光信号进行复用和解复用。在图 8.1 所示的系统模型中，光放大器可以置于光发送机后作为系统的功率放大，还可以置于光纤线路上作为线路放大，也可以作为一个光前置放大器，下面对图 8.1 所示的三个部分加以简单介绍。

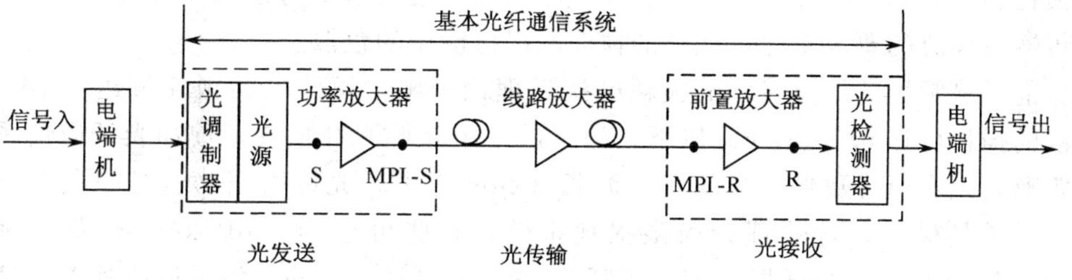

图 8.1　现代光纤通信系统结构（单向传输）

1. 光发送部分

光发送部分主要由光源、驱动器和调制器组成。光源是发送部分的关键器件，光纤通信系统要求光源有一定的输出光功率，尽可能小的谱线宽度、工作稳定可靠、寿命长（一般要求 10 万小时以上）。在光纤通信系统中，广泛使用半导体注入式激光器（LD）和发光二极管（LED）。在短波段（800～900nm），常使用镓铝砷（GaAlAs）激光器和发光二极管，此类光源已经很成熟，各方面都能满足系统的要求。在长波段（1000～1600nm），常用铟镓砷磷（InGaAsP）材料制成的激光器发光二极管，此类光源也相当成熟。

由光源发出的光波在调制器中受到电信号的调制，成为已调光波。目前有两种主要的调制方式，一种是半导体光源的直接强度调制（IM），即用电信号对光源（如发光二极管 LED 或激光二极管 LD）的注入电流进行调制，使其输出光波的强度随调制信号而发生变化，从而实现直接强度调制。此种调制方式不要求单独的调制器，光源和调制器成为一体，即光波的产生和调制在同一半导体激光器或发光二极管内完成。直接调制的设备简单、成本低、容易实现，它是目前实际光纤通信系统广泛采用的调制方式，对直接调制的限制因素主要是调制的速度。

在直流工作条件下，半导体注入式激光器比较容易做到单纵模输出，但用电信号对其注入电流进行调制后，激光器容易变成多纵模输出，已调光波的光谱宽度显著增加，从而限制了光纤通信系统的通信容量和通信距离。为了解决这个问题，人们已研制成功一种分布反馈（DFB）激光器，它在直接调制情况下可以得到单纵模输出。这是目前最大容量、长距离光纤通信系统的优选光源。

另一种调制方法是间接调制，此种调制方式的主要特点是光源和调制器分开。如第3章所述，它有多种间接调制方式，如电光调制、声光调制和磁光调制，目前技术上较为成熟的是电光调制。电光调制可以实现强度调制、相位调制或偏振调制。间接调制的优点是调制速度高，调制对光源的工作不产生影响，但设备较为复杂，仅在要求很高的调制特性的情况下使用，例如，在大容量、长距离的光纤通信系统中使用。

2. 光传输部分

光传输部分主要由光纤和线路放大器（或光中继器）组成。光纤是光纤通信系统中的主要组成部分，它的特性好坏，将对光纤通信系统产生很大影响。光纤传输特性主要包括损耗、色散和非线性三个方面。为了增加光纤通信系统的通信距离和通信容量，对光纤传输特性总的要求是尽可能低的损耗和尽可能小的色散。

目前，最常用的石英光纤的损耗已接近理论极限，短波段的损耗可达2.1dB/km，长波段的损耗可达0.18dB/km以下。为了进一步降低光纤损耗，增加光纤通信系统的中继距离，正在研究更低损耗的超长波长（2μm以上）光纤材料。这是一些非石英系的玻璃或单晶材料，它的理论极限损耗很低，有些可达10^{-9}dB/km。例如，硼化钍（TnB），在1～10μm的低损耗窗口损耗为10^{-3}dB/km。此外，为了适应外差光纤通信系统的特殊要求，正在研制各种偏振保持光纤。它对将来发展长距离、大容量的光纤通信系统有着重要意义。光传输线路的损耗还包括光纤接头和连接器的损耗；由于光纤线路由许多光纤连接而成，光纤接头和连接器的损耗将对系统产生不小的影响。具体分析见8.3节。

由于光纤的损耗和带宽限制了光波的传输距离，当光纤通信线路很长时，则要求每隔一定的距离加入一个光纤放大器（光中继器）。在早期的光纤通信系统中通常采用光/电转换型的中继器来增加光波的传输距离。它由光接收机和光发送机组成，光接收机首先接收从光纤中传来的被衰减的光信号，并将它变为电信号，然后对电信号进行放大，再用电信号直接调制发送机中的光源产生已调光波，再耦合进入光纤，达到光信号放大的目的。此种中继器设备比较复杂，而且由于反复的光—电、电—光变换增加了信号的失真。

目前研制成功各种类型的光纤放大器，它可作为光直接放大中继器，通过光纤传输后衰减的光信号可用光纤放大器直接放大继续向前传输，以达到长距离通信的目的。其中掺铒光纤放大器已在实用的光纤通信系统中被广泛使用。

光纤放大器的普遍使用克服了光纤的损耗对系统性能（如中继距离）的影响，但带来另外的影响，即光纤的色散和非线性特性成为限制系统性能的主要因素。尤其是在高速光纤通信系统中，必须考虑光纤色散的影响。

图 8.1 中，按照光放大器的位置，把功率放大器和前置放大器分别纳入光发送和接收部分，此外对于线路放大器，可以是单个放大器独立使用，也可以是多个放大器的级联，关于光纤放大器在系统中的应用，已在第 4 章介绍。

3. 光接收部分

光电检测（波）器是光接收的主要部件。从光纤中传输来的已调光波信号入射到光电检波器的光敏面上，光电检波器将光信号解调成电信号，然后进行电放大处理，还原成原来的信息。因为光纤输出的光信号很微弱，所以为了有效地将光信号转换为电信号，要求光电检波器有高的响应度、低噪声和快的响应速度。

目前，实用光纤通信系统使用的半导体光电检波器有 PIN 光电二极管和雪崩光电二极管 APD 两种，前者是无增益的，后者是有增益的。由于半导体材料对不同波长有不同的响应度，因此，在短波长段广泛使用硅雪崩光电二极管，在长波长段广泛使用锗雪崩光电二极管、铟镓砷磷雪崩光电二极管和 PIN 光电二极管，为了提高光接收机的灵敏度，在长波长段广泛使用 PIN-FET 接收组件，它是用 PIN 光电二极管作光电检波器，FET 作为前置放大器的组合器件。

正在研究新型的光电晶体管光电检波器，如量子阱器件，此种器件既有较大的增益，又有较小的噪声，现已有试制性产品，预计不久将在实用光纤通信系统中应用。

光纤通信系统有两种接收方式。一是直接检波（DD），即单独使用光电检波器直接将光信号变换为电信号。此种接收方式的优点是设备简单、经济，是当前实用光纤通信系统普遍采用的接收方式。另一种是外差检测（波）方式（CD），即光接收机产生一个本地振荡光波，与光纤输出的光波信号在光混频器中差拍产生中频光信号，经光电检波器变换为中频电信号。此种方式的优点是能大幅度提高光接收机的灵敏度，但设备比较复杂，对光源的频率稳定度和光谱宽度要求很高，目前还处于实验阶段。但大量的理论和实际工作已充分证明它是一种很有发展前途的光纤通信系统，随着光纤和光电器件制造技术的进一步提高，将显示出它更大的优越性。

图 8.1 中还包括电端机，它主要是实现用户信号和适合信道传输的信号之间的转换。例如，对于模拟的视频信号传输，电端机把这种模拟信号转为数字信号，并把多路数字信号复接成 SDH/PDH 的多次群，并输入到光发送端机。这种模/数或数/模转换目前普遍采用脉冲编码调制（PCM）方式，这种方式通过对模拟信号进行抽样、量化和编码而实现的。

8.1.2　光纤传输特性对系统的影响

1. 损耗

光纤的损耗对系统的影响主要是功率限制。信号光在光纤中传输一定距离后，由于损耗效应，使信号光强度大大减弱，低于接收探测器的灵敏度后系统就不能正常工作。

对于损耗，可以通过光放大技术进行补偿。信号光在光纤中传输一定距离后，加入光纤放大器，使信号光的功率得到提升。在接收机之前，可以加入放大器提升功率，提高接收灵敏度。

损耗与信号光的调制速率无关。对155Mb/s与10Gb/s的调制速率，损耗都是一样的。同时放大器对调制速率也透明。因此，不同传输速率的系统，光纤损耗的影响及补偿方法基本一样。

2. 色散

通常提到的光纤的色散是指色度色散，它是光纤的固有特性之一，对系统的影响与信号光的调制速率紧密相关。对于低速率系统，由于从时域上看脉冲的调制周期大，光源（激光器＋调制器）的色散受限距离很长，比如一般2.5Gb/s调制速率的光源的色散容限是12800ps/nm，可以保证在G.652光纤中无补偿传输640km。对于155Mb/s、622Mb/s系统的色散受限距离则更长。所以，对于速率是2.5Gb/s及以下的系统，可以不考虑色散的影响。

但是，对于10Gb/s及以上速率的系统，必须考虑色散的影响。10Gb/s速率的信号光在G.652光纤中无色散补偿的理论传输距离只有60km左右；对光源采用预啁啾技术处理后，可以延长色散受限距离最大到90km左右（1500ps/nm）。因此，对于10Gb/s及以上速率的系统要实现长距离传输，必须采用色散补偿技术。目前，比较成熟的色散补偿技术有色散补偿光纤（DCF）补偿法、啁啾光纤光栅（DCG）补偿法等。前者可以同时补偿DWDM系统的各个信道，在10Gb/s速率DWDM系统中得到广泛的应用。啁啾光纤光栅由于其带宽较窄，一般在单信道系统中具有较大竞争力。

除色度色散外，光纤还存在偏振模色散（PMD），PMD是由于光纤光缆不是理想的圆柱对称结构而引起传输过程中的两个偏振态（LP_{01}^{x}和LP_{01}^{y}）的群时延不同，是波长、时间的随机函数，一般用统计的平均值来表示。新生产的光纤PMD系数通常小于0.1ps/km$^{1/2}$。在传输10Gb/s以上信号时需考虑PMD的影响。另外，光通路中使用的各种光器件，诸如光隔离器、光环行器、光滤波器、光放大器、光波长转换器以及光波复用/解复用器，这些光器件一般都采用扁长方形截面的光波导，而且波导结构和结构转换形式都是复杂的，它们的PMD系数可能会很大。好在这些器件的PMD不存在传输距离的积累问题，如果链路中光器件不是太多，系统设计时可以忽略不计，而只需通过规范各个器件的PMD指标来予以限制。

3. 非线性效应

光纤传输的损耗和色散与光纤长度是呈线性变化的，呈线性效应，而带宽系数与光纤长度呈非线性效应。光纤的非线性效应从产生机制上可以分为受激散射与折射率效应两大类。受激散射主要包括受激布里渊散射（SBS）与受激拉曼散射（SRS）两种；折射率效应包括四波混频（FWM）、自相位调制（SPM）、交叉相位调制（XPM）等多种。其中FWM、XPM只有多信道系统才能产生，在单信道系统不会产生。SRS在单信道系统中阈值功率太高，影响可以忽略，而在多信道系统中的影响不容忽视。SBS、SPM在单信道、多信道系统中都会存在。

非线性效应一旦产生，就无法消除或补偿。因此，必须尽量防止非线性效应的产生。在第 2 章提到，使用模场直径（或有效面积）大的光纤，可以降低通过光纤的功率密度，可以抑制非线性效应的产生。此外，多种非线性效应与光纤的色散系数相关，如四波混频，如果光纤的色散系数太小，很容易满足四波混频产生的相位匹配条件，使系统性能大大降低，甚至不能正常工作。

8.2　数字光纤通信系统性能及测试

数字光纤通信系统的性能对整个通信网的通信质量起着至关重要的作用。影响光纤通信系统传输性能的主要传输损伤包括误码、抖动和漂移。本节就以目前常用的 SDH 传输系统和多通道的 WDM 系统为例，介绍数字光纤通信系统的主要性能指标及测试方法。

8.2.1　数字光纤通信系统的主要性能指标

1. 误码性能

所谓误码，是指经光接收机的接收与判决再生之后，码流中的某些比特发生了差错。传统上常用平均误码率 BER 来衡量系统的误码性能，即在某一规定的观测时间内（如 24h）发生差错的比特数和传输比特总数之比，如 1×10^{-10}。但平均误码率是一个长期效应，它只给出一个平均累积结果。而实际上误码的出现往往呈突发性质，且具有极大的随机性，因此除了平均误码率之外还应该有一些短期度量误码的参数，即误码秒与严重误码秒。

误码秒 ES 含义是，当某 1s 时间内出现 1 个或 1 个以上的误码时，就叫做一个误码秒；严重误码秒 SES 的含义是，当某 1s 时间内出现 64 个或 64 个以上的误码时，就叫做一个严重误码秒。也可以这样理解，出现误码率大于 10^{-3}s（因 SES 是针对 64kb/s 速率而言），无论是 ES 还是 SES，皆针对系统的可用时间。ITU-T 规定，不可用时间是在出现 10 个连续 SES 事件的开始时刻算起；而连续出现 10 个非 SES 事件时算作不可用时间的结束。此刻算作可用时间的开始（包括这 10s 时间）。

无论是 BER 还是 ES 与 SES，都是针对假设参考数字段（HRDS）而言。即两个相邻数字配线架之间的全部装置构成一个数字段，而具有一定长度和指标规范的数字段叫做假设参考数字段。中国规定有三种 HRDS，即长度分别为 50km、280km 和 420km。在总测量时间不少于一个月的情况下，PDH 系统各 HRDS 的误码指标如表 8.2 所示。

表 8.2　PDH 中各 HRDS 的误码性能指标

数字段长度/km	ES	SES
50	＜0.16％	＜0.002％
280	＜0.036％	＜0.00045％
420	＜0.054％	＜0.00067％

对 SDH 系统，误码性能是以块为单位进行度量的，由此产生出一组以“块”为基础的一组参数，即误块秒比（ESR）、严重误块秒比（SESR）和背景误块秒比（BBER），这些参数的含义如下。

当块中的比特发生传输差错时称此块为误块。而当某 1 秒中发现 1 个或多个误码块时称该秒为误块秒。因此误块秒比（ESR）定义为在规定测量时间段内出现的误块秒总数与总的可用时间的比值。

某一秒内包含有不少于 30%的误块或者至少出现一个严重扰动期时认为该秒为严重误块秒（SES）。这里严重扰动期指在测量时，在最小等效于 4 个连续块时间或者 1ms（取二者中较长时间段）时间段内所有连续块的误码率≥10^{-2}或者出现信号丢失。严重误块秒比（SESR）定义为在测量时间段内出现的严重误块秒总数与总的可用时间之比。严重误块秒一般是由于脉冲干扰产生的突发误块，所以 SESR 往往反映出设备抗干扰的能力。

扣除不可用时间和 SES 期间出现的误块称之为背景误块（BBE）。背景误块比（BBER）就是 BBE 数与在一段测量时间内扣除不可用时间和 SES 期间内所有块数后的总块数之比。若这段测量时间较长，那么 BBER 往往反映的是设备内部产生的误码情况，与设备采用器件的性能稳定性有关。

表 8.3 列出了 HRDS 为 420km、280km 和 50km 时 SDH 系统应满足的误码性能指标。

表 8.3 SDH 中各 HRDS 误码性能指标

	420km			280km			50km		
速率	STM-1	STM-4	STM-16	STM-1	STM-4	STM-16	STM-1	STM-4	STM-16
ESR	3.696×10^{-3}	待定	待定	2.464×10^{-3}	待定	待定	4.4×10^{-4}	待定	待定
SESR	4.62×10^{-5}	4.62×10^{-5}	4.62×10^{-5}	3.08×10^{-5}	3.08×10^{-5}	3.08×10^{-5}	5.5×10^{-6}	5.5×10^{-6}	5.5×10^{-6}
BBER	2.31×10^{-6}	2.31×10^{-6}	2.31×10^{-6}	3.08×10^{-6}	1.54×10^{-6}	1.54×10^{-6}	5.5×10^{-7}	2.7×10^{-7}	2.7×10^{-7}

2. 定时性能：抖动与漂移

抖动是指数字脉冲信号的特定时刻（如最佳判决时刻）相对于其理想时间位置的短期的，非积累性的偏离。所以抖动又叫抖动时间。通常认为，当前后变化的频率大于 10Hz 时，这种现象就是一种抖动，如图 8.2 所示。

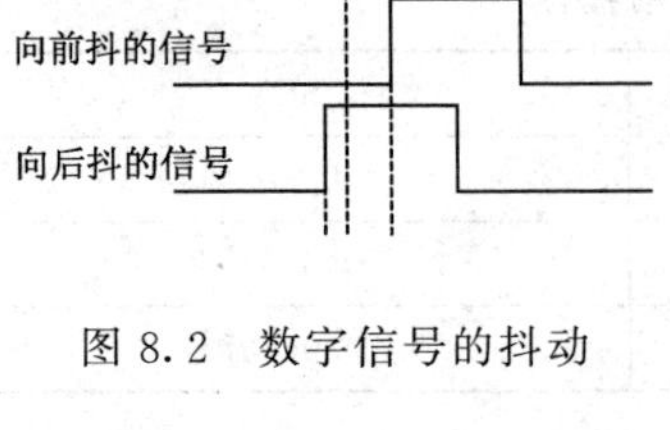

图 8.2 数字信号的抖动

抖动会对传输质量甚至整个系统的性能产生恶劣影响，如会使信号发生失真，使系统的误码率上升以及会产生或丢失比特导致帧失步等。产生抖动的机理是比较复杂的，如系统中的各种噪声（热噪声、散粒噪声及倍增噪声等）、码间干扰现象、时钟的不稳定、SDH 中的映射以及指针调整等。

在 SDH 系统中除了具有其他传输网的共同抖动源

——各种噪声源、定时滤波器失谐、再生器固有缺陷（码间干扰、限幅器门限漂移）等，还有两个 SDH 系统特有的抖动源。

1）脉冲塞入抖动。在将支路信号装入 VC 时，加入了固定塞入比特和控制塞入比特，分接时需要移去这些比特，这将导致时钟缺失，经滤波后产生残余抖动。

2）指针调整抖动。在指针进行正/负调整和去调整时产生。

对于脉冲塞入抖动，与 PDH 系统的正码脉冲调整产生的情况类似，可采用措施使它降低到可接受的程度，而指针调整（以字节为单位，隔三帧调整一次）产生的抖动由于频率低、幅度大，很难用一般方法加以滤除。抖动的单位为 UI，即偏差和码元周期之比。如偏差为 0.5ns，码元周期为 7.18ns，则抖动为 0.5/7.18=0.07UI。

抖动的种类较多，但归纳起来可大致分为如下几种。

1）最大允许输入抖动，又称输入抖动，是指允许输入信号的最大抖动范围。

2）抖动容限，是指加在输入信号上能使设备产生 1dB 光功率代价的抖动值。

3）输出抖动，是指在无输入抖动的条件下设备的输出抖动值。

4）抖动传递特性（仅用于中继器），是指在不同的测试频率下，输入信号的抖动值与输出信号抖动值之比的分布特性。

漂移是指数字脉冲的特定时刻相对于其理想时间位置的长时间偏移。这里所说的长时间是指变化频率低于 10Hz 的变化。与抖动相比，无论从产生机理、本身的特性以及对系统的影响，漂移与抖动皆不相同。引起 SDH 系统漂移的普遍原因是环境温度的变化，它将使光缆传输特性变化，导致信号漂移，另外时钟系统受温度变化的影响也会出现漂移。SDH 系统的网络单元中指针调整和网同步的结合也会产生很低频率的抖动和漂移。不过总体说来，SDH 系统的漂移主要来自各级时钟和传输系统，特别是传输系统。

表 8.4 与图 8.3 列出了 PDH 设备输入抖动与漂移容限的规范以供参考，其他的抖动和漂移容限值请参考 ITU-T 和国家相关标准。

表 8.4　PDH 设备输入抖动与漂移容限

速率/（Mb/s）	UI（P-P）			频率/Hz				
	A_0	A_1	A_2	f_0	f_1	f_2	f_3	f_4
2.048	36.9	1.5	0.2	1.5×10^{-5}	20	2400	18k	100k
8.448	152	1.5	0.2	1.2×10^{-5}	20	400	3k	400k
34.368	618	1.5	0.15	*	100	1k	10k	800k
139.264	2506	1.5	0.075	*	200	500	10k	3500k

注：* 表示未定。

8.2.2　系统传输性能指标的测试

在前面，已经介绍了数字光纤通信设备中 SDH 光口的指标测试，如光源器件的谱宽、光发送机的消光比、平均发送功率、光接收机动态范围等。这里主要介绍光纤通信

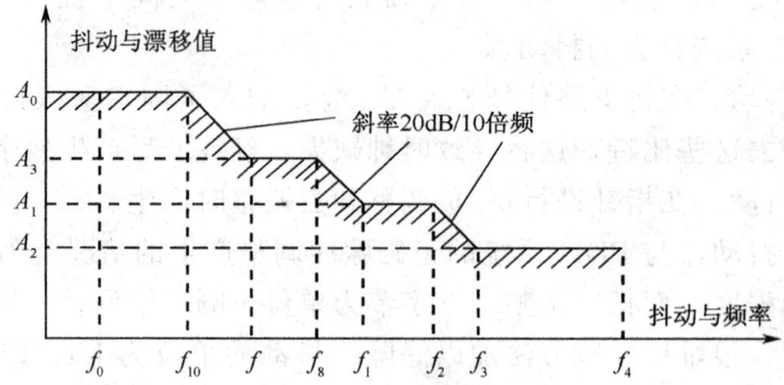

图 8.3 PDH 设备输入抖动与漂移容限

系统（主要是 SDH 系统和 WDM 系统）中与传输有关的性能指标的测试。

1. 数字光纤通信系统测试仪表——误码分析仪、SDH 分析仪

在系统性能的测试中除了要用光功率计、可变光衰减器等常用仪表外，专用仪表还有误码分析仪、SDH 分析仪等。

误码分析仪由三大部分组成：发码发生器、误码检测器和指示器，其框图如图 8.4 所示。发码发生器可以产生测试所需要的各种速率和各种码型，根据国际规定，误码率等性能的测试应采用 $2^{23}-1$ 伪随机序列产生器来进行测试。

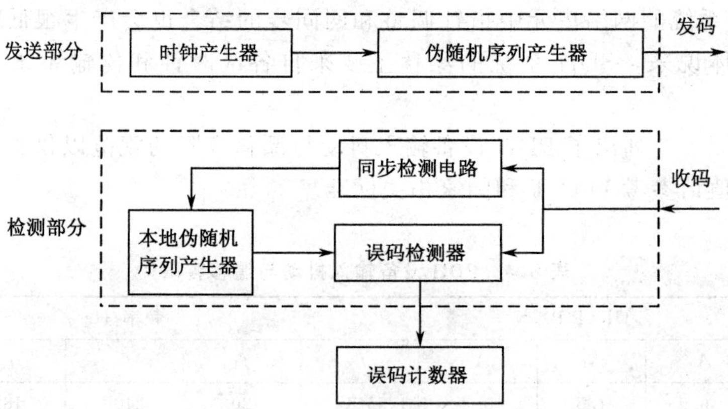

图 8.4 误码分析仪框图

输出码型经过被测信道或被测设备后，再由检测部分接收。检测部分包括本地伪码随机序列产生器、同步检测电路及误码检测器。检测部分可产生一个与发送部分输出的码型完全相同且又严格同步的码，以此作标准，在比特比较器中与输入的图案进行逐比特比较，如果被测设备产生了任何一个错误比特，都会被检出一个误码，同时被误码计数器记录并显示。

相对于误码分析仪，SDH 分析仪不仅能测试 PDH/SDH 设备的全部误码性能和抖动性能，而且能分析和检测 SDH 设备的帧结构和映射复用结构，实现 PDH 到 SDH 信

号的映射与去映射。

2. SDH 误码率和接收灵敏度测试

SDH 光接收机灵敏度的定义是在保证一定的误码率前提下所需要接收的最低平均光功率，因此，误码率和灵敏度是联系在一起的，它们的测试方法也基本相同。灵敏度的测试原理如图 8.5 所示。测试步骤如下。

1）按照图 8.5 接好仪表和光纤。

2）调节可变光衰减器，逐步增大衰减值，使 SDH 分析仪测到的误码尽量接近但不能大于规定的 BER（如 10^{-10}）。

3）断开 R 点，接上光功率计，得到光功率，即为要求误码率下的接收灵敏度（如 BER$=10^{-10}$时的灵敏度值）。

灵敏度的表示方法一般采用 dBm 表示，即

$$P_r = 10\lg(P_{min}/1\text{mW})\ (\text{dBm}) \tag{8.1}$$

在如图 8.5 所示的测试装置中，将可变光衰减器以长光纤代替，便可测量出传输一定距离后光接收机的误码率。注意，此时光发送机和光接收机应该是属于不同 SDH 设备。

图 8.5 所示的测试系统还可以用来测试光接收机的动态范围，步骤如下。

1）先测量光接收机的灵敏度，即测 P_{min}。

2）逐渐减小光衰减器的衰减量，直至误码仪指示的误码率为某一要求值，此时接收的光功率为最大输入功率 P_{max}。

动态范围可以表示为

$$D = 10\lg(P_{max}/P_{min})\ (\text{dB}) \tag{8.2}$$

需要注意的是，在进行 SDH 误码率和接收灵敏度测试时，需要考虑测量时间的长短，只有在长时间内系统处于误码要求的条件下测得的功率值才是实际值。

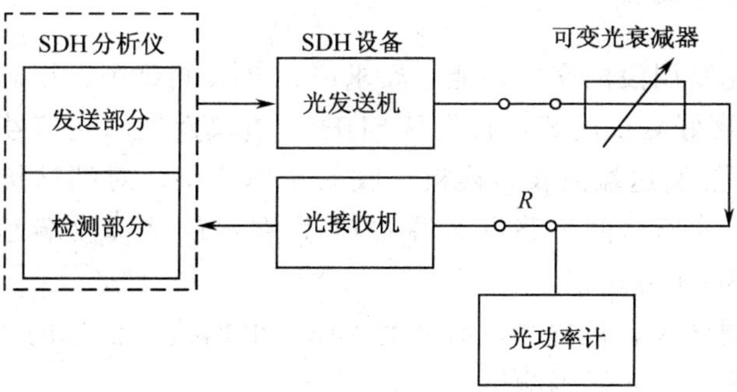

图 8.5　SDH 光接收机灵敏度测试框图

3. SDH 抖动性能的测试

SDH 抖动性能的测试原理如图 8.6 所示。测试步骤如下。

1）如图 8.6 所示接好测试系统，但先不将低频信号发生器连接到发送器上，开关 K_1 置 1，K_2 置 2，由误码仪发送 $2^{23}-1$ 或 $2^{15}-1$ 伪随机码。监视光端机的误码率，调制可变光衰减器的衰减量，使光接收机接收的光功率恰好在无误码的基础上增加 1dB。

2）将低频信号发生器发出的测试低频信号加于误码仪的发送端，调制伪随机码，造成光端机输入信号的抖动，逐渐加大低频信号幅度，直至发生误码为止。

3）将开关 K_1 置 3，测出此时的抖动值，即为此频率下的输入抖动容限。

4）改变低频测试信号的频率，重复上述过程，逐频点测量，最后画出输入抖动与频率的对应关系。

目前，很多数字传输分析仪和 SDH 分析仪将 ITU-T 建议的输入抖动容限的有关曲线输入机内 CPU，只要启动自动测量功能，便能方便地测出系统的输入抖动容限。

用图 8.6 所示测试系统也可以测试光端机的输入抖动和抖动转移特性。将图中低频信号发生器的输出幅度设为零，使光端机输入端无抖动输入，断开 K_2，将 2 端和 3 端相连，抖动检测仪选择适当的滤波器带宽，此时抖动检测仪读出的数值即为输出抖动。

当要测量抖动转移特性时，可在某频率下将输入抖动调整在适当的数值，接收端测出输出抖动数值，输出抖动与输入抖动之比，即为抖动转移特性。

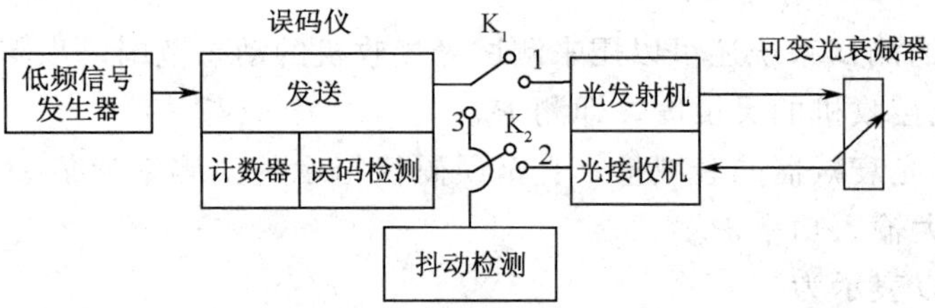

图 8.6 SDH 抖动测试框图

4. WDM 误码率的测试

对 WDM 系统光复用段的误码性能，要求应在 24h 测试中无误码。测试步骤如下。

1）按图 8.7 连接好测试配置，首先从 SDH 分析仪发送的光信号经过衰减器后接入发送端 OTU 单元，使发送端波长转换板接收的功率适中，对端站接收端 OTU 单板加衰减做一个环回，接入反向同一路发送端 OTU，在本端站接收端 OTU 进行接收，接收下来的信号接入 SDH 分析仪。

2）启动 SDH 测试仪，设置测试时间为 24h，根据接入信号的速率，设置 SDH 测试仪的数据结构，进行 24h 误码测试。

5. WDM 网络接口抖动容限测试

抖动容限定义为施加在输入 STM-*N* 信号上能使光设备产生 1dB 光功率代价的正弦抖动峰-峰值。网络接口的输入抖动容限是在网络接口上进行测量，其测试框图与图 8.7 基本类似。测试步骤如下。

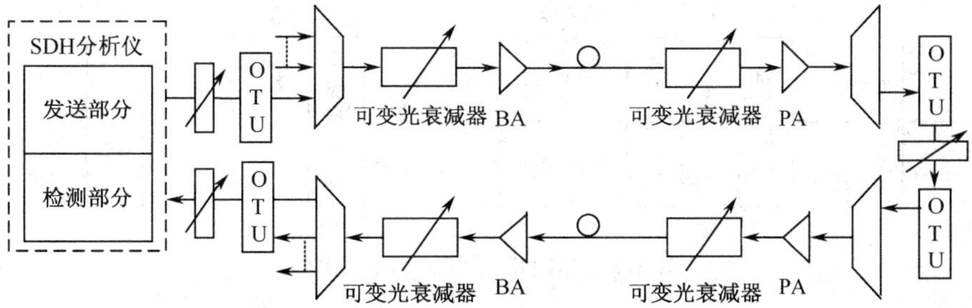

图 8.7　WDM 误码率测试框图

1）按图 8.7 连接好测试配置，选择适当的光衰减器，使 SDH 测试仪和 OTU 接收光功率适当。

2）根据波长转换板接入速率，设置 SDH 为 OTU 的对应速率，并选择抖动容限测试项。

3）设置相应的测试频率点和最大抖动值，设置为相应速率的模板。

4）启动测试，观察测试结构是否满足模板的要求。

8.3　单通道数字光纤通信系统结构与设计

在数字光纤通信系统中，强度调制—直接检测 IM-DD 系统是最常用、最主要的方式。本节以 IM-DD 系统为例介绍单通道数字光纤通信系统的结构和设计问题。在论述数字光纤通信系统设计时，先给出总体设计中应该综合考虑的因素，然后给出单通道系统中继距离设计，并举例说明。

8.3.1　系统结构

IM-DD 系统就是发送端信号调制光载波的强度，接收端用检测器直接检测光信号的一种光纤通信系统。第 6 章所介绍的实用化的 PDH、SDH 系统大都采用光强直接调制方式，这是因为半导体光源的直接强度调制原本是光纤通信特有的优点，它实施非常简单，调制的效率高，只需要 1～2V 的低电平（毫瓦级功率）调制信号便可以实现接近 100％的调制深度。

图 8.8 是一个 IM-DD 系统的基本结构，它包括 PCM 端机，输入/输出接口，光发送/接收端机，光纤线路及光中继器等。

1. PCM 端机和输入/输出接口

通信中传送的许多信号（如语音、图像信号等）都是模拟信号。在输入侧，PCM 端机的任务就是把模拟信号转换为数字信号（A/D 变换），完成 PCM 编码，并且按照时分复用的方式把多路复接、合路，从而输出高比特的数字信号。在输出侧，PCM 端机将光信号变换为电信号，再进行放大、再生，恢复出原来传输的信号并输出用户端。

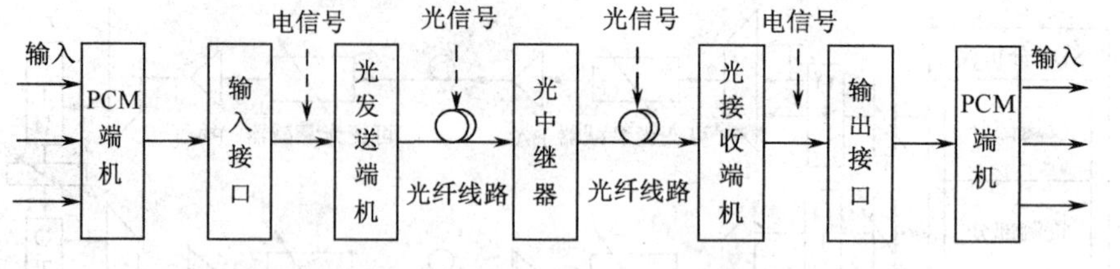

图 8.8 IM-DD系统的组成原理

它的任务是将高速数字信号时分复用，然后再还原成模拟信号。光发送/接收端机与 PCM 端机之间通过输入/输出接口实现码型、电平和阻抗的匹配。

PCM 编码包括抽样、量化、编码三个步骤，如图 8.9 所示。抽样过程就是以一定的抽样频率 f 或时间间隔 T 对模拟信号进行取样，把源信号的瞬时值变成一系列等距离的不连续脉冲。根据奈奎斯特（Nyquist）抽样定理，只要抽样频率 f 大于传输信号的最高频率 f_s 的两倍，即 $f>2f_s$，在接收端就完全感觉不到信号的失真。

量化过程就是用一种标准幅度量出抽样脉冲的幅度值，并用四舍五入的方法把它分配到有限个不同的幅度电平上。如图 8.9 中把幅度值分为 8 种，所以每个范围的幅度值对应一个量化值，显然这样的量化会带来失真，称为量化失真，量化等级分得越细，失真越小。

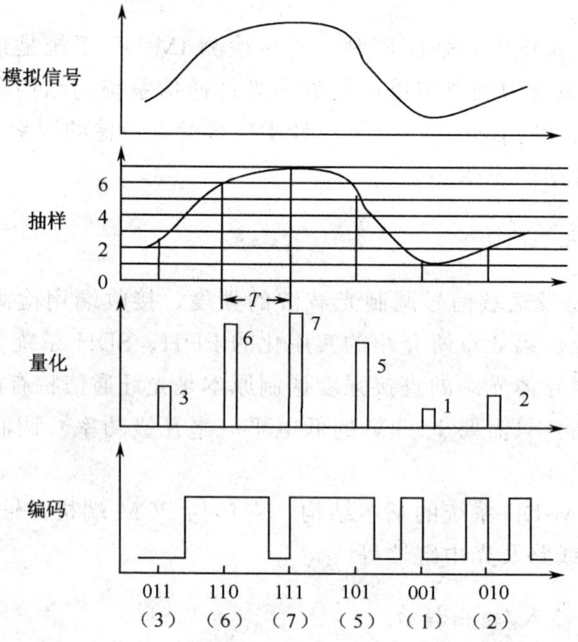

图 8.9 PCM 编码过程

编码过程就是用一组组合方式不同的二进制脉冲代替量化信号。如果把信号电平分为 m 个等级，就可以用 $N=\log_2 m$ 个二进制脉冲来表示一个取样值。这样原来的连续模拟信号就变成了离散的数字信号 0 和 1。在图 8.9 中，$m=8$，则可以用 3 个二进制数表示一个取样值。比如 0 对于 000，1 对应 001，2 对于 010，3 对于 011，4 对于 100，5 对于 101，6 对于 110，7 对于 111，这种信号经过信道传输，在接收端经过解码、滤波后就可以恢复出原来的信号。

例如，电话、语音信号的最高速率为 4kHz，取抽样频率为 $f=8\text{kHz}$，即图 8.9 的抽样周期 $T=125\mu s$。如果每个量化信号用 8 个比特二进制代码替代，一个 PCM 语音信号的速率为 $8\times8=64\text{kb/s}$。在实际的 PDH 数字通信系统中，一个基群包括速率为 2.048Mb/s（32×64kb/s），四个基群时分复用为一个二次群（8.448Mb/s），四个二次群又时分复用为一个三次群（34.368Mb/s），依此类推。

经过脉冲编码的单极性的二进制码还不适合在线路上传输，因为其中的连“0”和连“1”太多，因此在 PCM 输出之前，还要将它们变成适合线路传输的码型。根据 ITU-T 建议，一、二、三次群采用 HDB_3 码，而四次群采用 CMI 码。

从 PCM 端机输入/输出的 HDB_3 或 CMI 码仍然不适合光发射/接收端机的要求，所以要通过接口电路把它们变成适合光端机要求的单极性码。接口电路还要保证电、光端机之间的信号幅度、阻抗匹配。单极性码由于具有随信息随机起伏的直流和低频分量，在接收端对判决不利，所以还要进行线路编码以适应光纤线路传输的要求。常用的光纤线路码型有扰码二进制、分组码（mBnB）、插入型码（mBlH/1C）等。经过编码的脉冲按系统设计要求整形、变换以后，以非归零码（NRZ）或归零码（RZ）去调制光源。

2. 系统基本组成部分

图 8.8 中的光发送端机、光纤线路、光中继器和光接收端机是系统的基本组成，它对应于图 8.1 的光发送、光传输和光接收部分。关于光发送机、光接收机和光放大器的工作原理和技术指标已分别在前面的章节中介绍过，这里仅从各部分在 IM-DD 系统中的应用情况进行总结。

光发送端机包括光源、驱动器、调制器和功率放大器等。这里电信号通过调制器转换成光信号（E-O 转换）。现在的光纤通信系统一般采用直接强度调制（IM）的方式，即通过改变注入电流的大小直接改变输出光功率的大小的方式来调制光源。参照图 8.1，光发送部分 S 点为光发送机与光放大器连接处的参考点，MPI 为主通道接口，定义为终端设备与长距离光纤传输设备的接口。光发送功率是指从光发送端机耦合到光纤线路上的光功率，即 S 点的平均光功率，它是光发送机的一个重要参数，大小决定了容许的光纤线路损耗，从而决定了通信距离。光放大器在发送机后作为功率放大器（BA），可根据实际系统的需要而设定。除了平均输出光功率、消光比、光谱特性以及光信噪比（OSNR）都是系统设计的主要参数。

光接收端机包括光检测器、前置放大、整形放大、定时恢复、判决再生器等。在这里，从光纤线路上检测到的光信号被转换成电信号（O-E）。一般对应于强度调制，采用直接检测（DD）方案，即根据电流的振幅大小来判决收到的信号是“1”还是“0”。判决电路的精确度取决于检测器输出电信号的信噪比。接收机的一个重要参数是接收机的灵敏度。其定义为接收机在满足所要求误码率的情况下所要求的最小接收光功率。和发送部分一样，光接收机部分 R 点为光接收机与前置放大器连接处的参考点。在系统中，接收灵敏度和过载光功率是两个主要的设计参数。

由于光纤本身具有损耗和色散特性，它会使信号的幅度衰减，波形失真，因此对于长距离的干线传输，每隔 50～70km 就需要在中间增加光中继器。光中继器有全光（OOO）方式的，如图 8.1 采用 EDFA 的线路放大器；也有采用光电光（OEO）方式的，如图 8.10 中的光中继器即为 OEO 方式。它实际上由一个接收器（Rx）和一个发送器（Tx）组成，Rx 将需要进行中继的光信号接收下来，转换成电信号，然后对此电信号进行放大、整形、再生，最后把再生的电信号调制到光源上，转换成光信号，由 Tx 发送到光纤线路上。

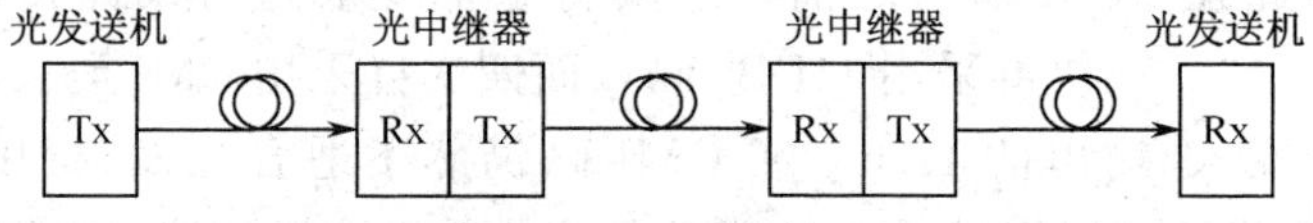

图 8.10　采用 OEO 方式的光中继器

8.3.2　光纤通信系统设计的总体考虑

任何复杂的光纤通信系统，它的基本单元都是点对点传输链路，点对点系统主要由三部分构成，即光发送端机、光纤线路和光接收端机。每部分又由许多光及电的元件组成，且各种元件之间的组合又非常多。考虑在实际应用中对系统的要求又极为广泛，因此笼统地讨论光纤系统的设计是非常困难的，这里只对一些原则性的设计问题加以介绍。

在设计一个光纤通信系统时，必须满足以下的基本要求。

1）达到预期的传输距离。

2）满足光纤传输容量。

3）满足系统的传输性能要求。

4）系统的安全性、可靠性。

5）价格、经济因素。

在掌握系统基本要求的同时，还应该考虑到系统的结构、规模、容量能否满足未来若干年发展的趋势，即可持续性问题。上述这些要求能否全部满足或首先应保证哪些指标，还取决于实际情况，在设计中具体考虑的因素主要包括以下几个方面。

1. 系统的制式、速率

在系统中选择 PDH 还是 SDH 制式的设备，目前已不存在争议。从使用情况来看，SDH 设备已在通信网中占据了绝大部分的市场，如接入网采用的低速率 STM-1 设备、长途干线网和大中型城域网采用的 10～40G 的超高速 SDH 设备等。这主要是由 SDH 设备的兼容性、安全性和良好的性能所决定。同时考虑到系统传输容量需求的飞速增长，如使传输容量达到太比特率的速率等级，选择WDM+SDH组合方式也是目前光纤通信系统必然的选择。

2. 光纤选型

光纤的种类繁多，其中多模光纤主要用于短距离传输，而长距离、长波长传输一般使用单模光纤。目前，应用于通信领域的光纤类型有G.652光纤、G.653光纤、G.654光纤和G.655光纤。G.652光纤是目前已大量敷设，在1.3μm波段性能最佳，但这种光纤工作在1.55μm波段时，色散较为严重，限制了高速率系统的传输距离。G.653光纤在1.5μm波段性能最佳，是TDM方式的最佳选择。但因出现四波混频效应(FWM)，限制了它在波分复用方面的应用。G.655光纤同时克服了G.652光纤在1550nm处色散受限和G.653光纤在1550nm处出现四波混频效应的问题，故最适合于WDM系统。

3. 光源的选择

在光源的选择时主要考虑信号的色散、码速、传输距离和成本等参数。由于LD具有发光谱线狭窄，与光纤的耦合效率高等显著优点，所以它被广泛应用在大容量、长距离的数字光纤通信之中。尽管LD也有一些不足，如线性度与温度特性欠佳。但数字光纤通信对光源器件的线性度并没有很严格的要求；而温度特性欠佳可以通过一些有效的措施来补偿，因此LD成为数字光纤通信最重要的光源器件。LED的谱线较宽，所以它难以用于大容量的光纤通信。但因为其使用简单，价格低廉，工作寿命长等优点，所以它广泛地应用在较小容量，较短距离的光纤通信之中；而且由于其线性度甚佳，所以也常常用于对线性变化要求较高的模拟光纤通信之中。

4. 光检测器的选择

给定的PIN和APD接收机接收灵敏度与码速有关，究竟选用PIN还是APD，可根据系统的码速及传输距离来决定。此外，还得考虑它们的可靠性、稳定性、使用方便及价格上的差别。PIN光电二极管的优点是：噪声小，温度特性稳定，价格便宜。但接收灵敏度不高。因此，PIN光电二极管只能用于较短距离的光纤通信。但若要检测极其弱小的信号时，还需要灵敏度较高的APD。

5. 工作波长的选择

工作波长可通过通信距离和容量来确定，短距离、小容量的系统一般选择850nm及1300nm波长，反之选择1300nm和1550nm的长波长。同时由前面的分析可见，工作波长的选择与光纤和光源的选择是息息相关的。

WDM系统中，在选择了工作波长后，还要考虑波长分配和通道间隔。一般的WDM系统，ITU-T G.692给出了以193.1THz为标准频率、间隔为100GHz的41个标准波长（192.1～196.1THz），可供选择。但在实际系统中，考虑到系统扩容的需求，同时采用了级联的EDFA引起的增益不平坦，可选用的增益区很小。目前实用化WDM

系统通常选择 1548～1560nm 波长区的 16 个波长。

6. 中继段距离确定

中继段距离确定是保证系统工作在良好状态下所必需的，尤其是对长途光纤系统，中继段距离设计是否合理，对系统的性能和经济效益影响很大。具体的设计方法在下面予以介绍。

8.3.3 单通道系统中继距离设计

光纤通信的最大中继距离可能会受光纤损耗的限制，此所谓损耗受限系统；也可能会受到传输色散的限制，此所谓色散受限系统。在 PDH 通信中，由于其码速率不高(一般最高为 140Mb/s)，所以传输色散引起的影响并不大，故大多数为损耗受限系统。而在 SDH 通信中，伴随技术的不断发展和人们对通信越来越高的需求，光纤通信的容量越来越大，码速率也越来越高，已从 155Mb/s 发展到 10Gb/s，而且正向 40Gb/s 的方向发展，所以光纤色散的影响越来越大。因此系统可能是损耗受限系统，也可能是色散受限系统。在进行计算中继距离时，两种情况都要计算，取其中较小者为最大中继距离。

中继距离的设计有三种方法：最坏情况法（参数完全已知）、统计法（所有参数都是统计定义）和半统计法（只有某些参数是统计定义）。这里采用最坏情况法，用这种方法得到的结果，设计的可靠性为 100%，但要牺牲可能达到的最大长度。

1. 损耗受限系统

所谓损耗受限系统是指光纤通信的中继距离受诸如传输损耗参数的限制，如光发送机的平均发光功率、光缆的损耗系数、光接收机灵敏度等。

系统传输距离主要受损耗的限制，即决定于下列因素。

1）发送端耦合入光纤的平均功率 P_t（dBm）。

2）光接收机的接收灵敏度 P_r（dBm）。

3）光纤线路的总损耗 A_T（dB）。

因为发送平均功率与接收灵敏度之差就是光通道允许的最大损耗，故系统的功率预算可用如下公式计算，即

$$P_t - P_r = A_T + M + P_p \tag{8.3}$$

式中，A_T 为光纤线路上所有损耗之和可表示为

$$A_T = 2A_c + L(a + a_s)。$$

这里，A_c 为活动连接器的损耗，因在光发送机与光接收机上各有一个活接头，一般取值 A_c=0.5dB。a_s 为平均每公里熔接损耗，一般可取 a_s=0.025dB/km。a 为光纤的损耗系数，它的取值由所供应的光缆参数给定，单位为 dB/km。其典型值为在 1310nm 波长，0.3～0.4dB/km；在 1550nm 波长，0.15～0.25dB/km。

M 为系统富余度，主要包括设备富余度 M_E，考虑光终端设备在长期使用过程中会出现性能老化；光缆富余度 M_C，考虑光缆在长期使用中性能会发生老化。尤其是随环

境温度的变化（主要是低温），其损耗系数会增加。设计中一般取 $M=6\text{dB}$。

P_p 为光通道功率代价，包括由于反射和由码间干扰、模分配噪声、激光器的啁啾声引起的总色散代价。ITU-T 规定一般取 $P_p=1\text{dB}$ 以下。

综合以上分析，在已知发送机、接收机参数以及光纤线路损耗各参数后，根据上式就可以用来计算系统损耗受限中继距离 L_l 为

$$L_l=\frac{P_t-P_r-P_p-2A_c-M}{a+a_s} \tag{8.4}$$

例：某 140Mb/s 光纤通信系统的参数为

光发送机最大发光功率　　$P_{max}=-2\text{dB}_m$

光接收机灵敏度　　$P_r=-43\text{dBm}$

光纤损耗系数　　$a=0.4\text{dB/km}$

求其最大中继距离。

除上述参数外，其他参数可有如下取值：系统富余度 $M=6\text{dB}$；活接头损耗 $A_c=0.5\text{dB}$；因码率较低，可以不考虑光通道功率代价，故 $P_p=0$；每公里接续损耗 $a_s=0.025\text{dB/km}$。

如果采用 NRZ 码调制，则光发送机平均发送光功率应该是最大发光功率的一半，即 $P_t=-2-3=-5\text{dBm}$。

把上述数据代入式（8.4），得到系统最大中继距离为

$$L_l=\frac{-5-(-43)-2\times0.5-6}{0.4+0.025}=72.9(\text{km})$$

2. 色散受限系统

所谓色散受限系统，是指由于系统中光纤的色散、光源的谱宽等因素的影响，限制了光纤通信的中继距离。在光纤通信系统中存在着两大类色散，即模式色散与模内色散。

模式色散又称模间色散，是由多模光纤引起的。因为光波在多模光纤中传输时，由于光纤的几何尺寸等因素的影响存在着许多种传播模式，每种传播模式皆具有不同的传播速度与相位，这样在接收端会造成严重的脉冲展宽，降低了光接收机的灵敏度。

模式色散的数值较大，会严重地影响光纤通信的中继距离。对于单模光纤通信系统而言，由于在单模光纤中实现了单模传输，所以不存在模式色散的问题，故单模光纤的色散主要表现在材料色散与波导色散的影响，通常用色散系数 $D(\lambda)$ 来综合描述单模光纤的色散。

对于色散受限系统的中继距离计算可分两种情况予以考虑。

1）光源器件为多纵模激光器（MLM）或发光二极管时，其中继距离为

$$L_d=\frac{10^6\varepsilon}{\sigma D(\lambda)B} \tag{8.5}$$

式中，ε——光脉冲的相对展宽值。当光源为多纵模激光器时，$\varepsilon=0.115$；当光源为发光二极管时，$\varepsilon=0.306$；

σ——光源的均方根谱宽，nm；

$D(\lambda)$——所用光纤的色散系数，ps/km·nm；

B——系统的码率，Mb/s。

2）当光源器件为单纵模激光器（SLM）时，假设光脉冲为高斯性，同时假设允许的脉冲展宽不超过发送脉宽的10%，则可以得到适用于工程近似计算的公式，即

$$L_c = \frac{71400}{\alpha D(\lambda)\lambda^2 B^2} \tag{8.6}$$

式中，α——啁啾声系数。对分布反馈型（DFB）单纵模激光器而言，$\alpha=4\sim6$ps/nm；对量子阱激光器而言，$\alpha=2\sim4$ps/nm；$D(\lambda)$、B 定义与式（8.5）相同。

举例，有一个622Mb/s的单模光纤通信系统，系统工作波长为1310nm，其光发送机平均发光功率 $P_t \geqslant 1$dBm，光源采用多纵模激光器，其谱宽 $\sigma=1.2$nm。光纤采用色散系数 $D(\lambda) \leqslant 3.0$ps/km·nm，损耗系数 $\alpha \leqslant 0.3$dB/km 的单模光纤。光接收机采用InGaAsAPD光二极管，其灵敏度为 $P_r \leqslant -30$dBm。试求其最大中继距离。

先按损耗受限求其中继距离，由式（8.4）可求其中继距离为

$$L_l = \frac{P_t - P_r - 2A_c - M - P_p}{a + a_s} = \frac{1-(-30)-2\times0.5-6-1}{0.3+0.05/2} = 76(\text{km})$$

再按色散受限求其中继距离，因为光源为多纵模激光器，所以取 $\varepsilon=0.115$，于是由式（8.5）得

$$L_d = \frac{10^6\varepsilon}{\sigma D(\lambda)B} = \frac{10^6\times0.115}{1.2\times3.0\times622.08} = 51(\text{km})$$

比较 L_l 和 L_d 可知，该系统的损耗受限中继距离大于色散受限中继距离，按照最坏情况法，系统的最大中继距离为51km，此系统为色散受限系统。

8.4 多通道数字光纤通信系统设计

多通道数字光纤通信系统，即WDM系统的基本结构与工作原理在第7章已经阐述，本节主要考虑采用EDFA的WDM系统的应用情况，以及多通道数字光纤通信系统设计中出现的新问题。

8.4.1 系统设计中应注意的问题

1. 色散与信道串扰

随着光纤通信系统中传输速率的不断提高和由于光放大器极大地延长了无电中继的光传输距离，因而整个传输链路的总色散及其相应色散代价将可能变得很大而必须认真对待，色散限制已经成为目前许多系统再生中继距离的决定因素。在单模光纤中，色散以材料色散和波导色散为主，它使信号中不同频率分量经光纤传输后到达光接收机的时延不同。光纤色散在时域上造成光脉冲的展宽，引起光脉冲相互间的串扰，使得沿途恶化，最终导致系统误码性能下降。

在WDM系统设计中，信道串扰是一个最主要的问题，当串扰导致功率从一个信道转移到另一个信道时也将导致系统性能下降。产生串扰的原因主要有两类，一类是线

性串扰，线性串扰通常发生在解复用过程中，它与信道间隔、解复用方式以及器件的性能有关。在 WDM 系统中，串扰量的大小取决于选择信道的光滤波器的特性；另一类是非线性串扰，当光纤处于非线性工作状态时，光纤中的几种非线性效应均可能在信道间构成串扰，信道串扰量的计算可参考 7.3 节。

2. 功率

光信号的长距离传输要求信号功率足以抵消光纤的损耗，G.652 光纤在 1550nm 窗口的损耗系数一般为 0.25dB/km 左右，考虑到光接头、光纤富余度等因素，综合的光纤损耗系数一般小于 0.275dB/km。

具体计算时，一般只对传输网络中相邻的两个设备作功率预算，而不是对整个网络进行统一的功率预算。将传输网络中相邻的两个设备间的距离（损耗）称作中继距离（损耗）。

如图 8.11 所示，A 站点发送参考点为 S，B 站点接收参考点为 R，S 点与 R 点间传输距离为 L，则

$$中继距离 = (P_{out} - P_{in})/\alpha$$

式中，P_{out}——S 点单信道的输出功率，dBm，S 点的光功率与 A 站点的配置相关；

P_{in}——R 点的单信道最小允许输入功率，dBm；

α——光缆每公里损耗，dB/km，它包含接头、富余度等各种因素的影响，取 α = 0.275dB/km。

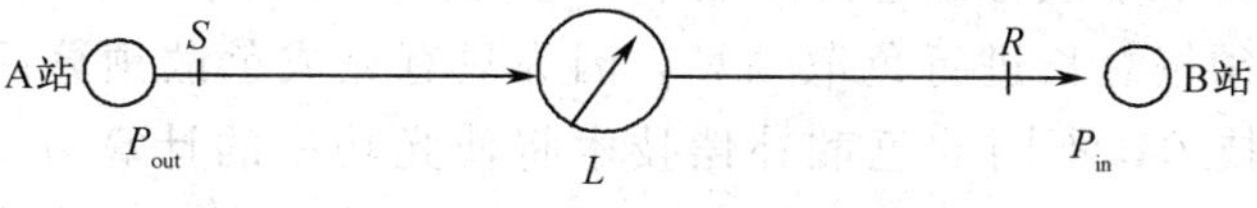

图 8.11　中继损耗计算原理

3. 光信噪比

（1）噪声产生原理

光放大器围绕着信号波长产生光，即所谓放大的自发辐射（ASE）。在具有若干级联 EDFA 的传输系统中，光放大器的 ASE 噪声将同信号光一样重复一个衰减和放大周期。因为进来的 ASE 噪声在每个光放大器中均经过放大，并且叠加在那个光放大器所产生的 ASE 上，所以总 ASE 噪声功率就随光放大器数目的增多而大致按比例增大，而信号功率则随之减小。噪声功率可能超过信号功率。光信噪比（OSNR）定义为

$$\text{OSNR} = 每信道的信号光功率 / 每信道的噪声光功率$$

（2）传输限制

ASE 噪声积累对系统的 OSNR 有影响，因为接收信号 OSNR 劣化主要是与 ASE 有关的差拍噪声有关。这种差拍噪声随光放大器的数目的增加而线性增加。因此，误码率随光放大器数目的增加而劣化。此外，噪声是随放大器的增益幅度以指数形式积累的。

作为光放大器增益的一个结果，积累了许多个光放大器之后的 ASE 噪声频谱会有一个自发射效应导致的波长尖峰。特别要指出的是，如果考虑采用全光环网结构，那么若级联数目无限的光放大器，则 ASE 噪声就会无限积累起来。虽然有滤波器的系统中的 ASE 积累会因有滤波器而明显减小，但带内 ASE 仍会随光放大器的增多而增大。因此，OSNR 会随光放大器的增多而劣化。

目前通常认为系统寿命开始时，应保证 OSNR＞20dB。

4. 非线性效应

由前面分析可知，非线性效应一旦产生，就无法消除或补偿。因此，必须尽量防止非线性效应的产生。使用模场直径（或有效面积）大的光纤，可以降低通过光纤的功率密度，可以抑制非线性效应的产生。此外，多种非线性效应与光纤的色散系数相关，如四波混频，如果光纤的色散系数太小，很容易满足四波混频产生的相位匹配条件，使系统性能大大降低，甚至不能正常工作。对于 DWDM 系统，使用色散系数太小的光纤是不利的。因此，通过对色散与非线性效应的统一管理，可以抑制一些非线性效应的产生。

8.4.2 WDM＋EDFA 系统中继距离设计

上一节介绍的单通道光纤通信系统设计的总体考虑以及中继距离的设计同样适用于 WDM 系统。但由于 WDM 系统的传输速率较高，EDFA 和波分复用器的引入，带来的串扰、ASE 噪声积累和非线性效应的影响不可忽视。同时由于 WDM 系统中途没有 O/E/O 转换，因此必须按总长进行色散预算，因为只有完成色散预算后，才能明确是否需要采用色散补偿技术，不同的色散补偿技术将使光功率的计算方式不同。故 WDM 系统设计的顺序是先做色散预算，确定是否需要色散补偿，并求出色散受限系统最大中继距离；再做功率预算，得到损耗受限系统最大中继距离；最后根据实际目标确定是否需要光放大器进行增益。

1. 色散预算

对光纤通信系统，色散对系统性能的影响主要表现在如下四方面。

(1) 码间干扰（ISI）

单模光纤通信中所用的光源器件的谱宽是非常狭窄的，往往只有几个纳米，但它毕竟有一定的宽度。也就是说它所发出的光具有多根谱线。每根谱线皆各自受光纤的色散作用，会在接收端造成脉冲展宽现象，从而产生码间干扰。码间干扰的功率代价的核算公式为

$$P_{\mathrm{ISI}} = 5\lg(1 + 2\pi\varepsilon^2) \tag{8.7}$$

式中，ε 为光脉冲的现对展宽因子，可表示为

$$\varepsilon = BDL\sigma \times 10^{-6} \tag{8.8}$$

式中，B——信号的比特率，Mb/s，满足 $B=\left(T_0\sqrt{2\pi}\right)^{-1}$；

T_0——信号半宽时间；

D——光纤色散系数，ps/nm·km；

L——光纤长度，km；

σ——光源谱宽的均方根值，nm。

以上均为与色散有关的参数。观察式（8.8）可以发现，它与式（8.5）表示的意义是相同的。

（2）模分配噪声（MPN）

多模激光器的发光功率是恒定的，即各谱线的功率之和是一个常数。但在高码速率脉冲的激励下，各谱线的功率会出现起伏现象（此时仍保持功率之和恒定），这种功率随机变化与光纤的色散相互作用，就会产生一种特殊的噪声，即所谓的模分配噪声，也会导致脉冲展宽。

模分配噪声功率代价的核算公式为

$$P_{\mathrm{MPN}} = -10\lg\{1-0.5[KQ(1-\mathrm{e}^{-\pi^2\varepsilon^2})^2]\} \tag{8.9}$$

式中，系数 K 与激光器的类型有关。MLM 激光器的 K 值范围为 0.3～0.6，典型值为 0.5；而 DFB 激光器的 K 值小于 0.015，质量好的 SLM 激光器的 K 值几乎为零，因此使用单纵模激光器的系统通常不作 MPN 核算；Q 为接收灵敏度高斯近似计算的积分参数，两者关系为

$$\mathrm{BER} = \frac{1}{Q\sqrt{2\pi}}\left(1-\frac{0.7}{Q^2}\right)\exp\left(-\frac{Q^2}{2}\right) \tag{8.10}$$

具体推导过程参见第 3 章相关内容，当 $\mathrm{BER}=1\times10^{-10}$ 时，$Q=6.35$；当 $\mathrm{BER}=1\times10^{-9}$ 时，$Q=6$。

（3）啁啾声

此类影响仅对光源器件为单纵模激光器时才出现。当高速率脉冲激励单纵模激光器时，会使其谐振腔的光通路长度发生变化，致使其输出波长发生偏移，即所谓啁啾声。啁啾声也会导致脉冲展宽。频率啁啾产生功率代价的核算公式为

$$P_{\mathrm{c}} = -10\,\frac{\chi+2}{\chi+1}\lg[1-2.5t_{\mathrm{c}}DL\,\Delta\lambda B^2] \tag{8.11}$$

式中，χ——检测器 APD 的过剩噪声指数；

t_{c}——激光器张弛振荡周期的 1/2，ps；

$\Delta\lambda$——频率啁啾偏移量，nm。

其他参数同式（8.8）。

（4）偏振模色散（PMD）

理论上说，传输光信号的单模光纤应该是均匀圆柱形光波导载体，从光纤横截面上看到的应是一组同心圆。然而，实际光纤生产过程受生产环境、工艺、精度、控制流程等因素的制约，生产出来的光纤具有椭圆性征，在传输速度上形成快轴与慢轴。结果光信号中两个相互正交的主偏振模到达光纤对端时，两正交偏振模产生不同群时延，从而形成偏振模色散。在数字光纤通信系统中 PMD 引起脉冲展宽，对高速系统容易产生误码，限制了光纤波长带宽使用和光信号的传输距离。

PMD 的功率核算目前还没有简单的核算公式可供使用，主要通过分析 PMD 系数

和由差分群时延（DGD）的关系来进行判断。PMD 系数是由 DGD 引起得到光脉冲展宽，二者的关系可表示为 DGD＝$PMD_c \times L^{1/2}$。把 DGD 值换算成 UI 单位：DGD(UI)＝DGD×D，D 仍为光纤色散系数。最后通过查 P_{PMD}-DGD（UI）曲线，可得偏振模色散功率代价。

一般认为，对于低色散系统，可以容忍的最大色散代价为 1dB；对于高色散系统，允许 2dB 的色散功率代价。

2. 实例分析

设计一个点对点的 WDM＋EDFA 系统，光纤传输速率达到 20Gb/s，传输距离 100km。系统基本结构如图 8.12 所示。

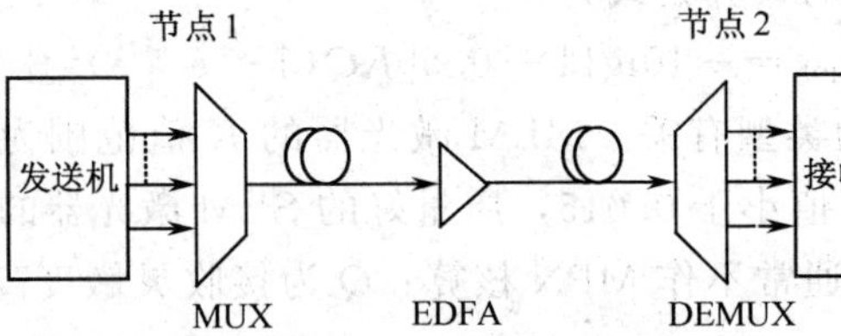

图 8.12 点对点的 WDM＋EDFA 系统

(1) 复用路数和工作波长的选择

考虑到现有的波分复用都是 1550nm 的工作波长，因此系统的工作波长选择在中心波长为 1550nm 的 C 波段。波长安排建议如表 8.5 所示，系统中共使用了其中 8 个通道，通道间隔为 0.8nm。由于光纤总的传输速率为 20Gb/s，故设计后的单波长传输速率为 2.5Gb/s，可选取 STM-16 设备作为系统的发送和接收端机。

表 8.5 设计系统波长的安排

通道	频率/THz	波长/nm	通道	频率/THz	波长/nm
1	192.9	1554.134	5	193.3	1550.918
2	193.0	1553.329	6	193.4	1550.116
3	193.1	1552.524	7	193.5	1549.315
4	193.2	1551.721	8	193.6	1548.515

(2) 光纤的选择

原则上 G.652，G.653，G.655 都可以用于 WDM 系统。G.652 光纤是最早使用的单模光纤，目前 95%路由铺设此类光纤，其优点是价格最低，产品稳定性好，但在 1550nm 波段其色散系数过大，限制了在高速长距离传输中的应用。在本系统中由于设计的单通道信号速率不高（不大于 2.5Gb/s），仍选择 G.652 光纤。具体参数如下：衰减＝0.193dB/km；色散＝16.72ps/nm · km；零色散斜率＝0.0858ps/nm^2 · km。

（3）主要器件的选择

WDM 系统基本的器件包括光源、接收机、波分复用器、EDFA 等。前面提到系统需求的传输容量为 20Gb/s，共 8 个通道，故每个通道对应的发送和接收部分选用 2.5Gb/s 设备，设定其输出功率为－0.26dBm，接收灵敏度为－32.5dBm；波分复用器件选用与工作波长对应的器件，主要参数为：信道间隔为 100GHz；插入损耗≤8.0dB；信道的串扰量≤30dB。EFDA 的选取与否需要在色散和功率预算完成后确定。

（4）色散预算

WDM 由于采用了外调制技术，频率啁啾效应的影响一般都不再讨论，光通道的色散距离积累功率代价只需核算偏振模色散（PMD）和码间干扰的功率代价（ISI）。

对单模光纤偏振模色散系数的规范值为 $PMD_c=0.5ps/km^{1/2}$，由 $DGD=PMD_c\times L^{1/2}$ 可得到差分群时延 DGD 值为 $DGD=0.5\times 100^{1/2}=5ps$。

换算成 UI 单位，DGD（UI）$=5\times 10^{-12}\times 2.5\times 10^{9}=0.0125UI$，最后通过查 P_{PMD}-DGD（UI）曲线，可得偏振模色散功率代价小于 0.1dB，因此在设计中可忽略不计。

对码间干扰的功率代价的核算，参见式（8.7）。在系统设计时一般希望留有余地，按 $P_{ISI}=1.8dB$ 考虑，由式（8.7）可得到相对展宽因子 ε 为

$$\varepsilon=\sqrt{\frac{10^{P_{ISI}/5}-1}{2\pi}}=0.453 \tag{8.12}$$

再把 ε 值代入式（8.5）即可得到色散受限系统下最大中继距离为

$$L_d=\frac{\varepsilon\times 10^6}{BD\sigma}=\frac{0.453\times 10^6}{2500\times 16.72\times 0.086}=126.17(km) \tag{8.13}$$

式（8.13）即为色散受限系统最大中继距离计算公式，式中 σ 为光源谱宽的均方根值，它与信号的 3dB 带宽关系为 $\Delta\lambda_{3dB}=2.335\sigma$，对于 100GHz 信道间隔，取 $\Delta\lambda_{3dB}=0.2nm$，$\sigma=0.086nm$；$D$ 为光纤色散系数，取 $D=16.7ps/nm\cdot km$。

（5）功率预算

由上面 WDM 系统元器件选择中已知，光发送端输出功率 $P_t=-0.26dBm$，光接收端的接收灵敏度 $P_r=-32.5dBm$，代入式（8.4）得到损耗受限最大中继距离为

$$L_1=\frac{P_t-P_r-P_p-2A_c-M}{a+a_s}=\frac{-0.26+32.5-1-2\times 0.5-6}{0.25}=96.96(km) \tag{8.14}$$

式中，a、a_s 可根据实际线路的测试经验，一般取 $a+a_s=0.23\sim 0.26dB/km$，本设计按典型值 0.25dB/km 选取。

（6）放大器增益

由色散和功率预算知，本系统为损耗受限系统，在无放大器增益时，系统最大中继距离为 96.96km，小于设计值 100km，故需要在系统中进行放大增益。增益值计算公式为

$$P_r=P_t+G-A_t \tag{8.15}$$

式中，A_t 为线路总损耗，可由式（8.3）和式（8.4）得到 $A_t=P_p+A_s+A_f+2A_c+$

$M=33$dB，故系统所需放大器的增益值$G=0.76$dB。

上述的设计只是作为一个简单的范例，使读者了解点对点的WDM系统设计时需要考虑的关键因素和主要的步骤。在实践中，WDM系统的设计是一个庞大而复杂的工程项目，许多实际细节在实例中并没有涉及，需要了解的读者可以参照相关光纤通信工程设计方面的资料。

习题与思考题

1. 试画出IM-DD光纤通信系统结构框图。

2. 对64kb/s业务，试写出BER与SES、ES的换算关系。

3. 数字光纤通信系统的主要性能指标有哪些？

4. 一个光纤通信系统，它的码速率为622Mb/s，光纤损耗为0.1dB/km，有五个接头，平均每个接头损耗为0.2dB，光源的入纤功率为−3dBm，接收机灵敏度为−56dBm（$BER=10^{-10}$），试估算最大中继距离。

5. 一光纤通信系统，具有如下参数：

系统	光发射机	光接收机	单模光纤
$BER=10^{-10}$ 系统富余度6dB	$\lambda=1550$nm $P_t=5$mW $\sigma=2$nm	APD二极管 $P_r=1000$个光子/bit	损耗0.2dB/km 色散15ps/(nm·km)

求：

(1) 数据速率为10Mb/s和100Mb/s时，损耗受限最大中继距离；

(2) 数据速率为10Mb/s和100Mb/s时，色散受限最大中继距离；

(3) 对这个系统，用图表示最大中继距离与速率的关系。

第 9 章　光纤通信新技术

本章提要

光纤通信技术为通信业务提供了巨大的带宽容量，但随着信息社会时代信息量的飞速增长以及对信息传送的突发性、实时性和可靠性等的要求，传统的光电混合网络必将迈向信息从信源到信宿都在光域处理的全光网络。从光器件及相关技术的发展出发，目前最适宜的下一代网络是基于光传送网的自动交换网络，即自动交换光网络（也称智能光网络），以波分光交换为代表的各种光交换技术和相关器件的成熟是其得以实现的保证。人们在挖掘各种光纤通信技术的潜力的同时也在探索新的技术，量子光通信技术所具有的优势引起了人们的重视，被认为将是对传统通信的一次“革命”。

本章首先介绍下一代网络及光传送网的概念。然后介绍下一代光网络的关键技术——光交换技术，同时重点描述目前普遍认同的下一代光网络，即自动交换光网络和全光网络。最后介绍一项光通信目前研究中的热门技术（量子光通信）的特点及其发展状况。

9.1　下一代光网络

9.1.1　下一代网络的基本概念

下一代网络（NGN）的概念已经提出多年，业界存在诸多不同的解释。2004 年年初国际电信联盟 NGN 会议将其定义为：NGN 是基于分组的网络，能够提供电信业务；利用多种宽带能力和服务质量（QoS）保证的传送技术；其业务相关功能与其传送技术相独立；NGN 使用户可以自由接入到不同的业务提供商；NGN 支持通用移动性。

NGN 是一个极其松散定义的术语，泛指不同于目前的以数据为中心的融合网络，其核心是在节点把呼叫控制与呼叫连接（传输）分离的软交换技术。从业务上看，应支持语音和视频业务及多媒体业务；从网络上看，在垂直方向应包括业务层和传送层，在水平方向应覆盖核心网和边缘网。可见，下一代网络是一个内涵广泛的术语，不同业务都在应用。如果特指业务层，则下一代网络指下一代业务网络；如果特指传送层，则下一代网络指下一代传送网络。泛指的下一代网可以指两者，也可单指下一代业务网络。

随着数据通信业务的剧增，通信网朝着高速宽带化发展；另外客户希望能得到可靠的通信服务质量保证。现有电路交换网传送数据业务效率低、难以按需支持宽带业务，同时现有的 IP 网在传送电话和视频业务时缺乏业务质量保证，因此下一代网络应该是因特网与电信网技术的结合，即“IP＋QoS＝NGN”。从网络的发展和业务的需求来看，下一代网络的特点如下。

(1) 采用开放式体系架构和标准接口

标准接口协议使不同厂家设备之间能够互通，整个网络可根据业务需求采用不同厂家的部件进行组织。

(2) 强大的业务提供能力

提供可编程的，并进行逻辑化控制的开放的 API 接口，实现与外部应用平台的互通，并保证第三方快速、灵活、有效的业务实现的提供，可以自行配置和定义自己的业务特征。

(3) 实现网络分层结构

即业务与呼叫控制分离，呼叫控制与承载分离。

1）接入层。采用多元化的宽带无缝接入技术，通过各种网关设备和协议功能将各种宽窄带用户设备连接至网络。

2）传送层。趋向实现光联网，可提供巨大而廉价的网络带宽和网络成本、可持续发展的网络结构及可透明支持任何业务和信号。

3）控制层。实现呼叫控制，其核心技术就是软交换技术，完成基本的实时呼叫控制和连接功能，它是与业务无关的，目的是支配网络资源。软交换要支持众多的协议接口。

4）业务层。在呼叫建立的基础上提供额外的增值服务。

(4) NGN 网络结构对语音和数据采用基于分组的传输模式，采用统一的协议

NGN 网络具有高速物理层、高速链路层和高速网络层。

1）网络层趋向使用统一的 IP 协议实现业务融合。

2）链路层趋向采用电信级分组节点，即高性能核心路由器加边缘路由器和 ATM 交换机。

(5) 融合固定与移动

NGN 网络具有通用移动性。

总之，NGN 泛指比当前网络技术更先进，能提供更好服务质量和更多业务形式的网络。从目前的网络技术和发展来看，NGN 应是以软交换为中心，以智能光传送网（OTN）为光传输的开放的宽带 IP 网络，是一种综合、开放的网络构架。NGN 的业务节点将是基于软交换的体系；NGN 的传送网络将是自动交换传送网（ASTN）；NGN 的城域网技术将是多业务传送平台（MSTP）；NGN 的移动通信将是 3G 和超 3G 技术；NGN 协议将是 IPv6。

9.1.2 下一代网络中的光传送网

1. 下一代网络对光传送网的要求

光纤具有巨大的带宽能力，1980 年以来的 20 多年间，随着光器件的发展和光系统的演进，光传输系统的容量已从兆比特率发展到太比特率，提高了近 10 万倍。光空分复用、光波分复用、光时分复用和光码分复用等复用技术和交换技术分别从空间域、频域、时间域和码字域的角度拓展了光纤通信系统的容量和交换系统的灵活性，丰富了光

信号交换和控制的方式，使得以波长等来提供和分配业务成为可能。

下一代网络的基本思想是宽带的、智能的且有 QoS 保证，能承载各种业务并具有扩展新业务的能力。光纤的巨大容量和光纤通信器件及系统的发展符合下一代网络的建设需要，为此期望不仅在骨干网、城域网上以光纤连接各节点，更期望将光纤引入接入网、用户驻地网，及至将光纤拉入千家万户。从业务的承载方面来看，以后所有的业务会在光层上传送，即 anything over/on optics。

未来网络中 IP 业务将占主导地位，由于 IP 业务量本身的不确定性和不可预见性、自相似性和不对称性，对网络带宽的动态分配要求也越来越迫切。传统的主要靠人工配置网络连接，不仅难以适应现代网络和新业务提供拓展的需要，也难以适应市场竞争的需要。一种能够自动完成网络连接的新型网络概念：自动交换传送网（ASTN）应运而生。其中以光传送网络为基础的 ASTN 称为自动交换光网络 ASON（简称智能光网络），ASON引入动态交换是传送网概念的重大突破，是传送网的一次革命。

2. 光传送网络的全光化和智能化

网络的描述多采用分层和分割的方法，即对于网络，纵向可以分成若干相互独立又有一定内在关系的网络层，每层还可以分为若干子层；横向可以分割为若干块，每一块表示一个子网，子网由链路组成，子网之间也可以由链路连接。

分层结构是定义和研究光传送网的基础。SDH 网按分层概念可以分为通道层、段层和物理层。层网络之间均为客户层/服务层的关系。G. 872 建议在光传送网中加入了光层，按建议，光层由光信道层（OCH）、光复用段层（OMS）和光传输段层（OTS）组成，如图 9.1 所示。

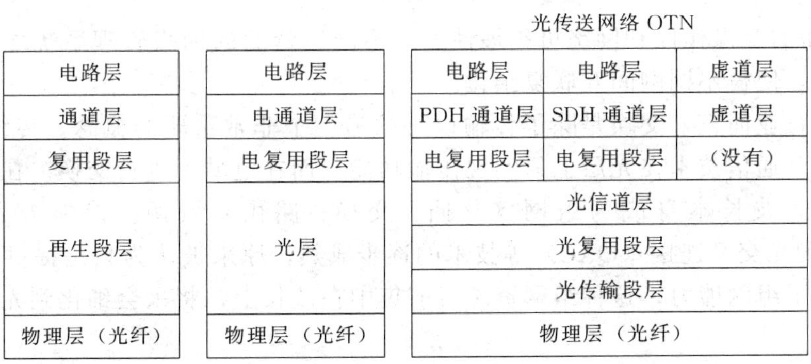

（a）SDH 网络　（b）WDM 网络　（c）光层分解

图 9.1　SDH 和 OTN 的分层结构

全光传送网中的每一光层都需要有相应的技术支持，表 9.1 中光传输层需解决光信号的放大、色散管理；光复用段层需采用光波复用技术，如光码分复用、光时分复用、密集波分复用；光信道层需要有全光交换技术、全光路由等。

表 9.1 光传送网的相应层技术

相应层	功 能	技 术
IP 层	IP 头处理、分段、转发（光域）	波长交换路由器
光信道层	IP 包封成光分组、光通路连接信息适配、光通路监控	光交换技术（光开关、波长变换器、可调谐光滤波器）
光复用段层	光分组的复用、段信息适配、段监控	光 DWDM/OTDM/OCDM 复用技术
光传输段层	在光纤介质上提供传输功能	光放大器、色散管理（DA）等

Internet 和光技术的快速发展使通信行业发生了根本性的变化。动态、快速的波长指配需求是光网络的主要趋势之一。光网络的规模在迅速扩展，光传送网的角色从原来的大容量带宽传送转变为提供端到端的服务连接。随着光网络的规模不断扩大，如何支持、管理和维护如此大规模的网络成为一个主要的矛盾。

目前的光传送网智能性很低，大部分采用的都是固定的光链路连接模式，对高速带宽的指配基本上是静态的，不能满足可预见的客户层需求。这种不足主要体现在以下几方面。

1）不能快速、高质量地为用户提供各种带宽服务与应用，满足不了正在悄然兴起的“波长批发”、“波长出租”及“光 VPN”等各种业务的要求。

2）无法进行实时的流量工程控制，现有的光网络不能根据数据业务的需求，实时、动态地调整网络的逻辑拓扑结构以避免拥塞，实现资源的最佳配置。

3）光网络的保护和恢复功能有待加强，如在网络失效或发生故障之后，网络呈现慢收敛现象，特别是在系统要求手工干预的情况下，网络恢复要以小时或者天，甚至以星期来计算。

4）设备的互操作性和网络可扩展性差，不同运营商的网络管理系统之间缺乏统一的标准接口，使得不同网间互联复杂化。

对通信行业而言，交换是除了传输以外的另一个非常重要的概念。传统的以 SDH 为代表的光纤通信技术在光层上只实现传输功能，而在电域上进行交换。在波分复用技术提出以后，波长本身成为组网（分插、交换、路由）资源。伴随着光分插复用（OADM）和光交叉连接（OXC）等技术的逐步成熟，原来被认为只是提供带宽传输的光层开始有了组网能力，这种组网资源目前集中在波长上，将来会细化到光时隙上或光分组上。

20 世纪 90 年代初开始，全光网（AON）的概念被逐渐提出，全光网意味着光信息流在通信网络中的传输及交换时始终以光的形式存在，不需要经过光-电、电-光变换。全光网比传统通信网提供更为巨大的通信容量，具备更强的可管理性、灵活性和透明性。但实现全光网难度颇大，具体表现为以下两点。

1）光域实现放大、整形、时钟提取、波长变换等十分困难，有些虽然经过复杂的技术可以实现，但效果并不理想，且成本高昂。如波长变换，在电域利用光/电/光变换（O/E/O）很容易实现，但是在光域则必须采用半导体放大器，且消光比还不十分理想，可变换的波长范围也受限，不可能像电域那样在一个极宽的范围内进行变换。

2）全光网的管理和维护信息处理也是一个重要问题，无法在光域上增加开销对信号进行监视，管理和维护还必须依靠电信号进行。

因此，全光网所出现的这些问题，使它不能组成全球性/全国性的网以实现全网内的波长调度和传输，而仅能组成一个有限区域的子网，在子网内透明传输和处理（透明子网）（见图 9.2）。

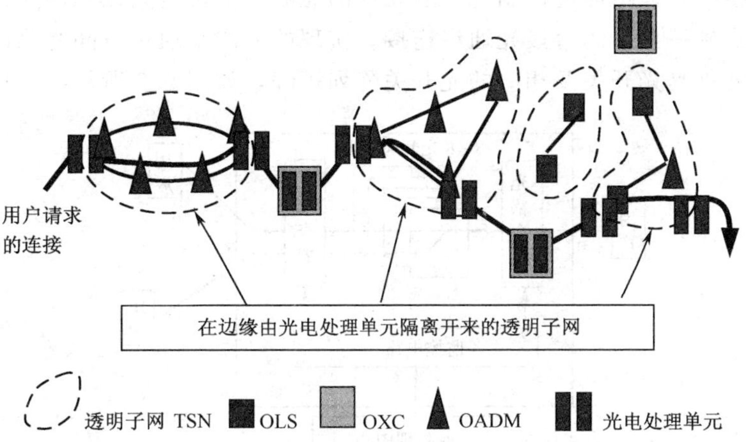

图 9.2　目前用透明子网组成的 OTN 结构

在现有光网络无法满足发展且实现全光网还很遥远的情况下，自动交换光网络（ASON）应运而生。ASON 将交换功能引入光层，是传送与交换在光层的融合。自动交换光网络面临的挑战是如何把粗颗粒的 WDM 技术和光交换的优势结合起来，形成一个大吞吐量的光网络平台来有效地支持分组业务。实现光层上的自动交换会使未来的自动交换光网络具有流量工程的能力，即可以使网络资源按照用户的需求快速动态地分配，同时具有快速的网络恢复和自愈能力，从而降低网络运营商的运营成本。

未来光传送网络将朝着全光化和智能化方向发展，其主要趋势为组网方式开始从简单的点到点传输向光层联网方式前进，改进组网效率和灵活性；光联网将从静态联网开始向智能化动态联网方向发展，改进网络响应和生存性是未来发展的一项主要任务；智能网络对于提供个性化的服务，以及节省运营开支起着至关重要的作用。

9.2　光交换技术

在现有的通信网络中，高速光纤通信系统只是用作点到点的传输手段。网络中主要的交换功能还是采用电子交换技术。传统电子交换机的端口速率只有几兆比特率到几百兆比特率，不仅限制了光纤通信网络速率的提高，而且要求在众多的接口进行频繁的复用/解复用，光/电和电/光转换，增加了设备的复杂性和成本。要彻底地解决高速光纤通信网中存在的矛盾，必须要实现全光通信。光交换是实现全光通信的关键技术。所谓光交换是指对送来的光信号直接进行交换，无需经过光/电/光的变换方式。

从交换方式上划分，光交换方式有光的“电路”（即光路）交换（OCS）和光分组交换（OPS)。电路交换方式有空分、时分、波分/频分和码分等；光分组交换主要指ATM（异步转移模式）和IP包光交换，其实光突发交换（OBS）也可以说是光分组交换的一种特例。若信号同时采用两种或多种交换方式，则称为复合光交换。

9.2.1 空分光交换

空分光交换技术是指通过控制光选通元件的通断，实现空间任意两点（点到点、一点到多点、多点到一点）的直接光通道连接。实现的方法是通过空间光路的转换加以实现，最基本的元件是光开关及相应的光开关阵列矩阵，如图9.3所示。

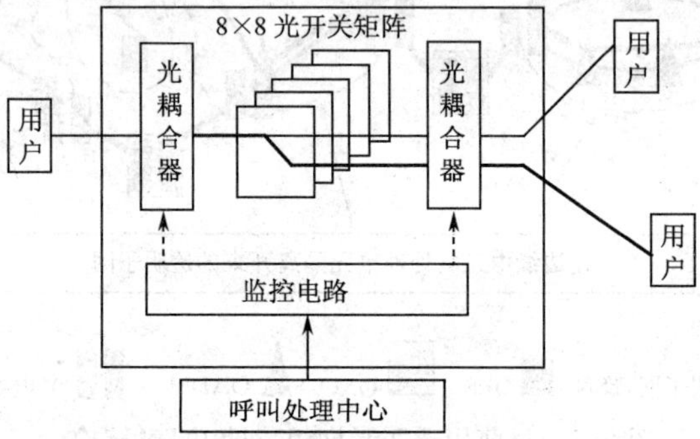

图 9.3 空分光交换原理

空分交换中的核心器件是光开关。目前主要的光开关类型有电光型、声光型、磁光型、热光型等。其中电光型开关具有开关速度高、串扰小、结构紧凑等特点，有很好的应用前景。

典型的电光型开关是扩钛铌酸锂（Ti：$LiNbO_3$）波导型光开关，当控制端不加电压时，在两个通道上的光信号都会完全耦合到另外一个通道上去，从而形成光信号的交叉连接；当控制端加上适当的电压后，耦合到另外一个通道上的光信号会再次耦合到原来的通道，相当于光信号的平行连接。

空分交换也可在自由空间进行光交换，它一般采用阵列器件和自由空间光开关，在自由空间无干涉地控制光波路径。难点在于需要对阵列器件进行精确的校准和准直。

9.2.2 时分光交换

时分光交换是以时分复用为基础，用时隙互换原理来实现交换功能。所谓时隙互换是指把 N 路时分复用信号中各个时隙的信号互换位置，如图9.4所示。首先使时分复用信号经过分接器，在同一时间内，分接器每条输出线上依次传输某一个时隙的信号；然后使这些信号分别经过不同的光延迟器件，获得不同的延迟时间；最后复接器把这些信号重新组合起来。

时分光交换中最核心的工作是将时分复用信号顺序地存入存储器并将经过时隙互换操作后形成的另一时隙阵列顺序地取出。其关键器件是光开关和光存储器，通常光的读/写可以用定向耦合器来完成，存储器则可以使用光延迟线、双稳态激光二极管来实现。

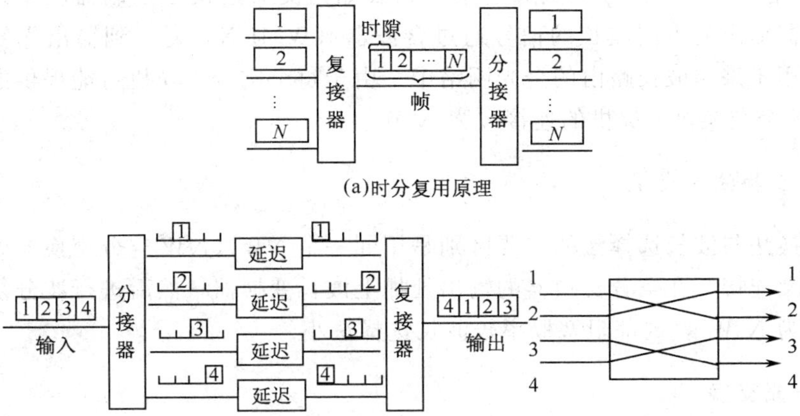

(a)时分复用原理

(b)时隙互换原理　　(c)等效的空分交换

图 9.4　时分光交换原理

9.2.3　波分光交换

波分光交换技术是以波分复用原理为基础，结合空分光交换技术，通过波长选择或波长变换的方法实现交换功能的，图 9.5 中（a）和（b）分别示出波长选择法交换和波长变换法交换的原理框图，其实现的关键器件是光交叉连接器和光波长转换器。

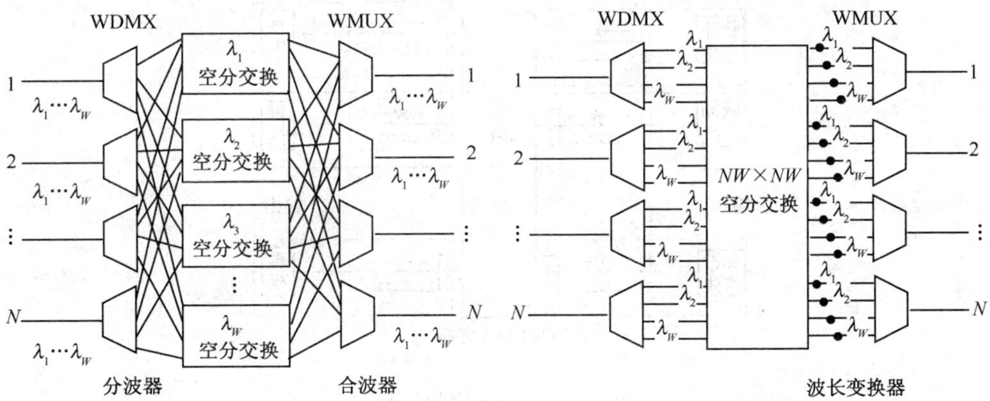

(a)波长选择法交换　　(b)波长变换法交换

图 9.5　波分交换的原理

1. 波长选择法交换

光波分交换机的输入和输出都与 N 条光纤相连接，每条光纤承载 W 个波长的光信号。每条光纤输入的光信号首先经过分波器（WDMX）分为 W 个波长不同的信号，所有 N 路输入的波长为 λ_i（$i=1$，2，…，W）的信号都送到 λ_i 空分交换器，在那里进行

同一波长 N 路（空分）信号的交叉连接，到底如何交叉连接由控制器决定。然后，W 个空分交换器输出的不同波长的信号通过合波器（WMUX）复接到输出光纤上。这种交换机可应用于采用波长路由的全光网络中。由于每个空分交换机可能提供的连接数为 $N \times N$，故整个交换机可提供的连接数为 N^2W。

2. 波长变换法光交换

波长变换法与波长选择法的主要区别是用同一个 $NW \times NW$ 空分交换器处理的 NW 路信号的交叉连接，在空分交换器的输出处加上波长变换器，然后进行波分复接。可提供的连接数为 N^2W^2，内部阻塞概率较波长选择法小。

9.2.4 码分光交换

在光码分复用多址（OCDMA）网络中，每个用户都分配有一个唯一的地址码（码字也称码序列），这本身就是一种标志信息，可以用来进行地址识别、路由选择，即可利用用户的地址码实现全光自路由和光交换。码分光交换的原理就是将某个正交码上的光信号交换到另一个正交码上，实现不同码字之间的交换。

码分光交换与光时分交换相比不需要同步，图 9.6 中 OCDMA 编码主要完成的功能是用不同的正交码来对光比特或光分组进行填充，星型耦合器将信息送到所有的输出端口。

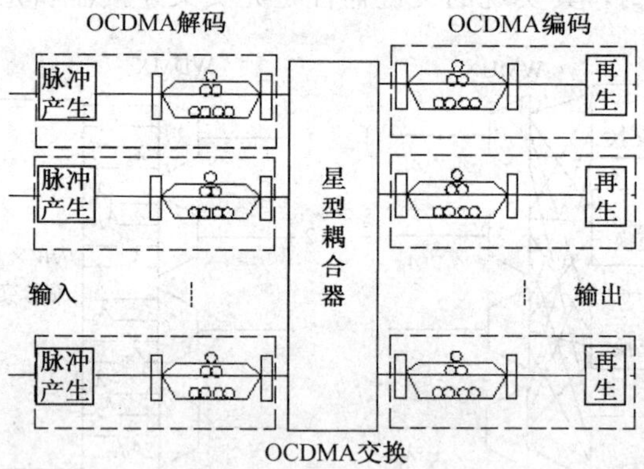

图 9.6　光码分交换原理

9.2.5 光分组交换

光分组交换（OPS）是指从信源到信宿的过程中数据包的净荷部分都保持在光域中，而依据交换/控制的技术不同，数据包的控制部分（开销）可以在中间交换节点处经过或不经过 O/E/O 变换。换句话说，数据包的传输在光域中进行，而路由在电域或光域中进行。光分组交换目前都使用混合的解决方案：传输与交换在光域实现，路由和转发功能以电的方式实现。

光网络交换节点对光信号处理可以是线路级的、分组级的或比特级的。WDM 光传输网属于线路级的光信号处理，类似于现存的电路交换网、是粗粒度的信道分割；光时分复用（OTDM）是比特级的光信号处理，由于对光器件的工作速度要求很高，离实用还有相当的距离；光分组交换（OPS）网属于分组级的光信号处理，和 OTDM 相比对光器件工作速度的要求大大降低，与 WDM 相比能更加灵活、有效地利用带宽，提高带宽的利用率。

图 9.7 给出了一个光分组交换的原理框图。光分组交换与电分组交换原理基本上是一样的，但有自身的特点：处理速度更快、分组头的处理不一样、光缓存价格昂贵且不易实现等。光分组交换完成以下功能。

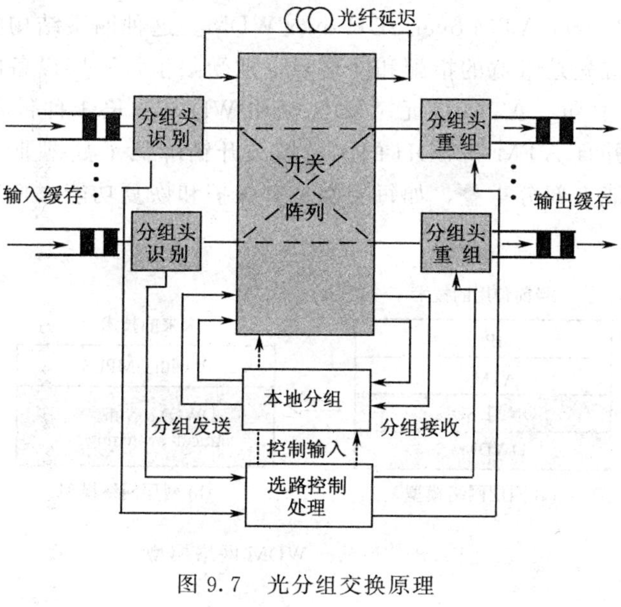

图 9.7　光分组交换原理

（1）选路

分组在分布网络中从开关的输入到开关输出或从源到目的地需要选路。分组头以与数据不同的分组传送、处理以便正确设置开关的状态。

（2）流量控制与竞争解决方案

开关网络中分组不能相互碰撞、争用资源，常用的解决方案有缓存、阻塞、分流、缺陷选路等，以防止分组在开关网络链路上阻塞和开关输出端口的争用。

（3）同步

在开关的输入端口分组之间必须同步，以便分组之间正确地进行选路、交换。

（4）头的产生/插入

新的分组头的产生并在合适的输出端口插入到负荷中去，在多跳网中分组头的产生与插入应与分组在网络中的时间无关。

在所有的交换结构中，光分组交换具有巨大的竞争力，因为它具有大容量、数据率和格式的透明性、可配置性等特点，这对未来支持不同类型的数据是非常重要的。光分组交换目的是把大量的交换业务转移到光域实现，能实现交换容量与 WDM 的传输容量相匹配。同时实现光分组技术与 OXC、MPLS 等新兴技术的结合，实现网络的优化与资源的合理利用。

9.3 自动交换光网络

9.3.1 自动交换光网络的基本概念

随着互联网技术的迅速发展，以 IP 为代表的数据业务的流量得到了迅猛增加，已逐渐成为网络业务的主流。现有的传输网络采用四层结构的方式传输数据业务，如图 9.8（a）所示。IP over ATM over SDH over WDM。这种四层结构的传输方式在使用中存在诸多问题。首先是带宽的指配和网络稳定性受限于每一层设备的可用带宽和设备的可靠性；其次是 IP 包、ATM 信元、SDH 帧和 WDM 波长 4 种带宽分配方式造成了带宽分配的浪费，并且 ATM 和 SDH 的大量帧头开销降低了数据业务的传输效率；第三是四层结构在功能上部分重叠，如每层都具有保护和恢复功能，使得管理和控制复杂甚至发生冲突。

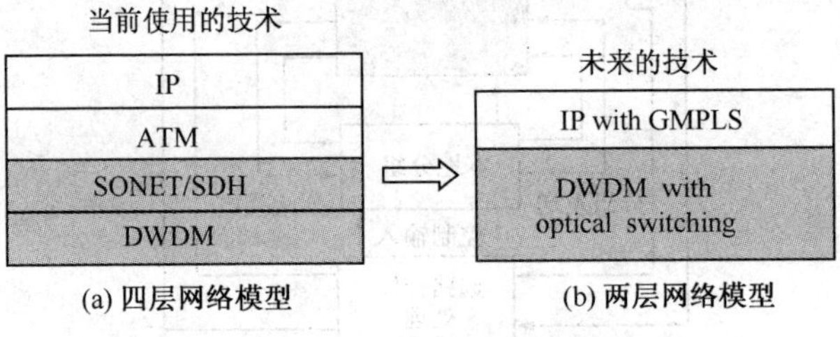

图 9.8 IP over WDM 网络模型

为适应数据业务的发展和新业务的扩展，必须简化现有的网络结构层次并且使网络智能化。所谓智能光网络（ION）就是不仅能够对网络、资源、业务流量进行更智能化的配置，根据数据流量类型实现数据业务的分类，并且具有承受网络故障的强大生存性。以光传送网（OTN）为基础的自动交换传送网（ASTN）即自动交换光网络（ASON）应运而生。

OTN 的概念于 1998 年由 ITU-T 提出以代替过去的全光网概念，2000 年由于 ASTN 的出现，OTN 从单纯模仿 SDH 标准化向智能 ASTN 标准化方向进展。2000 年 3 月在国际电联 ITU-T SG13 工作会议上正式提出 ASON 适应 OTN 的自动化和智能化的发展，其有关标准如下。

1）G.807（G.astn）定义了自动交换传送网的要求。

2）G.8080（G.ason）定义了自动交换光网络结构。

目前智能（自动）光网络受到越来越多的重视，除 ITU-T 外，其他标准化组织也纷纷提出类似的标准草案或提议，其中最引人注目的是光互联网论坛（OIF）和Internet工程任务组（IETF）。

OIF 主要从用户节点接口方面提出业务和相关信令的要求。OIF 在光网络信令方面最重要的贡献是 O-UNI。O-UNI 支持在光网络的客户之间快速建立连接，并提供不同等级的保护和恢复能力，其信令包括用于建立连接的信令，自动邻接发现信令，自动服务发现信令，故障监测、定位和通告信令等。

IETF 主要从信令和选路方面对自动交换光网络进行要求，一个重要的内容是 GMPLS协议。GMPLS 是基于 MPLS，可以用于不同交换技术的控制平面这一假设而提出的，包括分组交换（如 IP、以太网、ATM）、时分交换（如 TDM）、波长交换（如 WDM）和空间交换（如 OXC）等。需要说明的是，GMPLS 是一套协议而不是一个协议，它是 IETF 关于 MPLS 用于 IP 网络流量工程相关工作的扩展。

另外，电信提供商和网络设备供应商发起并组织了一个光域业务互联（ODSI）组，该组织努力的目标是加快定义与自动交换光网络的开放式接口。

图 9.8（b）是未来 IP 业务的承载模式，也是 ASON 和未来全光网的发展目标。ASON是指在光路由和信令控制下完成自动交换连接功能的新一代的光网络，是一种具备标准化智能的光传送网，即 ASON＝OTN＋标准化智能。ASON 主要体现了两个思路：一是将复杂的多层网络结构简单和扁平化，从光网络层开始直接承载业务，避免了传统网络中业务升级时受到的多重限制；二是利用电子交换设备直接向光网络申请带宽资源，可以根据网络中业务分布模式动态变化的需求，通过信令系统或者管理系统自主地建立或者拆除光通道，不经人工干预，高效而且可靠。

与现有的光传送网技术相比，ASON 有以下特点。

1）在光层实现动态业务分配，可根据业务需要提供带宽，是面向业务的网络。

2）具有端对端网络监控保护、恢复能力。

3）具有分布式处理功能。

4）与所传送客户层信号的比特率和协议相独立，可支持多种客户层信号。

5）实现了控制平台与传送平台的独立。

6）实现了数据网元和光层网元的协调控制，将光网络资料和数据业务的分布自动地联系在一起。

7）与所采用的技术相独立。

8）网元具有智能性如智能配线架、智能光放大器等。

9）可根据客户层信号的业务等级（CoS）来决定所需要的保护等级。

网络技术的发展使核心网从廉价的带宽传送网转向直接提供盈利服务和应用的业务网，在业务方面能够支持多种类型的业务：波长批发、波长出租、带宽贸易、按使用量付费、光 VPN、动态路由分配、光拨号业务等，并有利于更迅速地引入新的业务。ASON能较好地符合光网的发展需求和网络业务、网络结构多样性的特点，被认为是下一代光传送网的发展方向。

9.3.2　自动交换光网络的体系结构

ASON 与一般光传送网的最大区别在于增加了控制平面（CP），在引入了控制平面以后，光网络从逻辑上可分为 3 个平面：控制平面、传送平面（TP）、管理平面（MP）。其体系结构如图 9.9 所示。

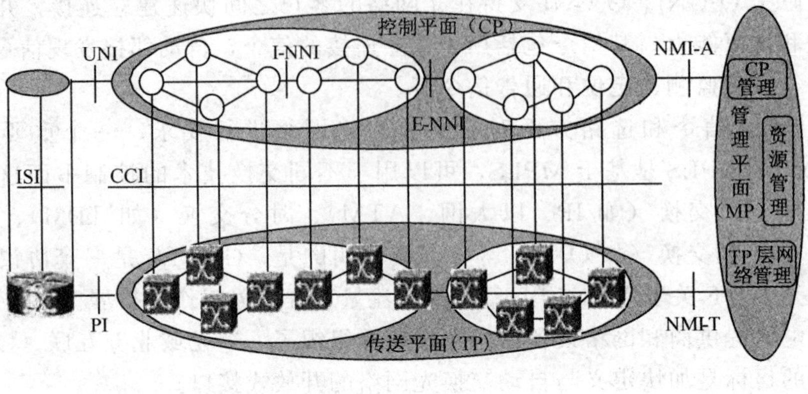

图 9.9 ASON 体系结构

PI－物理接口；I-NNI－内部网络-网络接口；CCI－连接控制接口；NMI-T－网络管理接口 T；
－用户网络接口；E-NNI－外部网络-网络接口；ISI－内部信令接口；NMI-A－网络管理接口 A

1. 网络接口

ASON 网络接口规范了 OTN 不同子网、异构网、制造商、管理域等的互联和互操作，如图 9.9 所示，各接口定义如下。

1）外部网络－网络接口 E-NNI。控制平面内，属于不同域的控制实体之间的双向信令接口。

2）内部网络－网络接口 I-NNI。在控制平面的一个运营域内，不同控制实体之间的双向信令接口。

3）用户网络接口 UNI。业务请求者和业务提供者的控制平面实体间的双向信令接口。

4）连接控制接口 CCI。定义了 ASON 控制平面信令网元（如光通道连接控制 OCC）和传送平面传输网元（如交叉连接）之间的接口。

5）物理接口 PI。传送平面的传送网元（包括交换实体）之间的物理接口。

6）网络管理接口 NMI。其中 NMI-A 是对 ASON 控制平面的网络管理接口，NMI-T 是对送平面的网络管理接口。

ASON 的三个平面之间通过三个接口（CCI、NNI 和 NMI）实现信息的互联，以交换和传递资源状态信息、控制命令和网络管理信息等。UNI 是客户网络和光层设备之间的信令接口，客户设备通过这个接口动态地请求获取、撤销、修改具有一定特性的光带宽连接资源等。

ASON 最大的特点就是在功能上引入了控制层，并力图将三者有机结合，如传送平面负责信息流的传送；控制平面关注于实时动态的连接控制；管理平面面向网络操作者实现全面的管理，并对控制平面的功能进行补充。其中控制平面是核心，通过控制平面使整个传送网络“智能”起来。

2. 控制平面

控制平面是 ASON 最具特色的核心部分，它由路由选择、信令转发以及资源管理等功能模块和传送控制信令信息的信令网络组成，完成呼叫控制和连接控制等功能。主要是连接的建立、释放、监测和维护，并在发生故障时恢复连接。控制平面由信令网支撑，主要包括以下几个部分。

1）允许节点交换控制信息的信令信道。

2）允许节点快速建立和拆除端到端连接的信令协议。

3）能以分布方式更改和维护的拓扑数据库。

4）快速灵活的恢复机制。

控制层面通过使用接口、协议以及信令系统，可以动态地交换光网络的拓扑信息、路由信息以及其他控制信令，实现光通道的动态建立和拆除，以及网络资源的动态分配，还能在连接出现故障时对其进行恢复。

ASON 控制平面可以分成几个构件，即资源发现、状态信息分发、路径选择和路径管理构件等。在 ITU-T 的建议中，把控制平面节点的核心结构组件分成六大类：连接控制器（CC）、路由控制器（RC）、链路资源管理器（LRM）、流量策略（TP）、呼叫控制器（CallC）和协议控制器（PC）。它们之间的相互关系如图 9.10 所示。这些功能构件一起工作，相互补充，形成一个全面的控制平面体系结构。

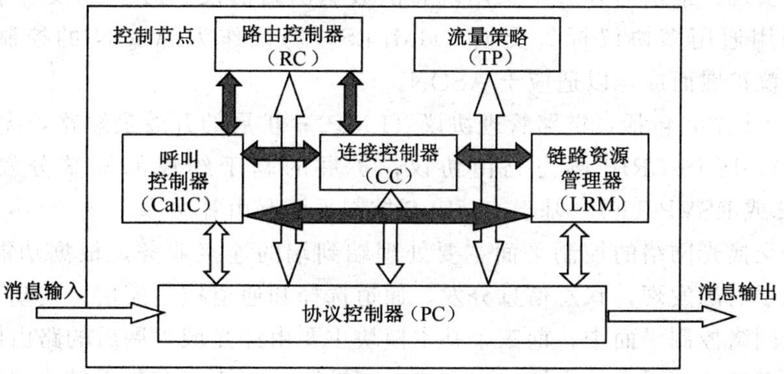

图 9.10　ASON 控制平面节点结构组件

3. 管理平面

管理平面的重要特征就是管理功能的分布化和智能化。传统的光传送网管理体系被基于传送平面、控制平面和信令网络的新型多层面管理结构所替代，构成了一个集中管理与分布智能相结合、面向运营者（管理平面）的维护管理需求与面向用户（控制平面）的动态服务需求相结合的综合化的光网络管理方案。ASON 的管理平面与控制平面技术互为补充，可以实现对网络资源的动态配置、性能监测、故障管理以及路由规划等功能。管理平面完成传送平台、控制平面和整个系统的维护功能，它负责所有平面间的协调和配合，能够进行配置和管理端到端连接，是控制平面的一个补充，包括网元管理系统和网络管理系统，它将继续在集中控制的点击式光通道配置中发挥重要作用。它具有性能管理、故障管理、配置管理、计费管理和安全管理功能，此外，它还包含内置式网络规划工具。

与传统网络管理的组成结构相同，ASON 的网络管理由本地维护终端（LCT）、网元管理系统（EMS）、子网管理系统（SNMS）和网络管理系统（NMS）构成。SNMS 属于网络管理层，对来自同一个厂商设备所构成的子网进行管理。NMS 针对全程全网进行管理，从而在不同厂商子网之间实现全网的统一管理。EMS 与 SNMS 之间通过内部接口相连，SNMS 与 NMS 之间的接口可采用 CORBA 技术实现。

4. 传送平面

传送平面由一系列的传送实体组成，它是业务传送的通道，可提供端到端用户信息的单向或者双向传输。ASON 传送网络基于网状网结构，也支持环网保护。光节点使用具有智能的光交叉连接（OXC）和光分插复用（OADM）等光交换设备。另外，传送平面具备分层结构，支持多粒度光交换技术。多粒度交换技术是 ASON 实现流量工程的重要物理支撑技术，同时也适应带宽的灵活分配和多种业务接入的需要。

9.3.3 自动交换光网络的控制信令协议

ASON 的控制协议是控制平面的重要组成部分，也是实现控制平面各项功能的重要手段，实现其最快的方法是采用现有的数据网络协议。ITU-T 及各个国际化标准组织准备采用通用多协议标签交换（GMPLS）协议作为 ASON 的控制协议。它是由 MPLS 协议扩展而成，以适应于 ASON。

GMPLS 主要包括：链路管理协议（LMP）；扩展的开放最短路径优先协议（OSPF 或 RSVP），IS-IS、RIP 静态路由协议；扩展的基于约束的标签分发（信令）协议（CR-LDP 或 RSVP-TE）；基于 GMPLS 控制平面路由算法库。

自动交换光网络的控制平面主要处理端到端的连接业务，根据功能划分为几个模块：网元层资源发现，状态信息分发，通道选择和通道控制模块。在基于 GMPLS 的自动交换光网络控制平面中，前三个基本模块主要由经光域扩展后的路由协议来完成，最后一个基本模块主要由信令协议来完成，而链路管理协议在各个模块中都有部分的应用和体现。

1. 通用多协议标签交换

多协议标签交换（MPLS）通过在 IP 包头添加 32bit 的“shim”标签，可使原来面向无连接的 IP 传输具有了面向连接的特性，可极大加快 IP 包的转发速度。通用多协议标签交换（GMPLS）则对标签进行了更大的扩展，将 TDM 时隙、光波长、光纤等也用标签进行统一标记，使得 GMPLS 不但可以支持 IP 数据包和 ATM 信元，而且可以支持面向语音的 TDM 网络和提供大容量传输带宽的 WDM 光网络，从而实现了 IP 数据交换、TDM 电路交换和 WDM 光交换的归一化标记。

GMPLS 定义了 5 种接口类型来实现以上的归一化标记，如图 9.11 所示，分别是分组交换接口（PSC）、第二层交换接口（L2SC）、时隙交换接口（TDMC）、波长交换接口（LSC）和光纤交换接口（FSC）。

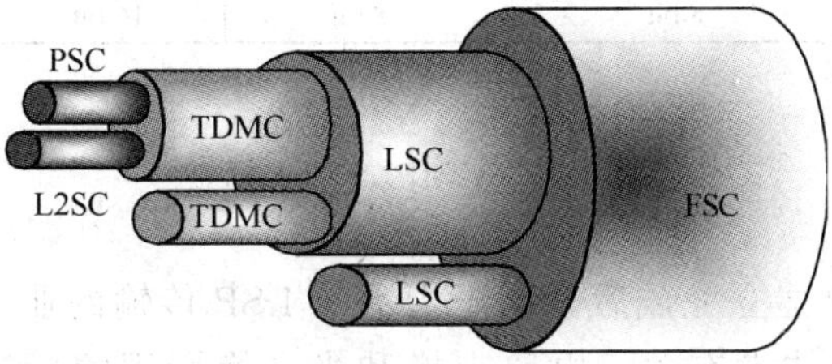

图 9.11　GMPLS 五种接口类型

GMPLS 网络包含了各种交换方式：分组交换、电路交换和光交换，相应的定义了分组交换标签（对应 PSC 和 L2SC）、电路交换标签（对应 TDMC）和光交换标签（对应 LSC 和 FSC）。其中，分组交换标签与传统 MPLS 标签相同，而电路交换标签和光交换标签为 GMPLS 的新定义标签以便将 MPLS 扩展到光域和时间域，包括请求标签、通用标签、建议标签以及设定标签。

MPLS 的标记交换原理如图 9.12 所示。一条非分组的标签交换路径（LSP）与一条分组交换连接（PSC-LSP）的建立过程完全相同，即通过源端发送“标签请求消息”，然后目的端返回“标签映射消息”的标签分发过程来建立，不同之处在于映射消息中所分配的标签与时隙或光波长对应。在非分组交换网络中，标签仅用于控制平面，而不像分组交换网络那样用于用户平面并将标签直接附加在数据分组上。

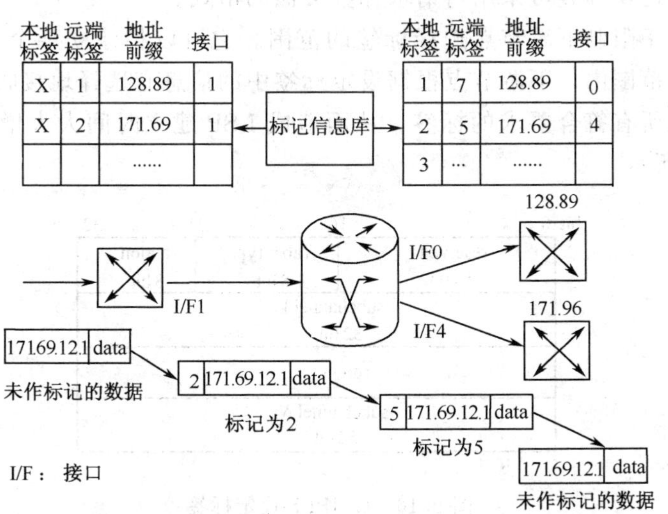

图 9.12　标记交换原理

请求标签用于 LSP 路径的建立，由 LSP 上游节点发出，向下游节点申请建立 LSP 的资源。与 MPLS 不同，“标签请求消息”需要增加对所要建立的 LSP 的说明，包括

LSP 类型（PSC、TDMC 等）、载荷类型等。其格式如图 9.13 所示。

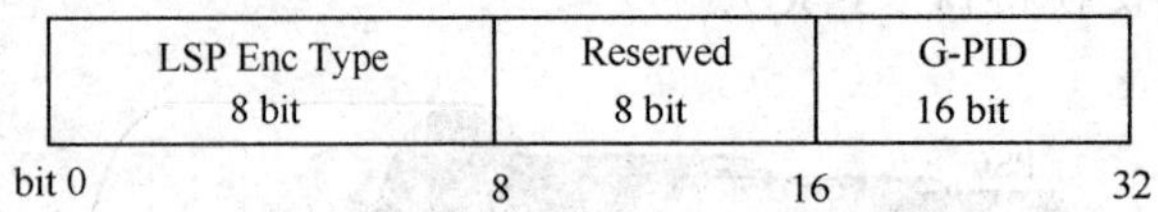

图 9.13　GMPLS 请求标签

通用标签是在 LSP 建立完成后，用于指示沿 LSP 传输的业务的情况。通用标签的格式与传输所用的具体技术有关，电路交换和光交换所用的标签不同，其格式分别如图 9.14和图 9.15 所示。

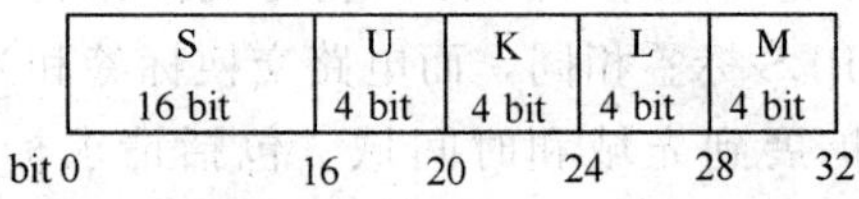

图 9.14　SDH 电路交换标签

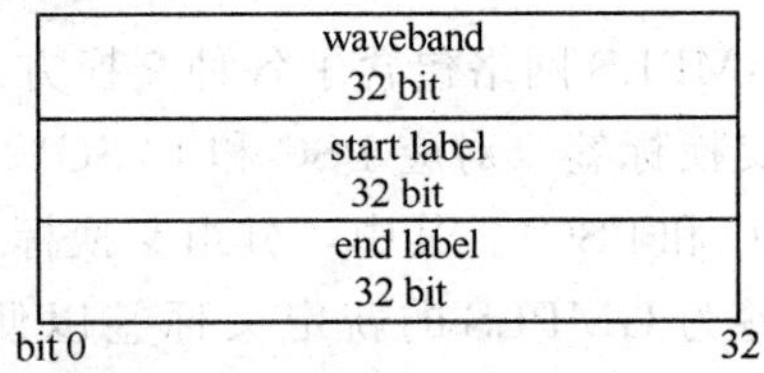

图 9.15　光波段交换标签

建议标签由准备建立 LSP 通道的上游节点发出，告知下游节点建立这个 LSP 通道所希望的标签类型。这就可以让上游节点无需获得下游节点的反馈映射标签确认，而先对硬件设备进行配置，从而大大减少建立 LSP 通道所需的时间，同时也减少了 LSP 建立的控制开销。建议标签可采用与请求标签类似的格式。

设定标签用于限制下游节点选择标签的范围。它可以将建立某个 LSP 所需的标签类型限制在一定范围内，下游节点根据设定标签中的信息有选择地接收标签，否则下游节点就必须接收所有符合要求的标签，从而造成 LSP 建立时间大大增加。设定标签的格式如图 9.16 所示。

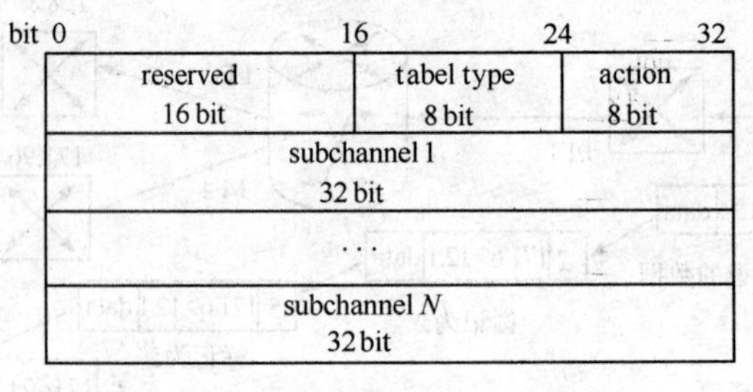

图 9.16　GMPLS 设定标签

2. 链路管理

传统的 MPLS 技术是基于分组，网络中一对节点之间很少有 10 条以上的平行链路，而在光网络中，两个节点之间可能要部署上百条平行的光纤，且每根光纤还要承载上百个波长。因此，光网络中的平行链路数量就要比 MPLS 网络中的大好几个数量级，而要为每个 PSC、L2SC、TDMC、LSC 和 FSC 都分配一个独立的 IP 地址是根本不可能的，所以必须采用新的控制机制来标识每条链路，以减少大量的、需要分发的链路状态信息。

GMPLS 引入了链路绑定的概念来解决以上问题。所谓链路绑定是指将那些属性相同或相似的平行链路绑定为一个特定的链路束，而在链路状态数据库中则用这个绑定的链路束来代表所有这些平行的链路。这些属性有类型、资源类别、流量工程参数、复用级别（分组、TDM 业务、光波长、端口）等。采用这种方法后，整个链路状态信息数据库的大小就会减小很多，相应的链路状态控制协议所需做的工作也会得到缩减。

在 MPLS 网络中，所有的链路都必须分配唯一的 IP 地址以进行识别。而对 GMPLS来说，为每条光纤、波长、时隙和分组都分配一个 IP 地址是不太可能实现的。为此，GMPLS 采用无编号链路的方法来解决这个问题。所谓无编号，是指不用 IP 地址标识链路而采用其他替代方法，即在每个网络节点对链路进行本地编号，以链路经过设备的 ID 号或接口号作为链路的识别标志。从而缩小路由信息库的内容，减少链路配置的数量。无编号链路要求网络具有两种能力。

1）承载有关未编号链路的 IGP TE 扩展（OSPF 或 IS-IS）信息的能力。

2）在 MPLS TE 信令中指定未编号链路的能力。

光域中 DWDM 的使用意味着在两个相邻的节点间具有数目非常巨大的平行链路，为了对这些邻接的链路拓扑状态信息进行维护和管理，并获得可扩展性，引入了链路管理协议（LMP）。LMP 运行于邻接节点之间的数据平面上，用于进行链路的提供和故障的隔离，并管理节点间的双向控制信道。它包括四个核心的功能，即控制信道管理、链路连接性验证、链路所有权关联以及故障定位/隔离。

1）控制信道用于在两个节点之间交流控制平面的信息如信令、路由和管理信息，其重要性不言而喻，而 LMP 的控制信道管理功能就是为了保证控制信道能够正常工作而实施的。

2）链路所有权关联功能用于将多条数据链路集成到一条流量工程链路上并同步该链路的属性，在链路属性发生改变时能够实时地做出反应和进行修正。

3）链路连接性验证用于验证数据链路的物理连接性以及交流可能使用于 RSVP-TE 和 CR-LDP 信令中的链路标识，可通过在特定捆绑链路的每条数据链路上发送测验消息来逐一验证所有数据链路的连接性。

4）故障定位/隔离对于网络运营非常重要，它是实现快速自愈的前提。LMP 故障定位过程基于信道状态信息的交流，为此定义了多个信道状态相关消息。一旦故障被定位，可用相应的信令协议激发链路或通道保护/恢复过程。

9.3.4　自动交换光网络的路由

1. ASON 的路由

根据智能光网的功能要求，未来的光网络要能够对网络流量进行智能化的配置，在光域实现动态波长路由。例如，在靠近用户侧的网络是传统的 IP 网络，可由 IP 路由器构建。而核心网络将是基于 WDM 技术的、智能化的、支持网状拓扑为主的光网元设备。

为了支持流量工程和自动保护恢复机制，网络必须能够进行波长的动态分配，并将路由标签与波长相关联，通过网络的路径选择，实现相关路由的建立。尤其在控制平面和数据平面不一致的情况下，路由需要的拓扑不仅有数据层拓扑，还有控制层拓扑。为了避免路由信息过多，需要能够支持绑定链路和分等级路由。路由信息刷新频率的设定也要考虑典型的使用简化路由，可以用网管配置。同时还要考虑到一些限制条件，如路径差异、负载均衡、决定路由时的特殊政策等。

ITU-T G. 7715 定义了在 ASON 网络中建立交换连接（SC）和软永久性连接（SPC）选路功能的结构和要求。主要内容包括 ASON 选路结构、路径选择、路由属性、抽象信息和状态图转移等功能组成单元。G. 7715 的目的是提供一种与协议无关的方法，用来描述用于 ASON 的路由技术，路由消息是通过数据通信网络（DCN）进行传送。

ASON 路由体系结构支持 G. 8080 定义的不同路由方式，如分级路由、逐跳路由和源路由。这种结构也对路由信息表达方式的不同进行了抽象，如链路状态、距离向量等。ASON 路由体系结构在网络被分割为多个路由域，并对网络资源进行了分配后使用。

如图 9. 17 所示，ASON 路由体系结构包括与协议无关的部件，如链路资源管理器（LRM）和路由控制器（RC），以及与协议相关的部件，如协议控制器（PC）。RC 处理用于路由的抽象信息；PC 依据信息经过的参考点（如 E-NNI，I-NNI）处理与协议相关的消息，并将路由原语传递给 RC；LRM 向 RC 提供所有链路末端（SNPP）的信息，并将其控制的链路资源的任何状态改变告知 RC。RDB 是指路由信息数据库，它存储本地拓扑、网络拓扑、可达性和其他通过路由信息交换获得的信息，以及配置信息。RDB 可以包含多个路由域的路由消息。

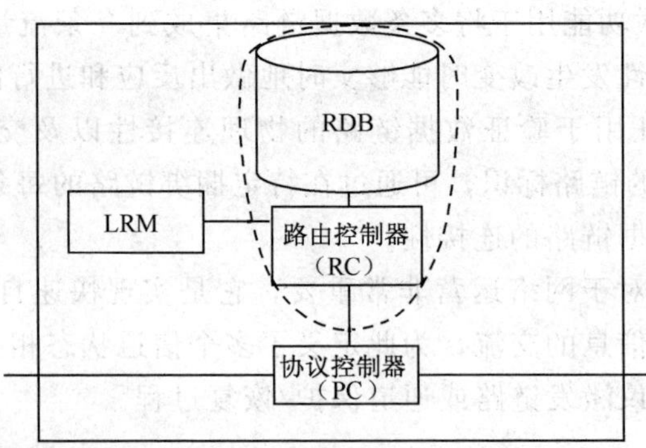

图 9. 17　路由功能部件示例

2. GMPLS 对路由协议的扩展

为了支持链路状态信息的广告，GMPLS 的域内路由协议 OSPF-TE 和 IS-IS-TE 路由协议都进行了扩展，增加了一些对应于光域 TDM、LSC 和 FSC 的约束条件，如链路保护类型、接口交换能力（PSC/TDM/LSC/FSC）以及共享风险链路组等，这些约束主要来自于用户的特定要求如物理分开，流量工程政策如首选路由以及网络其他特性。扩展后的路由协议通过统一的编码，承载相应的流量工程所要求的链路信息，包括更多的标签交换通道参数如标签交换通道类型、载荷类型和链路保护方式等，以实现特定约束条件特定类型连接的路由计算和选取。

9.3.5 自动交换光网络的演进

在自动交换光网络的发展和演进过程中，目前提出的有两种基本网络结构，即重叠模型结构和对等模型结构。

重叠模型又称客户—服务者模型，是ITU、光互联论坛（OIF）和光域业务互联（ODSI）等国际标准组织和准标准组织所支持的网络演进结构。重叠模型结构的实施方法是将光层特定的控制智能完全放在光层独立实施，无需客户层干预。光层将成为一个统一、透明、开放的通用传送平台，可以为包括IP层在内的多种客户层提供动态互联。这种模型有两个独立的控制平面，一个在核心光网络即光网络层，另一个在客户层，两者之间不交换信息，独立选路，最大限度地实现了光网络层和客户层的控制分离。

这种模型的最大好处首先是光层提供统一透明平台，支持多客户层信号，不限定IP路由器。其次，可以对客户层屏蔽光层的拓扑细节，维护了光网络拥有者的秘密和知识产权。第三，允许光层和客户层独立演进，整个网络基础设施的发展不为客户层技术所限。第四，子网间采用NNI，便于独立引入新技术而不必演进整个网，还可以利用现有设施，有利实现互操作。这种模型的缺点首先是功能重叠，两个层面都需要网管和控制功能。其次是扩展性受限，对数据转发边缘设备间有 N^2 问题。第三，管理两个独立的物理网成本较高，带宽利用率低，存在额外的帧开销。最后，由于两个层面存在两个分离的地址空间，需要复杂的地址解析。

对等模型也称集成模型和混合模型，是IETF所支持的网络演进结构，为此IETF提出了通用的多协议标记交换（GMPLS）概念。对等模型结构的实施方法是将光网络和IP网看成一个集成的网络，运行同样的控制层面进程，实现一体化的管理和流量工程。其基本思路是将IP层用于MPLS通道的选路和信令，经适当修改后直接应用于包括光传送层在内的各个层面的连接控制。

这种模型的基本特点将光层控制智能转移到IP层，由IP层来实施端到端的控制。光传送网和IP网可以看作是个集成的网络，光交换机和路由器间交换所有信息并运行同样选路和信令协议，实现一体化管理和流量工程，消除了不同网络区域间的壁垒。该模型没有分离的UNI接口和NNI接口，每一边缘设备只与其附属的光交换机相连，减少了控制信息业务量，便于扩展到大规模网络的应用。对等模型的缺点是：两层间有大量状态和控制信息流，难以标准化；只能支持单一客户IP路由器，无法保持光网络拥有者的网络拓扑秘密和知识产权；失去业务透明性，只支持单一的IP业务，而且将光网络的内部信息与IP设备共享也不符合大多数光网络运营商的安全性考虑。

目前，从标准化进程、设备互操作性和运营商自身考虑等角度出发，重叠模型比较容易在近期内实现。业界普遍认为，ASON的演进步骤如下。

1）在光传输网完全采用 WDM 传输技术的基础上，首先在长途节点使用 O/E/O 交换技术的 OXC 设备，并采用 ASON 的信令、路由协议和 NNI 接口，在域内实现 ASON 的功能。

2）在城域网范围内，采用具有 UNI 接口的多业务传输平台（MSTP）和 OXC 设备，以便使 MSTP 和 OXC 设备可以通过 UNI 接口，实现端对端智能管理。

3）在全网内，全面采用 ASON 的信令、路由协议、NNI 接口和功能。

4）不同运营商的 ASON，使用 NNI 或 UNI 接口互通。

9.4 全光网络通信

9.4.1 全光网络的概念及特点

人类社会正迈向信息时代，Internet 等数据业务对通信容量和带宽的需求呈现指数级的增长。在通信的传输领域，波分复用技术的成熟应用给通信系统予以了足够的带宽支持。业务需求和系统容量的飞速增长带来了对通信网的另一主要组成部分即交换系统巨大的压力和动力。目前的电子交换和信息处理网络的发展已接近电子速率的极限，在交换领域引入光子技术实现“纯光”通信有了必要。

全光网络（AON）指光信息流在通信网络中的传输及交换时始终以光的形式存在，即信息从源节点到目的节点的整个过程中都处在光域内，电光转换与光电转换仅仅存在于信源端（发送端）和接收端。从全光网络的定义可知其优点如下。

1）带宽不再受制于电子器件的“瓶颈”极限，能提供更为巨大的带宽容量。

2）所有信息处理都在光域进行，去掉了庞大的光/电/光设备及工作量，不仅节省成本，而且提高了系统的可靠性和运行速度。

3）具有业务和协议透明性，即对信号形式无限制，允许采用不同的速率和协议，网络灵活性高，可扩展性好。

全光网络是光纤通信技术发展的最高阶段，也是理想阶段，其终极目标是在核心网和接入网实现全光纤传输及全光信号处理，光纤到户即 FTTH 可看作是它的一种体现。全光网络分两个阶段发展：第一步是建成全光传送网，即任一用户地点与其他用户地点之间实现全光传输；第二步是在完成上述用户间全程光传送网后，实现信号处理、储存、交换以及多路复用/分接、进网/出网等功能的电子化向光子化的转变，建成完整的全光网。

全光网络的透明性、可扩展性、可重构建等特点要靠器件来实现，而目前全光网络的器件技术也还没有定型，尚处于探索、研究和验证之中。

9.4.2 全光网络的分类及结构

通过在光纤信道上采用光复用技术（包括 DWDM、OTDM 和 OCDM），在节点上采用 OADM、OXC、高速路由交换机等设备，可以构成全光网络。

根据光纤信道上采用的光复用技术的不同，全光网络可以分为光密集波分复用

(DWDM)全光网络、光时分复用(OTDM)全光网络和光码分复用(OCDM)全光网络。光时分复用(OTDM)全光网络将时间划分成若干时隙，不同信道占有不同的时隙进行复用和组网。光码分复用(OCDM)全光网络通过给不同的信道用户分配不同的地址码来实现多路信道复用和组网。由于光码分复用技术具有抗干扰能力强、保密性好、实现多址、连接灵活方便、动态分配带宽、可实现异步信息接入、网络易于扩展，并直接进行光编码和光解码，被认为是全光局域网最有前景的组网技术之一。光波分复用(DWDM)全光网络利用信道光载频的不同，实现多路信道复用和组网，是目前全光网络中研究最活跃，也是最有应用前景的全光网络。图 9.18 是基于 WDM 技术的全光网络结构。

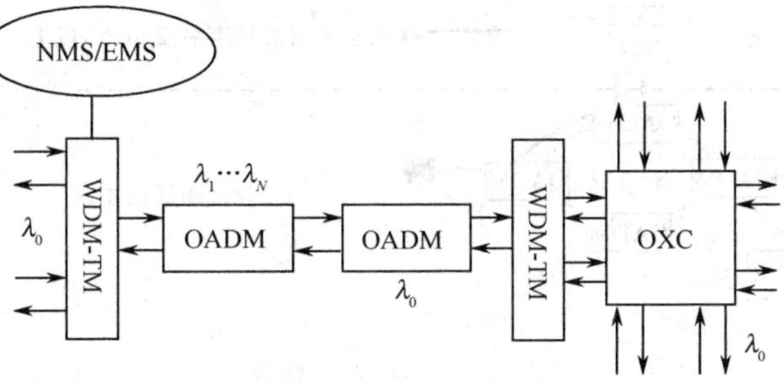

图 9.18 全光网络结构

注：NMS—网络管理系统；EMS—网元管理系统；TM—终端复用

利用波分复用技术的全光通信网将采用三级体系结构。最低一级(0 级)是众多单位各自拥有的局域网(LAN)，它们各自连接若干用户的光终端(OT)。每个 0 级网的内部使用一套波长，但各个 0 级网多数也可使用同一套波长，即波长或频率再用。全光网的中间一级(1 级)可看作许多城域网(MAN)，它们各自设置波长路由器连接若干个 0 级网。最高一级(2 级)可以看作全国或国际的骨干网，它们利用波长转换器或交换机连接所有的 1 级网。图 9.19 是一个利用波分复用技术组建的全光网示意。

9.4.3 全光通信的关键技术

全光通信中采用了光复用、光交换和其他光处理技术，从而实现任何点与点之间的全程光信号的交互和传输。通信网主要由传输和交换两大部分组成，通信系统性能又多以速率距离之积来表示，将来的业务要求具有动态可扩展性等，因而全光网络关键技术可从上述方面考虑，主要有光复用技术、光交换和路由技术、高速远距离光传输技术、光信息处理技术等。要实现技术和功能必须有高性能的光器件和传输介质的支持。

1. 光复用

在全光通信系统中采用光复用技术不仅可以充分利用光纤的传输带宽资源，而且通过传送不同波长(频率)、不同类型或不同速率信号，完成局域网、城域网及全国的骨干网之间的分路、合路与组网。从复用原理来划分，光复用方式可采用光波分复用、光

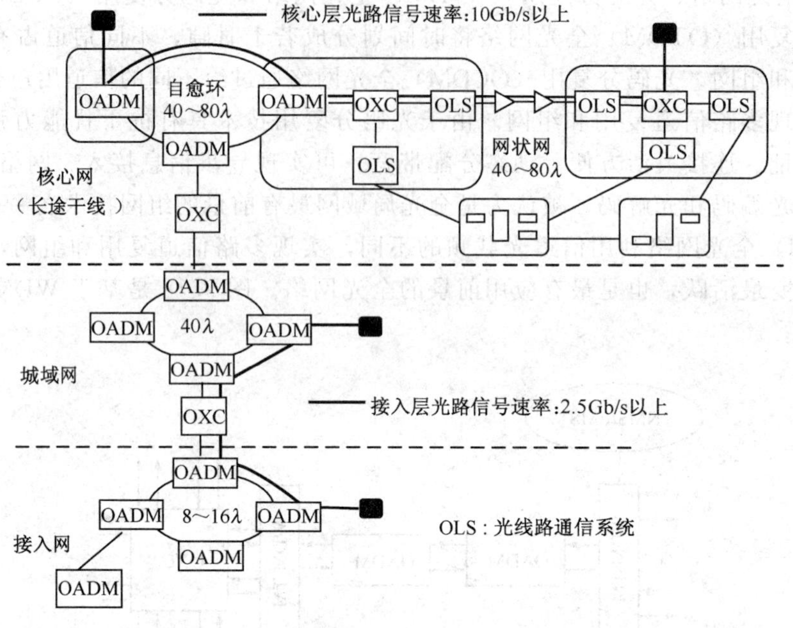

图 9.19 全光传输网

时分复用和光码分复用等方式，其中使用掺铒光纤放大器的光波分复用系统被广泛认为是挖掘利用光纤通信潜在容量的最好方式。

2. 光交换和路由

光交换/光路由属于全光网络中关键光节点技术，主要完成光节点处任意光纤端口之间的光信号交换及选路。光交换技术在本章 9.2 节中已进行详细的介绍。对于波分复用全光网络来说光交换和路由所完成的最关键工作就是波长变换（WC），由于实质上是对光的波长进行处理，更确切地说，光交换/光路由应该称之为波长交换/波长路由，全光网络的几大优点如带宽优势、透明传送、降低接口成本等都是通过该技术体现的。从功能上划分，光交换/光路由、OXC、OADM 是顺序包容的，即 OADM 是 OXC 的特例，OXC 是光交换/光路由的特例，光路由通过交换矩阵来实现。其他的关键器件还有光耦合器、光开关、波长转换器等。对于光时分复用网络，光存储器如光纤延迟线是其重要组成；光码分复用中的地址码是其关键。

3. 高速远距离传输

光纤通信的高速长途传输需要解决两个主要问题：一是光纤线路衰减和光分路损耗导致的光功率下降现象；二是光纤色散和非线性效应导致的脉冲波形展宽现象。前者主要通过采用直接光放大技术（如 EDFA）来解决；后者主要通过色散补偿来解决。

4. 光信息处理

光信息处理的内容很多，例如，前面提到的光交换、光复用、光调制和光放大等均属于光信息处理的范畴。目前有些技术已经步入成熟阶段，但诸如全光信息再生、全光时钟提取、光集成、光存储、光计算等更高层次的光处理技术还正在探索之中。

5. 全光器件

实现全光通信，各项技术都需相应的器件和光纤传输介质支持。如高功率、窄谱线、高调制速率的激光光源，低损耗、小色散、更宽传输窗口的光纤，高速率、高灵敏度、低噪声的探测器，高性能的各种光有源器件和无源器件，如光交换/光路由器和光放大器等。

全光通信的一个发展方向是器件的全光纤化。即使高性能的半导体光源与低损耗、小色散的光纤连接，其连接性能比使用光纤型的光源与光纤连接时的性能逊色。当系统中使用均由光纤制成的激光器、传输线和探测器时，则构成光纤一体化的全光通信系统，该系统具有良好的传输特性。光纤光栅是最具代表性的全光纤型器件，利用它优良的选频特点，可制成全光纤的带通或带阻滤波器、全光纤激光器和波分复用/解复用器等，还可以作为色散补偿和其他应用的重要器件。因此人们普遍认为光纤光栅是继 EDFA 之后光纤通信发展的又一里程碑。

随着光子技术和光电子技术的不断进步，全光通信的研究将进一步深入，最终宽带、大容量的通信目标也将成为现实。

9.4.4　全光网管理

光管理网（OMN）是 TMN 的子集，OMN 又可以分为光管理子网(OMSN)，三者的关系如图 9.20 所示。ITU-T X.700 把系统管理功能分成五个模块：配置管理、性能管理、故障管理、计费管理、安全管理。对于全光网来说主要是前三项管理，计费和安全管理与全光网基本无关。

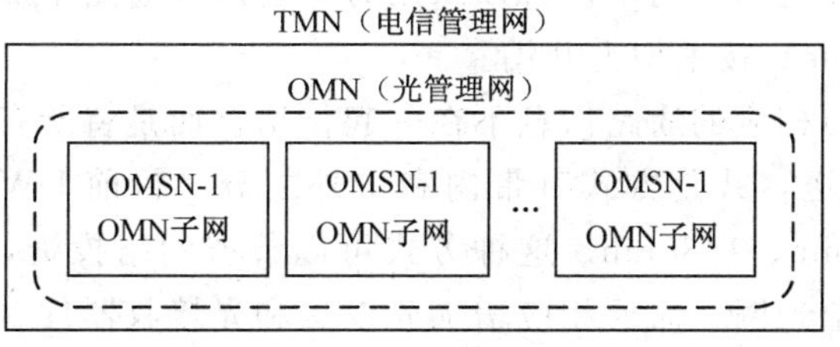

图 9.20　TMN 与 OMN 和 OMSN 的关系

这里主要以波分复用全光网来分析全光网管理。配置管理主要是光通道层的事情，它负责网络资源的分配，选择波长路由。性能管理要保证多个光波长通道复用传输的成功，主要是收集和分析网络性能的数据，以满足用户服务（视频、数据、语音等）的指

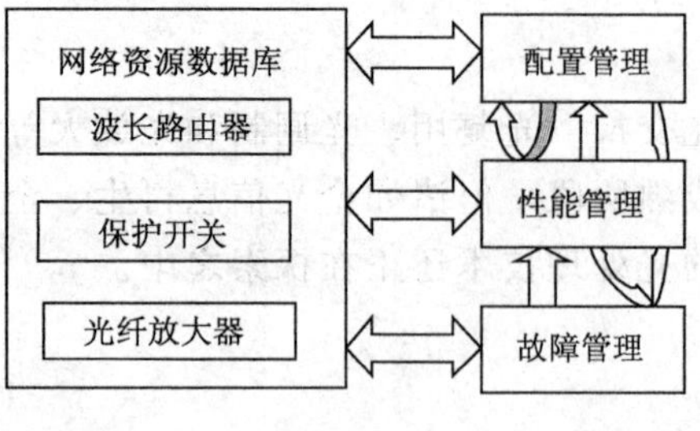

图 9.21 网络管理各个功能模块与网络资源数据库的关系

标。故障管理主要是检测、隔离、修正光网的异常运行状况，如告警监视、故障定位和故障校正等。管理功能的三个模块是相互关联，如图 9.21 所示。如在某个波长通道发生故障时，配置管理和故障管理要配合起来才能完成路由的重新选择，又如当波长信道的性能降到一定程度时，产生告警信号，通知故障管理模块进行相应的处理。

全光网的管理信息主要有故障信息，如信号失效指示，包括服务层信号失效（SSF）、路径信号失效（TSF）等；缺陷信息，如路径终端失配缺陷（连接件监控）、连续性丢失缺陷等；性能质量信息，如光波长、光强、信噪比以及保护控制信号，如光复用段的 AIS、RDI 等。

由于全光网的透明性，光信号只是作为模拟信号被放大、传输和交换（交叉连接），其中的数字信号并没有处理。这样无法像 SDH 光传输网采用开销比特的办法来实现管理。必须采用新的办法实现光层的管理与控制，以便实现快速保护，为高层的可靠传输提供保证。

全光网的管理信息通道有两种类型：一种是基于消息的通道以支持构成网管信息的数据通信网络；另一种是支持语音和语带数据的辅助信道，辅助信道只有光传输段层（OTS）需要，来提供实现公务电话和维护人员间的低速数据通信。光复用段层（OMS）和光通道层（OCH）不需辅助信道。基于消息的信道是在 OTS 层实现以支持光传送网（OTN）管理的数据通信，如用于 WDM 的宽谱线路放大器等的管理。OMS 层还需附加的通道来支持 OMS 层管理信息的交换。在 AON 中还可以通过运营者规定的开销或国内使用的开销提供其他的通信通道。

全光网各层的开销传送可以有不同的实现方案。总的来说有随路方式和共路方式。随路方式的开销和通路信息一起传送，该通路无论经过多少 OADM 和 OXC，通路的情况会随时反映在一起传送的开销中。可以采用时分复用在通路中加进开销或可以采用副载波调制（如 pilot tone）技术加上开销。

共路方式的开销与相应的通路信息不在一起传送，而是将所有通路的共同开销用一个单独的 OSC 通道传送，共路方式有带内和带外之分。目前 DWDM 网管波长可选为 (1510±10)nm、1310nm、1480nm。这种方式可以节省网络投资，所传送的信息量大，适合于集中式管理的全光网，需要相应增加光发送和光接收器件。但是由于开销和通路是分开传送的，通路经过 OADM 和 OXC 后，或者会丢失某些信息，或者开销无法反映通路误连接的情况。

光监控信道（OSC）由帧定位信号 FAS 和净负荷组成。净负荷可以分成两类，一类是与自愈保护相关的信号；另一类是与连接等相关的信号：自愈保护信号如 AIS 和 RDI，采用光信号在网元之间传送，采用面向比特的协议，网络层的管理开销基本上都可以放到维护信号段传输。第二类信号处理比较复杂，很难而且没有必要直接在光层实现，可以通过 TCP/IP 协议以实现灵活的控制。帧的类型有状态帧、控制帧、超时错误帧、接收错误帧等。

图 9.22 显示了一个符合 TMN 结构的全光网管理系统的实现方案。它不仅可以提供全光网及网元设备（包括 OXC、OADM 等）的管理功能，而且能够实现网络操作系统与网元之间的通信功能。图中定义操作系统和网络单元通过 Q3 接口相连。数据通信网（DCN）从概念上与传送网本身分离，它用于管理数据信息的转移。这里 DCN 适用于 ITU-T 建议 C. 773 中描述的各种协议，如 X. 25 协议。

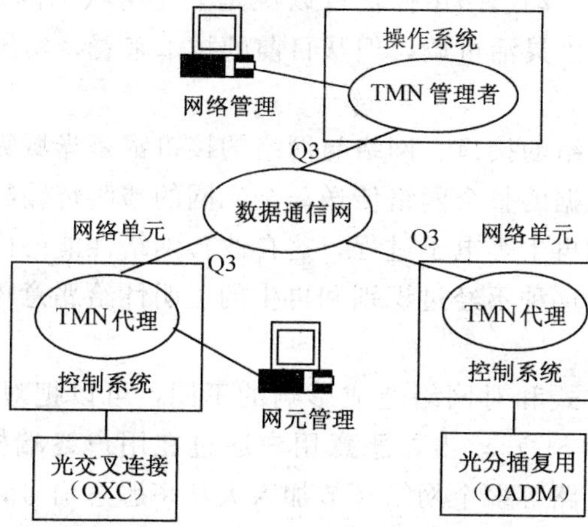

图 9.22　遵循 TMN 原理的全光网管理系统的结构

和 SDH/ATM 网相比较，全光传送网对网络管理提出了一些特殊要求。

1）由于全光网中客户信号的传送、复用、选路、监视等处理功能都是在光域上进行，即通过光通道来实现的，因此光网络的管理方式必须适应光层管理的特点和要求，很好地解决光通道的建立、维持、释放和快速恢复。

2）在光传送网中引入了一些不同于 SDH/ATM 的管理实体，如光放大器（EDFA/SOA）、色散管理（DA）、光交叉连接（OXC）和光分插复用（OADM）设备等，因而至少有一个网元管理功能层来对 EDFA、DA、WDM、光监控通道（OSC）进行管理。

3）全光网的一个重要优点就是它的协议透明性，即在单一的物理构架中可以同时存在多种形式的协议流，因为无法预知网络使用的协议，所以光传送网需要有自己的管理信息结构和开销方案，其网管系统也应与其传送的信号的网管分离。

4）全光网的最终目标是实现可以支持各种传送业务的统一的光平台，因此全光网的管理需要考虑与现实的 SDH/ATM 传送网管理的配合问题，如传送业务服务质量的保证、传送业务的保护采用在哪一层次（光通道层、业务层）来执行等。

9.4.5　全光网的安全性

传统的光网络主要起到传输的作用，SDH 网络保护主要是设备的冗余保护和线路的保护。其线路保护是基于环和链的，如 2 纤单向通道保护环（UPSR）、2 纤/4 纤双向复用段保护环（2/4 BLSR）和1+1链路保护等。

从传统 SDH 网络可能先演进成环状的 WDM 全光网，即在节点处以 OADM 和 OXC 代替电域的 ADM 和 DXC 等。对于全光环型网的保护，可以借助于环型网络自愈性强的特点，复用段的保护采用扩展的 APS 协议来实现，通道段的保护采用1+1或1∶1的方式实现。

全光网最终的网络拓扑形式是网格状网。对于全光网状网的保护，复用段的保护可以采用指定子环的方式完成，通道段可采用1+1或者1∶1的保护方式来实现，也可用路径不相交共享通道保护。动态路由保护可以说是全光网状网的最大特点和优势所在，资源的共享率高，保护路由灵活可调，但从目前的技术来看，实施较为困难，保护时间较长。

全光网中的用户与网络的接口、网络与网络的接口都是光域完成，同时通过透明的光域交换和光路由完成数据的整个网络传送。全光网的透明传输特性使得在信号传输的过程中不需要经过识别和再生等电子过程，这在改善网络性能的同时，也给网络的安全带来了一定的隐患，因为这种不经过识别和再生的透明性给恶意攻击者提供了一个更好的机会。

根据恶意用户攻击方式和对网络造成影响的不同，可以把对全光网的攻击分为两类。一类称为服务瘫痪（SD）攻击，恶意用户通过在用户终端模块、交换路由模块、放大链路模块以及传输链路等多个网络环节加入大功率恶意信号，以至于瓦解整个通信系统，瘫痪整个网络；另一类攻击称为窃听攻击，恶意用户可以通过放大链路模块、交换路由模块以及传输链路等网络环节，提取传输信号的信息，达到窃听别人信息的目的。比较 SD 攻击，窃听攻击更具有隐蔽性，恶意用户可以伪装成合法授权用户，让网络管理系统无法及时察觉。

根据攻击方式的不同可以将攻击分为三类攻击：通道带宽内攻击、通道带宽外攻击、非法串扰攻击。通道带宽内攻击是指恶意攻击信号的光波长位于网络系统的信号通道带宽内，伪装成合法的授权用户，而不会被滤波器和波分复用器等限制器件排除，从而可以在整个网络里面肆意传播，通过扰乱脉冲流，达到拥塞交换模块、瘫痪网络的攻击目的。通道带宽外攻击是指攻击信号波长位于网络系统的信号带宽外，但是位于放大器放大带宽内，利用带外干扰来引发光学器件的串扰以实现攻击目的一种攻击手段，如目前光网络中常用的光放大器 EDFA 常被作为攻击的对象。非法串扰攻击是指恶意攻击用户通过伪装成合法授权用户，利用光网络组件信道串扰的缺陷来非法窃听或者干扰通信，这种攻击最常发生在光交换模块中。

总之在全光网中，从信源到信宿的传输、交换以及其他信息处理都在光域进行，光层信息的安全是区别于传统光网络只在电域负责信息安全的显著之处。因此要保证全光网络的安全还必须能对网络器件或节点进行攻击判断，并隔离非法信号。全光网与现行光网络的另一显著差别之处是其网络拓扑由于光交换/路由器件的引入形成了网格状网，在保护网络时其必须智能地计算路由、信道指配。

9.5　量子光通信技术

9.5.1　量子光通信基础

微观粒子具有波粒二象性。光的波动说起源于 Huygens。波最重要的特征是存在干涉、衍射以及偏振现象，19 世纪初 Young、Fresnel 和 Fraunhofer 等人的研究和实验验证了光的波动性，19 世纪 60 年代 Maxwell 创立的电磁理论进一步揭示了光是一定频率范围的电磁波。相干光通信和光孤子通信都是光的波动性的体现。Planck 的黑体辐射理论首次把光能量与其频率联系起来：$\varepsilon = hv$，其中 h 是 Planck 常数。Einstein 第一个认识到，电磁辐射不仅发射和吸收是以量子形式进行的，而且是以量子形式传播的，辐射场本身就是由一个一个光量子组成的，Einstein 称为光子（photon）。每个光子的能量：$\varepsilon = hv = \hbar\omega$，光子的动量：$P = \hbar k$，$\hbar = h/2\pi$ 是量子力学中常用的常数，$\omega = 2\pi v$ 是光波圆频率，k 是波矢量。

假设有一束激光，其功率为 P，频率为 v，则单位时间内发送的光子数为

$$N = P/hv \tag{9.1}$$

光的量子性遵循测不准关系，即

$$\Delta N \times \Delta\phi > 1/2 \tag{9.2}$$

式中，ΔN——光子数的涨落；

$\Delta\phi$——相位的涨落。

激光束是相干光，因此光子数很大。如果利用光在微观世界中的粒子特性，让一个个光子传输“0”和“1”的数字信息。从理论上说，它可以传输无限量的信息。这就是应用光的量子性进行通信即量子光通信的一种设想。但考虑光子在传输过程中会发生衰减，因此该量子光通信技术的通信速度只会比现在的光通信速度高 1000 万倍。

现有的经典信息以比特作为信息单元，从物理角度讲，比特是个两态系统，它可以制备为两个可识别状态中的一个，如是或非，真或假，0 或 1。在数字计算机中电容器平板之间的电压可表示信息比特，有电荷代表 1，无电荷代表 0。一个比特的信息还可以用两个不同的光偏振或原子的两个不同能级来编码。在量子世界中，描述量子系统的是态函数，它具有几率幅的意义，态函数的演化遵从薛定谔方程。量子信息的单元称为量子比特（qubit），它是两个逻辑态的叠加态。经典比特可以看成量子比特的特例。用量子态来表示信息是量子信息的出发点，有关信息的所有问题都必须采用量子力学理论来处理，信息传输就是量子态在量子通道中的传送，信息处理（计算）是量子态的幺正变换，信息提取便是对量子系统实行量子测量。

在量子光通信、量子计算机和量子密码术中，量子态是信息的载体，量子信息的加工处理归根到底是一种量子态的操纵过程。

在实验中任何两态的量子系统都可以用来制备成量子比特，常见的有光子的正交偏振态、电子或原子核的自旋、原子或量子点的能级、任何量子系统的空间模式等。信息一旦量子化，量子力学的特性便成为量子信息的物理基础，其主要特性如下。

1）量子态的叠加性。量子信息可以同时输入或操作 N 个量子比特的叠加态。

2）量子相干性。量子干涉现象成为量子信息诸多特性的重要物理基础。

3）量子纠缠性。N（大于 1）的量子比特可以处于量子纠缠态，对其中某个子系统的局域操作会影响到其余子系统的状态。

4）量子不可克隆定理（quantum non-cloning theorem）。量子力学的线性特性禁止对任意量子态实行精确的复制，这个定理和不确定性原理构成量子密码术的物理基础。

按上述四个量子力学的特性，量子光通信研究的范围主要包括量子密码术、量子隐形传态、密集编码、远程量子光通信以及量子光通信复杂度等。量子光通信利用量子纠缠来辅助进行通信，典型的通信方式有量子隐形传态和密集编码。量子隐形传态通过经典信道来辅助传送未知的量子态，其实质是：将原物的信息分成经典信息和量子信息两部分，并分别由经典和量子通道传送给接收者。其中经典信息由发送者对原物进行某种测量而获得，量子信息是发送者在测量中未提取的其余信息；接收者在获得这两种信息后，就可制备出原物量子态的完全复制品。该过程传送的仅仅是原物的量子态，而不是原物本身。发送者甚至可对这个量子态一无所知，而接收者是将别的粒子制备到原物的量子态上。密集编码利用量子信道传送经典比特表示的信息，可以仅仅通过传送一个粒子便能成功地传送 2 个比特的经典信息。

9.5.2 量子光通信特点

量子光通信系统的基本部件包括量子态发生器、量子通道和量子测量装置，其整个量子光通信系统原理如图 9.23 所示。

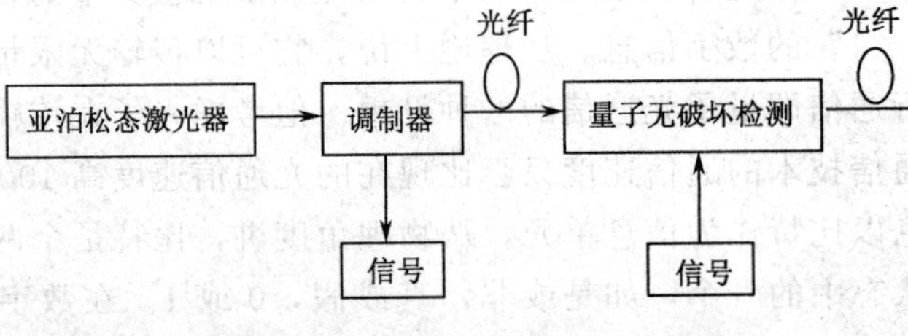

图 9.23 量子光通信系统原理

量子光通信所使用的激光器（也叫亚泊松态激光器）构成示意如图 9.24 所示。它的工作原理是 LD 输出经过量子无破坏（QND）检测，输出与规定电平进行比较，比较器输出误差信号反馈到 LD，控制 LD 输出，使 $\Delta N\to 0$，$\Delta\phi\to\infty$，即亚泊松态（如果 ΔN 确定，$\Delta\phi$ 不确定，则称为光子数态）。

光波通信信号检测是通过滤波、放大等一系列手段，最后还原出原始信息。它对信息的检测具有破坏性。根据量子光通信的通信方式，检测技术具有以下两个明显的特点，利用光子检测器对光子进行计数和量子无破坏检测技术。

光子计数检测原理如图 9.25 所示。光检测器的检测特性是当输入较强的恒定光信号，检测器输出为伴有噪声涨落的直流脉冲；当输入信号减弱时，输出波动明显增加；输入减弱到一定程度时，输出变为脉冲序列，其特点是噪声光子产生的电脉冲高度场在

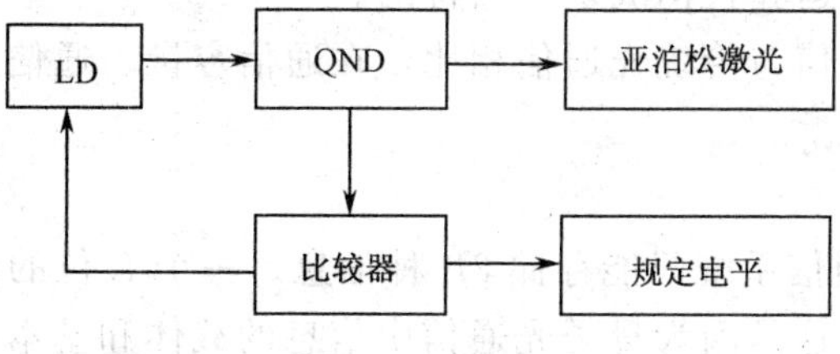

图 9.24 亚泊松态激光器的构成示意

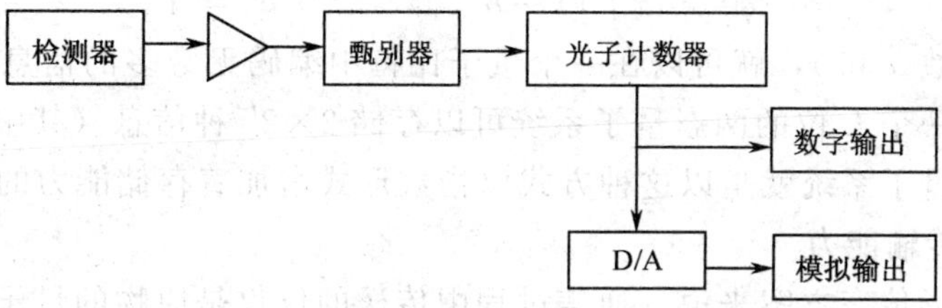

图 9.25 光子计数检测原理

某一恒定值（h）以下，信号光子产生的电脉冲高度场在某一恒定值（h）以上。

量子无破坏检测如图 9.26 所示，检测原理是信号光通过光学克尔介质，由于克尔效应介质折射率随着信号强度变化而变化，当探测光通过介质时，受到变化的折射率的调制，信号都被转载到探测光上，通过对探测光的解调，得到原始信号。

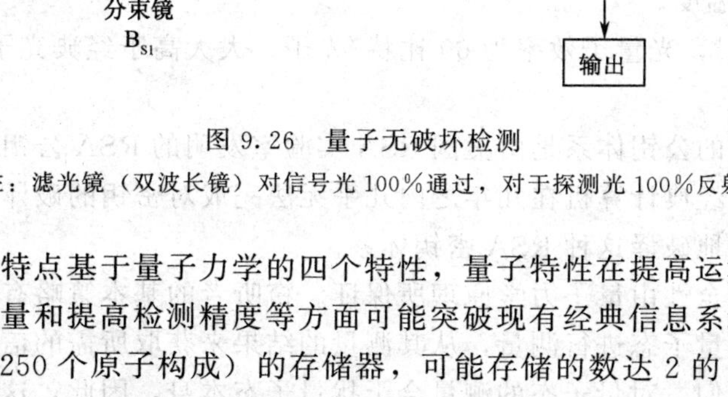

图 9.26 量子无破坏检测

注：滤光镜（双波长镜）对信号光 100%通过，对于探测光 100%反射

量子光通信的特点基于量子力学的四个特性，量子特性在提高运算速度、确保信息安全、增大信息容量和提高检测精度等方面可能突破现有经典信息系统的极限。如一个 250 量子比特（由 250 个原子构成）的存储器，可能存储的数达 2 的 250 次方，比现有已知的宇宙中全部原子数目还要多；用量子搜寻算法攻击现有密码体系，经典计算需要 1000 年的运算量，量子计算机只需小于 4min 的时间；量子密钥体系采用量子态作为信息载体，经由量子通道传送，其安全性由量子力学原理所保证；基于量子隐形传态过

程，可以实现多端分布运算，构成量子因特网。

下面介绍量子光通信与传统光通信相比，在通信容量、通信速度、保密性等方面所具有的巨大优越性。

（1）超大信息容量

一个 L 位的经典通信系统只能存储 $2L$ 种信息。一个 L 位的两态量子系统理论上可以存储无穷多的信息，这是因为量子光通信中信息的载体和基本单位是量子比特。一个量子比特是一个双态量子系统，它可以处于两个本征态（在量子力学中分别用态矢量 $|1\rangle$，$|0\rangle$ 表示）的任意叠加态。

$$|\varphi\rangle = a|1\rangle + b|0\rangle \quad a^2 + b^2 = 1 \tag{9.3}$$

适当选择复数 a 和 b，就可以在一个量子比特中编码无穷多的信息。若 $|1\rangle$，$|0\rangle$ 以等概率出现，一个 L 位的两态量子系统可以存储 2×2^L 种信息（其中非叠加态 2^L 个，叠加态 2^L 个）。量子系统就是以这种方式以指数形式增加着存储能力的。

（2）超距离传输能力

对于量子隐形传态方案来说，通信过程中传送的仅仅是原物的量子态，而不是原物本身。量子的“叠加态”和“纠缠”在量子信息技术中起着关键作用，处于纠缠态的两个粒子具有奇妙的特性，一旦对其中一个粒子进行测量，确定了它的状态，那么就立即知道另一个粒子所处的状态，不管它的距离有多远（几公里或几光年）。

这种量子信息的隐形传送是否是超光速的传输呢？由于在此过程中经典通信是必不可少的，单靠量子通道无法实现这种隐形传态，因此，此过程不会违背光速最大原理。

（3）超大的信息效率

根据香农定理可以证明，在极限带宽条件下，经典光通信系统中光子的信息效率 η 为 1.44 比特/光子。量子信道的信噪比取决于光子数涨落，根据测不准关系可以推出量子信道的光子信息效率为

$$\eta = hv/KT$$

式中，v——光速；

K——波尔兹曼常数；

T——系统温度。

当 $T=300\text{K}$ 时，光量子效率为 69 比特/光子，大大高于经典光子的信息效率。

（4）绝对保密

目前广泛使用的公钥体系是由美国 RSA 实验室发明的 RSA 公钥体系，它基于大数因式分解。现有的经典计算机在几年之内几乎无法完成对密钥的破译，但是采用量子计算机可以轻而易举地破译这种 RSA 密钥体系。

量子密码的安全性由量子力学原理所保证。窃听者的基本策略有两类：一是通过对携带着经典信息的量子态进行测量，从其测量的结果来获取所需的信息。但是量子力学的基本原理告诉人们，对量子态的测量会干扰量子态本身，因此，这种窃听方式必然会留下痕迹而被合法用户所发现。二是避开直接量子测量而采用量子复制机来复制传送信息的量子态，窃听者将原量子态传送给乙，而留下复制的量子态进行测量以窃取信息，这样就不会留下任何会被发现的痕迹。但是量子不可克隆定理确保窃听者不会成功，任

何物理上可行的量子复制机都不可能克隆出与输入量子态完全一样的量子态来。因此量子光通信是目前科学界公认的唯一能实现绝对安全的通信方式。

(5) 超强抗干扰能力

经典光通信利用光束携带经典信息在空间或者光纤线路中传输。因此在传输过程中将不可避免地受到空间障碍物、大气湍流、光纤传输损耗和色散的影响。这些干扰使得光束质量下降，光束携带的信息受到干扰，从而影响通信的质量，甚至导致通信中断。而不加外力的信息传递方式不需要任何线路，也不经过通信双方之间的空间，这使得通信丝毫不受任何环境影响，即量子光通信是完全抗干扰的。

(6) 可降低通信复杂度

密集编码可以仅仅通过传送一个粒子便能成功地传送两个比特的经典信息，因此降低了通信的复杂度。它的本质是利用量子纠缠特性，使通信双方事先共享一个比特的信息，借此来降低通信的复杂度。

9.5.3　量子光通信研究进展及热点

量子力学在信息科学中的应用产生了一门新的学科分支：量子信息学。该学科是量子力学与信息科学相结合的产物，是以量子力学的态叠加原理为基础，研究信息处理的一门新兴前沿科学。量子信息学包括量子光通信、量子密码术、量子计算机等几个方面，近年来在理论和实验上都取得了重大的突破。

Bennett 等科学家在 1993 年提出了量子隐形传态的思想。1993 年，6 位来自不同国家的科学家，提出了利用经典与量子相结合的方法实现量子隐形传态的方案。量子隐形传态不仅在物理学领域对人们认识与揭示自然界的神秘规律具有重要意义，而且可以用量子态作为信息载体，通过量子态的传送完成大容量信息的传输，实现原则上不可破译的量子保密通信。

从目前的理论和实验研究看，量子远程传态可分为两大类：一类是光子态的远程传态，它是基于分离变量的量子远程传态，以单光子态为信息载体，比如光子的两个偏振态构成有限维的完备基（两维的 Hilbert 空间），任何量子态都可以利用此完备基进行编码。另一类是基于连续变量的量子远程传态。它是以光场态为信息载体，如光场的正交分量或偏振态。具有连续谱的量子变量构成无限维 Hilbert 空间的完备基。

Bennett 等人首次提出的量子远程传态方案（图 9.27）主要包括：纠缠粒子对的产生；对待传输态和纠缠粒子之一进行 Bell 态基测量；传输测量结果，然后对纠缠粒子对的另一粒子进行合适的么正操作，使其处于粒子待传输态。1997 年，牛津布鲁斯大学 Aton Zeilinger 小组利用偏振纠缠光子对在实验上实现了量子远程传态。

连续变量的量子远程传态是无限维叠加态的远程传输，连续变量的远程传态消除了纠缠光子对的随机性，而且探测较容易。Braunstein 和 Kimble 提出了一个实际可行的实验来传输单模电磁场的量子态。1998 年，A. Furusawa 等人利用参量下转换产生的纠缠源，首次在实验上实现了此方案。

量子光通信技术在国内外引起了高度重视。日本将把此项技术作为一项国家级高技术研究开发计划，在 10 年内投资约 400 亿日元，采取“产官学”联合攻关的方式推进

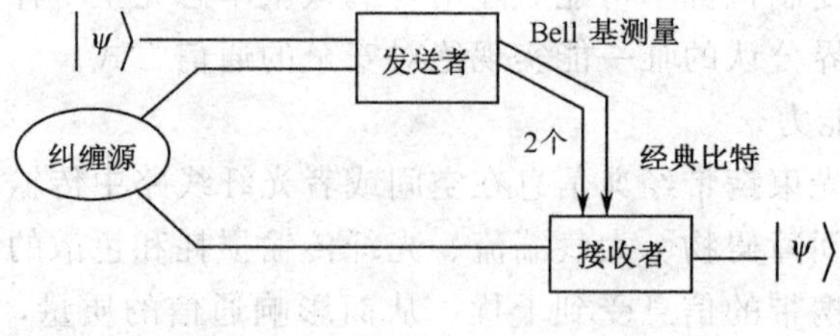

图 9.27 分离变量的量子远程传态的示意

研究开发。研究课题除了无法破译的密码技术外，还有量子光通信所需要的超高速计算机及传输技术。日本研究量子信息通信的企业有日本电信电话公司和三菱电机公司等。邮政省的目标是，在 2020～2030 年前后使保密通信网络和量子光通信网络技术达到实用化水平。

近年来，美国全国科学基金会对此投资了 5000 万美元。此外，国防高级研究计划局也在用 3～5 年的时间推进这方面的研究项目，美国 IBM 和 AT&T 都在积极研究这一技术。欧盟 1999 年建立了集中 12 个研究项目的国际财团。报道说，欧美国家目前都在进行这方面的研究开发，认为在 2015 年前后，量子光通信和量子计算机在技术上将会达到实用化水平。

中国于 1998 年在中国科技大学建立量子信息实验室。它是国内量子信息领域的第一个开放实验室，建立了能够从事量子光通信实验研究的基本设备，并已取得某些实验研究成果。

1997 年，在奥地利留学的中国青年学者潘建伟与荷兰学者波密斯特等人合作，首次实现了未知量子态的远程传输。这是国际上首次在实验上成功地将一个量子态从甲地的光子传送到乙地的光子上。实验中传输的只是表达量子信息的“状态”，作为信息载体的光子本身并不被传输。

为了进行远距离的量子态隐形传输，往往需要事先让相距遥远的两地共同拥有最大量子纠缠态。但是，由于存在各种不可避免的环境噪声，量子纠缠态的品质会随着传送距离的增加而变得越来越差。因此，如何提纯高品质的量子纠缠态是目前量子光通信研究中的重要课题。近年来，国际上许多研究小组都在对这一课题进行研究，并提出了一系列量子纠缠态纯化的理论方案，但是没有一个是能用现有技术实现的。潘建伟及其合作者在如何提纯高品质的量子纠缠态的研究中又取得了新突破。他们发现了利用现有技术在实验上是可行的量子纠缠态纯化的理论方案，原则上解决了目前在远距离量子光通信中的根本问题。这项研究成果受到国际科学界的高度评价，被称为“远距离量子光通信研究的一个飞跃”。

量子信息技术的最终目标是实现量子计算机和实用量子光通信体系。在理论研究进展的同时还要进行相关器件的开发研制，如实用的通信系统要有相关器件的支持：亚泊松态激光器、超高速调制器、量子探测器等。

习题与思考题

1. 目前的下一代网络涉及到哪些技术，其特点是什么？
2. 从传送网的分层结构分别描述全光网和智能网的特点，其区别是什么？
3. 分析三种光交换（波分、时分、码分）技术的原理特点。
4. 试选用三种光交换（波分、时分、码分）技术的两种来组建光交换网络的方案。
5. 光交换网络如何显示其“智能”？
6. GMPLS 是 MPLS 的扩展，简述如何使 GMPLS 适用于光网络？
7. 智能光网络的两种演进方案各有什么特点？
8. 全光通信的关键是什么？
9. 量子光通信技术的优势体现在何处？

附录　光纤通信常用英文缩写及中英文对照

ADM	add-drop multiplexer	分插复用器
AIS	alarm indication signal	告警指示信号
AM	amplitude modulation	调幅
AN	access network	接入网
AON	all optical network	全光网络
AOWC	all-optical wavelength converter	全光波长转换
APC	automatic power control	自动功率控制
APD	avalanche photodiode	雪崩光电二极管
APS	automatic protection switching	自动保护倒换
ASE	amplified spontaneous emission	放大自发辐射
ASK	amplitude-shift keying	幅度键控
ASON	automatic switched optical network	自动交换光网络
ASTN	automatic switched transport network	自动交换传送网
ATC	automatic temperature control	自动温度控制
ATM	asynchronous transfer mode	异步传送模式
AWG	arrayed waveguide grating	阵列波导光栅
BA	booster	功率（助推）放大器
BBS	broadband source	宽带光源
BER	bit error rate	平均误码率
BLSR	bidirectional line-switched ring	双向线路倒换环
CD	coherent direction	外差检测（波）方式
CDMA	code-division multiple access	码分多址
CMI	code mark inversion	传号反转码
CN	core network	核心网
CORBA	common object request broker architecture	公共目标请求代理结构
CoS	class of service	业务分类（等级）
CP	control plane	控制平面
CR-LDP	constraint-based routing label distribution protocol	基于约束路由的标签分发协议
CWDM	corse wavelength division multiplexing	粗波分复用技术
DA	dispersion administration	色散管理
DBR	distributed bragg reflection	分布布拉格反射
DCN	digital communication network	数字通信网络

DD	direct detection	直接检波
d-EDFA	distributed EDFA	分布式掺铒光纤放大器
DFB	distributed feedback laser	分布反馈式激光器
DGT	dynamic gain tilt	动态增益斜率
DH	double heter ojunetion	双异质结
DP	double pass	双程
DPSSL	diode pumped solid state laser	半导体泵浦固体激光器
DSF	dispersion shifted fiber	色散位移光纤
DTF	dielectric thin film	介质薄膜
DUT	device under test	待测元件
DWDM	dense wavelength division multiplexing	密集波分复用
DXC	digital cross connection	数字交叉连接
EDF	erbium doped fiber	掺铒光纤
EDFA	erbium doped fiber amplifier	掺铒光纤放大器
EDG	etched diffraction grating	蚀刻衍射光栅
EDWA	erbium doped waveguide amplifier	掺铒波导放大器
EMS	element management system	网元管理系统
ESA	excited state absorption	激发态吸收
EX	extinction ratio	消光比
FDM	frequency division multiplexing	频分复用
FET	field-effect transistor	场效应管
FM	frequency modulation	调频
F-P	Fabry-Perot	法布里-珀罗
FSC	fiber switch capable	光纤交换接口
FSK	frequency-shift keying	频移键控
FSR	free spectral range	光谱自由程
FTTH	fiber to the home	光纤到户
FWHM	full width at half maximum	半最大值全宽
FWM	four wave mixing	四波混合
GF	gain flatness	增益平坦度
GI	graded index	渐变型
GMPLS	generalized multiprotocol label switching	通用多协议标签交换
GS-TDFA	gain-shifted TDFA	增益移位掺铥光纤放大器
HDTV	high definition television	高清晰度数字电视
HF	holey fiber	多孔光纤
IETF	internet engineering task force	Internet 工程任务组
IM	intensity modulation	强度调制
IM-DD	intensity modulation-direct detection	强度调制-直接检测系统

ION	intelligent optical network	智能光网络
IP	internet protocol	网间协议
ISI	inter-symbol interference	码间干扰
IS-IS	intermediate system to intermediate system protocol	中间系统到中间系统协议
ITU	International Telecommunication Union	国际电信联盟
ITU-T	International Telecommunication Union-Telecommunication Standardization Sector	国际电信联盟-电信标准部
L2SC	layer2 switch capable	第二层交换接口
LA	in-line amplifier	线路放大器
LCT	local craft terminal	本地维护终端
LD	laser diode	半导体激光二极管
LEAF	large effective area fiber	大有效面积光纤
LED	light emitting diode	半导体发光电二极管
LMP	link management protocol	链路管理协议
LSC	lambda switch capable	波长交换接口
LSP	label switched path	标签交换通道
MAN	metropolitan area network	城域网
MEMS	micro electro mechanical systems	微机械技术
MFD	mode field diameter	模场直径
MLM	multi-longitudinal mode	多纵模
MMF	multimode fiber	多模光纤
MP	management plane	管理平面
MPI	main path interface	主通路接口
MPI-R	main path interface at the receiver	接收机处的主通路接口
MPI-S	main path interface at the transmitter	发送机处的主通路接口
MPLS	multiprotocol label switching	多协议标签交换
MPN	mode partition noise	模分配噪声
MSTP	multi-service transport platform	多业务传送平台
MWM	multi-wavelength meters	多波长计
MZ	Mach-Zehnder	马赫-曾德尔
NA	numerical aperture	数值孔径
NDWA	neodymium doped waveguide amplifier	掺钕光波导放大器
NF	noise figure	放大器噪声指数
NGN	next generation network	下一代网络
NIU	network interface unit	网络接口单元
NMS	network management system	网络管理系统
NNI	network node interface	网络节点接口

NOLM	nonlinear optical loop mirror	非线性光纤环路镜
NRZ	nonreturn-to-zero	非归零码
NZDSF	non-zero dispersion shifted fiber	非零色散光纤
OA	optical amplifier	光放大器
OADM	optical add drop multiplexer	光分插复用器
OBD	optical branching device	光分路器
OBS	optical burst switching	光突发交换
OCDM	optical code-division multiplexing	光码分复用
OCDMA	optical code-division multiple access	光码分多址
OCH	optical channel	光通路
OCS	optical circuit switching	光路交换
ODN	optical distribution network	无源光分配网
ODSI	optical domain service interconnect	光域业务互联
OFA	optical fiber amplifier	光纤放大器
OFDM	optical frequency division multiplexing	光频分复用
OIF	optical internetworking forum	光互联网论坛
OLT	optical line termination	光线路终端
OMN	optical management network	光管理网
OMS	optical multiplex section	光复用段
OMSN	optical management subnetwork	光管理子网
OOC	optical orthogonal code	光正交码
OOK	on-off keying	通断键控
OPS	optical packet switching	光分组交换
OSA	optical spectrum analyzer	光谱分析仪
OSC	optical supervisory channel	光监控信道
OSNR	optical signal-to-noise ration	光信噪比
OSPF	open shortest route first	开放式最短路径优先协议
OT	optical terminal	光终端
OTDM	optical time division multiplexing	光时分复用
OTN	optical transmissive network	光传送网
OTS	optical transmission section	光传输段
OTU	optical transmittal unit	光转发单元
OXC	optical cross-connection	光交叉连接设备
PA	pre-amplifier	前置（预）放大器
PC	polarization controller	偏振控制器
PCE	power conversion efficiency	泵浦转换效率
PCF	photonic crystal fiber	光子晶体光纤
PCM	pulse-code modulation	脉冲编码调制

PDH	plesiochronous digital hierarchy	准同步数字系列
PDM	pulse-duration modulation	脉冲持续时间调制
PIC	photonic integrated circuit	光子集成
PM	phase modulation	调相
PM	power meter	功率计
PMD	polarization mode dispersion	偏振模色散
POF	polymer optical fiber	塑料光纤
PON	passive optical network	无源光网络
POS	passive optical splitter	无源光分束器
PPM	pulse-position modulation	脉（冲）位（置）调制
PSC	packet switch capable	分组交换接口
PSK	phase-shift keying	相移键控
QND	quantum non-destructive detection	量子无损探测
QoS	quality of service	服务质量
QW	quantum well	量子阱
RAW	routing and assignment of wavelength	波长路由分配
RDI	remote defect indication	远端缺陷指示
RFA	Raman fiber amplifier	拉曼光纤放大器
RFL	Raman fiber laser	拉曼光纤激光器
RSVP	resource servation protocol	资源预留协议
RSVP-TE	resource servation protocol-TE	资源预留协议向 TE 的扩展
RWA	routing and waveband assignment	路由和波长分配
RPR	resilient packet ring	弹性分组环
Rx	receiver	接收机
RZ	return-to-zero	归零码
SBS	stimulated Brillouin scattering	受激布里渊散射
SC	subscriber connector	光纤活动连接器
SD	service disruption	服务瘫痪
SDH	synchronous digital hierarchy	同步数字系列
SH	single heter structure	单异质结
SI	step index	阶跃型
SLA	semiconductor laser amplifiers	半导体激光放大器
SMF	single mode fiber	单模光纤
SMSR	side mode suppression ratio	边模抑制比
SNMS	sub-network management system	子网管理系统
SNR	signal-to-noise ratio	信噪比
SOA	semiconductor optical amplifier	半导体光放大器
SOH	section overhead	段开销

SOI	silicon-on-insulator	绝缘衬底上的硅
SONET	synchronous optical networks	同步光网络
SPM	self-phase modulation	自相位调制
SRS	stimulated Raman scattering	受激拉曼散射
SSG	super structure grating	超结构光栅
SSE	source spontaneous emission	光源自发辐射
TBP	product of time and bandwidth	时间带宽积
TCP/IP	transmission control protocol/Internet protocol	传输控制协议/因特网协议
TDFA	thulium doped fiber amplifier	掺铥光纤放大器
TDM	time division multiplexing	时分复用
TDMC	time division multiplexing capable	时隙交换接口
TE	transverse-electric	横电
TLS	tunable laser source	可调激光器
TM	transverse-magnetic	横磁
TMN	telecommunication management network	电信管理网络
TOAD	terahertz optical asymmetric demultiplexers	太赫兹光学非对称解复用器
TP	transport plane	传送平面
TSN	transparent subnetwork	透明子网
Tx	transmitter	发送机
UNI	user-network interface	用户网络接口
UPSR	unidirectional path-switched Ring	单向通道倒换环
VPN	virtual private network	虚拟专网
WC	wavelength converter	波长转换器
WDM	wavelength division multiplexing	波分复用
WDMUX	wavelength demultiplexer	波长解复用器
WGR	waveguide grating router	波导光栅路由器
WRN	wavelength routing network	波长路由网络
WMUX	wavelength multiplexer	波长复用器
XPM	cross-phase modulation	交叉相位调制

主要参考文献

陈根祥. 2000. 光波技术基础. 北京：中国铁道出版社

邓忠礼，赵晖. 1999. 光同步数字传输系统测试. 北京：人民邮电出版社

龚倩. 2003. 智能光交换网络. 北京：北京邮电大学出版社

顾畹仪，李国瑞. 1999. 光纤通信系统. 北京：北京邮电大学出版社

顾畹仪，张杰. 1999. 全光通信网. 北京：北京邮电大学出版社

黄章勇，2003. 光纤通信用新型光无源器件. 北京：北京邮电大学出版社

李玉权，崔敏，蒲涛. 2002. 光纤通信（第三版）. 北京：电子工业出版社

林学煌等. 1998. 光无源器件. 北京：人民邮电出版社

刘增基等. 2001. 光纤通信. 西安：西安电子科技大学出版社

孙学军等. 2000. DWDM 传输系统原理与测试. 北京：人民邮电出版社

孙学康等. 2001. 光纤通信技术. 北京：北京邮电大学出版社

徐宏杰等译. 2002. 光通信器件与系统. 北京：电子工业出版社

杨淑雯. 2004. 全光光纤通信网. 北京：科学出版社

杨祥林. 2000. 光纤通信系统. 北京：国防工业出版社

原荣. 2006. 光纤通信（第 2 版）. 北京：电子工业出版社

张宝富等. 2001. 全光网络. 北京：人民邮电出版社

张宝富等. 2002. 现代光纤通信与网络教程. 北京：人民邮电出版社

张明德，孙小菡. 2003. 光纤通信原理与系统（第 3 版）. 南京：东南大学出版社

赵慧玲，叶华等. 2002. 以软交换为核心的下一代网络技术. 北京：北京邮电大学出版社

Agrawal G P. 2002. Fiber-Optic Communications Systems (Third Edition). New York: John Wiley & Sons, Inc

Becker, P C, Olsson, N A, Simpson, J R. 1999. Erbium-Doped Fiber Amplifiers: Fundamentals and Technology, San Diego: Academic Press

Dennis Derickson. 1998. Fiber Optic Test and Measurement. New Jersey: Prentice Hall

Desurvier E. 1994. Erbium-doped Fiber Amplifiers: Principles and Applications. New York: A Wiley-Interscience

Djafar K. Mynbaev, Lowell L. Scheiner. 2002. 光纤通信技术（英文影印版）. 北京：科学出版社

J H Franz, V K Jain. 2000. Optical Communications Components and Systems. New Delhi: Narosa Publishing House

Powers J. 1997. An introduction to Fiber Optic Systems (Second Edition). McGRAW-HILL International Editions

Ramaswami R, Sivarajan K N. 2001. Optical Networks: A Practical Perspective (Second Edition). San Francisco: Morgan Kaufmann Publishers, Inc.